"十三五"国家重点出版物出版规划项目

中国石油企业协会
对外经济贸易大学一带一路能源贸易与发展研究中心

中国油气产业发展分析与展望报告蓝皮书

（2019–2020）

王志刚 蒋庆哲 董秀成 高潮洪 主编

中国石化出版社
HTTP://WWW.SINOPEC-PRESS.COM

图书在版编目(CIP)数据

中国油气产业发展分析与展望报告蓝皮书. 2019-2020／王志刚等主编. —北京:中国石化出版社,2020. 3
ISBN 978-7-5114-5705-9

Ⅰ. ①中… Ⅱ. ①王… Ⅲ. ①石油工业-经济发展-研究报告-中国-2019-2020②天然气工业-经济发展-研究报告-中国-2019-2020 Ⅳ. ①F426. 22

中国版本图书馆 CIP 数据核字(2020)第 032040 号

中国石化出版社出版发行

地址:北京市东城区安定门外大街 58 号
邮编:100011　电话:(010)57512500
发行部电话:(010)57512575
http://www. sinopec-press. com
E-mail:press@ sinopec. com
北京科信印刷有限公司印刷
全国各地新华书店经销
*
710×1000 毫米 16 开本 22. 25 印张 389 千字
2020 年 3 月第 1 版　2020 年 3 月第 1 次印刷
定价:198. 80 元

中国油气产业发展分析与展望报告蓝皮书
（2019—2020）

顾　问

彭元正　丁志敏　王子康

编　委　会

（按姓氏拼音为序）

丁志敏　董　聪　董康银　董秀成　高潮洪
高　建　郭　杰　蒋庆哲　孔朝阳　李君臣
李　明　李云旭　连建家　刘贵洲　刘毅军
陆如泉　马郑玮　彭元正　皮光林　单建明
孙　梅　孙仁金　王建良　王　琳　王守春
王志刚　王子康　徐　乎　严绪朝　殷建平
曾叶丽　张海霞　张　琼　赵　旭

前　言

人类社会进入工业文明以来，油气产业在全球范围内得到迅速发展，油气成为世界经济和社会发展的主体能源，成为支撑人类社会工业文明的重要基础和全球经济发展的血液，在国际经济、政治和军事领域发挥着越来越重要的作用。在当今世界，无论是发达国家还是发展中国家，都无一例外地高度重视本国油气产业发展，都在根据世界能源发展形势和本国国情制定油气产业发展战略和政策，都在迎接国际政治和经济环境变化给油气产业发展带来的机会和挑战。

对于任何一个国家来说，油气产业发展都有其自身的现实特征与理论逻辑，在日益复杂变幻的油气产业发展环境中，各个国家都需要围绕着本国的油气产业发展历史阶段、现状、问题、趋势、理念和价值观等进行系统分析和整体审视。一方面，油气产业正在面临人类历史上前所未有的外部环境变化，无论从经济、社会、生态、环境、政治、外交、军事、文化、交通和家庭等各个层面，都可以感受到油气产业正在承受着各种压力、影响和冲击；另一方面，油气产业发展并非孤立，而是存在着诸多利益攸关者，关系到许多相关产业乃至整体经济和社会的发展，正在日益引起国际组织、政府部门、相关产业、相关企业、广大消费者、社会公众、非政府组织、媒体和学术界等高度关注。目前，油气产业发展已经成为中国国民经济发展和社会进步的重大议题，与中国全国建设和谐社会目标和实施全面协调可持续发展战略息息相关。

《中国油气产业发展分析与展望报告蓝皮书》(以下简称《蓝皮书》)是目前中国公开出版的唯一一部全面分析和研究中国油气产业发展现状和趋势展望的蓝皮书，它由中国石油企业协会和对外经济贸易大学一带一路能源贸易与发展研究中心合作共同完成，按年度向全社会公开出版发行。《蓝皮书》共分五大部分：国际篇、国内篇、合作篇、专题篇和附件。国际篇，主要分析国外宏观外部环境对中国油气产业发展的影响，包括国际政治环境对中国油气产业发展的影响、国际经济环境对中国油气产业发展的影响、世界油气产业发展分析与展望等；国内篇，从产业整体发展角度重点分析中国油气产业发展现状和趋势展望，包括中国宏观经济及油气产业政策分析与展望、中国油气市场发展分析与展望、中国油气勘探产业发展分析与展望、中国油气开发产业发展分析与展望、中国油气工程技术服务产业分析与展望、中国炼化产业发展分析与展望、中国油气管道产业发展分析与展望；合作篇，主要包括中国油气产业国际合作分析与展望、中国对外油气贸易分析与展望等；专题篇，与国际篇、国内篇和合作篇等部分形成补充关系，主要从专题角度分析油气产业发展的相关问题，每个专题形成一篇独立文章；附件，主要包括按时间顺序编写的全年油气产业发展大事记和一些国内外油气产业发展的数据信息。

《蓝皮书》不是一般意义上的年鉴，更不以大块文字和数据图表堆积为主，而是以年度分析和来年展望为基本特征。国际篇、国内篇和专题篇具有很强的相关性和互补性，但各部分在编写上独立成篇成文，因此读者可以根据需要和兴趣分别阅读。附件篇，主要是大事记和辅助数据资料，供读者在阅读时参考。《蓝皮书》以文字分析为主，辅以必要数据和图表，文字描述力求言简意赅，分析和展望力求强调逻辑性、高度性、概括性和权威性，分析结论力求对相关部门和油气企业实际工作具有指导性。《蓝皮书》作者主要来自中国石油企业协会、对外经济贸易大学一带一路能源贸易与发展研究中心、中国石油大学中国油气产业发展研究中心、中国石化经济技术研究院、中国石化勘探开发研究院等单位，作者团队长期从事油气产业发展研究，具有国内一流专业水准和专业基础。作者团队本着促进中国油气产业发展的良好愿望，除从产业发展整体上分析外，还对有关产业热点问题坦率提出看法和观点，希望引起社会关注和讨论。作者团队努力进行全面、系统地深入研究，试图得出有助于读者全面了解中国油气产业发展的正确结论，这是作者团队追求的目标，也是其义务和责任。《蓝皮书》具有较强的可信度、一定的权威性和较好的时效性，对于理论研究者和实际工作者都具有一定的参考价值。

王志刚、蒋庆哲、高潮洪统领了《蓝皮书》架构设计并负责组织全书编撰；董秀成负责《蓝皮书》最终统稿与核定；彭元正、严绪朝、王子康、连建家、徐孚、王琳、孙仁金、刘毅军等参与书稿修改和审定工作。

编委会

2020 年 3 月

目 录

国 际 篇

国 内 篇

合　作　篇

专　题　篇

附　　件

国 际 篇

2019年，随着全球分工的重构与全球合作的深化，逆全球化与全球化合作两种趋势继续角力，使得国际局势风云变幻，地缘政治发展错综复杂。某些发达国家仍然采取“重视增速，忽视分配”的经济发展模式，在增速放缓的当下，露出了弊端，导致国内政治局势因此而产生不稳定因素，进而影响了全球布局，改变了其之前的国际战略，这也使得2019年的国际政治环境出现波动。2019年尽管世界各国的经济前景有比较大的差异，但大多数国家的经济增长率均已下调，全球经济依然脆弱。2020年新冠肺炎疫情蔓延、国际石油价格突变、发达市场和新兴市场面临越来越多的信贷压力等因素继续对全球经济造成的不确定影响，预计2020年全球经济将萎缩1.5%。

经济环境在影响政治决策的同时，政治决策也同样在影响经济环境。放眼2019年的世界局势，地区保护主义、单边主义甚嚣尘上，国家间、地区间的区域合作也在稳步开展。总的来说，能源发展仍然不容乐观。一方面，英国脱欧对英国以及欧洲各国在政治上产生了更为深层的影响；另一方面，伊朗与俄罗斯等主要油气输出国与英美等国的关系变得不稳定，地区冲突与国家冲突频发。中国“一带一路”倡议继续稳步实施。

2019年，全球油气行业继续复苏，大量资本进入市场，石油探明储量止跌回涨，天然气探明储量缓慢上升。油气勘探开发投资持续增加，但跟高峰期相比仍处低位，石油产量和消费量增速放缓，油价上半年呈先涨后跌态势，下半年在低位区间震荡。展望2020年，由于受新冠肺炎疫情持续蔓延的影响，全球经济可能出现非常大的不确定性，可能出现严重衰退，甚至爆发全球经济危机或金融危机，因此全球油气勘探开发很可能出现下降趋势，国际油价在暴跌后有可能持续维持较低价位，世界炼油产能过剩继续加剧，油气市场竞争趋势更加激烈。

国际政治环境对中国油气产业发展的影响

曾叶丽[1]；冯泽[2]

［1. 中国石油大学（北京）经济管理学院；2. 对外经济贸易大学国际经济贸易学院］

2019年，随着全球分工的重构与全球合作的深化，逆全球化与全球化合作两种趋势继续角力，使得国际局势风云变幻，地缘政治发展错综复杂。某些发达国家仍然采取“重视增速，忽视分配”的经济发展模式，在增速放缓的当下，露出了弊端，导致国内政治局势因此而产生了不稳定因素，进而影响了全球布局，改变了其之前的国际战略，也使得2019年的国际政治环境出现波动。一方面，逆全球化思潮席卷英美等发达国家，中美两个经济体之间的经贸摩擦成为2019年度世界舞台的一场大戏；亚洲方面，日韩也产生了贸易冲突；欧洲方面，英国鹰派政治势力崛起，脱欧议程加速实行，也为本来就陷于经济发展泥潭的欧洲再蒙上一层荫翳。但另一方面，全球合作的脚步也并未停止，以中国、俄罗斯等国为主要倡导国、合作国的“一带一路”倡议等全球化实践，继续在发达国家与发展中国家扩大其影响，并借此让世界分享发展红利，向着构建“人类命运共同体”的目标继续迈进。经济环境在影响政治决策的同时，政治决策也同样在影响经济环境，放眼2019年的世界局势，地区保护主义、单边主义甚嚣尘上，国家间、地区间的区域合作也在稳步开展。总的来说，能源发展仍然不容乐观，一方面，英国脱欧对英国以及欧洲各国在政治上产生了更为深层的影响；另一方面，伊朗、俄罗斯等主要油气输出国与英美等国的关系变得不稳定，地区冲突与国家冲突频发。中国“一带一路”倡议继续稳步实施。

一、国际政治环境分析及展望

2019年，世界局势不断变化，国际政治秩序呈现多极化趋势。地区政治动荡与跨地区合作发展交替。贸易摩擦几乎成了贯穿全年的一条“主线”，全球化与逆全球化在进行着博弈。美国依靠自己雄厚的国际政治资本与军事实力，在亚洲，着手与中国进行“边打边谈”的贸易摩擦；在中东，或假他人之手，或亲自动手，制造着区域紧张的气氛；在欧洲，扩大盟友范围，以达到制造西方国家联手制衡其他文明的目的。亚洲地区，中国的“一带一路”倡议已初见成效，为“一带一路”沿线国家带来了投资与发展，也进一步增强了地区的政治稳定性，扩大了区域朋友圈。欧洲国家则共同面临着经济衰退、政治不稳定、难民涌入等诸多风险，英国脱欧虽然总体进程依旧缓慢，但是就结果来看，脱欧仍是不可避免。这种英欧关系的拉扯，实则是对欧洲不稳定局势的火上浇油。少了内战与政治动乱，非洲国家在2019年更加关注自身的经济发展。以俄罗斯、伊朗、沙特阿拉伯为主的几个能源大国，或积极转变战略重心，或受困于外界干扰，或政府改组以求改变政策，能源大国的重组、制裁与转型仍然是能源贸易领域的主旋律。

(一) 中美摩擦成为亚太最大政治问题

2019年，迎来新中国成立70周年，国内政治在积极排除外部势力干扰的过程中，仍然保持总体稳定。中国在周边外交上继续采取以“亲”“诚”“惠”“容”的方式来增加战略盟友，积极巩固“一带一路”等建设效果，同时中俄战略伙伴的关系也上升到了一个新高度。与西方发达国家的外交中，中国充分体现了尊重、平等的外交原则。2019年最受世界瞩目的当属中美贸易摩擦，中国在这场摩擦中，积极应对外部冲突与内部矛盾，采取“要打则打，要谈则谈”的策略，积极维护了中国在国际上的地位。现阶段，中美贸易摩擦获得了阶段性成果，但是中美两国在发展理念、世界政治战略上的不同，并没有被双方很好地理解，仍然不排除摩擦会有反复的态势。当然，中美贸易摩擦只是中美诸多问题中的一个方面，中美科技摩擦也同样引人瞩目。2018年12月1日，作为华为公司首席财务官的孟晚舟在加拿大温哥华被捕，美国向加拿大要求引渡，也因此拉开了中美在5G技术、人工智能与其他科技项目交流方面竞争的序幕。2019年12月，中美两国正式达成中美贸易关系的第一阶段协议，并将以此为基础逐步实施。

2019年，中国香港暴乱也因香港特区政府修订《逃犯条例》而起。自6月开始，香港反对派和一些激进势力借和平游行集会之名，进行各种激进抗争活动。从捣乱、制造事端、破坏社会秩序演化升级成为污损国旗、国徽，冲击政府，伤害议员等恶劣行径。中国政府一直对事态保持关注，保持了克制，避免了大范围的流血冲突，但是中国政府对此重申“一国两制”原则底线不能变，违法犯罪行为终将被追究法律责任的立场。

亚洲地区，除中美摩擦以外，日韩贸易争端由经济与历史遗留问题等诸多因素共同作用，形势也显得愈发严峻起来。日韩因自身的历史恩怨问题，打起了东北亚贸易战。日本宣布加强半导体等三项关键材料的审查并扩大范围，韩方也立即声讨日本并采取各种反制措施。

虽然在亚洲，大贸易战之外还有小贸易战，相比之下，朝鲜政局稳定了许多，2019年初朝美就制裁问题进行了商谈；在短短一年内，朝鲜领导人金正恩对中国进行了四次国事访问，创下了中朝建交70年以来前所未有的纪录。从中国外交态度可见一斑："在两国最高领导人的共同引领和推动下，中朝传统友谊焕发出勃勃生机，两国关系也由此掀开了新的时代篇章。"朝鲜现阶段正在实施新的国家战略，集中力量发展经济、改善民生；对外，朝鲜也努力坚持半岛无核化的大方向，并在实现无核化进程中解决自身正当关切的问题。朝鲜新政或对朝韩关系、中朝关系乃至朝鲜与世界的关系产生积极影响。

（二）俄乌政治局势喜忧参半

俄罗斯当前政局稳定，在追求更强的国际影响力下，选择了亲近亚洲。虽然政治局势稳定，但是经济发展却仍然有所欠缺，由于苏联时代所积累下来的财富被西方国家和寡头们掠夺一空，俄罗斯的经济水平实际上并不好。虽然经过了近30年的休养生息，但是终究和西方世界与中国相去甚远。而且，俄罗斯遭受了西方国家的严重制裁，很难融入世界贸易分工体系，这对于其经济复苏是非常不利的。经济实力的不足，直接影响了俄罗斯与其他国家的贸易水平。现在俄罗斯由于大量对外出口能源矿产，还可以维持一定的GDP增长。但是这种GDP增长缺乏可持续性，这也是俄罗斯当前所面临的困境。以中国为首的亚洲国家在国家层面、甚至企业层面上与俄罗斯不断提高合作程度。2019年乌克兰继续受到"乌克兰问题"的困扰，围绕克里米亚的归属问题，俄罗斯与乌克兰自2014年起即争端不断，2019年俄罗斯与乌克兰虽就停火问题有意和谈，但仍旧未达成一致意见。2019年也是乌克兰的大选年，乌克兰在经历战争的冲击后，波罗申科连任失败，喜剧演员泽连斯基得票率大幅领先，泽连斯基支持率为73.3%，而波罗申科支持率仅为26.3%。

（三）中东北非地区局势动荡

2019年，中东局势冲突仍然不断。其中，伊朗与西方国家在霍尔木兹海峡的博弈显得非常突出。2019年7月伊朗方面正式宣布将浓缩铀丰度提高至36.7%以上，打破了2015年7月签订的《伊朗协议》中"15年内将铀浓缩丰度限制在不超过36.7%的范围内"的承诺，因此收到了国际社会不同反应。美国国务卿蓬佩奥表示拥有核武器的伊朗政权将对全球构成更大威胁；欧盟各国也对伊朗提高铀浓缩丰度的做法表示担忧，但是仍然主张"只要伊朗继续履行伊核协议的相关承诺，欧洲仍将致力于维护该协议"；英国、法国、德国表示将为此设立

“贸易往来支持工具”(INSTEX)的结算机制，该机制将允许欧盟和伊朗企业相互发货、本地收款，或者以物易物，以绕过美方制裁。INSTEX 的设立，也是英法德三国以及欧盟方面为美国退出伊核协议后为挽救这一协议所做的努力。

2019 年 7 月 4 日，一艘伊朗油轮在直布罗陀海峡被英国皇家海军陆战队和直布罗陀港口执法机构扣押，英方的扣押理由为“这艘船将向叙利亚的巴尼亚斯炼油厂运送石油，违反欧盟制裁”，而伊朗方面则予以否认。7 月 19 日，在英国扣押伊朗油轮后，伊朗以牙还牙，采用同样的方式扣押英国油轮，伊朗明确表态此举即是针对英国扣押伊朗油轮的报复行为。包括英国在内的多个国家要求尽快释放该油轮，海湾地区局势不断升温。10 月 10 日，伊朗一艘油轮在红海海域遇袭。

作为产油大国，沙特阿拉伯的政治局势也受到广泛关注，沙特国王萨勒曼于 2019 年 9 月 8 日发令，任命阿卜杜勒阿齐兹亲王接替原能源部长哈立德·法利赫的职位。这也是沙特能源部长第一次由王族出任。沙特政府内部改组，也被外界认为是希望推动沙特阿拉伯国家石油公司上市，提高国际油价的一大信号。沙特阿拉伯内政部 9 月 14 日发表声明，当天凌晨，有数架无人机袭击了沙特国家石油公司——沙特阿美石油公司的两处石油设施并引发火灾。有报道称，此次袭击将导致沙特原油日产量减少 570 万桶。

非洲地区，经历了殖民统治与内战，休养生息成为非洲国家的首要任务。非洲国家 2019 年的主要目标仍然是吸引世界各地的投资以发展经济。一方面，没有任何非洲国家再愿意进行国家战争与部落冲突，但是另一方面，域外大国也加大了对非洲资源的争夺，西方大国将进一步加强在非洲的控制力。非洲总体保持和平稳定的局面，延续较好发展态势，“求和平、谋发展”成为非洲国家普遍共识。联合自强和一体化进程取得重要进展，非洲大陆自贸区正式启动，非洲国际地位和影响持续提升。2018 年 9 月，中非合作论坛北京峰会成功召开，峰会开启了中非携手构建更加紧密的中非命运共同体的新时代，树立起中非团结合作、共同发展新的历史丰碑。

(四) 北美地区美国政治局势多变

围绕美国总统特朗普所要求的 50 亿美元美墨边境“修墙”拨款问题，美东时间 2018 年 12 月 21 日晚 8 点，美国国会参议院在没有就联邦政府下一步拨款问题达成任何方案的情况下宣布休会。22 日凌晨起，美国联邦政府部分部门再次出现停摆。2019 年 1 月 25 日，美国史上最长政府停摆结束。据美联社消息，特朗普当天晚上签署了一项为期 3 周的临时支出法案，美国政府将重新开门至 2 月 15 日。2019 年 1 月 14 日，美国多家媒体从不同角度描述了美国总统特朗普现在以及未来将面临的国家政治局势，并发出了特朗普或将面对一场全国政治斗争的忧虑。3 月 4 日，美国国会众议院司法委员会宣布开启一项针对美国总统特朗普的调查。该调查针对特朗普、白宫、特朗普竞选团队以及特朗普集团业务等，调查将集中在总统是否存在妨碍司法、贪腐以及权力滥用等问题。临近美国大选，似乎美国政治局势不稳定性在增加，民主党控制的美国众议院将宣布对特朗普总统进行弹劾调查。

2018 年 11 月 16 日，美国中期选举落下帷幕，民主党从共和党手中夺取了三十多个国会众议员席位，从而成为众议院中的多数党；共和党则进一步巩固了自己在国会参议院中的多数党地位。在地方选举层面，数位民主党候选人当选州长，但其数量仍未达到选举前外界的乐观预期。2019 年特朗普支持率看似平稳，但经济增速预期有可能下调，2020 年大选在即，分裂的国会使得政治局势变数颇多。

2019 年是加拿大的大选年。在经济顺境中的选战，却走向了“以谣言分化社会，挑拨社会仇恨”与负面新闻四处传播的道路，加拿大保守党聘请了美国共和党的军师 Mike Roman 和 Matthew McBain 两位曾在特朗普选举中发挥重要作用的人物为其竞选服务，采取了掀起排外、排斥移民的浪潮。

（五）欧洲政治经济一体化面临着严峻挑战

2019 年英国脱欧似乎已经成为定局，英国的政局也因此动荡不安，可谓是“你方唱罢我登场”的一年。自 2016 年“脱欧”事件发酵以来，继英国前首相卡梅伦宣布辞职后，2019 年 6 月 7 日，时任英国首相特雷莎梅正式辞去执政党保守党领导人一职，并于 7 月 24 日由“脱欧派”骨干鲍里斯 · 约翰逊继任成为英国新一任首相。虽然现阶段英国王室、留欧派等竭力遏制“脱欧”的发生，通过王室命令、民主投票以至于几度改变或者拖延脱欧的现状，但是长期趋势仍然不容乐观。脱欧的坚决，离不开现在欧洲经济的萎靡不振，欧洲地区的政治局势也同样动荡。法国在 2018 年 11 月 17 日，因为抗议政府加征燃油税而开始了巴黎“黄背心”运动；12 月 10 日，法国总统马克龙发表电视讲话，对“黄背心”运动作出了一些让步；12 月 17 日，法国总理爱德华 · 菲利普公开认错，该运动蔓延至比利时、加拿大多国。2019 年 1 月 5 日，法国 2019 年首轮示威，巴黎数以千计的民众再次走上街头，在市中心游行抗议。同月 19 日、26 日又分别举行了声势浩大的抗议活动，仅 26 日一天，就有约 4000 人参与在巴黎的示威，法国全国有 6.9 万人参与示威活动。法国总统马克龙表示，“黄背心”运动是一场没有“固定诉求和领导者”的社会政治运动。同时，该运动对法国巴黎乃至法国全境的经济发展均产生了颇为严重的负面影响。此外，德国等国经济活动萎缩，也同样使得欧洲经济前景令人担忧。

（六）拉丁美洲政治局势不容乐观

2019年，就拉美地区而言，其风险特征主要表现为政策不确定性较高，经济增长疲软，汇率风险和恶性通货膨胀，其中亟须重点关注的国家是墨西哥、委内瑞拉和阿根廷。就具体国别而言，委内瑞拉、巴巴多斯和格林纳达是仅有的三个出现主权信用风险（CE）的国家；洪都拉斯、尼加拉瓜、牙买加和圭亚那等四国的主权信用风险评级是"较高"（CCC）；相对而言，秘鲁和智利是主权信用风险评级"较低"（A）的国家。古巴政府承受来自美国更大的压力，因为它支持马杜罗。而委内瑞拉局势将会降温，马杜罗将渡过难关但会面临新一轮制裁。拉丁美洲在巴西右翼总统的带领下，将整体走亲美路线，因为巴西基本就是南美局势的风向标，巴西的变化就是南美的变化。墨西哥安全局势不容乐观，毒品猖獗、社会治安情况不稳定，同样，美国的"墨西哥墙"政策也使得墨西哥难民与劳动者受到了负面影响。

二、国际政治环境对全球油气产业发展的影响

（一）中东局势增加国际市场对油气供给不足风险

美国与伊朗的冲突是当前中东局势的一个缩影，伊朗与西方国家的冲突由来已久，伊朗与霍尔木兹海峡影响了全球油气供应与运输。伊朗与中东大部分国家相同，其宗教势力也对政治局势产生非常重要的影响。2019年美国对于伊朗的制裁和封锁，继续限制伊朗能源出口、依靠其"能源贸易结算货币"的优势对伊朗的能源金融体系进行了限制和制造全球舆论，让市场对世界范围内的油气供给安全产生持续影响。2019年4月，美国政府认定伊朗伊斯兰革命卫队为恐怖组织，并悬赏收集有关伊朗地下金融渠道的消息，接着决定不再给予任何国家或地区继续进口伊朗石油的豁免。美国取消对伊朗石油出口的制裁豁免之后，伊朗石油产量和出口量加速下滑。根据国际能源署（IEA）数据，仅2019年9月伊朗原油产量徘徊在30年低点，为219万桶/日，同比减少130万桶/日。同月，伊朗石油出口量为26万桶/日，相比制裁前减少180万桶/日左右。同处中东的沙特也是产油大国，2019年接连受到油轮被炸、油田被炸袭击，使得国际油气市场对于沙特的石油产量抱悲观态度，但是所幸在短期内，沙特迅速恢复了生产能力，仅就油气供给来说，国际油气市场受此影响极为有限。

（二）逆全球化进一步恶化油气贸易

逆全球化的本质是应对全球经济下行状态下的应激反应，这种思想激起了民粹主义等势力的复兴。在这种思想影响下，全球的能源合作、能源贸易也遭遇了挑战。2019年国际货币基金组织（IMF）、世界银行、经合组织（OCED）等机构均在不断下调对2019年、2020年两年全球经济增长的预估。2019年10月15日，IMF发布《世界经济展望报告》，指出将2019年全球经济增速下调至3%，较2019年7月预测下调0.2个百分点，较2018年10月预测下调0.7个百分点，且为2008年金融危机爆发以来的最低水平。

与此同时，经济停滞也使得能源需求萎缩。虽然各国相继出台财政和货币政策提振经济，但未来政策效果及中美博弈仍构成宏观经济巨大的不确定性，世界经济前景偏空，对油价构成打压。

在经济萎靡不振的地区，逆全球化的浪潮影响尤为严重。2019年的世界局势，全球分工进程有所减缓，各国经济发展增速下降，国内矛盾突出，贸易摩擦增多，其中既有像日韩贸易摩擦这样的小范围摩擦，也有像中美贸易摩擦这样影响深远、范围巨大的摩擦，无论从区域协调与跨区域协作的角度来看，都不利于能源贸易的发展。

值得一提的是，2019年，中美经贸磋商走向对国际油价走势影响巨大。2019年12月，双方磋商取得了实质性进展，投资人的担忧情绪有所缓解。不过，中美贸易争端的长期性、复杂性决定了在未来较长时间内中美贸易仍将是影响油价的重要因素。

（三）欧洲政治动荡导致能源需求萎缩

逆全球化带来经济非自发性地衰退的同时，经济体由于自身经济下滑、政治风险升高而引致的能源需求变化，也同样使得能源市场出现波动。2019年，以德国、法国为首的欧洲国家，经历了社会抗议动荡、民间经济活动萎缩等不利事件，欧洲在整体上呈现出了政治、经济双疲软的态势。其对能源市场的需求恐会萎缩，一方面，这将直接影响能源价格进一步下滑，欧洲作为世界前几大经济体，其政治上的疲软、经济上的萎缩很有可能导致石油供应国作出相应的减产调整。另一方面，也会导致世界能源市场重新布局，以俄罗斯等能源输出国为例，其国民经济发展主要依靠能源贸易，这必将导致其将贸易的战略重心转移到亚洲等其他国家。虽然仅就此而看，欧洲政治的疲弱可能会使全球能源价格有所降低，但其综合影响，结构性之繁复，恐怕仍有待进一步考察。

(四) 中美贸易摩擦引发市场风险

中美两国作为世界上排名前两位的经济体，一方面，中美贸易摩擦必将引发全球产业链与产业分工的改变，而中美之间的摩擦更是两种政治制度、两类国家间的深层较量，政治之争既是资源之争，也是经济主导权之争。另一方面，原油贸易在削减美中贸易逆差中起到非常重要的作用，亦是关乎中美各自发展的重要领域。2018 年中国占美国原油出口总量 20% 以上，并在 6 月达 50%。中美贸易摩擦让大宗商品价格陷入震荡，油价下行压力增大；摩擦频繁反复，也增加了金融不确定性，这尤其使以原油产品为代表的商品期货市场受到了冲击。而在能源项目建设等方面，中美贸易摩擦也引起了市场对于此前中国与美国签订的多项能源投资合约受到影响的担忧。

(五) 美国大选在即引发市场不确定

2020 年适逢美国大选年，美国国内矛盾仍然面临经济、种族等多方面的激化可能性。2019 年 10 月 24 日，美国副总统彭斯在华盛顿智库威尔逊国际学者中心(Wilson Center)举办的活动中就美中关系问题发表消极演说。2019 年 12 月 20 日，美国总统特朗普遭到众议院弹劾。2020 年，美国将展现自身在政治、经济以及军事上的全球控制力，从地缘政治角度去影响和改变国际关系发展。美国在世界政治局势上的强硬恐仍要继续下去，这就使得美国的单边贸易政策仍然可能持续下去，并继而借助制裁能源输出国等多种政策影响世界能源贸易与经济发展。这种忧虑对国际能源市场发展的负面影响恐怕还会持续一段时间。

三、国际政治环境对中国油气产业发展的影响

(一)“一带一路”倡议持续助力中国油气进口

2019 年 4 月 25 日至 27 日，中国在北京主办第二届“一带一路”国际合作高峰论坛。中国发布了《第二届“一带一路”国际合作高峰论坛成果清单》与《“一带一路”能源合作伙伴关系合作原则与务实行动》等多项文件。各国政府、地方、企业等达成一系列合作共识、重要举措及务实成果，中国作为东道国对其中具有代表性的一些成果进行了梳理和汇总，形成了第二届高峰论坛成果清单。清单包括中国提出的举措或发起的合作倡议、在高峰论坛期间或前夕签署的多双边合作文件、在高峰论坛框架下建立的多边合作平台、投资类项目及项目清单、融资类项目、中外地方政府和企业开展的合作项目，共 6 大类 283 项。成果清单将中国与阿尔及利亚、阿塞拜疆、阿富汗、玻利维亚、赤道几内亚、伊拉克、科威特、

老挝、马耳他、缅甸、尼泊尔、尼日尔、巴基斯坦、苏丹、塔吉克斯坦、土耳其、委内瑞拉、冈比亚、佛得角、刚果(布)、蒙古国、苏里南、汤加、柬埔寨、乍得、塞尔维亚、吉尔吉斯斯坦、匈牙利等国家建立“一带一路”能源合作伙伴关系纳入，这其中有像委内瑞拉、塔吉克斯坦这样的能源大国。同时，目前中亚天然气管道已建成 ABC 共 3 条线，运力达 550 亿立方米/年。2018 年，中国从中亚地区进口天然气产量超过 500 亿立方米。D 线投产后，中亚天然气管道对中国的输气能力将增加到 850 亿立方米/年。同时，受到国际政治与经济发展的影响，中国也在着手进一步扩大与周边国家的能源合作，扩大自己在能源进出口上的朋友圈。从实际情况看，俄罗斯、澳大利亚继续加大对中国能源的出口，中国的能源进口从种类或者产地上都在走向多元化。

（二）俄罗斯有望成为中国天然气最大进口来源国

俄罗斯现阶段的经济发展很大程度上依赖于能源贸易，不仅面对欧洲经济萎靡不振，并且面临着随时与西方国家进行政治角力的风险，对于俄罗斯来说，开发与进一步发展亚洲市场就显得十分必要。俄罗斯在亚马尔半岛还有大量天然气产能没有释放，预计未来几年，俄罗斯的天然气出口将有较为可观的增量。2019 年，中俄两国元首共同签署了 2 份《联合声明》，在两国建交 70 周年这一重要年份，赋予了中俄双边关系新的定位和内涵。中国石油化工集团有限公司(以下简称中国石化)、中国石油天然气集团有限公司(以下简称中国石油)、中国海洋石油集团有限公司(以下简称中国海油)分别同俄罗斯诺瓦泰克公司签署合作协议。上述中国三大石油公司将以股权合作的形式，从上游到下游全方位参与俄罗斯北极天然气的开发和利用。随着未来相应管道的建设完成以及亚马尔等大型 LNG 项目的完工，预计到 2020 年中俄进口管线设计输气能力可达 380 亿立方米/年，且未来两国的天然气贸易有望采用人民币进行结算。与此同时，中俄东线天然气管道工程北段全线贯通，并实现了与哈沈、秦沈等在役天然气管网的互联互通。2019 年 12 月 1 日，该管段正式接收俄气，预计一年内将引进 50 亿立方米天然气。

（三）中美贸易摩擦引发中国能源进口压力

美国是一个天然气产出大国，并颇具“世界影响力”，一直把持着基于“军事”与“文化”的能源政治控制力与基于货币的能源经济影响力。中美贸易摩擦虽然取得了阶段性成果，但是隐忧仍在，中美之间的利益冲突仍然没有得到有效的调和。而剧情反复的中美贸易摩擦更容易引起包括能源市场在内的国际贸易市场的恐慌，一方面，这会影响中国的进口能源来源，进而危及国家能源安全；另一方面，也会造成中国进口能源成本存在上升的可能性。根据美国能源信息署(EIA)统计，美国

2018年原油主要输出方向以亚太地区为主，占比接近70%，剩余部分则出口至欧洲以及南美洲。但是随着中美贸易摩擦加剧，中国对美国原油进口量锐减。尽管中国近年加紧布局全球油气市场，以对冲不断提高的能源进口依赖度所带来的能源安全问题，但是能源进口成本、能源进口渠道打通、时间成本与地缘政治问题仍然会引起能源进口发生不稳定性问题，或导致能源价格升高。

（四）中东局势堪忧恐引发油价上涨

中东作为世界能源出口的主要地区，其政治与经济局势一直受到关注。中东三大产油国中，伊拉克政局未定；伊朗与西方国家互有芥蒂，制裁与冲突成了2019年的主旋律；沙特阿拉伯看似稳定，一方面，“城中失火，殃及池鱼”，伊朗与西方国家的冲突，很容易影响沙特阿拉伯，另一方面，沙特阿拉伯国内的政治局势变化，如能源大臣的更换等等，都会影响国际油气市场的发展。伊朗的石油出口限制与OPEC国家的石油减产协议必定会导致石油价格出现上升的态势，中东地区作为中国进口油气资源的主要地区，毫无疑问也将影响中国的能源价格。

（五）“一带一路”倡议推动中国原油贸易人民币结算

石油美元体系一直是石油输出国与石油进口国共同关注的主题，随着西方国家政治与经济的影响力逐渐衰弱。中国作为新兴的经济体与能源使用大国，也在努力摆脱美元结算所带来的桎梏。衡量货币国际化程度的重要指标之一即是货币在国际贸易计价中的份额。从这个角度来看，“一带一路”倡议的推动使得人民币货币国际化具备了基本条件，对于中国来说，原油贸易人民币结算也有望施行，这将保证中国能源成本进一步降低、金融风险进一步降低、企业利润进一步提升。

（六）俄罗斯战略重心东移推动油气人民币结算

俄罗斯地处欧亚大陆交界处，能源贸易的范围也横跨亚欧两大洲的众多国家，随着欧洲经济疲态日显，俄罗斯则积极转移战略重心，将眼光投放在亚洲市场。其中，仅就中俄贸易，相当大一部分是能源贸易。随着中俄关系的新定位，这一数字在2020年还将继续上升。但在经济主体发展方面，俄罗斯仍然有待自我提高。俄罗斯也有另外一种期望，即是通过与沙特等能源大国联手，进行货币体系的改革，改变现在能源贸易以美元结算的方式。

国际经济环境对中国油气产业发展的影响

曾叶丽[1]；李佳蔓[2]

［1. 中国石油大学（北京）经济管理学院；2. 对外经济贸易大学国际经济贸易学院］

2019年尽管世界各国的经济前景有比较大的差异，但大多数国家的经济增长率均已下调，全球经济依然脆弱。2020年新冠肺炎疫情蔓延、国际石油价格突变、发达市场和新兴市场面临越来越多的信贷压力等因素继续对全球经济造成的不确定影响，预计2020年全球经济将萎缩1.5%。2019年10月以来，全球宽松风潮依旧强劲，继澳大利亚央行、印度央行降息之后，日本、韩国央行均表示2020年将维持宽松政策。目前，全球各央行为应对经济下行风险，采取降息的措施可能使得其面对经济困境时有资金不足的问题。在新兴市场和发展中经济体，许多能源出口国的经济增长前景因石油价格上涨而改善，预计巴西、墨西哥、俄罗斯、沙特和土耳其会有较佳的表现，但容易受到下行风险的影响，包括贸易情势恶化、英退相关干扰，以及金融市场突然涌现避险情绪。世界宏观经济格局变化为中国油气进口提供了相对平稳的贸易环境，也为中国油气企业海外投资提供了更多选择。具体世界经济增长数据见表1。

表1　2018—2020年世界经济增长态势　　%

区域	2018年	2019年	2020年（预计）
世界经济	3.6	3.0	-1.5
发达国家	2.3	1.7	-3.3
美国	2.9	2.4	-2.8
欧元区	1.9	1.2	-4.7
日本	0.8	0.9	-2.6
新兴市场和发展中国家	4.5	3.9	1.1

数据来源：IMF，World Economic Outlook.

一、2019 年国际宏观经济环境分析

总的来看，2019 年世界经济的增长形势持续放缓，整体的世界经济增长率相对于 2018 年的 3.6%下降了 0.6 个百分点。然而，与经济的同步减缓不同，这并不是广泛的复苏，仍然不够稳定。2019 年全球 90%的国家经济增长都有所放缓，美国与中国之间的贸易紧张局势到 2020 年将导致全球 GDP 水平累计下降 0.8%。发达经济体的增长继续减缓至趋于长期潜在水平，2018 年经济增长率为 2.3%，2019 年下降至 1.7%，预计 2020 年将维持在这一水平。欧元区的服务业初步出现了一些趋弱迹象，但发达经济体的劳动力市场依然活跃，工资增长和消费支出依然保持健康态势。一些新兴市场经济体的特有因素以及发达经济体的结构性因素都对经济增长造成拖累，如生产率增长缓慢和人口老龄化。新兴市场和发展中经济体 2018 年增长率为 4.5%，2019 年下降到 3.9%，原因包括贸易和国内政策不确定性，以及中国经济增长的结构性减缓。预计 2020 年新兴市场和发展中国家经济增长为 4.6%。

（一）亚洲各国带动全球经济增长

2019 年亚洲经济虽然放缓，但仍是全球增长引擎，继续带动全球的经济增长。在全球金融环境收紧、贸易紧张局势加剧及中国经济增长趋势减缓等因素的共同影响之下，2020 年亚洲经济增长前景将面临更长期的风险与挑战，包括人口老龄化、生产率下降及数字革命对未来工作产生的影响。亚洲各经济体如果能采取有效政策应对这些风险与挑战，推动结构性改革，将增强经济韧性，防范经济急剧放缓。

2019 年中国宏观经济稳定增长，经济增速为 6.1%。目前中国最重要的政策目标就是提升增长的可持续性和质量，同时要应对外部不确定性和全球需求放缓。除了一些货币宽松举措，中国需要运用财政政策来防止外部问题导致经济和信心下滑，主要是预算内财政，但任何刺激政策都应该放眼于向低收入家庭的财政转移支付，而不是大规模基建支出。中国也需要降低对于债务的依赖，加强中国宏观经济审慎管理工具等。制造业活动和全球贸易急剧恶化是造成经济增长缓慢的可能原因，关税的提高和持续的贸易政策不确定性降低了投资和对资本品的需求。作为中美贸易协定的一部分，预计美国将取消部分此前加征的关税并暂停额外上调关税，这可能缓解近期的周期性疲弱。中国是全球投资支出最高的国家，2019 年投资的放缓相较于进口的放缓则较为有限。导致进口疲软的因素包括出口增长下降，对汽车以及如智能手机等科技产品的需求下降。2018 年中国

企业抢出口的情况也导致进口需求前置，这造成了2019年经济的相对疲软。中国的制造业失去部分动能的同时，服务业仍然表现较好，这也增强了就业和消费者信心。除了GDP数据外，金融数据也显示企业中长期贷款占比再上升，信托贷款、委托贷款、未贴现银行承兑汇票持续好转，尤其是未贴现银行承兑汇票增速的改善反映了中小企业活跃度开始提升。基建增量资金(专项债)到位后，从2020年一季度开始原本基建投资上行的可能性较大，然而由于新冠肺炎疫情爆发，基建投资难免受到影响。针对疫情影响，中国政府到目前为止已经宣布了一系列促进经济增长的政策，预计这些政策能够使经济增长在2020年保持基本稳定，避免出现快速下滑。中国应继续弱化国有企业的角色，降低例如电信、银行等部门的准入标准也将帮助提升生产率，同时将改善劳动力流动性。此外，中国需要提高对医保、教育、社会转移支出，这些措施将能够帮助降低预防性储蓄并支持消费。

2019年日本经济总体复苏的趋势未变，经济增速为1%，预计2020年经济萎缩2.6%，2021年，随着财政刺激的影响消退，预计经济增速将降至0.5%。2019年日本制造业情形稳定好转，国家消费状况有所提升，日元不仅未贬值还略有升值。该国经济增长主要来自财政刺激，其对GDP的影响估计约为1个百分点，日本应当于2020年继续进行下一次的降税。在国际油价上涨的影响下，日本的进口增速稳定提升。日本劳动市场和企业业绩都出现明显改善，完全就业状态继续保持，劳动者报酬增速回落，2019年失业率维持低位。国家通货膨胀有所改善，但仍然远低于日本央行2%的目标。日本政府可能会试图通过增加支出来回收部分额外收入，以便缓冲消费税上调所带来的影响。由于日美贸易局势尚不明朗，如何处理涉及汽车与农业的关税将成为焦点。

2019年10月，韩国央行宣布将基准利率下调25个基点至1.25%，追平历史最低水平，这也是该行年内第二次下调政策利率，以期缓解经济放缓以及价格增长疲软的问题。韩国2019年9月出口连续第10个月下降，8月工业产值萎缩程度也超出市场预期，与此同时，消费者价格与生产者价格都呈现下降趋势。2019年上半年韩国的GDP实际增速为1.9%，2019年全年经济增速为2%，2019年韩国通货膨胀率也在一段时间内低于此前预期水平，即便加上通胀因素，2019年全年韩国GDP换算成美元也略有下滑。韩国经济增长将会在2020年面临极大的不确定性，韩国政策制定者应该优先考虑如何保证增长，贸易摩擦的影响丝毫没有结束迹象。

印度2019年的经济增速为4.8%，在非银行金融部门承压和信贷增速下降的背景下，印度国内需求的急剧放缓超出预期。

（二）欧洲经济稳步持续增长

欧洲经济在2019年实现1.2%的增长，受2020年新冠肺炎疫情蔓延、国际石油价格突变等因素的影响，预计2020年经济将萎缩4.7%。其中，失业率下降、工资上涨和持续的扩张性货币政策等因素是推动欧洲2019年家庭和私人消费稳定增长的主因。欧元区的经济下行压力远远大于美国。外部需求的放缓以及库存的下降这些现象均反映了工业生产疲软。欧元区增长从2018年中期开始承压，这一态势将持续到2020年，届时外部需求预计会恢复部分动能，暂时性因素包括打击德国汽车生产的新排放标准将会逐步消退。

欧元区实行新的排放标准带来干扰等因素产生了持久影响，其汽车行业正在收缩。德国2019年经济增长率为0.5%，法国2019年经济增长率为1.2%，英国2019年经济增长率为1.2%。脱欧不确定性仍然是拖累英国经济增长的一个主要因素。东南欧国家经济增长趋势也将持续，经济增长加快，国内消费和投资需求均强劲。在农业和建筑业增长的大力推动下，东南欧最大经济体塞尔维亚增长强劲，投资出现两位数增长。阿尔巴尼亚经济表现良好，其出口和国内需求仍然强劲，外国对该国能源部门的投资兴趣和活动增强。在东南欧，加入欧盟的前景预期仍然是各国重要的宏观经济政策支柱，欧盟在其加入前提供的援助对各国经济增长具有切实推动力。全球经济增长乏力、国际贸易环境恶化、制造业尤其是汽车业活动低迷，是欧盟经济增长不振的主要原因。德国、意大利拥有较大规模的制造业，经济对外依存度高，受到的影响更大。

欧洲央行主要负责欧元区金融和货币政策，肩负着宏观经济调控的主要职责，但欧元区缺乏统一财政政策，欧洲央行实施的货币政策空间有限。欧洲央行理事会货币政策会议于2019年10月24日决定，未来将主要再融资利率、隔夜贷款利率、隔夜存款利率继续分别维持在0.0%、0.25%、-0.5%不变，并于2019年11月开始每月购买规模为200亿欧元的资产购买计划。这被认为是欧元区新的量化宽松举措。在2019年9月货币政策例会上，欧洲央行理事会出台了包括降息、重启资产购买计划在内的新一轮货币宽松措施。此举引发巨大争议，欧洲央行内部分歧明显，德国、荷兰、法国央行行长对此公开批评。当前欧元区经济增长面临多重难题，但整体经济也显现出“韧性”，依然维持缓慢增长态势，未来通过结构改革和调整，有望逐步反弹。在经济下行风险加大的情况下，鼓励拥有充足财政空间的欧元区经济体有重点地采取适度扩张的财政政策，完善基础设施建设，提高人力资本，扩大劳动参与度，以促进经济可持续增长。例如，德国经济基本面良好，失业率低，债务负担小，刺激经济增长的政策空间较大。欧洲债务危机后，欧盟出台了包括量化宽松在内的一揽子措施，拯救处于危机的欧元区经济，但在这期间，欧盟没有进行足够的结构改革，导致欧洲国家普遍面临低通胀等难题。未来欧元区国家应着力推动涉及公共财政和税收、劳动力市场和福利政策等方面的结构改革，挖掘增长潜力，提高经济竞争力。

（三）北美地区主要经济体经济增长态势放缓

2019 年北美地区经济增速为 2.3%，主要经济体经济增长态势放缓，增速放缓反映了财政态势向中性回归以及金融条件进一步放松的预期支持力度将会减弱。就业和消费坚挺，但发展扩大的步伐已经有些迟钝。由于负债过高以及与各国间的贸易关系紧张，美国经济将面临一定的风险。2019 年 10 月美联储召开了 FOMC 议息会议，全球经济下行风险叠加美国贸易政策不确定性，以及美国经济有明显放缓迹象，美联储官员降息表态较多。美联储 2019 年 10 月 11 日宣布重启国债购买计划，决定每月购入国债 600 亿美元，原计划至少持续至 2020 年第二季度，同时美联储宣布扩张资产负债表。但是，由于疫情突然爆发并在全球蔓延，尤其是在美国快速蔓延，导致资本市场剧烈动荡，美联储为了稳定市场信心，不得不再度加码政策力度，开始实施无限量货币量化宽松政策。全球央行相继进入宽松周期，美联储面临经济预测的复杂性。在周期性拐点中，美联储货币政策会更加灵活和多样化以应对可能的下行风险。美国劳动力市场仍然强劲，但结构性问题仍存在。非农波动率大，失业率仍处于历史低位，劳动力成本缓慢增长，通胀压力小。外部环境压力对美国经济负面影响逐渐显现。中美双边关税提高对双边贸易差额的影响有限，但如不能解决贸易分歧以及其他领域发生进一步升级，可能会进一步削弱商业和金融市场情绪，对新兴市场债券利差和汇率产生负面影响，并导致投资和贸易增长放缓。2019 年受到全球经济和全球贸易下行趋势以及外部环境压力的影响，美国经济放缓迹象有所显现，但依然具有韧性。具体表现在：美国投资数据疲软，消费状况恶化，零售销售数据不见回暖，但劳动力市场依然强劲，失业率处于历史低位，薪资缓慢增长。通胀有回稳趋势，提高通胀水平还是美联储首先要解决的问题，虽然近期原油成本上涨，通胀有回稳趋势，但原油价格上涨对于美国核心 CPI 的影响不够显著，降息仍然是提升通胀的最直接有效的方法。

加拿大 2019 年的实际经济增速为 1.6%，预期 2020 年经济增速将继续下降，其经济状况相对简单，主要受美国影响。全球增长势头的放缓增大了加拿大央行支持增长循环情境的压力，并寄希望于出口和商业投资成为增长发动机。因消费支出和住房疲软，潜在经济增长和实际增长之间差距在缩窄，加拿大央行有必要进一步加息，但应该以渐进的方式进行。加拿大产出缺口的大小以及中性政策利率水平都存在不确定性。加拿大同样面临源于贸易紧张状况的全球不确定性。现如今对外贸易是加拿大的主要经济支柱，在国际贸易紧张局势加剧的背景下，加拿大最近一年来积极寻求对外贸易多元化。

（四）拉美地区经济增长有所放缓

2019 年拉美地区及加勒比地区经济增长情况较 2018 年该地区 1.2%的 GDP 增长率略有下降，预计 2020 年经济增长速度还将继续下降。全球经济疲软可能会使拉美的增长预期被进一步调低，尤其是在巴西、墨西哥和阿根廷经济放缓的背景下。其原因在于外部环境的不确定性，尤其是美国引起的贸易紧张局势给该地区经济增长造成了一定程度的影响。拉丁美洲劳动力市场预计不会在短期恢复，部分经济体将关键利率降至 2%以下，必须把财政稳定放在优先位置，央行有空间采取更多刺激措施。

2019 年拉美地区已出现经济疲弱迹象，该地区两大经济体墨西哥和巴西经济增长乏力、委内瑞拉危机加剧阻碍拉美地区发展。墨西哥受政策不确定、外国直接投资减少、实施比预期更严格的货币政策等多因素综合影响，2019 年经济增长率为 1.6%。墨西哥投资依旧疲弱，私人消费出现放缓，反映了政策不确定性、信心减弱以及借款成本上升且可能随近期主权评级下调而进一步攀升。巴西经济继续呈逐步复苏之态，主要原因是该国控制公共债务增加，维持社会必要支出，2019 年经济增长 2.1%，较 1 月预期减少 0.4 个百分点，2020 年经济将萎缩 0.9%。在巴西，鉴于养老金和其他结构性改革能否获批仍具有不确定性，市场情绪严重减弱。委内瑞拉正经历“巨大的人道主义危机”。该国石油生产崩溃，社会局势动荡导致经济形势持续恶化，严重拖累拉美地区经济增长。随着 2019 年委内瑞拉石油产量下降，该国经济 2019 年下降 25%，这类经济收缩情况较为少见。阿根廷 2019 年经济增长为 1.2%，较 1 月预期减少 0.5 个百分点。厄瓜多尔 2019 年经济增长为-0.5%，邻国哥伦比亚 2019 年经济增长为 3.5%。

（五）非洲地区多数国家的经济稳定上升

非洲地区经济增速由 2018 年的 3.1%加快至 2019 年的 3.2%。非洲地区外部环境更具挑战性，石油出口国产出持续中断以及南非的经济增长低于预期。目前以及未来经济增速都或将保持较高水平的四个非洲国家，分别是埃塞俄比亚、加纳、科特迪瓦及吉布提。2019 年，这四个国家的经济实际增速分别是：科特迪瓦的国内经济增长 7.5%，加纳经济增长 7.5%，埃塞俄比亚的经济增长 7.4%，吉布提经济增长 6%。

科特迪瓦是世界上最大的可可生产国，大量出口到欧美。此外，科特迪瓦的橡胶、菠萝、香蕉、棉花及咖啡等产量都位居非洲各国前列。工业方面，近年来科特迪瓦重点在发展采矿、石油、建筑、基础设施建设、电力电气行业等，而且重视炼油。非洲大多数国家不具备大规模炼油能力，目前科特迪瓦已经能够向周边国家出口汽油和电力。加纳国内生产总值约为670.8亿美元，其传统黄金、可可以及木材这三大产业在2019年保持着稳定发展，并且还建设了多家钢铁厂，为其大规模的基础设施建设提供部分原材料。此外，加纳也与全球其他国家紧密合作，从能源、医疗卫生、农业、渔业、教育、通信、信息、经贸等多个产业都能看到相关企业的身影。埃塞俄比亚近年来在中国的帮助下，积极建设工业园区，引进了大量的食品、饮料、纺织、皮革等加工业，并完善了水利、道路、金融、仓储、物流、酒店、电力、航运等相关配套产业。为推动经济发展，埃塞俄比亚政府正在实施其经济增长和转型计划，该计划目前进行到第二阶段，以创造更多为经济服务的基础设施，大力引进外资，成为东非乃至整个非洲的制造业中心。相对而言，吉布提的经济增速要低一些，由于人口数量较少，虽然国内生产总值很低，但其人均国内生产总值较高。

（六）俄罗斯经济温和回升

2019年俄罗斯经济稳定增长，取得了较好的发展成绩，包括经济增速加快、通货膨胀减缓等。俄罗斯在贸易和汇率增长的情况下经济有所复苏，对整个独联体经济产生重要影响。

2019年贸易条件有利因素减少，俄罗斯在2018年取得的显著经济增长在2019年无法持续，财政政策在增长方面起到中和作用。俄罗斯2019年经济增速为1.4%，增速不高，但与欧洲国家增速基本一致。虽然俄罗斯经济目前还存在困难，还需要更高的经济增长速度，但俄罗斯已经完成了总统选举和政府换届，有能力稳定发展。独联体国家和格鲁吉亚的生产总值在2019年经济增长为2%。2019年以来，世界经济增速放缓，贸易战此起彼伏，国际环境导致贸易风险加剧，不仅影响了独联体国家与第三国贸易关系发展，也对俄罗斯国内贸易产生了影响。俄罗斯能够避免经济衰退，实现经济小幅增长，原因是多方面的。2019年俄罗斯用于出口换汇的主要产品之一原油的价格出现反弹，另外，俄罗斯近年来采取的进口替代政策促进了农业和食品工业的发展，稳定了国内食品价格。为了吸引外国投资，俄罗斯正在采取措施改善营商环境，这些举措主要包括引进国际财务报告标准；完善移民法，吸引外国专家来俄工作；缩短营商手续的审批周期；继续发展社会经济跨越式发展区，采取一系列优惠的招商引资政策，等等。

二、2019 年国际宏观经济对全球油气产业的影响分析

在 2019 年，全球油气产业有所好转，但仍然面临一些压力，全球石油需求量基本保持稳定。在受到贸易摩擦影响，全球经济增长态势放缓的背景下，2019 上半年国际原油价格整体还是以上涨为主，下半年主要呈现下跌趋势。自 2019 年开年以来，国际原油价格就一路持续上涨，4 月涨至新高，随后 5 月起出现较大下跌趋势，呈现大起大落。

（一）美联储降息冲击国际油气市场

据不完全统计，在 2019 年 6—10 月，全球央行累计实施了 40 次降息行动。就现阶段美国国内环境而言，经济增长开始回落，通胀转弱。从全球经济环境来看，宽松政策成为较多国家的选择，降息周期逐渐靠近。经济放缓和低通胀现象普遍存在于世界范围内，或将引起降息潮。总体而言，由于自身经济增长的压力，宽松货币政策成为美国经济发展的内部需要。2019 年 7 月美国联邦公开市场委员会会议中将基准利率下调 25 个基点，10 月美联储宣布降息至 1.50%～1.75%，这是 2019 年内第三次降息，并暂停降息，在确定通货膨胀稳定上升之前也不会加息。

1989 年至 2019 年这三十年间，美联储共主导了三轮降息周期，每一轮降息周期均伴随经济衰退，主要表现为国内经济总值下滑和失业率上升，且降息周期与美国失业率上升周期基本一致。从时间上来看，降息平均时长 27 个月，第一次降息至经济衰退平均间隔时长 5 个月。2019 年以来，美国制造业经济呈回落趋势；非农就业数据出现回落；私人投资和消费对经济的拉动也有所减弱。各项经济指标的走弱，表示经济下行压力逐渐加大，市场对未来经济增长的担忧日渐上升，促使美联储从加息转向降息。

美联储降息对全球油气市场形成冲击。首先，美元走弱促使其他国家货币相对走强，冲击各国汇率体系，造成其他币种的离岸资产增值，从而冲击各国增速加快或复苏强劲的国内经济影响需求。之前，全球经贸关系紧张对市场产生巨大影响时，美联储多次出面安抚市场。现在，油价飙涨提高了整个经济成本时，美联储很难做到无动于衷。美国利率比其他发达国家都要高，在油价上涨的时期，企业经营成本显著提高，美联储需要降低利率刺激经济。油价上涨推升通胀上升，从表面上看，会挤压美联储的政策空间。页岩油企业本身负债率较高，但由于 2018 年油价上涨力度较大，许多石油企业利用高油价优势还清了不少债务，同时也通过变卖不良资产和降本增效等措施来提高自身经营效率，所以利率降低

其实对石油公司影响较小，各大石油公司仍具有充足的现金流来进行钻完井工作。

（二）全球上游行业回暖渐热促使油气勘探成果显著提高

2019年第三季度全球共有38处油气资源发现，主要集中在南美洲和欧洲地区。俄罗斯、圭亚那和塞浦路斯近海是2019年以来油气资源勘探开发的最大热点地区。其中，圭亚那-苏里南盆地是该季度油气发现数量最多的地区，有3个常规石油发现。其次是欧洲北海盆地，有3个常规石油发现和1个常规天然气发现。全球高影响力钻井热点地区是圭亚那-苏里南盆地、MSGBC盆地、墨西哥湾和欧洲西北部。哥伦比亚在第二季度发现的石油和天然气储量最多。阿帕奇公司正在圭亚那东部邻国苏里南进行勘探。

俄罗斯天然气工业股份公司发现两个新的天然气田，共约2322.1亿立方米天然气储量，两个气田分别是位于亚马尔半岛附近卡拉海的丁科夫气田和尼亚梅斯科耶气田。埃克森美孚在地中海岛国塞浦路斯海上发现的格劳卡斯气田，约1274.3亿立方米天然气储量。壳牌在墨西哥湾深水区发现的新油田，埃克森美孚在圭亚那海上的两个油田，将在2020年初开始持续产油。

全球常规油气发现继续显示出良好的增长前景，2019年每月平均石油发现量达11亿桶，较2018年的8亿桶油当量大约上涨了35%。2019年以来的油气发现中，天然气占63%。过去3年常规油气发现处于70年来的最低水平，特别是在过去10年里，以常规油气开采为目标的钻探活动有所减少，并以2014年油价暴跌后降幅最大。这些趋势可能会限制未来常规储量的增加。常规项目还需要与周期较短的非常规项目进行竞争。以美国为例，美国独立油气公司为应对不断变化的市场环境，将投资从国际勘探转向页岩油气开发，这些项目周期更短并具有更大的灵活性。如果油价下跌，运营商可以迅速关闭一个非常规项目，并在下个月停止或推迟钻探。另外，在当前规避风险的投资环境下，油气行业更倾向于在现有基础设施附近的成熟盆地进行钻探，因为在此类盆地作业时，运营商可以在2~3年内迅速启动一个项目。

（三）国际贸易环境恶化影响全球油气资源并购市场回暖

2019年全球油气资源并购市场总体呈现“量价齐跌”态势，市场“回暖”明显弱于预期。从交易数量和金额看，2019年上半年全球油气资源并购活跃程度大幅降低，发生交易数量共103宗，较2018年同期183宗下降约43.7%，低于近10年同期超过200宗的均值，也是近15年同期最低水平。从交易区域看，与世界其他地区相比，北美仍是全球油气资源并购最活跃的地区，2019 年上半年共发生并购活动 65 宗，实现并购交易金额近 650 亿美元，分别占全球市场的 63.1%和 78.3%；但与往年相比，北美地区油气资源并购交易数量已降至近 5 年最低水平，并购交易金额也大幅低于近 5 年均值。除北美地区外，全球其他地区上半年油气资源并购活动数量均出现较大幅度下降，合计发生并购交易 38 宗，仅为 2018 年同期的 68%；但交易金额略有增长，较 2018 年同期上涨 21%。

导致全球油气资源并购市场回暖弱于预期的主要原因，是全球市场并不看好未来国际油价的上涨前景。特别是在供给方面，虽然以沙特为首的欧佩克产油国和以俄罗斯为首的非欧佩克产油国达成了新一轮减产协议，但美国 2019 年全年平均出口量接近 300 万桶/天，进一步冲击市场和油价。尽管 2019 年上半年全球油气资源并购活动“回暖”弱于预期，但市场就此迎来新的上游并购“窗口期”，成为石油公司加强国际油气经营合作的较好机遇。一方面，部分国际石油公司计划未来一段时期内继续调整资产组合，一批资源条件相对优质的上游资产存在交易机会。其中，埃克森美孚公司计划在未来 3 年内剥离约 150 亿美元的非核心资产，BP、壳牌和雪佛兰公司分别计划未来两年内剥离约 100 亿美元的非核心资产，巴西国家石油公司也计划将 270 亿美元的本土资产向国际石油公司出售。另一方面，在美国页岩油产量持续增长和各类新能源、新业态冲击全球油气需求的背景下，预计国际油价近中期将维持在相对较低区间波动，也为更为合理的成本获取优质上游资产提供了条件。

(四) 全球经济复苏稳定提高油气行业优势

全球经济复苏逐渐稳定，国际大石油公司经营业绩明显回升，继续优化调整加快转型发展。国际大石油公司加大油气上游投资，着重天然气发展，扩大液化天然气(LNG)业务规模；炼化业务向原料优势区和需求高增长区集中；销售业务向新兴油气市场国家拓展。借油价回升之机，国际大石油公司继续处置非核心资产，优化资产结构，积极投资发展低成本、高盈利、潜力大的项目，有选择地介入和发展新能源业务，加快向各具特色的综合性能源公司转型。

随着全球经济复苏，国际天然气贸易连续四年创纪录。澳大利亚和美国的项目推动了 LNG 供应的相应增加，从而支持了贸易的增长。随着澳大利亚太平洋 LNG、戈尔贡 LNG 的增加，以及现有列车产量的提高，澳大利亚在 2019 年天然气产量持续增加。美国天然气产量增长完全是由萨宾帕斯生产所驱动。亚洲仍然是全球需求的驱动力，中国增长了单个国家有史以来最大的年增长，这是由旨在促进煤气转换的强有力的环境政策所推动的。

2019年中短期LNG贸易占LNG贸易总量的30%左右，短期贸易大幅增加可以归因于LNG供应和需求弹性的增长。全球LNG贸易已经进入到强劲增长的阶段，随着澳大利亚、美国和俄罗斯的新生产设施正在蓬勃发展，更多的国家通过建设LNG接收终端成为进口国。长远来看，传统能源强势回归及新能源行业发展受阻对于清洁能源更新换代及全球环境要求是不利的。作为最清洁的化石能源，天然气储量大、易获得，且能够弥补风能、太阳能等可再生能源不易储存、供应不稳定的缺点，能够在高碳能源向低碳能源过渡中发挥顶梁柱的作用。

三、2019年国际经济对中国油气产业的影响分析

总体来说，2019年全球的经济增长形式持续放缓。随着中国经济融入世界经济的程度越来越高，中国经济与国际经济的相互影响也变得越来越大。2019年中国宏观经济稳定增长，努力提升经济增长的可持续性和质量，同时要应对外部不确定性和全球需求放缓。在国际、国内宏观经济共同影响之下，2019年中国的油气产业也发生了各方面的变化。

（一）“一带一路”稳步建设保障中国的天然气供应安全

“一带一路”建设的一个重点领域是能源资源开发。油气合作则是“一带一路”建设的先行者、主力军。“一带一路”沿线国家中，有20个左右的国家属于能够进行商业开发的资源国。随着“一带一路”建设的走深走实，“一带一路”倡议在全球油气领域的分量将越来越重。

2019年，“一带一路”大型油气合作项目在中亚、俄罗斯、中东、非洲等国家和地区陆续展开或收官。首先，中俄天然气管道东线项目2019年底投产运行，北极亚马尔天然气及LNG项目全部设计产能实现达产，中俄油气合作继续为全球油气行业注入新动力。其次，中国石油企业与国际大石油公司在中东伊拉克、中亚哈萨克斯坦等高端油气市场上的深度合作继续，预计2020年将有新的重大项目签订，这对恢复伊拉克这一全球重点产油国应有地位，对强化中亚地区“一带一路”枢纽地位而言显得十分必要。再次，作为“一带一路”能源基础设施建设的标志性工程，中国与中亚地区的石油天然气跨境管道、中国与缅甸的油气管道能否安全平稳高效运行也将释放出不一样的地缘政治信息，从而对全球油气市场产生影响，需要重点关注。

（二）国际创新经济不断推动中国能源转型

对于能源转型，目前的基本共识是，低碳能源和非化石能源比例在一次能源

消费总量的比例将持续上升，预计能够在2030年前后达到20%左右。但能源行业内也普遍认为，未来较长一个时期，乃至到2050年前后，石油天然气等化石能源依然是这个世界的主体能源，消费占比将保持在50%以上。国际不能够忽视能源转型效应，能源转型已经对行业和传统石油公司带来一系列影响，形成了“倒逼机制”。不管煤炭、石油、天然气等传统行业的人们是否愿意，传统化石能源发展将会进入一个“转折点”，未来将进入真正意义上的化石和非化石能源、再生和不可再生能源共生共存的时代。

2019年内国际市场有四股力量在推动中国能源转型。一是中国传统石油企业的自身转型，从高碳业务转向低碳业务，目前，大国国际石油公司和部分国际化的国家石油公司已经把“低碳环保”的天然气视为“核心业务”，通过自主勘探和兼并收购的方式获取天然气资产，以期抢占能源转型的制高点。二是技术创新，通过技术创新把新能源和非化石能源的使用成本降下来，使得非化石能源的使用成本能够媲美化石能源。三是在2015年底巴黎气候大会上，由埃克森美孚、BP、壳牌以及中国石油发起成立的“油气行业气候倡议组”预计将发挥更大作用，形成约束性基础，努力降低二氧化碳排放。四是相当一部分中国独立石油公司和中国民营石油企业，以灵活的机制、到位的公关和相对透明的管理，在可再生能源领域取得一席之地，它们推动“能源转型”的决心最大，手段也最彻底。

（三）天然气需求强劲推动中俄天然气管道全面建成

2019年10月16日9时56分，在距离吉林省松原市区西北方35千米处的施工现场，随着最后一道金口完成焊接，中俄东线天然气管道工程北段全线贯通，同时也实现了与哈沈、秦沈等在役天然气管网的互联互通。2019年12月2日下午5时，中俄东线天然气管道正式投产通气，黑龙江、吉林、辽宁、河北、天津、北京等地将直接受益，一年内将引进50亿立方米天然气，以后将逐年增加输量，最终达到380亿立方米/年。这对东北及京津冀地区2019年冬季天然气保供和打赢蓝天保卫战具有重要意义。

在俄罗斯天然气公司与中国石油签署的东线天然气补充合同中，规定2019年12月20日启动向中国供应天然气，第一阶段每年80亿立方米。2017年俄罗斯向中国出口44.495万吨液化气，同比增长73.4%；当年中国进口液化气3810万吨，同比增长46.4%。俄方专家据此预测，如果中国天然气消费年均增速15%，2020年中国天然气消费将达到3500亿立方米，2026年供应量可达4800亿立方米，俄方应当积极占领中国市场份额。中俄东线天然气管道工程北起黑龙江省黑河市，途径 9 个省，南至上海，管道全长 5111 千米，其中，新建管道 3371 千米，利用在役管道 1740 千米。工程分黑河－长岭、长岭－永清、永清－上海三段建设。北段包括一干三支，管道全长 1067 千米，于 2015 年 6 月 29 日启动试验段建设，2017 年 12 月 13 日全面加快建设，2019 年 10 月 16 日全面完成建设任务。此次俄罗斯支持天然气管道建设，深意在于构建欧亚经济联盟与“一带一路”对接，该项目是目前中国规模最大的天然气长输管道工程。项目同时采用直径 1422 毫米超大口径、X80 高钢级、12 兆帕高压力组合，这种组合在中国管道工程建设上还是第一次，具有世界级规模和水平。该项目还是中国首条智能管道试点工程，新材料、新技术、新工艺应用最多，信息化、自动化、智能化程度最高，需要开展从“0”到“1”的探索和实践。

（四）国际投资环境推动中国油气勘探领域的开放

2019 年 6 月 30 日，中国取消石油天然气勘探开发限于合资、合作的限制，标志着国内油气行业的全部开放，油气行业竞争进入一个全新时代。在国际投资环境相对疲弱的背景下，中国取消石油天然气勘探开发限于合资、合作的限制，意味着油气上游产业进一步打破垄断格局，外商石油企业可独立在中国投资油气田勘探开发。石油天然气勘探开发市场限制取消，对于外资和民营企业来说，固然是一个投资中国油气市场的利好消息。长期以来，油气勘查开采由于涉及国家的能源安全，一直由国有企业掌握主导权。民营企业的占比仍然微乎其微，而且获得的区块相对较差，同时存在着成本较高、难度较大的问题。一些真正有志于勘探开发的中小企业，在投入大量资金后，反而因为勘探周期较长、成果尚不明显等各种因素而面临退出风险，严重挫伤了这部分企业的积极性。

油气勘探开发经历了新中国成立 70 年来的高速增长后，目前处于相对低迷的时间段。就常规油气来说，东部老区经历了长期开发后，原油产量逐年递减，后备资源接替储量不足；西部上产区域探明储量巨大，但是资源劣质化严重，效益开发难度加大。而新发现的非常规油气资源，则由于埋藏深、压力大、温度高，造成开采成本过高。以非常规页岩油和页岩气来说，每钻一口井和压裂的成本较高，再加上钻井周期长，在旋转导向等关键技术上没有实施终极突破，成本过高，导致效益建产困难重重，在一定程度上影响了石油企业开发非常规油气的积极性。在勘探开发领域，国际巨头在中国都有取得佳绩并且可圈可点的合作项目，如壳牌与中国石油在长北项目合作、道达尔与中国石油在苏里南项目合作、

BP 与中国石油在四川盆地合作开发页岩气等。这次在油气上游领域取消限制,外资和民企可以单独进行勘探开发,外资巨头虽然对中国政府的政策很支持,但是在具体实施中,外资巨头均表现出审慎的态度,在决定合作方向上以等待观望和待机而动为主。尤其是作为深耕国际市场多年的外资企业来说,既要选择有潜力有价值的区块,又要找准合作伙伴,更要讲究效益勘探开发。

世界油气产业发展分析与展望

王梦霜[1]；金锦文[1]；董康银[2]；常勇[1]；高建[1]
[1. 中国石油大学(北京)经济管理学院；2. 对外经济贸易大学国际经济贸易学院]

2019 年，全球油气行业继续复苏，大量资本进入市场，石油探明储量止跌回涨，天然气探明储量缓慢上升。油气勘探开发投资持续增加，但跟高峰期相比仍处低位，石油产量和消费量增速放缓，油价上半年呈先涨后跌态势，下半年在低位区间震荡。展望 2020 年，全球油气勘探开发将继续上升，国际油价下行风险较大，世界炼油产能过剩加剧，油气市场更趋复杂。

一、世界油气探明地质储量止跌回升

(一) 世界石油探明储量有所上升

2019 年，受国际石油需求增长和价格上涨影响，全球石油勘探进程加快，世界石油探明储量呈上升趋势。IEA 公布的数据显示，截至 2019 年 10 月底，非洲和独联体国家的石油探明储量基本保持不变，分别为 1253 亿桶和 1447 亿桶；北美洲和亚太地区的探明储量有所下降，下降幅度分别为 11 亿桶和 1 亿桶；中南美、欧洲以及中东地区的石油探明储量有所上升，上升幅度分别为 11 亿桶、6 亿桶和 18 亿桶。从区域组织的角度分析，欧盟国家的石油探明储量下降，其他区域组织则缓慢上升，如非经合作组织和石油输出国组织分别上涨至 14758 亿桶和 12422 亿桶。

(二) 世界天然气探明储量小幅上涨

截至 2019 年底，世界天然气探明储量从 193. 5 万亿立方米增加至 196. 9 万亿立方米，天然气探明可采储量总体呈增长的趋势，但增长的速度逐渐下降。其中，中南美、欧洲和非洲地区的天然气探明储量基本保持不变；北美洲和亚太地区天然气探明储量有所下调，下调幅度分别为 2000 亿立方米和 1000 亿立方米；独联体国家和中东地区天然气探明储量出现了小幅上涨，上涨幅度分别为 8000 亿立方米和 2000 亿立方米。

(三) 海域成油气资源勘探热点区

长期以来油气勘探主要集中在陆地，但长期开采导致勘探难度越来越大，发现新的陆上大型构造油气藏殊为不易。因此，海域、复杂构造及隐蔽岩性油气藏正成为全球常规油气勘探的热点领域。根据 IHS Markit 提供的数据，2019 年，全球(不包含美国)新发现油气田共计 226 个，其中海上油气田 68 个，约占总数的 30%；新增油气可采储量 77.8 亿桶油当量，其中新增海上油气可采储量 64.5 亿桶，约占新增总储量的 83%。新发现的前十大油气资源都来自海域，主要集中在大西洋中段和地中海东部的圭亚那、塞浦路斯、巴西和墨西哥湾等地。

二、世界油气勘探开发投资恢复性增长

(一) 世界油气勘探开发投资持续回升，但仍处低位

IEA 公布的数据显示，2019 年世界油气勘探开发投资持续性恢复增长，达到 5050 亿美元、同比增幅 6%，但跟 2014 年相比投资额仍处历史低位。其中，全球油气勘探资本支出将达到 600 亿美元，同比增长 18%。在经历 2017 年和 2018 年的连续强劲增长后，2019 年美国上游投资陷入微幅衰退，其他地区上游投资均有所增长。

(二) 国际石油公司加大深水油气布局，海上勘探开发成为投资热点

在能源市场复苏的大环境下，深水勘探开发投资不断增长，即便在本轮低油价时期，部分国际石油公司依然继续参与深水油气勘探的相关竞标活动。大量海上油气项目获得批准，推动了海上油气投资的发展。另外，由于海洋石油开发项目盈亏平衡点的快速下降，很多公司重启原被暂停的项目，其中大部分都是海洋石油开发项目。这些近海油气项目集中在墨西哥湾、圭亚那、北海、巴西。

(三) 中东、拉美等地区投资加速推动上游投资总体增长

在中东地区，沙特阿美、阿布扎比国家石油公司、卡塔尔和科威特国家石油公司纷纷加大上游油气勘探开发力度，以维持石油生产水平和满足地区内的天然气消费需求。拉丁美洲地区上游投资增速超过 10%，巴西、圭亚那、阿根廷、哥伦比亚是投资热点国家，投资主要由跨国或国有石油公司推动。欧洲地区的油气上游投资增长，投入主要集中在北海地区油气开发设施的维护和升级，其中还包括挪威的 Johan Sverdrup 油气田第一阶段的开发。

三、世界油气产量增速放缓

石油输出国组织(OPEC)2019 年《石油市场报告》中显示，相较于 2018 年的

9906万桶/日，2019年前三季度全球石油供应持续下降，从第一季度的9904万桶/日降至第三季度的9819万桶/日。其中，受减产计划影响，2019年前三季度OPEC整体产量持续下降，从2018年的3622万桶/日降至2019年第三季度的3407万桶/日，降幅达5.9%。相反，非OPEC国家整体产量稳定上涨，从2018年的6244万桶/日持续增至2019年第三季度的6411万桶/日，增幅达2.7%。

（一）主动和被动减产规模相当，OPEC石油产量下降明显

2019年前三季度，OPEC整体产量下降明显，从2018年的3622万桶/日降至2019年第一季度的3528万桶/日，随后持续下降至第三季度的3407万桶/日。一方面，以沙特为主的OPEC主动减产国家减产执行率整体较高，前三季度减产执行率保持在120%左右，主动减产量达116万桶/日。其中，沙特承担最多减产任务且减产执行率较高，2019年第三季度，沙特原油产量降至937万桶/日，较2018年的1031万桶/日减产94万桶/日。另一方面，相较于主动减产规模，OPEC被动减产规模更大，达到186万桶/日。2019年前三季度，受美国制裁的影响，以伊朗和委内瑞拉为主的未被分配减产任务的OPEC国家产量大幅下降。其中，伊朗原油产量从第一季度的273万桶/日降至第三季度的219万桶/日，较2018年的355万桶/日减产136万桶/日，降幅远超沙特。2019年第三季度，委内瑞拉原油产量降至71万桶/日，较2018年的135万桶/日减产64万桶/日。

（二）俄罗斯石油产量稳步增长

根据OPEC发布的数据，2019年前三个季度俄罗斯石油开采量较2018年前三个季度增长3.7%，达到4.6亿吨。8月俄罗斯的石油产量攀升至每日1129.4万桶，超过俄罗斯全球减产协议下承诺的产量水平，而且触及自3月以来的最高水平。俄罗斯的能源数据显示，8月俄罗斯的石油产量从7月的4714.9万吨攀升至4776.3万吨。8月俄罗斯管道出口量为每日461.0万桶，7月为每日460.9万桶。据EIA统计，2019年10月，俄罗斯石油日产量从9月的1322万桶小幅升至1563万桶，而由外国公司经营的油田产量较9月下降了9.6%。尽管10月产量有所上升，但俄罗斯仍遵守OPEC+减产协议的承诺，石油产量增长的速度在11月和12月都有所下降。就整个2019年而言，俄罗斯的石油产量达6.23亿吨，较2018年产量增长幅度放缓。

（三）美国石油产量持续增长

《油气杂志》的数据显示，截至2019年9月底，美国的石油产量从年初的平均每天1170万桶，增加到现今每日1250万桶。将原油产量同美国石油出口量进行分析发现，当原油产量持续上升时，美国石油出口也随着增加。

美国油井生产的初始数据显示，仅致密油产量在 2019 年 5 月就已经达到了约 850 万桶，约为往年入冬前的水平。这使得 2019 年美国石油产量预期从约 20 万桶/日上升至 1340 万桶/日。2020 年的预期产量则为 1430 万桶/日，增加了约 7.5 万桶/日。新墨西哥州和得克萨斯州的二叠纪盆地石油产量迅猛增长。根据最新数据，二叠纪盆地 5 月的日产量超过 450 万桶。由于压裂法正逐渐恢复使用，得克萨斯州 2019 年 9 月原油产量增加 7.2 万桶/日。2019 年，尽管墨西哥湾经常发生猛烈的飓风，迫使整个行业一次关闭持续数日，但每天的石油产量仍增加了 10 万桶。实现这一增长的一个原因是壳牌阿波马托克斯油田的提前投产。

四、世界石油消费继续增长，但增长速度放缓

据 OPEC 最新数据显示，2019 年全球石油需求保持小幅增长态势，从 2018 年的 9882 万桶/日增至 2019 年的 9980 万桶/日，增加 98 万桶/日，增幅达 1.0%。这些需求主要来自世界最大的几个石油消费国，如中国、美国、印度等国家。此外，随着新能源汽车的普及，全球的汽车行业也出现下滑趋势，对于汽油等能源的需求出现下降，汽车电动化也是减缓石油消费量的一个重要因素。

（一）中国油气消费持续增长

中国的石油消费量在 2019 年继续保持增长的势头。2019 年 8 月中国石油、中国石化、中国海油三大巨头的石油日均消费量达 110 万吨，日均原油消费量环比上升 2.03%。其中，随着交通行业的蓬勃发展，汽油、航空煤油的消费量不断增加。由于受新冠肺炎疫情影响，中国石油、中国石化和中国海油的日均原油消费量预计在 2020 年出现下降，至少不会高于 2019 年的水平。

由于国家管网的独立改革，中国的天然气发展呈现出生机勃勃的局势。据统计，2019 年中国的天然气表观消费量达 3100 亿立方米，与 2018 年相比增加 10%，日高峰用气量实现了巨大突破。分区域来看，各地区的天然气消费量都有提升，浙江、河北两个地区的消费量突破百亿立方米。根据 OPEC 的报告预测，考虑中国政府对石油生产发展的大力支持，中国未来的油气消费量仍然呈上升趋势。

（二）美国石油消费量稳定上升

2019 年美国石油消费量不断增长，但石油增长更加迅速，这使得美国原油赤字自 2018 年以来越来越低。EIA 数据显示，石油（包括原油和精炼产品），如汽油、柴油和丙烷，是美国最主要能源消耗。2019 年上半年，美国原油出口日

均 290 万桶，较 2018 年上半年增加 96.6 万桶。2019 年 6 月，美国原油出口创月度新高，平均日出口为 320 万桶。EIA 的数据显示，2019 年美国原油进口量约为 800 万桶/日，较 2018 年下降 3%。出于地理和质量方面的考虑，美国仍在进口原油。在美国，石油产品的工业应用实例包括用作化学品和塑料原料的烃类气体、液体，以及用于建筑和道路养护的沥青和路用油。交通运输行业一直是美国最大的石油产品消费行业。2019 年，交通运输石油日消费量约 1400 万桶，为 2007 年峰值以来的第二高。工业部门在石油消费中所占份额仅次于运输业，2019 年约为每日 500 万桶。

（三）欧洲石油消费量增速放缓

2019 年 OPEC 最新发布的数据显示，欧洲石油消费量的增长速度开始放缓。从 4 月以来，欧洲部分地区暂停通过管线进口俄罗斯石油，减少了欧洲地区的石油供给。受全球经济增速放缓的影响，欧洲的工业引擎继续趴窝。数据显示，欧元区制造业采购经理人指数(PMI)出现小幅提升，但欧洲制造业的经济状况依旧不乐观。欧洲地区制造业正处于转型升级和产能过剩的状态，2019 年 6 月以来，欧洲经济放缓的程度变得严重，影响欧洲的原油需求量放缓，甚至出现下滑。

2019 年，以德国、法国、意大利和英国为主的欧洲地区石油消费量略有下降，从 2018 年的 1431 万桶/日降至 2019 年的 1430 万桶/日，降低 1 万桶/日。尽管 2019 年欧洲整个地区经济有所回暖，但针对石油使用的高税收政策、部分欧洲国家面临的经济问题、清洁燃料替代等因素依旧抑制了该地区全年石油需求增长。2019 年前三季度，欧洲地区石油消费量持续增长，日均消费量分别为 1399 万桶/日、1413 万桶/日和 1468 万桶/日，随后降至第四季度的 1430 万桶/日。此外，2019 年欧洲地区石油消费以柴油和汽油为主，日均消费量分别为 315 万桶/日和 123 万桶/日，相较 2018 年均有所下降。

（四）印度石油消费量增速出现下滑

2019 年，印度石油消费量的增长速度出现下滑，这和当地的石油需求量不断下降密切相关，主要是因为政府颁布了新的安全和排放标准法令，提高了购买汽车的成本，使得汽车行业受到影响，从而间接减少了汽油等燃料的消费量。《国金能化印度原油月报》最新数据显示，印度 2019 年 9 月原油进口量为 1682.1 万吨，创三年以来新低，与 8 月相比，下降 296.6 万吨，原油进口量同比下降 6.15%。原因是当月印度部分炼油厂由于维护和燃料升级而停产，从而削减了采购量。

根据 OPEC 的报告预测，由于印度经济的下滑趋势，其国内石油消费的增长速率无法达到长期趋势，经济疲软将会影响其石油消费量的增长速度。

(五) 亚太地区油气消费增长稳定

2019 年亚太地区石油消费量增长稳定，主要来自中国和印度等经济体。其中，2019 年中国和印度成品油消费量持续增长，分别从第一季度的 1263 万桶/日和 503 万桶/日增至第四季度的 1343 万桶/日和 514 万桶/日；全年消费量分别为 1306 万桶/日和 487 万桶/日，相较于 2018 年，分别增加了 35 万桶/日和 14 万桶/日，增幅分别为 2.8%和 3.0%。2019 年，中国的石油消费以汽油和柴油为主，其中汽油相较于 2018 年有所减少，而柴油有所增加。相反，2019 年印度主要以柴油、液化石油气和汽油为主，消费量分别为 161 万桶/日、87 万桶/日和 71 万桶/日。

五、国际油价上半年呈先涨后跌态势，下半年维持区间震荡

(一) 上半年国际油价呈先涨后跌态势，下半年回归至震荡区间

2019 年，在地缘政治、中美贸易战、OPEC+联合第二次减产和美国原油产量增加等诸多因素推动下，国际油价经历了先增长后下跌，最后维持区间震荡的过程。2019 年 1—4 月，西得州原油(WTI)价格从 51.14 美元/桶增长至 63.85 美元/桶，涨幅达 24.90%，相较于 2018 年末两个月油价的突然暴跌有小幅回升。布伦特(Brent)原油与 WTI 原油价格虽然整体变化趋势一致，但是 Brent 价格增长幅度更大。此阶段属美国对伊朗制裁的 180 天豁免期，市场担忧伊朗在豁免期过后原油出口量下降至零，油价开始缓慢上升。此外，2019 年初油价的回升是对 2018 年末油价超跌的一种修复。2019 年 4—10 月，WTI 原油价格下跌至最低 53.91 美元/桶，相较于前一阶段开始呈下滑走势。在这一阶段，由美国引发的全球经贸紧张关系，如中美贸易谈判失利、美国欲加征欧盟关税、美国警告墨西哥征收关税等，使得国际原油需求端的担忧再次主导市场走势，国际油价宽幅下跌。由于 2019 年上半年减产执行效果不佳，OPEC 宣布延长减产。2019 年下半年，全球石油进入供小于求去库存阶段，同时受到 OPEC 减产，中东局势恶化，利比亚、尼日利亚以及委内瑞拉等国国内局势动荡以及天气原因导致美国页岩油被动减产等上行风险、贸易纷争升级以及巴西产能冲击等下行风险的综合影响，国际油价进入震荡区间，WTI 和 Brent 价格分别在 55~58 美元/桶和 59~65 美元/桶区间震荡。虽然中途受沙特油田受袭影响，国际油价曾一度飙升，但沙特阿美公司迅速修复设施、恢复产能，快速稳定了油价。2019 年国际油价较 2018 年水平有所下降，全年 WTI 和 Brent 均价分别为 57.63 美元/桶和 64.06 美元/桶，较

2018 年的 65 美元/桶和 71 美元/桶，降幅分别为 11.29%和 9.77%。

（二）地缘政治紧张和贸易紧张局势是推动 2019 年国际油价波动的主要因素

2019 年，不断加剧的地缘政治紧张局势和贸易紧张局势对国际油价产生了重要影响。2019 年初美国宣布对伊朗进行制裁，中东局势紧张程度有所加剧。5 月以来，霍尔木兹海峡附近多次发生油轮遇袭事故，9 月 14 日，沙特阿拉伯重要石油设施遭袭，中东地区局势持续紧张。2019 年，利比亚、尼日利亚以及委内瑞拉等国国内局势动荡，原油产量波动较大，这些都加剧了国际油价变动的不确定性。

同时，作为全球最大的两大经济体，2018 年 3 月由美国引发的中美贸易摩擦，严重影响全球经济发展，进而推动国际油价大幅波动。2019 年第一季度，经过十轮商贸谈判，中美贸易纷争得到阶段性缓解，全球经济压力有所缓解，并支撑国际油价大幅上涨。第二季度，中美贸易摩擦再次升级，中美第十一轮经贸谈判失利，国际权威机构纷纷下调全球经济增速和原油需求增长，国际油价宽幅下跌。第三、四季度，中美贸易摩擦并未大规模升级，并在 10 月 11—12 日的中美第十三轮经贸谈判中达成实质性共识，极大缓解国际油价下行压力，并回归至震荡区间。除中美贸易摩擦外，由美国引发的其他全球经贸紧张关系也严重影响国际油价波动，如 4 月美国引发的美国欧盟贸易战、5 月美国警告墨西哥征收关税等。

（三）OPEC+联合第二次减产效果不及预期和美国原油产量大幅增加等因素推动油价下跌

2019 年 1 月 OPEC+宣布第二次联合减产，此次减产目标相较于第一次减产整体下降较多，与第一次联合减产的 OPEC 国家计划减产 120 万桶/日、Non-OPEC 减产 60 万桶/日相比，第二次减产的 OPEC 国家计划减产 80 万桶/日，Non-OPEC 计划减产 40 万桶/日，均下降了 33.33%的计划量。同时，减产协议豁免国家由利比亚、尼日利亚变为伊朗、委内瑞拉和利比亚，OPEC 成员也发生了变动。尽管在减产期间，沙特完成了最高执行率为 295%的超额减产，但伊朗和 Non-OPEC 的主力国家俄罗斯减产幅度却较小，伊朗甚至出现了负减产率。虽然表面上看，减产联盟达成了一致的协议，但是从实际执行层面来看，内部存在巨大的分歧，减产联盟的有效性因此大打折扣。

页岩革命推动美国原油产量突破历史纪录，2018 年美国已经超过沙特及俄罗斯，成为新的世界第一大原油生产国家，占据全球原油供应主导地位。页岩资源生产是美国石油产量增产的主导力量，美国能源信息署（EIA）在 2019 年 8 月下调对美国原油产量的预期，这说明在偏低油价环境下，最新一阶段的美国页岩油生产产能扩张正在衰退，进入低油价环境下的调整期。新的页岩油生产调整期将主要由大型跨国石油公司主导，这些大型企业在石油生产上规模效益显著，生产成本低，有更强的低油价承受能力。大型跨国石油公司的页岩油生产将聚焦于长期采收率的提高，而不是产出量的短时间增加。跨国公司具有整合的所有股权，提高采收率、自动化钻井、供应链优化等技术的应用将在削减成本的基础上提高油井全生命周期的产油量。美国依旧稳定占据原油霸主地位，为油价的下跌提供支撑。

六、世界石油炼制产业的竞争格局进一步深化

（一）全球原油加工量小幅上升，增长主要来自亚太地区

据OPEC数据显示，2019年前三季度全球原油加工量小幅上升，从第一季度的8131万桶/日增至第三季度的8301万桶/日，增幅为2.1%。前三季度日均原油加工量为8173万桶/日，较2018年的8143万桶/日增加30万桶/日。全球三大炼油中心主要分布于北美、欧洲和亚太地区，2019年仅亚太地区原油加工量较2018年有所增加，其余两个地区原油加工量均有所下降。其中，亚太地区的中国和印度表现较为突出，相较于2018年，2019年中国和印度原油加工量分别增加了65万桶/日和27万桶/日，增幅分别为5.4%和5.6%。中国的炼油市场多元竞争格局巩固深化，炼油工业逐渐向大型化、规模化和一体化方向发展，预计将继续成为推动全球炼油产能扩张的重要力量。2019年前三季度，尽管北美地区原油加工量持续增加，从第一季度的1836万桶/日增至第三季度的1953万桶/日，但前三季度日均原油加工量为1899万桶，较2018年的1930万桶降低31万桶。同时，2019年前三季度，以德国、法国、意大利和英国为主的欧洲地区原油加工量也小幅下降，前三季度日均原油加工量为1191万桶，较2018年的1198万桶降低7万桶。

（二）全球炼油厂开工率小幅下降，波动幅度有所下降

2019年前三季度，美国炼油厂平均开工率为91.0%，较2018年前三季度的93.0%下降2个百分点，波动幅度同比2018年有所下降。2019年1—2月，受极寒天气影响，美国炼油厂开工率小幅下降，从1月的91.1%降至2月的86.7%，降幅为4.8%。3—8月，受天气转暖、下游市场需求、出口量逐渐增长等多重因素影响，美国炼油厂开工率连续增至8月的95.3%，为2019年美国炼油厂开工率峰值。9月，受运输燃料需求降低的影响，美国炼油厂开工率

小幅降至 89.9%。

2019 年前三季度，欧洲炼油厂平均开工率为 84.1%，较 2018 年前三季度的 86.1%下降 2 个百分点，波动幅度仍旧很大。1—5 月，受原油价格偏高、对石油使用的高税收政策、部分欧洲国家面临的经济问题、清洁燃料替代等因素影响，欧洲炼油厂将投资重点转向化工业，其开工率连续下滑，从 1 月的 85.4%降至 5 月的 82.9%，降幅达 2.9%。6 月，欧洲地区炼油厂开工率陡增至 88.3%，为 2019 年开工率峰值，随后，逐步下滑至 9 月的 79.6%。

2019 年前三季度，亚洲炼油厂平均开工率为 82.4%，较 2018 年前三季度的 85.6%下降 3.2 个百分点，波动幅度同比 2018 年有所下降。亚洲炼油厂主要由中国、日本和新加坡三大炼油中心组成，1—5 月，开工率连续下滑，从 1 月的 80.1%降至 5 月的 76.0%，降幅达 5.1%。自 6 月起，亚洲炼油厂开工率持续回升，增至 9 月的 91.8%。

（三）全球炼油毛利波动明显，整体呈先增后减态势

2019 年 1—5 月，受季节性停工、下游市场需求强劲以及出口量持续增加等多种因素影响，以 WTI 原油计价的美国炼油厂毛利快速增长，从 1 月的 13.3 美元/桶增至 5 月的 19.6 美元/桶，达到 2019 年毛利峰值，且打破 2018 年毛利峰值（5 月的 18.5 美元/桶）。6 月，炼油厂原料价格过高和产品过剩导致美国炼油厂毛利小幅下滑，降至 6 月的 17.2 美元/桶。随后，受夏季燃料油需求增加、成品油价格上涨、费城 PES 炼油厂关闭等因素影响，美国炼油厂毛利小幅回升至 7 月的 18.6 美元/桶。8 月，受成品油库存增加和夏季燃料油需求结束影响，美国炼油厂毛利再次降至 14.2 美元/桶。9 月，炼油厂检修和非计划停机导致的产量减少，促使美国炼油厂毛利回升至 15.4 美元/桶。

2019 年 1—5 月，受炼油厂停工维修导致油品产量下降、柴油需求强劲等因素影响，欧洲炼油厂毛利自 1 月起开始持续增加，从 1 月的 3.0 美元/桶增至 5 月的 7.4 美元/桶。6 月，受下游市场全面疲软、炼油厂库存增加影响，欧洲炼油厂毛利小幅降至 4.2 美元/桶。随后，受成品油出口量增加影响，欧洲炼油厂毛利回升至 7 月的 7.7 美元/桶，达到 2019 年毛利峰值。8 月起，受季节性汽油需求下降和对美国出口放缓的影响，欧洲炼油厂毛利连续下降，降至 9 月的 6.3 美元/桶。

相较于美国和欧洲两大炼油中心，2019 年全年亚洲炼油厂毛利波动幅度最小。1—4 月，汽油和石脑油需求增加，尤其在印度和印度尼西亚两国，使得亚洲炼油厂毛利持续增加，从 1 月的 3.2 美元/桶增至 4 月的 5.4 美元/桶。5 月，受成品油出口下降影响，亚洲炼油厂毛利小幅降至3.9美元/桶。随后，中国、印度、印度尼西亚、越南和菲律宾部分炼油厂计划外停产，促使亚洲炼油厂毛利连续回升至7月的7.3美元/桶，达到2019年毛利峰值。8月，维护炼油厂恢复工作导致产品库存增加，进而使得亚洲炼油厂毛利再次降至4.7美元/桶。9月，受印度、印度尼西亚、越南和沙特阿拉伯等国家对成品油需求增加的影响，亚洲炼油厂毛利回升至6.8美元/桶。

七、2020年世界油气产业发展展望

(一) 油气勘探开发投资继续平稳增长

近年以来，上游勘探开发投资逐步从最低点连续数年正向成长。IHS预测，2019—2023年全球油气勘探开发投资复合增速将达5.9%，推进油服行业持续复苏，预计到2021年全球油服市场规模有望恢复到2015年水平，达3100亿~3300亿美元。其中，中国三大国有石油公司将继续落实习近平总书记关于加大油气勘探开发力度的批示精神，持续提高上游投入。从国际油气市场来看，国际金融机构纷纷表示将加大中小型油气项目的金融支持。世界银行将2020年天然气开发项目贷款金额提高到22亿美元，部分石油项目也获得了额外的贷款援助。在跨国及国有石油公司资本支出增长的带动下，陆上热点勘探地区、深海、页岩油气资源新建项目建设将是2020年的上游热点。

(二) 世界石油需求增速放缓

受国际经济继续下行影响，以及对2020年上半年全球公共卫生危机的担忧情绪，OPEC下调了2020年全球石油增长预期至99万桶/日，和2019年相比继续呈下滑趋势。IEA预计2020年石油需求量将增长120万桶/日。2020年，美国经济增长率预测将跌破2%，欧元区至1.1%，日本预估为1.4%，中国和印度经济下行压力也较大。另外，国际能源机构预测，2020年再次出现油田遇袭等地缘政治危机事件概率较低，即使出现短暂的危机事件带来的油价飙升，并不能消除市场对于2020年全年长期经济发展停滞的忧虑，全球公共卫生危机也增加了世界经济的不确定性。世界经济疲软、贸易活动减少，都会使2020年世界石油需求增速趋缓。

(三) 国际油价持续低位压力较大

在新冠肺炎疫情蔓延形势下，全球经济不确定性加强，金融剧烈动荡。目前，石油行业贸易商、投资者、高管普遍看跌2020年国际油价走势，认为在国

际经济增长前景黯淡的环境下，国际油价在暴跌后可能继续持续低位运行较长时间，主要特征是低位震荡，预计快速反弹的概率很小。

（四）世界炼油产能持续扩张，炼油行业景气周期下行

全球炼油产能持续增长，亚太和中东地区炼化产能扩张最快。IEA 预计，2020 年全球炼油产能将稳定持续扩张。中国、印度、沙特和科威特等将继续是炼油产能扩张的重要力量，炼油设施建设的投资持续增加；印度计划联合中东国家建设超大型炼厂，将巨资投入炼厂改造，预计最终投资将达 720 亿美元，新增炼油能力将达 128 万桶/日；美国将继续保持现有规模。尽管炼油产品需求有小幅增长，但是仍然处于供大于求的状态。受全球经济发展放缓、石油炼化需求减少、贸易摩擦等不利因素影响，世界炼化产业的景气周期持续下行，炼化业务盈利率将在未来数年内持续下降。世界乙烯总需求增长将低于原高峰时期每年 600 万吨的增速，部分细分产品如二甲苯也因为产能投资过剩，价格将维持低迷。

（五）大型上下游一体化油气生产企业业绩将持续向好

穆迪评级机构发布的年度展望报告预计，2020 年大型上下游一体化油气生产企业经营前景稳定向好。在经历较长时间负现金流的财务窘境后，大型上下游一体化石油公司自由现金流逐步由负转正，在 2020 年将继续维持这一趋势。正向净现金流主要得益于运营费用的降低、长期资本投资的延缓等一系列措施的实施。

国 内 篇

2019年经济下行压力持续加大，随着中国进入“三期叠加阶段”，加上中美贸易摩擦的外部冲击，以及全球经济增速下滑、外需疲软的消极影响，中国GDP增速接连下滑，逼近6%的底线。2019年，油气产业政策围绕产业建设和市场化改革进行推进。2020年油气产业政策应当着重考虑加快储气和管网规划，实现管道互联互通和“同网同价”，实现油气产业的高质量发展。

2019年，原油产量稳定，进口量和加工量持续增长，消费量和需求量增加；成品油产量和进口量下降，出口量大幅增长，价格震荡剧烈，竞争加剧；天然气产量及进口量进一步上升，对外依存度持续攀升，天然气价格上涨。展望2020年，尽管受到新冠肺炎疫情影响，但预计油气勘探开发力度不减，国内原油产量可能保持稳定，但国内原油需求增速下降，原油市场风险加剧，价格将处于剧烈波动状态；成品油需求预计下降或低速增长；天然气需求预计将趋缓，增长速度下降，整体供需平稳，对外依存度保持基本稳定。

2019年，中国油气勘探投资规模大大增加，勘探成果显著。同时，勘探技术的进一步发展和勘探支出的增加也为中国油气勘探产业的发展提供了极大的助力，促进了勘探事业的进一步发展。海上油气资源开发力度进一步加大，海外油气业务经营良好。非常规油气开发步伐加快，开发技术不断优化。页岩气开发技术实现新突破，新一代浅层稠油、超稠油开发技术大规模推广应用。

2019年，受国内增储上产、国有三大石油公司七年行动计划的利好带动，油服公司经营业绩实现大面积增长，装备利用率稳步提升，研发投入继续增长。展望2020年，由于新冠肺炎疫情和油价暴跌，预计国内油服行业将面对严峻挑战，工作量可能下降，服务价格面临下滑压力，市场竞争将更加激烈，而数字化技术将成为油服行业转型升级的重要动能。

2019年，中国炼油能力持续上升，炼油产能依然过剩，国内炼化项目布局由北向南、由内陆向沿海转移。面对更加开放的市场竞争，中国炼化行业进入“能力本位”时代。中国国内炼化企业纷纷从“油主化辅”转向“化主油辅”。炼化市场主体多元化迎来高段位、高层次的竞争。

油气管网作为国家重要的基础设施和民生工程，在国家能源战略中的位置也越来越重要。随着国家管网公司的成立，油气管网运营改革将持续推进，管输定价和成本的监管也将平稳过渡，油气管网的规划也将进一步完善，天然气的基础建设将步入快车道，油气管道智能化、信息化和国产化水平将不断提高，交易中心将在未来的油气管道的改革中发挥重要作用。

中国宏观经济及油气产业政策分析与展望

杨鑫磊[1]；徐双双[2]；卫静[1]；冯乃超[3]

［1. 中国石油大学(北京)经济管理学院；2. 中海石油气电集团；3. 中国石油勘探开发研究院］

2019年经济下行压力持续加大，随着中国进入“经济增速的换挡期、结构调整的阵痛期、前期反危机成本的消化期”，外加中美贸易摩擦的外部冲击，以及全球经济增速下滑、外需疲软的消极影响，中国GDP增速接连下滑，逼近6%的底线。2019年，油气产业政策围绕产业建设和市场化改革进行推进。2020年油气产业政策应当着重考虑加快储气和管网规划，实现管道互联互通和“同网同价”，推动管道运营模式变革的同时寻求高质量的国际油气合作，实现油气产业的高质量发展。

一、2019年中国宏观经济运行概要

2019年中国国民经济运行总体平稳，发展质量稳步提升。根据国家统计局发布的数据，2019年中国全年国内生产总值(GDP)为990865亿元，按可比价格计算，比上年增长6.1%，符合年初提出的6%~6.5%的发展预期目标。

（一）经济保持中高速增长

在全球经济复苏乏力、贸易保护主义抬头、不确定性增强的外部环境下，中国经济在坚持做好“六稳”的前提下，2019年中国国内生产总值为990865亿元，比上年增加90556亿元，按可比价格计算，比上年增长6.1%，处于政府年初设定的6%~6.5%预期增长目标之间，经济保持中高速增长。其中，第一产业增加值70467亿元，比上年增长3.1%；第二产业增加值386165亿元，比上年增长5.7%；第三产业增加值534233亿元，比上年增长6.9%。分季度看，四个季度国内生产总值同比增速分别为6.4%、6.2%、6%和6%，保持了较为平稳的增长态势。

2019年是新中国成立70周年，也是决胜全面建成小康社会、实施“十三五”规划承上启下的关键一年。这一年延续了党的十八大以来中国经济稳中有进的发

展态势，2019 年 GDP 总量比 2012 年增加 452285 亿元，年均增长率约为 7%。受全球经济增速放缓影响，虽然中国经济增速显著放缓，但通胀率预期和就业状况稳定，国际收支基本平衡，中国经济增速显示了较强的韧性，但经济下行压力也显著加大。

（二）全国 CPI 结构性上涨，PPI 低位变化

2019 年中国全年 CPI 同比走势呈平稳上升态势，月度涨幅略有走高。1 月 CPI 同比上涨 1.7%，但涨幅比上月回落 0.2 个百分点；2 月受春节因素影响环比上涨 1.0%，但由于上年基数较高，同比仅上涨 1.5%；3 月受食品价格快速上涨的推动，CPI 同比涨幅有所扩大，之后各月逐渐上涨，至 11 月同比达到 4.5%；12 月受猪肉价格回落影响，CPI 同比涨幅稳定在 4.5%。全年 CPI 上涨 2.9%，比上年扩大 0.8 个百分点，涨幅低于 3%左右的预期目标，延续了 2012 年以来涨幅低于 3%的态势，属温和上涨。2019 年，受非洲猪瘟疫情及周期性因素叠加影响，全年猪肉价格平均上涨 42.5%，影响食品价格上涨约 5.04 个百分点，占食品价格涨幅的一半多，成为 CPI 涨幅扩大的核心推动力。

2019 年中国 PPI 小幅下降。PPI 由上年上涨 3.5%转为下降 0.3%，生产资料价格下降 0.8%，是 PPI 下降的主要原因，影响 PPI 下降约 0.57 个百分点；生活资料价格上涨 0.9%，影响 PPI 上涨约 0.24 个百分点。分行业看，石油相关行业价格大幅度震荡，石油和天然气开采业价格全年平均下降 3.6%，石油、煤炭及其他燃料加工业价格全年平均下降 3.5%；金属相关行业上下游价格走势分化，上游采矿业价格上涨，下游加工业价格下降；其他行业价格涨跌互现，总体价格相对平稳。

（三）居民收入增长平稳，城乡居民间收入差距继续缩小

2019 年中国居民收入增长与经济增长基本同步，居民收入增长平稳。2019 年全国居民人均可支配收入首次超过 3 万元，比上年同期名义增长 8.9%，扣除价格因素，增长 5.8%，快于人均 GDP 增速 0.1 个百分点，居民人均可支配收入增速与 GDP 增长基本同步。其中，城镇居民人均可支配收入增速比上年加快 0.1 个百分点，农村居民人均可支配收入增速比上年加快 0.8 个百分点。

农村居民人均可支配收入增长快于城镇，城乡收入差距进一步缩小。2019 年，城镇居民人均可支配收入 42359 元，比上年增长 7.9%；农村居民人均可支配收入 16021 元，增长 9.6%，农村居民人均可支配收入增速高于城镇居民 1.7 个百分点，城乡居民收入比由上年的 2.69 下降为 2.64，城乡居民间收入差距进一步缩小。2019 年是打赢脱贫攻坚战的关键一年，中央和各地区通过实施一系

列的精准扶贫、精准脱贫措施，实现了贫困地区农村居民人均可支配收入的加快增长，2019 年贫困地区农村居民人均可支配收入 11567 元，比上年名义增长 11.5%，其增速快于全国农村居民，更快于全国居民。

（四）投资持续平稳增长，投资结构不断优化

2019 年在稳投资的各项改善措施下，中国固定资产投资运行总体平稳，主要表现为投资持续平稳增长，高技术产业投资快速壮大，基础设施投资持续发力，制造业投资低位回升，房地产开发投资较快增长，民间投资增速有所提高，第三产业投资增速明显快于第一、二产业，中、西部地区投资增速加快。2019 年中国完成固定资产投资（不含农户）551478 亿元，比上年增长 5.4%。分产业看，第一产业投资 12633 亿元，比上年增长 0.6%；第二产业投资 163070 亿元，增长 3.2%；第三产业投资 375775 亿元，增长 6.5%。

（五）对外贸易逆势增长，继续保持稳中提质态势

2019 年在外部需求普遍下滑、国内需求不足、中美贸易摩擦持续反复和加征关税的背景下，中国不断优化营商环境和外贸结构，对外贸易逆势增长，继续保持稳中提质态势。2019 年中国进出口规模逐季攀升，贸易方式结构不断优化，一般贸易进出口比重提升，民营企业超过外商投资企业首次成为中国第一大外贸经营主体。2019 年，中国进出口总额为 31.54 万亿元，同比增长 3.4%；出口总额为 17.23 万亿元，同比增长 5%；进口总额为 14.31 万亿元，同比增长 1.6%。进口增速慢于出口增速，贸易顺差为 2.92 万亿元，相比 2018 年增加 0.59 万亿元，贸易顺差同比大幅提升。

2019 年以来，虽然世界经济增长放缓，持续的中美贸易摩擦及其引发的汇率波动对中美双边贸易造成较大负面影响，但中国外贸仍然保持了较强的韧劲。现阶段中国民营企业活力不断增强，对“一带一路”沿线国家进出口增速较快，一般贸易比重逐渐提升，这表明中国对外贸易正在从劳动密集型转向知识密集型，这也从侧面体现了中国在发展高新技术产业、经济转型等方面取得的成绩。

（六）经济结构继续优化，供给侧改革内涵深化

五年来，中国三次产业结构不断优化。与 2014 年相比，中国第一产业和第二产业增加值占 GDP 比重分别下降了 1.5 和 4.1 个百分点，第三产业增加值占 GDP 比重提高 5.6 个百分点，第三产业占比有了相对明显的提升。从对经济增长的贡献率来看，2014—2019 年，三次产业对经济增长的年平均贡献率分别为 7.78%、40.35%和 51.9%，第三产业对经济增长的年平均贡献率比第二产业高

11.55个百分点。其中，2019年第三产业对经济增长的贡献率比2014年提高了5.6个百分点。

供给侧改革内涵深化。2019年中国通过“三去一降一补”巩固了前期的供改成果，供给侧改革升级稳步推进，通过增值税改革和加快国企混改进程增强了微观主体活力，通过“畅通”国民经济循环，形成国内市场和生产主体、经济增长和就业扩大、金融和实体经济良性循环。尤其在工业方面，中国工业结构调整继续推进，装备制造业、高科技制造业较快增长，战略性新兴产业加快增长，新动能持续扩大。

二、2019年中国主要油气产业政策

2019年，油气产业政策围绕产业建设和市场化改革进行推进。油气产业建设从勘探开发、管道建设、天然气供给以及储气建设等方面推动产业升级。油气市场化改革则侧重于调整天然气市场价格和推进天然气管网设施放开。

(一)油气产业建设政策

2019年2月23日，国家能源局印发《石油天然气规划管理办法》(国能发油气〔2019〕11号)(以下简称《管理办法》)。《管理办法》提出了中国五年期的石油天然气专项规划，是指导石油天然气产业发展的引领性文件。重大项目布局遵循以下原则：一是勘探开发方面坚持底线思维，大力提升国内油气勘探开发力度，保障能源安全。加强油气资源勘探和评价，特别是加大风险勘探投资力度，明确勘探开发部署和主攻方向。油气产能建设重大项目通过年度备案予以明确。二是管道方面，跨境、跨省原油、成品油、天然气管道纳入国家石油天然气规划。按照“全国一张网”的理念优化布局，统筹协调沿线经济发展，突出近期、兼顾长远、整体规划、分步实施，提升管网输送能力，扩大管网覆盖范围，加强管网互联互通，及时消除管输瓶颈。三是液化天然气(LNG)接收站方面，按照集约布局、适度超前的原则，纳入石油天然气规划的LNG接收站项目应符合天然气稳定供应需要和储气能力建设相关规划及方案。四是储气设施方面，落实《国务院关于促进天然气协调稳定发展的若干意见》(国发〔2018〕31号)对储气能力的要求，加快完善地下储气库和沿海LNG接收站布局。除因工程设计、施工等技术性因素制约且专家评估同意外，原则上纳入石油天然气规划的地下储气库项目，在无置换项目增补的前提下不得取消。

2019年8月27日，国家发展改革委审议通过《产业结构调整指导目录(2019年)(以下简称《产业结构调整2019》)，自2020年1月1日起施行。《产业结构调

整2019》旨在推动产业优化升级，其中鼓励类内容包括了石油、天然气上游勘探开采、油气管道基础设施、天然气分布式能源等产业。

（二）能源市场化改革政策

1. 完善石油天然气市场化定价

2019年3月2日，财政部、海关总署和税务总局印发《关于调整部分项目可享受返税政策进口天然气数量的通知》（财关税〔2019〕12号），为贯彻落实《国务院关于促进天然气协调稳定发展的若干意见》（国发〔2018〕31号）等有关规定，对部分政策规定中项目进口天然气的年度进口规模予以调整：①自2019年1月1日起，将浙江液化天然气项目可享受政策的进口规模调整为700万吨/年，将唐山液化天然气项目、天津液化天然气项目、广西液化天然气项目、天津浮式液化天然气项目、上海液化天然气项目可享受政策的进口规模调整为600万吨/年；②浙江液化天然气项目、唐山液化天然气项目、天津浮式液化天然气项目和上海液化天然气项目可享受政策的进口量分别为547.2万吨、546.6万吨、353.5万吨和398.5万吨。

2019年3月20日，财政部、税务总局、海关总署联合印发《关于深化增值税改革有关政策的公告》，决定自4月1日起降低部分行业增值税率。根据公告，成品油增值税率由16%降低至13%。据此，国内汽、柴油最高零售价格每吨分别降低225元和200元，自2019年3月31日24时起执行。成品油增值税的降低，首先获益的就是国内成品油市场，其最高零售限价得以降低；其次，会让终端消费者受益，切实降低居民用油成本；同时炼厂生产企业也可以降低税收负担，有利于降低成本，或用于投入新技术新工艺的开发以增强自身竞争力。

2019年3月27日，国家发展改革委发布了《关于调整天然气跨省管道运输价格的通知）》（以下简称《通知》）。《通知》根据天然气增值税率调整情况，调整相关天然气跨省管道运输价格：①根据增值税税率调整情况，决定自2019年4月1日起，调整中国石油北京天然气管道有限公司等13家跨省管道运输企业管道运输价格；②上述管道运输价格包含输气损耗等费用，管道运输企业不得在运输价格之外加收其他费用；③请各省（区、市）结合增值税率调整，尽快调整省（区、市）内短途天然气管道运输价格，切实将增值税改革的红利全部让利于用户。

2019年3月27日，国家发展改革委发布了《关于调整天然气基准门站价格的通知》（以下简称《通知》）。《通知》根据天然气增值税率调整情况，决定相应调整天然气基准门站价格：①根据增值税税率调整情况，决定自2019年4月1日起，调整各省(区、市)天然气基准门站价格；②天然气生产供应企业在与用户协商确定具体价格时，要充分考虑增值税率降低因素，将增值税率降低的好处让利于用户；③请各地价格主管部门在设计天然气销售价格时，统筹考虑增值税率降低因素，切实将增值税改革的红利全部让利于用户。

2. 加强天然气管网设施公平开放政策

2019 年 3 月 2 日，国家能源局综合司印发了《关于加强天然气管网设施公平开放相关信息公开工作的通知》(国能综通监管〔2019〕76 号)(以下简称《通知》)，为落实《油气管网设施公平开放监管办法》(发改能源规〔2019〕916 号，以下简称《办法》)，规范天然气管网设施开放行为，做好信息公开工作，《通知》要求天然气管网设施运营企业应当按照《天然气管网设施公平开放信息公开示范文本》规定的格式和内容公开相关制度文件、天然气管网设施运营企业基本情况、天然气管网设施基础信息、天然气管网设施剩余能力、服务条件、技术标准、价格标准、申请和受理流程、保密要求、天然气管网设施服务信息及用户合理要求的其他信息。

三、2020 年中国宏观经济及油气产业政策展望

(一) 2020 年中国宏观经济展望

1. 中国经济进一步结构性放缓

IMF 预计 2020 年全球经济增长率将小幅上升至 3.4%，但这一复苏具有不稳定性，贸易壁垒增加、围绕贸易及地缘政治的不确定性升温、制造业下行以及部分发达经济体老龄化、低增长等问题都在拖累全球经济的增长，90%以上的经济体都将处于放缓态势，在这一背景下，预计 2020 年中国经济将进一步结构性放缓。中国科学院预测科学研究中心预计 2020 年中国 GDP 增速为 6.1%左右，呈前降后升、稳中有进趋势，不会出现大幅度下滑。

受新冠肺炎疫情影响，中国 2020 年初的生产经营受到冲击，这将导致一季度经济出现下行趋势，但中国作为发展大国，其保持经济稳步发展的韧性、弹力和空间依然存在，疫情的影响将是暂时性的，不会改变中国经济长期向好的基本面。通过实施一系列的疫情管控措施，疫情结束后的需求回暖将会使中国经济出现反弹，以抵消疫情造成的经济损失。除此以外，随着中国供给侧结构性改革的稳步推进，经济结构继续优化，中国第三产业占比的持续提高将保障新增就业的稳定增长，有效推动高质量发展。

2. CPI 同比增速明显回落，核心 CPI 依旧疲软

2019 年受猪肉等食品价格大幅上涨拉动，中国 CPI 较快上涨，2020 年初受春节和新冠肺炎疫情因素影响，2020 年 1 月 CPI 同比上涨 5.4%。展望 2020 年，一方面猪肉产能恢复时间和程度的不确定性将导致 CPI 有继续走高的风险，预计猪肉价格变动对 2020 年 CPI 同比涨幅的贡献仍将超过一半，从 2020 年中之后，随着对比基数的抬升和市场有效供给的增加，猪肉价格对 CPI 的拉动作用将显著下降，可能会出现负影响；另一方面受需求不足等因素的影响，核心 CPI 同比增速短期内仍将保持相对低位，因此预计 2020 年在不出现极端天气的情况下，中国的 CPI 同比增速将明显回落。由此，2020 年中国物价总水平将保持稳定，但猪肉价格等上涨带来的结构性矛盾仍将持续一段时间，CPI 或将呈现前高后低走势。

短期内，虽然通货膨胀上行可能会对宽松的货币政策带来一定的掣肘，但从去除猪肉价格影响之后看，中国的核心 CPI、PPI 等指标依旧疲软。因此未来中国应加大逆周期调节稳增长力度，综合运用货币、财政和产业政策等工具来激发市场有效投资和消费内生性需求。

3. 投资增速放缓态势延续，整体投资保持稳定态势

“一带一路”建设为中国和世界带来发展动力，2019 年中国企业在“一带一路”沿线对 56 个国家非金融类直接投资 150.4 亿美元，占同期总额的 13.6%。“一带一路”建设为中国带来了投资机遇，但受当前外部不确定性增多与全球市场信心趋弱影响，中国经济依然面临内部和外部的挑战。国内受新冠肺炎疫情影响，2020 年初中国多数企业无法按时恢复生产，投资也相应减少。在进出口贸易方面，中美贸易紧张局势在 2019 年下半年虽然有所缓解，但不确定因素仍然存在，同时世界卫生组织将新冠肺炎列为构成国际关注的突发公共卫生事件后，中国出口贸易和外商直接投资均受到一定程度影响。但受国内制造业产能过剩影响，以及医疗卫生物资及制药、电子商务、在线教育和远程办公等相关产业迎来发展机遇，加之中国政府推出一系列救助措施加大对投资的刺激，总体来看，投资受疫情影响相对较小。同时，中国地产韧性强，房地产投资在 2020 年或稳定在 5%~6%之间，基建有望趋势性缓慢回升以对冲经济下行压力，未来中国积极的财政政策将会持续，因此中国整体投资仍将保持稳定态势。

针对整体投资动力不足的未来趋势，中国还将进一步加强各项鼓励措施，引导产业结构由劳动密集型向技术与智力密集型转变，通过继续深化结构性改革保持经济增长活力与生产率的提高，确保经济放缓进程整体处于稳定区间。

4. 逆周期调节力度加大，积极政策加力提效

2019 年中国的财政政策围绕减少经济运行、社会发展的不确定性，实施了更大规模的减税降费，加大对重点领域薄弱环节的投入力度，有效发挥了政府投资的引导作用，创新和完善支持民营经济的政策手段。同时，继续改善基本公共服务，支持绿色可持续发展，支持精准脱贫。

2020 年在世界经济增速继续放缓的背景下，预计中国财政政策会担当更重要的角色，而稳健的货币政策将予以积极的配合。中国或将加大逆周期宏观经济政策的调节力度，实施更大规模减税降费，增加地方政府专项债规模，提高财政资金的使用效率和使用效益。与此同时，通过货币政策降息来应对国际范围内已经出现的宽松货币政策竞争，为财政政策的进一步扩张创造有利的利率环境，在货币政策、财政政策、结构调整政策以及进一步深化改革和扩大开放的政策之间形成合力。在更为宽松的利率环境下，通过财政政策和结构调整政策来引导和培育以改善民生为导向的有效投资和需求，在国内需求增长、投资增长和有效供给增加之间形成不断强化的良性互动。

5. 供给侧结构性改革持续推进

自 2015 年 11 月“供给侧结构性改革”首次提出以来，中国出台了一系列的改革举措，各地区各部门以去产能、去库存、去杠杆、降成本、补短板五大重点任务为抓手推动供给侧结构性改革，效果继续显现。产能利用率稳定回升，2019 年中国工业产能利用率达到 76.6%，较上年提高 0.1 个百分点。企业杠杆率下降，库存周转加快，2019 年末规模以上工业企业资产负债率为 56.6%，比上年末下降 0.2 个百分点；产成品存货周转天数为 17.3 天，同比减少 0.2 天。这些数据都表明了中国持续推进供给侧结构性改革所取得的成效。

2020 年中国将全面建成小康社会，全面开启社会主义现代化建设新征程，虽然中国供给侧结构性改革取得阶段性显著成效，但进入新时代，随着中国居民消费需求从数量型转向质量型，对产品和服务质量要求越来越高，中国消费品供给结构升级滞后已经阻碍了消费市场的扩大，服务业发展与需求增长明显脱节。未来提高供给体系质量，提升科技创新能力，加快经济结构优化升级，不断提高全要素生产率将成为促进中国供给侧结构性改革升级的关键。由此，中国应继续在“巩固、增强、提升、畅通”八个字上下功夫，通过进一步减税降费释放改革红利，着力提高中国科技创新能力，着力调整收入分配结构，推动经济发展质量变革、效率变革、动力变革，加速新旧动能转换，加快建设现代化经济体系。

6. 打赢脱贫攻坚战，决胜全面小康社会

党的十九大报告指出，确保 2020 年中国在现行标准下农村贫困人口实现脱

贫，贫困县全部摘帽，解决区域性整体贫困问题，对此党中央和各地区围绕脱贫攻坚做出了一系列重大部署和安排，成效显著：2019年中国贫困地区农村居民的人均工资、财产、经营净收入等均保持较快增长，增速快于全国农村收入水平。尽管2020年要打赢脱贫攻坚战，全国范围内的脱贫攻坚将取得阶段性的胜利，但贫困人口全部脱贫并不意味着贫困的彻底消除，中国离高标准、高质量脱贫还有很大的差距。

2020年后中国减贫任务将步入由收入贫困转向多维贫困、集中贫困转向分散贫困、绝对贫困转向相对贫困、累积贫困转向转型贫困的阶段，因此2020年后中国应当把减贫目标转向建立高质量的减贫标准体系。未来中国减贫对象仍然以农村贫困人口为主，但随着城镇化的推进，农民工成为城市贫困人口新的构成，减贫方向也将转向兼顾农村贫困和城市贫困，努力构建城乡一体化的减贫开发格局。与此同时，减贫动力也将转向外在帮扶与内生发展并重，未来脱贫攻坚将在继续加大贫困地区帮扶力度的基础上，把加强对贫困地区内生发展动力的培育摆在突出位置。

（二）2020年中国油气产业政策展望

纵观2019年油气产业政策，油气产业结构调整落实在天然气储气、市场化价格等下游环节。为更进一步促进油气行业的结构优化，2020年油气产业政策应当着重考虑加快储气和管网规划，实现管道互联互通和“同网同价”，推动管道运营模式变革的同时寻求高质量的国际油气合作，实现油气产业的高质量发展。

1. 加快储气设施建设和完善天然气市场定价机制

2019年国内天然气消费持续快速增长、对外依存度攀升，且储气库管理迈入了高质量发展的阶段。随着清洁能源的推进，天然气已经占据了中国城市燃气的主要地位，对城市燃气的调峰起到至关重要的作用。推进天然气产供储销体系建设，“三桶油”(中国石油、中国石化、中国海油)积极增储，积极建设清洁低碳、安全高效的现代能源体系，全力促进清洁能源消纳，也将刺激天然气的需求持续增长。供暖初始阶段，天然气液化厂价格在一周内持续涨幅每吨50元至150元不等。因此，2020年，增加天然气储量，发挥天然气调峰作用，推进天然气价格市场化是实现让利于民的主要途径。

2. 推进管网建设，实现油气长输管道的互联互通

2019年，国家石油天然气管网公司(以下简称管网公司)挂牌成立，着手构建“全国一张网”，在促进油气产业结构优化升级的同时，逐步落实2019年《关

于加强天然气管网设施公平开放相关信息公开工作的通知》的政策，定期向社会公开相关管输和储存信息，实现油气资源上游多主体多渠道供应，集中中间环节进行统一管网高效集输，推动形成下游销售市场充分竞争的上中下游“X+1+X”油气市场体系。提高油气资源配置效率，保障能源安全稳定供应，更进一步降低管输费用，让民众享受到更加清洁、便利的能源利用。

3. 积极推进二步制，推动管容和管输分开

2019年，国家管网公司成立，管道资源的剥离将大幅度地影响油气产业的产业结构。上游油气资源主体的多元化，经济发展对天然气需求的增幅，以及天然气价格市场化的推进，促进了油气管道的计费方式的变革，实现“同网同价”是2020年落实2019年《石油天然气管网运营机制改革实施意见》中深化市场化改革的要点。

2020年，中国石油、中国石化、中国海油等国有大型油气企业将依据管网建设规划，剥离其旗下管道资源及员工，转至油气管网公司，重新厘定股权比例，引入社会资本，落实2017年《关于深化石油天然气体制改革的若干意见》，分步推进大型油气企业的干线管道独立，逐步实现管输和销售分开，加快中国油气管道的高速发展。

4. 传统乘用车消费放缓，汽油需求承压

受到当前宏观经济下行、居民收入增速放缓、汽车保有量持续增长所带来的资源环境约束增强以及消费者的汽车消费理念变化等多重因素的叠加影响，乘用车在中国市场的快速普及阶段已经基本结束，新车市场进入低速增长的新常态。2019年1—9月新车销量1837.1万辆，同比下降10.3%。由于理性的消费理念的增强，消费者更加青睐具有高性价比的车型和更具优势的产品，这进一步约束了汽油消费，导致市场需求疲软。2020年，汽油需求在中国乘用车市场的减缓是无可避免的，倒逼下游环节高质量发展，提供高质量油品服务将成为销售重点。

5. 推动“一带一路”油气高质量合作发展

油气国际合作是国家落实“一带一路”倡议的重要方式。当前中国的油气对外合作已形成了全产业链的合作模式，覆盖勘探开发、油气贸易、工程技术装备和运输。油气勘探开发合作的规模持续扩大，基本覆盖了全球重点资源国和油气富集地，推动了中国同能源合作伙伴构建能源命运共同体的发展进程。2020年，中国将继续积极参与全球能源治理，维持良性的国际合作互利循环，加强技术研发和创新，加强风险防范与管理，争取实现油气高质量的合作与发展。

中国油气市场发展分析与展望

张海霞；柯祎；邓思怡；张怡凡

［中国石油大学(北京)经济管理学院］

中国作为世界第二大经济体正处在高速发展时期，对油气资源的需求持续攀升。回顾2019年，原油产量稳定，进口量和加工量持续增长，消费量和需求量增加，原油价格先涨后跌再保持低位震荡；成品油产量和进口量下降，出口量大幅增长，价格震荡剧烈，且成品油市场集中度下降，竞争加剧；天然气产量及进口量进一步上升，对外依存度小幅回落，天然气价格上涨。展望2020年，由于勘探开发力度加大，国内原油产量将与2019年基本持平，国内原油需求增速降档，原油市场风险加剧，价格可能会有小幅回升；成品油供给预计增速减缓，进口量将缓慢下降，成品油需求下降，出口量增速扩大，且随着成品油市场开放程度加大，民营和国营油企竞争加剧；天然气需求将继续上升，消费结构较稳定，整体供需平稳，天然气对外依存度快速提升的势头得到遏制，市场化改革将继续推进，但预计季节性供需矛盾仍旧存在。

一、2019年中国原油市场发展分析与2020年展望

2019年，全年国内原油产量19101.4万吨，同比上升0.8%，扭转了连续三年下滑的态势；全年原油进口量50589.0万吨，同比上涨9.5%，进口原油依存度继续攀升，达到72.6%，同比上升1.8%；全年原油加工量64809.9万吨，同比上涨7.4%，见图1。预计2020年随着能源向低碳转型，企业勘探开发投入加大，中国原油产量将基本持平，进口量和加工量持续增长，原油消费量和需求量持续攀升，原油价格在经历年初暴跌之后将会有所恢复。

（一）2019年中国原油市场发展分析

2019年国内原油产量稳定，进口量和对外依存度持续上升，原油加工量增加，上半年油价先涨后跌，下半年低位震荡，三大国有石油公司加快转型，明确了低成本高质量的发展主旋律。

1. 国内原油产量稳定，稳中小幅上升

2019 年原油产量与 2018 年基本持平，并有小幅提升，年产量 19101.4 万吨，同比上升 0.8%。2019 年第一季度全国原油产量累计值为 4735.0 万吨，同比上升 2.2%；第二季度全国原油产量为 4804.0 万吨，同比上升 1.5%；第三季度全国原油产量为 4774.2 万吨，同比上升 1.5%；第四季度全国原油产量为 4788.2 万吨，同比下降 0.1%。2019 年习近平总书记多次作出保证能源安全的重要指示，中国石油、中国石化、中国海油等企业积极响应，从加大投入、科技攻关、体制改革、政策支持等方面切实加大勘探开发力度，保证国内原油产量的提升，加快提高油气自给率，从产量上保障国家能源安全。

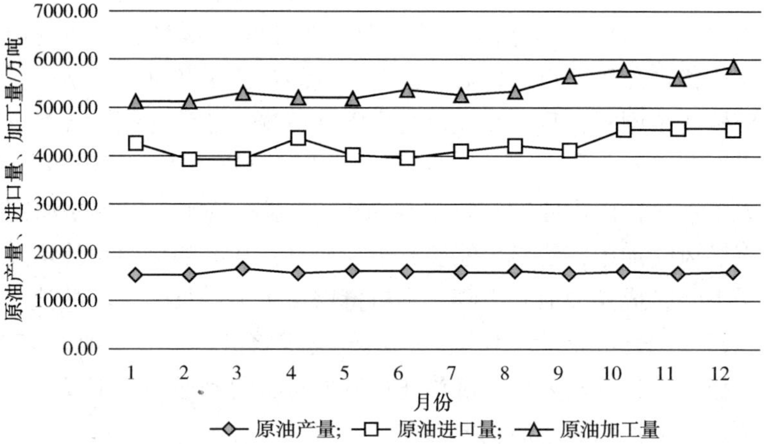

图 1　2019 年中国原油产量、进口量和加工量数据

数据来源：国家统计局，中国石油和化学工业联合会

2. 原油进口量持续上升，进口来源稳定

2019 年全年累计原油进口量达 50589.0 万吨，同比上升 9.5%；全年累计原油出口量达 81.0 万吨，原油净进口 50508.0 万吨。2019 年第一季度原油进口量为 12117.0 万吨，比去年同期增长 8.12%；第二季度原油进口量为 12354.0 万吨，比上年同期增长 9.46%；第三季度原油进口量为 12445.0 万吨，比上年同期增长 13.01%；第四季度原油进口量为 13673.0 万吨，比上年同期增长 7.7%。2019 年中国原油进口依赖度继续攀升，对外依存度达到 72.6%，见图 2。目前，中国仍然是全球最大的原油进口国，随着中国原油进口的多元化，俄罗斯、伊朗等世界多国都在争夺中国的原油市场。中东、非洲、俄罗斯和南美洲依然是中国原油进口的四大来源区域，这一结构没有发生变化。值得注意的是，中东地区的

进口占比已达到47%，较之前几年有所改善；俄罗斯的进口占比达15%，依然是中国第一大进口来源国。受中美贸易摩擦因素的影响，中国从美国的进口原油量较2018年同期下降82.7%，2019年美国已退出中国原油进口前十国家。

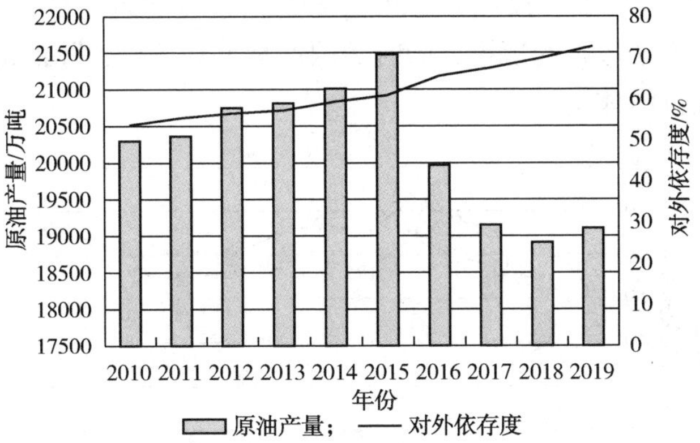

图2　2010—2019年中国原油产量和对外依存度

数据来源：中国石油和化学工业联合会

3. 国内原油加工量上升，需求加大

2019年国内原油加工量为60684.9万吨，比上年同期增长7.4%。第一季度原油加工量为15552.7万吨，比上年同期增长6.69%；第二季度原油加工量为15769.7万吨，比上年同期增长5.12%；第三季度原油加工量为16245.1万吨，比上年同期增长6.59%；第四季度原油加工量为17242.4万吨，比上年同期增长11.7%。2019年全年累计原油表观消费量呈现增长态势，达到69609.4亿吨，同比增长7.3%。作为"能源之王"，原油在全球能源市场中的主导地位在未来的一段时间内仍不会被撼动，依然是人类活动依赖的主要能源。随着新增产能的陆续释放，原油加工能力进一步提高，加上原油进口配额增加，原油加工量增长较快。从根本上来看，化工原料、成品油、液体原料的需求带动了对原油消费需求量的增加。当前，中国石化产品结构性矛盾依然十分突出，集中表现在石化产品、有机化工产品和高档新产品的比重过低，高消耗、粗加工、低附加值产品比重偏高，不能满足国民经济和社会发展的需求，对环境生态治理构成较大压力。只有通过技术创新，大力发展新产品制备技术和深加工技术，延伸产业链，拓宽产品幅度，实现产品的高性能化、专用化、绿色化和高附加值化，才能优化产品的结构。

4. 上半年油价先涨后跌，下半年低位震荡

2019年国际石油市场更为动荡，全年油价呈现先涨后跌的行情走势，见

图3。1—4月国际油价震荡上行，涨幅显著，随后国际油价宽幅下跌。2019年原油市场关键节点在年中附近，上半年减产的有效执行拉动油价反弹，受OPEC牵头减产以及美国制裁委内瑞拉和伊朗影响，国际油价扶摇直上，在本轮油价上涨之中，OPEC的减产功不可没；下半年供需关系再度转入宽松，宏观风险加大，巴西正处于供应大幅增长的边缘，同时美国产量增加，令国际油价的上扬之路承受压力，施压油价整体走低。

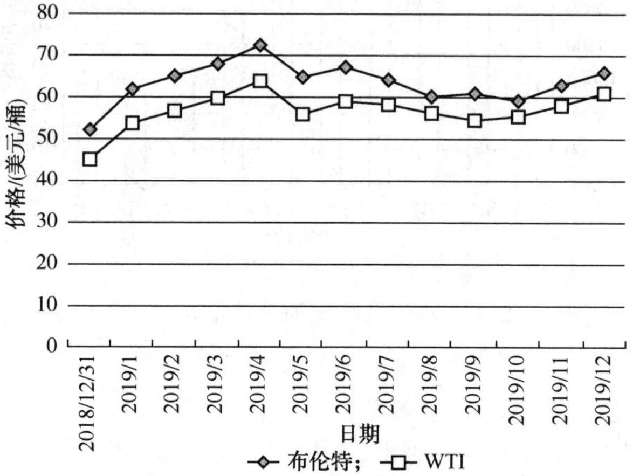

图3　2019年国际原油价格走势图

数据来源：中国石油和化学工业联合会

5. 三大石油公司加快转型，明确发展主旋律

在错综复杂的市场环境下，2019年国有三大石油公司加快了提质增效的步伐，以创新驱动、创新管理、技术创新为引领，推进“两化”融合、产融结合，打造多业态的商业和生产运营新模式。此外，智能化为油气公司高质量发展提供了重要抓手，石油公司的数字油田、智能炼厂、智慧管道与智慧加油站正在从试点向全产业扩展。2019年中国油气行业进入关键之年，油气体制改革将深入推进，低成本高质量发展成为主旋律，同时中美博弈给油气市场带来不确定性。2019年，油气行业及国企各项改革将进一步落实，油气管网运营机制改革加快推进；国企、民企、外企三方在油气全产业链上竞争的新格局逐步形成。

（二）2020年中国原油市场展望

展望2020年，原油产量下降态势得到遏制，勘探开发力度将加大，进口量和对外依存度将持续增长，原油需求增速将放缓，原油价格将小幅回升，市场风险加剧。

1. 原油产量持平，勘探开发力度加大

受中国富煤、贫油、少气的资源禀赋等多层因素影响，近年来国内原油产量始终低于消费增长。党中央高度重视这个问题，作出了一系列重大决策部署，习近平总书记作出了大力提升勘探开发力度，保证能源安全的重要指示。预计2020年国内石油公司将大力提升勘探开发力度，适度放开油气勘探开发市场并积极开发海洋石油资源，从而扭转原油产量下降的态势。但随着勘探开发程度的提高、难度的加大和成本上升的制约，2020年原油产量将与2019年基本持平，预计2020年中国原油产量达到2亿吨，约合400万桶/日。

2. 原油进口量持续增长，对外依存度将持续攀升

展望2020年，原油加工量拉动原油需求大幅增加，原油进口规模扩大，对外依存度攀升，原油进口量将不断上升。汽车消费和化工品消费是促进中国原油消费量不断增长的主要动力，此外国内一些民营炼厂将加大投产，恒力石化、荣盛集团等民营巨头开始进入石化产业的炼化基地，下一轮投产高峰包括浙江石化二期、南山裕龙石化项目以及中国石油项目等，因此2020年原油进口将持续增长。中国目前最主要的任务还是要提升石油开采技术，增加原油产量，尽量减少原油进口，维护国家能源安全；构建全面开放条件下的油气安全保障体系，提升国际油气市场话语权，成为当务之急。

3. 国内原油需求持续上升，增速降档

中国作为全球第二大经济体，工业生产规模早已位居全球第一，预计2020年对原油的需求持续上升。但随着能源转型，能源消费结构逐步优化，对化石能源的消费比重将逐步趋稳，清洁能源消费将逐步增加。此外受全球贸易承压、经济下行压力加大的影响，中国原油需求增长将进一步放缓。有专家提出中国保持9亿吨的炼油产能是比较理想的情况。如果最终国家宏观调控控制炼油产能保持9亿吨底线，按照行业产能80%的开工率(实际低于此)和中国原油供应结构，这将减缓进口增速，意味着中国原油需求增量将进入平稳期。2020年初，随着新冠肺炎的肆虐，中国多个行业被迫停产，这将减少对原油的需求，中国作为原油需求侧增长的进口大户，突如其来的疫情使得中国需求侧增长“压舱石”的作用减弱，原油需求增速降档。

4. 原油价格继续波动，市场风险加剧

新冠肺炎疫情在全球肆虐，严重影响经济运行，原油需求减少，价格下行压力增大。目前，疫情蔓延态势日趋剧烈，对全球经济影响到底会达到何种程度上不能准确判断，但总体上不容乐观。目前，中国疫情基本得到控制，但还没有恢

复常态。意大利和伊朗彻底沦陷，日本、韩国疫情经历了期初的彻底沦陷后有所缓解，法国、德国、英国和美国等可能变得更加严重。目前看来，新冠肺炎疫情未来趋势如何，包括是否发生变异、蔓延范围和疫情持续时间长短等是观察国际油价变化的最直接因素。随着疫情演变乃至趋缓，有利于国际油价回升。

如果疫情蔓延导致全球经济快速衰退，导致经济危机，甚至引发金融危机，那么预计主要经济体还会强化合作，淡化彼此分歧，淡化意识形态矛盾，携手应对共同的挑战，否则别无其他途径。只要这些主要经济体经济表现良好，尤其是美国和中国的经济表现不存在重大问题，相信就会有利支撑国际油价回暖。

地缘政治日益复杂多变，一旦有风吹草动，国际油价便会闻风而动，如果出现重大地缘政治事件，如美伊发生战争冲突、伊朗与沙特直接正面冲突、霍尔木兹海峡被封锁等，那么国际油价将迅速攀高。

综合分析和考虑，油价短中期变化趋势与疫情变化趋势、全球经济走势、地缘政治和维也纳联盟机制是否重新发挥作用等因素密切相关，不排除油价继续下跌，甚至下跌到 20 美元左右，但总体趋势是震荡波动，回归在 50～60 美元的可能性最大，上冲 70 美元以上的概率很小。

二、2019 年中国成品油市场发展分析与 2020 年展望

2019 年成品油产量累计 36031.6 万吨，较 2018 年同期上涨 0.2%；成品油进口总量 3056 万吨，较 2018 年同期下降 8.7%；出口总量 6685 万吨，较 2018 年同期增加 14.1%。中国成品油价格变动受国际油价波动及国内成品油市场程度进一步加大的影响呈现较强的市场性。展望 2020 年，中国仍将处于供应过剩的环境中，出口依然是平衡供需的有效手段，成品油企业的竞争将聚焦于市场分析、终端布局、精细管理等方面。

（一）2019 年中国成品油市场发展分析

2019 年中国成品油供需差距较 2018 年有所缩小，因新能源汽车发展速度与经济结构转型加快，成品油消费减少，同时受政策影响，成品油市场主体愈加多元化，竞争更加激烈，价格变化幅度也因此增大。

1. 成品油供给波动较小，呈现微小降幅

从图 4 中可以看出，2019 年中国成品油产量波动幅度较小，总供给量较 2018 年有所降低。2019 年第一季度，成品油产量 8938.9 万吨，同比下降 0.42%；第二季度，成品油产量 8687.5 万吨，同比下降 4.68%，第三季度，成品油产量 9024.2 万吨，同比下降 0.89%；第四季度，成品油产量 9381 万吨，比

2018 年同期增长 1.52%。综合来看，产业结构调整和替代能源对成品油的影响较大，成品油产量呈缓慢下降趋势。

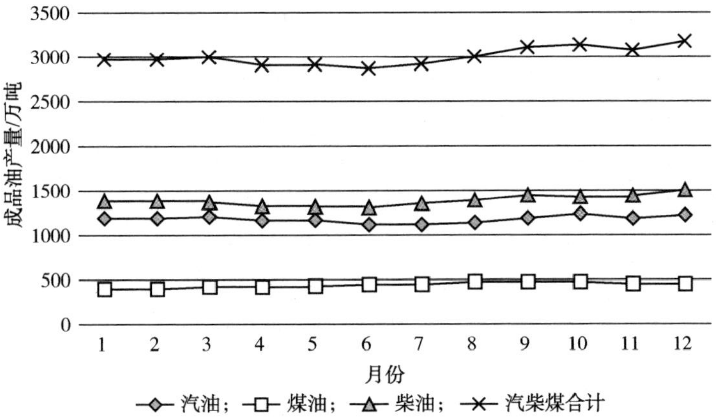

图 4 2019 年成品油产量趋势图

数据来源：中国石油和化学工业联合会

2. 成品油进口量下降，出口量再创新高

2019 年中国成品油进口总量为 3056 万吨，比 2018 年同期下降 8.7%，第一季度成品油进口量为 872 万吨，比 2018 年同期增长 5.83%；第二季度成品油进口量为 806 万吨，比 2018 年同期下降 2.18%；第三季度成品油进口量为 585 万吨，比 2018 年同期下降 27.78%；第四季度成品油进口量为 793 万吨，比 2018 年同期减少 8.43%。

2019 年成品油出口总量累计 6685 万吨，与 2018 年同期相比增加 14.1%。第一季度成品油出口量 1643 万吨，比 2018 年同期增长 14.90%；第二季度成品油出口量 1609 万吨，比 2018 年同期增长 0.37%；第三季度成品油出口量 1523 万吨，比 2018 年同期增长 10.60%；第四季度成品油出口量 1910 万吨，比 2018 年同期增长 33.29%。成品油出口增长幅度较大。2019 年成品油进出口状况如图 5 所示。

总体而言，2019 年全年成品油进口量呈下降趋势，出口量呈上升趋势，成品油净出口 3629 万吨，净出口量较 2018 年增速增长 44.24%。2019 年成品油出口量再攀高峰，出口力度进一步加大，主要由于 2018 年底恒力石化以及浙江石化一期先后投产，2019 年生产步入正轨，但市场需求缺乏新的增长点，成品油资源供应过剩压力进一步加大。2019 年首批成品油出口配额共计 2150 万吨，较 2018 年同期增长 7.5%，其中一般贸易出口配额 1836 万吨，占比为 85%，较 2018 年同期 1624 万吨增长了 13%；而加工贸易出口配额 314 万吨，占比 15%，

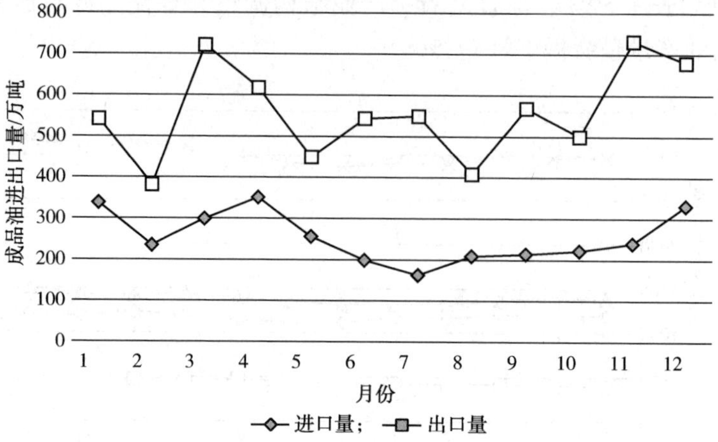

图 5　2019 年成品油进出口量趋势图

数据来源：中国海关总署

较 2018 年同期 376 万吨减少 16%。第二批配额共计 2839 万吨，与 2018 年第二批相比增加 906 万吨，涨幅为 46. 87%。第三批成品油一般贸易出口配额共计 600 万吨，较 2018 年第三批出口配额增加 105. 8%。2019 年中国成品油出口配额累计达 5600 万吨，较 2018 全年下发总量 4800 万吨增长迅猛，增加的出口配额主要用于消化 2019 年新增大型炼化企业带来的产能增加和缓解产能过剩。

3. 成品油表观消费量减少，呈现低速下降趋势

由于 2019 年中国传统乘用车产销增长不容乐观，且燃油效率继续提高，工业和信息化部发布的最新乘用车燃油标准较“十三五”之初降低 38%，对汽油消费产生较大影响；再加上新能源车船享受车船税优惠政策的效果逐步显现，新能源汽车技术及充电桩等配套设备愈加完善，新能源汽车销量增速提高，进一步抑制汽油需求。2019 年，汽油表观消费量为 12516. 9 万吨，同比下降 0. 8%。随着中国经济结构转型，第二产业发展进入瓶颈，以服务业为代表的第三产业逐渐繁荣，同时替代能源也在不断发展，经济增长对柴油需求的拉动作用日益减弱，柴油需求表现疲软，柴油表观消费量为 14618. 4 万吨，同比下降 6. 0%。2019 年中国人均可支配收入、飞机保有量、新建机场数量持续增加，拉动煤油需求保持快速增长。但考虑到大部分新建、续建机场位于中国中西部地区，且主要是三四线城市，其中相当大的一部分是支线机场，对煤油需求增长的边际作用将会有所减弱。煤油表观消费量为 3878 万吨，同比增长 4. 4%。总体而言，2019 年中国成品油需求保持低速下降。

4. 成品油市场集中度显著下降，竞争压力加剧

目前，中国成品油市场集中度明显下降，企业面临着前所未有的挑战。国务院办公厅 2019 年 8 月 27 日印发《关于加快发展流通促进商业消费的意见》(以下简称《意见》)，明确指出要扩大成品油市场准入，取消石油成品油批发仓储经营资格审批，将成品油零售经营资格审批下放至地市级人民政府，同时扩大成品油市场消费。《意见》进一步简化了审批流程，中国成品油营商环境将更加公平、透明，市场参与度和市场活跃性也会大大提高。在成品油零售市场，“两桶油”的优势正随着市场开放而逐步弱化，价格战成为常态，再加上产品同质化现象严重、刚性需求大、资源供过于求等一些长期存在的问题，对民营油站来说也意味着更大的竞争压力。而对于成品油批发领域，除已有的业内经营者外，部分行业外的充裕资金拥有者将通过投资方式进入到成品油批发行业，同时由于行业容量有限、竞争激烈、监管强化等因素的制约，企业新生与消亡速度将加快。此外，新旧动能的转换逐步提高了地方独立炼化企业总体规模和竞争力，地方独立炼化企业在炼化产能扩张中发挥主导作用，国内成品油市场竞争更趋激烈。

5. 成品油价格震荡幅度较大，变化频率高

2019 年以来，国内成品油价格共经历 26 次调价窗口，其中 15 次上调、7 次下调、4 次搁浅。涨跌互抵后，汽油累计上调 680 元/吨，柴油累计上调 675 元/吨。成品油调价呈现“十五涨七跌四搁浅”局面。具体来看，2019 年汽柴油价格调整情况如表 2 和图 6 所示。

表 2　2019 年汽柴油价格调整情况表

时　　间	详　　情
2019 年 01 月 14 日	汽油上调 105 元/吨，柴油上调 105 元/吨
2019 年 01 月 28 日	汽油上调 245 元/吨，柴油上调 230 元/吨
2019 年 02 月 14 日	汽油上调 50 元/吨，柴油上调 50 元/吨
2019 年 02 月 28 日	汽油上调 270 元/吨，柴油上调 260 元/吨
2019 年 03 月 14 日	汽柴油价调价搁浅
2019 年 03 月 28 日	汽油上调 80 元/吨，柴油上调 80 元/吨
2019 年 03 月 31 日	汽油下调 225 元/吨，柴油下调 200 元/吨
2019 年 04 月 12 日	汽油上调 155 元/吨，柴油上调 150 元/吨
2019 年 04 月 26 日	汽油上调 195 元/吨，柴油上调 185 元/吨
2019 年 05 月 13 日	汽油下调 75 元/吨，柴油下调 75 元/吨
2019 年 05 月 27 日	汽油上调 50 元/吨，柴油上调 50 元/吨
2019 年 06 月 11 日	汽油下调 465 元/吨，柴油下调 445 元/吨
2019 年 06 月 25 日	汽油下调 120 元/吨，柴油下调 115 元/吨
2019 年 07 月 09 日	汽油上调 150 元/吨，柴油上调 140 元/吨

续表

时　　间	详　　情
2019 年 07 月 23 日	汽柴油价调价搁浅
2019 年 08 月 06 日	汽油下调 80 元/吨，柴油下调 70 元/吨
2019 年 08 月 20 日	汽油下调 210 元/吨，柴油下调 205 元/吨
2019 年 09 月 03 日	汽油上调 115 元/吨，柴油上调 105 元/吨
2019 年 09 月 18 日	汽油上调 125 元/吨，柴油上调 125 元/吨
2019 年 10 月 08 日	汽柴油价调价搁浅
2019 年 10 月 21 日	汽油下调 150 元/吨，柴油下调 145 元/吨
2019 年 11 月 04 日	汽油上调 105 元/吨，柴油上调 105 元/吨
2019 年 11 月 18 日	汽油上调 70 元/吨，柴油上调 65 元/吨
2019 年 12 月 02 日	汽油上调 55 元/吨，柴油上调 50 元/吨
2019 年 12 月 16 日	汽柴油价调价搁浅
2019 年 12 月 30 日	汽油上调 235 元/吨，柴油上调 230 元/吨

数据来源：中华人民共和国国家发展和改革委员会。

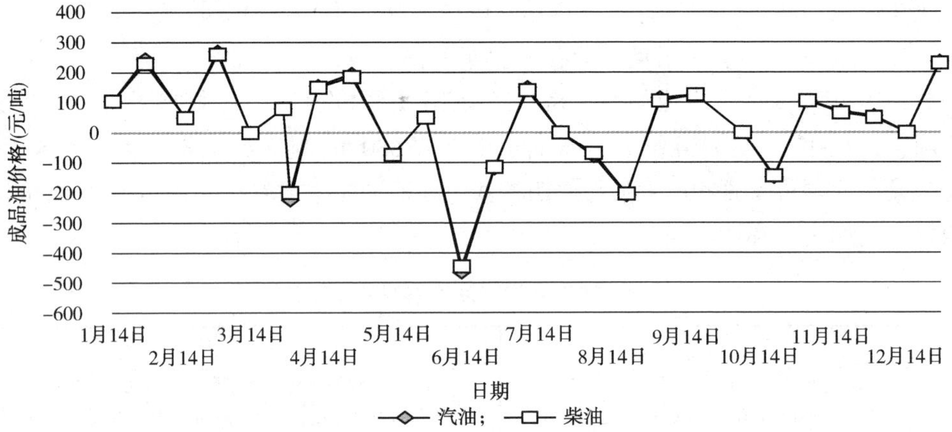

图 6　2019 年成品油价格调整趋势图

数据来源：中华人民共和国国家发展和改革委员会

2019 年，成品油价格呈现出变化频繁、大幅震荡的态势。国内油价一直都受到国际油价的影响，而全球油价面临着复杂的供求关系。上半年国际油价“先抑后扬再盘整”，国内成品油市场行情波动也颇受影响，尤其是在 5 月 27 日到 6 月 10 日的调价周期内，贸易争端加剧影响原油需求预期下滑，美国原油产量和库存进一步攀升等因素共同影响国际油价大幅下降，进而导致成品油价格大幅下降。

（二）2020年中国成品油市场发展展望

2020年多个一体化项目将投产运营，成品油供应量加大，同时中国政策未给成品油市场需求提供太大增长空间，将进一步刺激成品油出口，越来越大的成品油市场开放程度为成品油价格完全市场化增添助力。

1. 成品油供给预计增速较缓，进口量将缓慢下降

2019年5月17日，湛江市中科炼化配套成品油管道工程定向钻穿越通明海峡完成，标志着中科炼化配套成品油管道项目最大的施工难点得以攻克，千万吨级产能的中科炼化一体化项目获得重大进展。随着沿海大型石化基地快速崛起，现代化工项目升级示范加快推进，多个大型炼化一体化项目投产运营，传统地方炼厂跟紧步伐积极进行改扩建，增量货源将随着新产能开工率爬坡不断涌入市场，庞大体量的产能释放将导致成品油供应量激增，远超中国甚至世界的需求增长，供应过剩局面愈发严峻。预计到2020年，中国炼油产能将达到8.8亿吨/年，净过剩炼油能力将达1.4亿吨/年，这也将推动中国成品油出口的增长和进口的下降。但若中国成品油出口持续大幅增加，必将降低国际市场炼油毛利，中国出口商套利空间和意愿快速走弱，反过来会冲击中国成品油市场。据商务部公布的《2020年成品油(燃料油)非国营贸易进口允许量申领条件、分配原则及相关程序》，2020年成品油非国营贸易进口允许量为1620万吨。综合来看，2020年全年成品油供给量将保持较低增速。

2. 成品油需求预计进一步下降，出口量增速扩大

2020年初，受新冠肺炎疫情影响，全国范围内迎来企业延长假期、高速限行、公共交通停运，绝大部分民众居家避险，私家车出行频率与出行半径大幅萎缩，中国成品油市场消费量急剧下降，传统的汽油春节需求小高峰已不复存在。另外，由于大型户外工程、工矿企业、物流运输等行业短期内难以复工，柴油需求更是处于冰点。而春节期间，靠探亲、旅游等带动的航空客运量大幅提升预期亦被打破，航煤需求同样面临下降。成品油市场受新冠肺炎疫情影响较为明显，短期内市场仍将面临需求萎靡，各大炼厂以及主营单位销售公司资源难销的现状，2020年1—2月，中国成品油市场消费量明显回落。另外，多数中下游用户节前备货尚未消耗，社会单位库存水平依然处于较高位置，在相关行业陆续复工后，成品油市场也将会经历一段库存消化期，不会立刻迎来采购高潮。综合预计，一季度国内成品油行情将面临更大的下行压力。在疫情加持的供应过剩的大背景下，出口依然是解决资源过剩、平衡供需的有效手段，2020年首批成品油出口配额共计2800万吨，较2019年同批涨幅高达30.23%，预计全年中国成品

油出口量将以10%左右的增速增长。

3. 成品油市场开放程度加大，民营和国营油企竞争此消彼长

《关于加快发展流通促进商业消费的意见》中第十七条提到，取消石油成品油批发仓储经营资格审批，加强成品油流通事中事后监管。尽管该资质的放开还需要等待一系列配套措施的完善，但仍将是推进成品油市场化的重要助力。对于企业而言，今后合规经营将是核心内容。2019年10月发布的《实施更大规模减税降费后调整中央与地方收入划分改革推进方案》提出，“将部分在生产(进口)环节征收的现行消费税品目逐步后移至批发或零售环节征收”，以及“拓展地方收入来源，增量部分原则上将归属地方”。这将导致消费税征收更加严格，地炼逃税带来的“成本优势”进一步削弱，国营加油站竞争力增强。与此同时，乡镇以下具备条件的地区建设加油站、加气站、充电站等可使用存量集体建设用地这一政策有助于当地政府完善加油站网络布局，但也将面临加油站数量增加和市场竞争加剧的压力。中国对进口原油使用权的放开吸引大量民营资本进入，同时外资企业的进入将带来炼化一体化发展新技术和模式，一方面有利于促进产业升级，另一方面炼油企业承压加大，亟待提升竞争力。未来结构转型将成为炼油投资的新特点，炼油企业将更加注重大型化、一体化、高端化和绿色化发展。

4. 成品油价格完全市场化再提速，全面实现仍需时间

2019年11月4日发展改革委印发《中央定价目录》(修订征求意见稿)，提出成品油价格暂按现行价格形成机制，根据国际市场油价变化适时调整，将视体制改革进程全面放开由市场形成，为成品油价格全面放开确定了基本前提，预示成品油价格完全市场化再提速。随着中央定价改革的推进，未来成品油价格将根据成品油市场的发展变化，成品油市场有望从半市场化改革全面迈入市场化价格形成机制。从当前中国炼油行业发展来看，炼油产能过剩矛盾凸显，成品油供应端过剩的压力较大。若成品油价格形成完全放开，将对成品油价格产生一定压力，更好地反映市场供应变化，国际原油变化对中国零售价格的基准体系或将打破，终端零售行业的利润或遭遇较大的挑战，不过据成品油价格形成机制，完全市场化仍需一定的过渡时间。

三、2019年中国天然气市场发展分析与2020年展望

2019年中国天然气表观消费量3047.9亿立方米，同比增长8.7%，增幅较2018年有所下降。国内天然气产量呈上升趋势，达1736.2亿立方米，同比增长9.8%。天然气进口量达1348亿立方米，同比增长7.3%，对外依存度达到43%。

目前中国天然气发展仍呈供需增长相对独立的趋势。一方面，受城市人口继续增长、天然气管网设施日趋完善、分布式能源系统快速发展、环境污染治理等利好影响，中国天然气消费仍呈上升态势。另一方面，天然气上中游开发周期长、成本高、市场化改革难度大等因素导致中国天然气供应无法完全满足需求的增加。展望2020年，国内天然气需求将保持增长趋势，产量和进口量也会继续上升，但预计季节性供需矛盾将仍旧存在。天然气市场化改革会持续推行，天然气相关的法律法规也会进一步完善。

（一）2019年中国天然气市场发展分析

2019年中国天然气市场总体达到供需平衡。需求方面，随着政策推动，天然气消费量继续增加。供给方面，天然气产量和进口量同时上升，供给基本可以保障用气需求。天然气价格整体较2018年有所上升，天然气市场改革继续推进，产供储销体系仍在不断建设和完善。

1. 天然气全年供给增加，产量与进口量同时上升

2019年天然气总产量达1736.2亿立方米，比2018年同期增加9.8%，增速有所下降。第一季度天然气产量为440亿立方米，同比增长9.4%；第二季度天然气产量为424.1亿立方米，同比增长12.5%；第三季度天然气产量为413.1亿立方米，同比增长8.6%；第四季度天然气产量为459亿立方米，同比增长6.9%。月度产量总体比较平稳。加大国内资源勘探开发成为重大战略，三大石油公司均加大了油气勘探开发力度。

2019年天然气总进口量达1348亿立方米，比2018年同期增加7.3%。第一季度天然气进口量为337.9亿立方米，同比增长17.6%；第二季度天然气进口量为316亿立方米，同比增长6.4%；第三季度天然气进口量为339.8亿立方米，同比增长8.1%；第四季度天然气进口量为354.3亿立方米，基本与2018年一致。中国天然气对外依存度达43%，比2018年有所下降。2019年中国累计进口气态天然气3631万吨，主要通过国际管道进口自土库曼斯坦、乌兹别克斯坦以及哈萨克斯坦等国家；累计进口液化天然气6067万吨，主要通过液化天然气运输船进口自澳大利亚、卡塔尔、马来西亚、印度尼西亚等国家。进口液化天然气占比62.6%，比2018年增加，液化天然气在中国的作用越来越重要。2019年国内月度天然气产量与进口量如图7所示。2010—2019年中国天然气对外依存度如图8所示。

2. 天然气需求持续增加，供需总体保持平衡

中国2019年累计天然气表观消费量为3047.9亿立方米，同比增长8.7%，

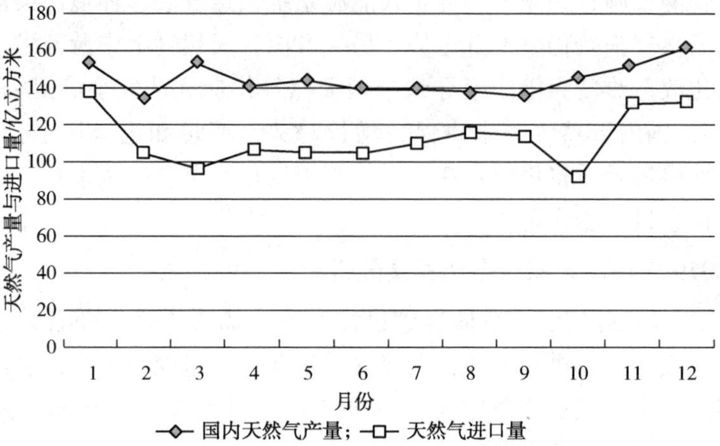

图 7　2019 年国内月度天然气产量与进口量

数据来源：中国石油和化学工业联合会

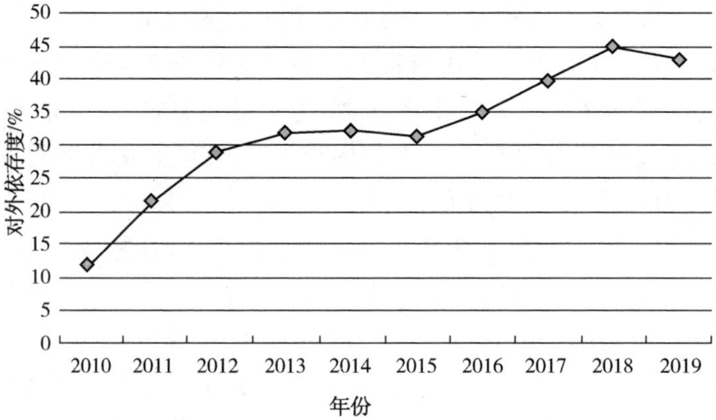

图 8　2010—2019 年中国天然气对外依存度

数据来源：中国石油和化学工业联合会

见图 9。第一季度天然气表观消费量为 771 亿立方米，同比增长 14.3%；第二季度天然气表观消费量为 732.3 亿立方米，同比增长 9.9%；第三季度天然气表观消费量为 740.7 亿立方米，同比增长 12%；第四季度天然气表观消费量为 803.9 亿立方米，同比增长 10.8%。根据中国天然气发展“十三五”规划，大气污染治理重点地区等气化工程、天然气发电及分布式能源工程、交通领域气化工程和节约替代工程等四大利用工程在 2019 年稳步推进，中国天然气需求也随之上升。

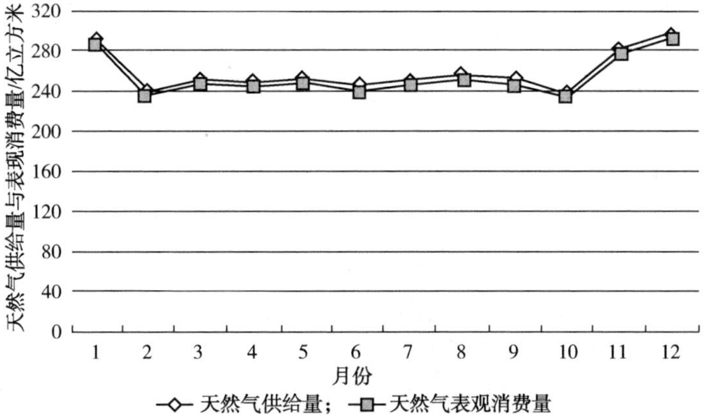

图9　2019年月度天然气供给量与表观消费量

数据来源：中国石油和化学工业联合会

2019年全年天然气供应量为3084.2亿立方米，第一季度供应量为777.9亿立方米，同比增加14%；第二季度供应量为740.1亿立方米，同比增加9.8%；第三季度供应量为752.9亿立方米，同比增加8.4%；第四季度供应量为813.8亿立方米，同比增加0.45%。天然气供需总体达到平衡。

3. 天然气价格有所上涨，交易更加市场化

2019年中国天然气价格较2018年有所上涨，但中国LNG市场价格长期处于低位，虽然随着冬季供暖需求的增加，LNG价格有所上升但涨幅不是很大。

2019年6月，中国海油联合上海石油天然气交易中心推出的“进口LNG窗口一站通”中短期协议产品完成首单交易，这是中国天然气交易市场化的又一重大创新探索。2019年10月，中国投资协会与西安市政府在国际清洁能源投融资大会上签署了构建西安石油天然气交易中心的合作协议，这是继上海石油天然气交易中心和重庆石油天然气交易中心后中国第三个石油天然气交易中心，它的建立将更快地促进天然气交易的市场化。2019年10月，港华金坛储气库调峰气上线仪式在上海石油天然气交易中心启动，11月上旬正式开展线上交易，这是中国首个上线交易的储气库产品，将进一步推动储气库市场化运作。

4. 加强产供储销体系建设，加大天然气市场改革力度

在国内资源生产方面，2019年国内天然气生产大幅增长，下一步将继续加大勘探开发、地面建设、储运设施等投入，全力推进长庆、塔里木和西南等主力气田增储上产。在进口资源多元化方面，继续增强进口管道天然气供应能力，按最大能力安排进口天然气管道运行，入冬前将现货LNG资源采购到位，确保进

口资源供应稳定可靠。同时确保12月中俄东线正常供气。在储气能力建设方面，精心组织储气库运行，提高储气库强注强采和大进大出能力，入冬前将管网管存、接收站罐存和储气库库存提升至较高水平，切实发挥好季节调峰和削峰填谷作用。另外，自2018年以来，国家发展改革委和国家能源局大力推进“三大油”公司天然气管网和LNG接收站设施相互连通，“三大油”公司在冬季通过LNG接收站代储代销、资源串供、管道代输等多种方式开展合作，充分发挥天然气基础设施的富余能力，相互提供供气服务，极大增强了国内天然气市场的供气安全性。“三大油”公司从11月初开始全面启动天然气资源互供。

在2019年版外资准入负面清单中，基础设施领域，取消50万人口以上城市燃气、热力管网须由中方控股的限制；采矿业领域，取消石油天然气勘探开发限于合资、合作的限制。2019年3月19日，中央全面深化改革委员会召开第七次会议，会议审议通过了《石油天然气管网运营机制改革实施意见》，推动石油天然气管网运营机制改革，要坚持深化市场化改革、扩大高水平开放，组建国有资本控股、投资主体多元化的石油天然气管网公司，推动形成上游油气资源多主体多渠道供应、中间统一管网高效集输、下游销售市场充分竞争的油气市场体系，提高油气资源配置效率，保障油气安全稳定供应。

（二）2020年中国天然气发展展望

2020年，中国经济将保持稳定发展的态势，加之国家环境保护政策和各项改革的持续推进，中国对天然气的需求会保持上升趋势。中国天然气开发力度和进口力度都会上升，储气峰调机制、市场化机制也会不断完善。综合考虑，预计2020年中国天然气市场供需缺口会继续减小，总体上达到相对平衡，但仍然无法避免局部地区季节性供气不足。

1. 天然气需求将继续上升，消费结构预计变化不大

2020年是“十三五”规划的最后一年，中国明确指出要在2020年将天然气在一次能源消费结构中的比例提升至8%~10%，按此测算2020年中国天然气消费量将达3200亿~3500亿立方米，而中国2019年天然气消费量为3047.9亿立方米，可见2020年中国在政策上依旧会大力推动天然气需求。但是由于新冠肺炎疫情的影响，2020年2月工业、商业和汽车天然气用气量大幅下降，据重庆石油天然气交易中心推算，2020年国内天然气消费量受疫情影响的减量为100亿立方米左右，如果商业活动在4月底恢复正常，政府随后出台刺激性措施，预计2020年天然气需求仍会增加，但增长率会有所下降。

从消费结构来看，煤改气和城镇化建设会继续推动工业燃气和城市燃气的需

求，加上南方建设集中供暖的比例不断上升，预计工业燃气和城市燃气依然会在中国天然气消费结构中占据最大的比例；在环保发电的大环境下，中国近年建成较多燃气–蒸汽联合循环热电厂，未来天然气发电的趋势会保持下去，进而推动发电用气的增加。由于天然气化工的应用范围有限，预计2020年化工行业天然气需求依然不高。

2. 天然气供需将保持平稳，对外依存度快速提升势头得到遏制

中国天然气供给主要由国产天然气和进口天然气两大部分组成。在国产天然气方面，中国政府进一步放开了油气勘探领域的限制，取消了勘探开发限于合资、合作的规定，这意味着将有更多的外资企业进入中国天然气的勘探开发领域。同时，油气地质资料的公开和共享会逐渐实现，市场竞争力度将不断加大。所以，国产气勘探开发的力度预计会不断加大，国产天然气的供应会不断增加。在进口天然气方面，中俄东线天然气管道于2019年12月正式竣工投产，中国石油、中国石化、中国海油将以股权合作的形式，从上游到下游全方位参与俄罗斯北极天然气的开发利用。

按照国家能源局的规划，2020年中国天然气产量规划为2070亿立方米，而2020年的天然气消费规划为3200亿~3500亿立方米，但由于新冠肺炎疫情的影响，2020年天然气消费规划是否能完成存在较大不确定性，国内供需缺口很可能不会大幅增加，因此，预计2020年中国天然气的对外依存度会继续上升，但将呈平稳增长的态势，不会快速提升。预计2020年中国管道天然气主要从中亚、俄罗斯和缅甸等地进口，LNG主要从澳大利亚、卡塔尔、马来西亚、印度尼西亚等地进口。

3. 天然气价格预计上升，继续推进天然气市场化改革

2020年预计国产天然气价格随着市场化趋势会有所上升，进口天然气价格由于运输成本上升等原因也会上升，加之中国天然气需求快速增长的大背景，天然气价格总体会呈上升趋势，且仍会呈淡季不淡，旺季涨价的特征。

2020年中国天然气市场化改革会持续推进。国家管网公司的成立会极大地促进天然气管网实现公平开放和互联互通，为天然气市场化奠定坚实的基础。上游勘探开发权的开放、中游管道的建设和开放、下游市场的多元化等政策会继续推进。在大力发展天然气现货交易的同时，中国会继续推出天然气期货产品并完善相关制度，进而推动中国形成公开透明的天然气交易市场。

中国油气勘探产业发展分析与展望

刘芳[1]；孔朝阳[2]；张海霞[1]；刘贵贤[1]

[1. 中国石油大学(北京)经济管理学院；2. 对外经济贸易大学国际商学院]

2019年，中国油气勘探投资规模大大增加，勘探成果显著，陆上常规油气资源和非常规油气资源均获众多新发现，海上油气资源勘探也取得重大突破。同时，勘探技术的进一步发展和勘探支出的增加也为中国油气勘探产业的发展提供了极大的助力，促进了勘探事业的进一步发展，提高了中国油气储量。页岩气、煤层气和页岩油等非常规能源的油气储量比例也有所增加，中国油气勘探形势继续向好。

一、2019年中国油气勘探产业勘探成果

2019年中国油气勘探产业取得一系列勘探成果，涉及陆上油气资源、海上油气资源、常规油气资源、非常规油气资源等各领域，进一步增强了中国油气探明储量，促进了中国勘探产业发展，为进一步开发与生产奠定了基础。

（一）陆上常规油气资源勘探成果

1. 中东部地区油气资源勘探取得重要进展

1）中国石油

渤海油田，2019年勘探取得重大突破，发现千亿立方米级储量天然气。2019年2月25日，自然资源部油气储量评审办公室审定渤海油田渤中19-6凝析气田天然气探明地质储量超1千亿立方米，凝析油探明地质储量超1亿立方米，成为中国东部最大凝析气田，也是中国渤海湾盆地50年来最大的油气发现。渤海油田地处京津冀腹地，是中国第二大原油生产基地。渤海湾是个典型的油型盆地，近50年的勘探发现储量也都以石油为主，而天然气偶有发现，也以中小型气田为主。渤中19-6气田圈闭位于渤海中南部海域的渤中凹陷西南部，平均水深约22米。资料显示，渤中19-6-1发现井共钻遇油层约25米、气层约348米，完钻井深4180米，平均日产油约为1000桶，日产气约为18万立方米。这个大

气田巨大的天然气储量不但标志着渤海深层天然气勘探获得重大进展，还有望成为中国东部最大的天然气田。

大港油田，2019 年在勘探开发方面取得了重大突破，出现了多口百吨以上高产井。营 101×1 井、营古 2 井、滨 118×1 井和埕海 6-H1 井等连续获得日产均百吨以上高产，斜坡区、潜山等油气藏勘探取得重要成果。大港油田港东二区油藏渗流地球物理研究项目第一口试验井港 2-62-4 井获百吨高产，10 毫米油嘴日产油 109 吨，含水率 6.5%，标志着高含水油田提高采收率攻关取得可喜突破。水平井叶 13-18H 喜获百吨高产，这是该油田“老区稳产保卫战”第 4 口百吨井，也是赵东项目自签署延长生产协议以来打出的第 7 口百吨以上高产井。

冀东油田，2019 年天然气勘探取得持续进展。2019 年 10 月 17 日，冀东油田南堡 280 侧井压后求产，6 毫米油嘴放喷，日产油 39.29 吨，日产气 5.38 万立方米，油气当量 82.16 吨，攻克了南堡 2 号构造沙三段工业油气难关，标志着冀东油田战略推进天然气勘探取得重要突破。2019 年上半年，冀东油田在对南堡 2 号构造斜坡区地质研究的基础上，在沙三段砂岩与火山碎屑岩油气显示活跃井段新发现油气层 5 层 42.2 米，试油射开 1 层 5 米，压裂后获高产油气流。经过 2 个多月生产，截至 9 月 26 日，这口井已累计产油 1761.4 吨，产气 232 万立方米。2019 年 10 月，5 毫米油嘴自喷生产，日产油 32.1 吨，日产气 3.65 万立方米，油压稳定在 15 兆帕以上，原油密度较低，为冀东油田继堡古 2 区块后发现的又一挥发油-凝析气藏。

华北油田，2019 年通过实施“地下、地面、效益”三位一体举措，以评价建产和油藏治理带动停产井恢复，取得成效，连续七年新增储量超亿吨。华北油田勘探部、开发部、分公司联合终审通过探井 16 口、评价井 17 口。探井、评价井采用“井营分离”的方式同场组织实施，实现钻井、试油同步进行。5 月 10 日吉兰泰油田新层系再获突破，吉华 10X 井、吉华 16X 分别自喷获高产工业油流。截至 10 月 16 日，华北油田 253 口长停井恢复生产，累计增油超 3 万吨。

2）中国石化

胜利油田，2019 年油气勘探取得多个成果。新部署探井井位 5 口，完钻探井 3 口，正钻探井 2 口。其中桩海斜 114 井、埕北 309 井等先后获得百立方米以上高产油流，取得良好勘探效果。首批新增探明储量通过自然资源部油气储量评审，共涉及 7 个油田 18 个区块，上报的 7 个油田分别为春风油田、永安镇油田、宁海油田、梁家楼油田、长堤油田、玉皇庙油田和临盘油田。春风油田排 66 区块石炭系火成岩油藏，是胜利西部探区首次在该类型油藏中申报的规模储量，成为本次新增探明储量中最大的亮点，上报地质储量2193.81万吨。此次申报的探明储量中，技术可采储量为369.50万吨，经济可采储量为280.96万吨，整体而言，物性好、产能高、可动性好。

中原油田，2019年取得重大勘探突破。围绕主攻普光、银额两大探区，深化评价东濮及内蒙古“两干”区块，准备开发通南巴区块的工作思路，以控制地质储量石油800万吨、天然气100亿立方米，预测石油地质储量1000万吨为目标，在银额盆地拐子湖凹陷和普光大湾构造带展开2个区带，突破内蒙古两干新层系/领域、东濮凹陷上古生界、普光宣汉洼陷3个区域，准备笈笈海子凹陷、普光陆相侏罗系、东濮致密油领域3个阵地，实现规模增储，开启高质量勘探新征程，实现大突破、新发现，为油田可持续发展和高质量发展做出积极贡献。2019年3月，中原本部及普光分公司天然气商品量超计划运行，一季度完成投资项目节点50个，勘探开发有序推进。在一季度，普光气田生产井口气22.53亿立方米、硫黄45.46万吨；外销商品气15.87亿立方米、硫黄43.3万吨，顺利实现生产指标。

2. 西部地区油气勘探进一步加快、深化

1）中国石油

长庆油田，2019年在甘肃庆阳勘探发现了储量10亿吨级的庆城大油田。庆城油田储层位于鄂尔多斯盆地长7生油层，属于极难有效开发的页岩油范畴。得益于长庆油田对鄂尔多斯盆地石油勘探地质理论和三维地震、成像测井技术不断创新，更源于水平井优快钻井、水力加砂压裂核心技术的突破，通过持续推进储层致密机理与成藏机理和富集规律等关键科技问题攻关，庆城油田已探明地质储量3.58亿吨，预测地质储量6.93亿吨。从2017年9月组织大规模产能建设至今，庆城油田累计完钻水平井216口，投产油井100口，日产原油达1464吨。到2019年底，形成年产百万吨原油的能力，是中国石油加大国内油气勘探力度战略部署实施获得的重大成果。

大庆油田，2019年在松辽盆地页岩油探索攻关实现了产量的突破，页岩油估算资源量达40亿吨。风险探井隆平1井在基岩风化壳储层获日产11.5万立方米工业气流，证明了基岩潜山存在千亿立方米级天然气储量。同时大庆油田突破“瓶颈”技术，在四次采油方面获得重大进展。高度分散的剩余油与优势渗流通道精准识别技术、智能高效的“堵、调、驱”技术推广应用后，大庆油田采收率将突破70%大关，增加可采储量将达1亿吨以上。

青海油田，2019年风险勘探取得重大成果。青海油田的切克里克凹陷位于柴西南昆北断层和XIII断层之间，自1984年钻探切1井以来，长达35年的艰难探索一直未获大的突破。2019年，青海油田在深入沉积研究和储层分析的基础上，在此部署了切探2井。该井钻至4952米完钻，8月24日射孔后，日产高达54.88立方米，探获自喷高产工业油流。切探2井的成功钻探，将柴达木盆地碎屑岩孔隙型油藏有效勘探深度扩展到了5000米，并证实了切克里克凹陷石油勘探的巨大潜力。截至2019年9月1日，投产后的柴西南切探2井已经连续畅喷6天，日均产油28.8吨、产气近7000立方米，油压稳定在了14兆帕，开辟了柴达木切克里克凹陷勘探新区域。

西南油气田，磨溪022-H30井在2019年11月28日测试获超百万立方米高产气流。磨溪022-H30井于2019年2月27日开钻，7月23日完钻，完钻井深6410米，灯四段测井解释储层累厚1017.2米，采用裸眼封隔器完井。11月25日采用2000立方米胶凝酸对灯四裸眼井段5202~6410米实施分9段酸化，11月28日测试日产气102.49万立方米，硫化氢含量15.51克/立方米，计算无阻流量168.68万立方米/日，初步定产30万立方米/日。

塔里木油田，勘探成果明显，建成2个万亿立方米级大气区。2019年10月3日，塔里木油田博孜9井获高产工业油气流，成为南天山又1个千亿立方米级大气田，有力夯实了塔里木发展的资源基础。克拉苏构造带集中勘探效果显著，获得大北9、克深14、博孜9等6个发现，以及大北17、克深21、博孜12等5个苗头，塔里木第2个万亿立方米大气区取得实质性进展。2019年以来，塔里木油田完成油气产量当量2115万吨，与2018年同期相比增加154万吨，继续保持近10年最好生产态势。

新疆油田，2019年油气勘探取得重大突破，并在四大领域获5项重要成果：缘下组合勘探实现历史性突破，高探1井日产原油1213立方米、天然气32万立方米，证实了盆地南缘具备形成世界级大油气田的条件，有望继玛湖、吉木萨尔后形成又一个规模整装油气富集区。新完钻的玛湖26、金龙49、金龙51井钻遇厚油层，尤其是玛南斜坡金龙51井风城组火山岩获高产新发现，3.5毫米油嘴获最高日产油31.8立方米；继玛中4、玛中2井百一段突破后，凹陷中心区达18井再获12.5立方米工业油流，同时开展百一段老井复查，8井解释油层，分批实施，有望实现与上倾方向百二段油藏连片，展现凹陷中心区百一段良好勘探前景；红车断阶区“金丝带”高效储量区进一步落实。该断裂带佳木河组“金丝带”南北长90千米、宽2~10千米，发育厚层砂砾岩及火山岩储层，油层厚度5~130米。2019年，车排21井、车排19、车排001井新获工业油气流，北部已累获工业油流4井6层，预计储量规模超千万吨；阜东斜坡区侏罗系河道油藏群勘探获新进展。截至2019年4月18日，阜东斜坡区侏罗系河道勘探累获工业油流15井18层，发现河道型油藏13个，累计面积21.7平方千米，储量规模两千多万吨。2019年9月13日，新疆油田公司提交的玛湖1井区块油藏新增整装规模石油探明储量通过了储量审查会评审，发现10亿吨级玛湖砾岩特大油田。中国石油新疆油田公司在准噶尔盆地玛湖凹陷发现的重量级砾岩油田，是近年来中国最大的油气勘探成果，相当于中国拥有了第二个克拉玛依油田。玛湖10亿吨级特大油田成为当前国内最现实的增储上产接替区，展现了该地区多层系立体勘探潜力，有望形成又一个勘探大场面。

准噶尔盆地，2019年油气勘探获得较多成果。截至2019年11月11日，油气勘探已获工业油气流28井37层，油藏评价与滚动勘探获工业油气流106井182层。2019年初以来，新疆油田公司勘探战线以寻找新发现和优质规模效益储量为目标，积极打好油气增储进攻战，持续取得新突破、新进展。在油气预探方面，玛湖凹陷风城组规模岩性勘探开辟新领域。通过构建大面积成藏新模式，加大低部位外甩勘探力度，玛湖28、金龙51、玛湖26等多口井连获高产工业油气流，风城组已成为百口泉组、乌尔禾组之后最重要的战略接替层系，展现规模勘探巨大潜力。在滚动勘探方面，一是玛湖凹陷首次发现八道湾组低含油饱和度油藏，开辟了规模增储新领域；二是石西凸起东段发现侏罗系高效气藏，展现腹部滚动勘探新场面；三是红车断裂带发现新近系高产高效油藏；四是克百断裂带石炭系滚动勘探获得新突破；五是红山油田多层系立体评价获得新突破。

2）中国石化

四川盆地南川盆缘复杂构造区常压页岩气和綦江东溪构造深层页岩气勘探取得重要突破，落实了两个千亿立方米规模增储阵地。四川盆地发现永探1井，开辟火山岩天然气勘探新领域。四川盆地以碳酸盐岩、页岩等沉积岩为主要勘探对象，取得了川东石炭系、川中龙王庙、川南页岩气等多个重大发现，但在火山岩领域尚待开拓。近期中国石油永探1井在火山岩获得高产工业性气流，在四川盆地开辟了一个全新的火山岩天然气方向。永探1井位于成都-简阳地区二叠系火山碎屑岩发育区，储层好、厚度大；处于寒武系优质烃源岩生烃中心，烃源条件好；早期断裂发育，有效沟通烃源岩和储层；储层上覆厚层膏盐岩，如厚厚的被子盖住，保存条件好；位于构造高部位，有利于天然气规模聚集成藏；形成了大型构造-岩性复合圈闭，资源潜力巨大。火山岩新区新领域的发现，进一步夯实了西南油气田高质量发展的资源基础，有望成为四川盆地新的增储天然气上产领域。

（二）陆上非常规油气资源勘探情况进展

1. 页岩气

鄂尔多斯盆地长 7 生油层内勘探发现了 10 亿吨级大油田——庆城大油田。2019 年新增探明石油地质储量 3. 58 亿吨、预测地质储量 6. 93 亿吨。庆城油田的发现，拉开我国非常规石油资源发展帷幕。2015 年至 2018 年我国石油新增探明地质储量分别为 11. 18 亿吨、9. 14 亿吨、8. 77 亿吨和 9. 59 亿吨，此次发现占 2018 年新增探明储量的 37%。庆城油田目前基本建成百万吨级的开发示范区。

2019 年 3 月，四川盆地页岩气勘探获得重大进展，在长宁-威远和太阳区块累计探明 10610. 30 亿立方米，形成了四川盆地万亿立方米页岩气大气区。其页岩气探区主要分布在川南、渝西地区，总面积近 2 万平方千米，资源潜力大。威（远）荣（县）页岩气田提交探明储量 1247 亿立方米，2019 年建成近 10 亿立方米产能；丁山-东溪区块国内首口埋深大于 4200 米的高产页岩气井——东页深 1 井，试获日产 31 万立方米高产气流，突破了埋深超 4000 米页岩气井压裂工艺技术。在丁山-东溪区块，中国石化深层页岩气攻关试验井——东页深 1 井，在埋深 4270 米的优质页岩气层试获日产 31 万立方米高产气流。这是国内首口埋深大于 4200 米的高产页岩气井，突破了埋深超 4000 米页岩气井压裂工艺技术。与此同时，在该区块部署的丁页 4 井和丁页 5 井，在 4000 米深的优质页岩气层相继试获日产 20 万立方米和 16 万立方米中高产页岩气流。证实了丁山构造五峰组-龙马溪组页岩气层具有高压、富气特征，商业开发潜力大，是继涪陵、威荣页岩气田发现之后又一个千亿立方米级增储上产阵地。

2019 年 5 月，西部钻探创国内页岩气水平井固井新纪录。位于重庆市大足区金山镇的中国石油最深页岩气水平井足 206 井，由西部钻探一次性固井成功，创国内同类型水平井完井固井施工最深纪录。足 206 井是重庆页岩气勘探开发有限公司部署在渝西区块的一口重点评价井，设计井深 6194 米，完钻井深 6240 米，属于储层埋藏深、地层倾角大、井底温度高、施工难度巨大的大位移三维水平井，目的层水平位移长度达 1560 米，施工压力高达 45～52 兆帕。

2019 年 7 月，中国石化华东油气分公司南川页岩气项目部胜页 2 井以 32. 8 万立方米的日产气量，刷新常压页岩气的国内纪录。常压页岩气藏压力较低，不容易实现高产，一般日产气量不高于 10 万立方米，重庆市七成以上的页岩气资源属于常压页岩气。刷新纪录的胜页 2 井位于南川区东城街道三秀社区，是一口勘探井，它采用创新勘探技术，对地层常压页岩气层进行开发。中国石化华东油气分公司经过科学和系统的试采，取得了每天 32.8 万立方米的稳定测试和试采产量，将此前 19.6 万立方米的国内纪录大幅提高。

2. 煤层气

2019 年 3 月，中国石油华北油田深层、中煤阶煤层气勘探取得重要进展。依靠独有的核心技术，华北油田打出高深高产煤层气井——煤层气河北大城大平 7 井，坐落在雄安新区正东 60 多千米处的广袤平原上。这口井日产煤层气 11300 立方米，并且保持高产万立方米已达 15 天以上。这口井最高日产曾到 1.7 万多立方米，为稳妥起见，控套压稳控产量，预计后期日产量还会大幅增长。大平 7 井井深 3013 米，垂直深度达 2019.24 米，是国内煤层气首次在这一深度取得的高产重要突破，填补了世界范围内 1800 米以深煤层气经济开采空白。在其附近的大探 6、大探 7 两口垂深 2000 米左右的直井，也都取得了单层日产 3000 立方米的高产，显示出这一区块的开发潜力。

2019 年 6 月，晋煤集团在柳林石西、和顺西、武乡南等新区块相继点火出气，创造了不同地质条件下煤层气勘探开发的新纪录。柳林石西区块已完成二维地震勘探 58.02 千米，地质填图 50.121 平方千米，累计完成钻井 56 口，压裂 23 口，试运行井 7 口，并站 2 口，完成管道主体工程施工 26 千米，建成设计能力 6 万立方米/日的增压站，实现与国新能源公司临-临管线对接。武乡南区块已完成二维地震勘探 93.88 千米，地质填图 201.247 平方千米，累计完成钻井 28 口，压裂 10 口，试运行井 8 口。和顺横岭区块已完成二维地震勘探 177.27 千米，地质填图 268.24 平方千米，完成了 18 口井的井场及道路建设，其中正在施工钻井 12 口，已经完成钻井 7 口，压裂 1 口 3 层。和顺西区块已完成地质填图 90.136 平方千米，完成区块所辖 15 口井的压裂排采及配套管道输气工作。

2019 年 7 月，国内埋藏深度最深煤层气勘探井排采见气成功点火。榆社东煤层气区块深部勘查近日实现排采见气，成功点火，成为目前国内埋藏深度最深、技术难度最大的勘探井。这标志着国新能源在深部煤层气勘查开发和技术攻关方面实现了新的突破，为完成勘查求储、滚动开发和产能建设打下坚实基础。

2019 年 10 月，鸡西盆地黑鸡地 1 井顺利完成煤系储层压裂改造。自然资源部中国地质调查局油气资源调查中心“鸡西等含煤盆地煤系气地质调查”项目组完成黑鸡地 1 井 4 层煤系储层压裂施工，成功对下白垩统城子河组高含气量、高气测异常值的煤层、煤系致密砂岩层及泥页岩层段进行了储层改造，目的是探索该区煤层气、煤系致密砂岩气、煤系页岩气等非常规天然气资源的一体化综合勘查开采技术，评价其可采性。本次施工采用动态设计，结合优选层段，采用光套管注入、填砂方式进行分层压裂改造。根据小型压裂测试和压裂施工情况，及时调整前置液比例、泵注程序、压裂规模、施工排量等关键参数，实现压裂层段最优改造。实际施工中单层压裂液量和单层加砂量均达到单层设计最大规模，地面微地震裂缝监测表明压裂效果显著。该井的压裂工艺探索和排采试验将对推动东北地区煤系非常规天然气资源潜力评价及综合勘查开发利用具有积极意义。

3. 页岩油

2019 年 2 月，中国陆相页岩油勘探开发获重大突破，天津大港油田形成亿吨级增储。通过创新理念，破解常规油勘探观念禁区，成功定位陆相页岩油勘探开发主战场，先后对 3 口井主力层段系统取心，进行厘米级岩心精细描述和上万块次的分析，创新形成了陆相页岩油“优势组构相−滞留烃超越效应”富集理论认识；同时针对页岩油自身无自然产能，需要改造才能开采的难题，创新形成了细粒沉积岩识别、甜点体评价预测等 3 项国内外专利技术和 16 项配套技术，支撑了页岩油勘探开发。截至 2019 年 3 月底，大港油田页岩油水平井官东 1701H 井、官东 1702H 井自喷超 260 天，原油日产稳定在 20~30 立方米。这标志着官东地区形成亿吨级增储战场，也填补了陆相页岩油在国内外学术研究上的空白，为中国陆相页岩油革命奠定了重要基础。

2019 年 8 月，四川首口页岩油井——南充 2 井水平井开钻，这标志着中国石油集团“页岩油革命”的川渝战略布局与战略勘探首战打响，也标志着西南油气田页岩油勘探开发实现零突破。四川遂宁射洪县天仙镇，中国石油川庆川西钻探 50652 队承钻施工的四川盆地首口页岩油井南充 2 井水平井正式开窗侧钻，钻头越过窗口直冲新地层。探明川中页岩油井有利勘探面积 4 万多平方千米，对强劲助推西南油气田 500 亿立方米战略大气区建设和页岩油战略资源开发具有前所未有的战略意义。

中国石油新疆吉木萨尔凹陷发现页岩油藏。中国石油新疆油田公司全面推进吉木萨尔页岩油区域开发，当前产能超过 30 万吨。2019 年，新疆油田公司吉木萨尔页岩油区计划动用钻机 45 部，完钻近百口井。

4. 致密油

鄂尔多斯盆地长 7 油层组探明致密油三级储量。中国在 5 个盆地中发现致密油，其中，鄂尔多斯盆地延长组率先建成了国内第一个工业化生产的成熟致密油区；四川盆地侏罗系的致密储层已有 146 口累积产量超过万吨的油井，是国内现实的接替致密油区。此外，准噶尔盆地准东芦草沟组、渤海湾盆地沙河街组、松辽盆地青山口组、柴达木盆地第三系、酒西盆地白垩系、三塘湖盆地二叠系以及吐哈盆地侏罗系，均具备形成致密油的潜力，为我国致密油的后续发展提供了有力支撑。致密油勘探在鄂尔多斯盆地长 7 取得重要发现，已探明致密油。发现表明，长 7 页岩油与北美地区典型页岩油相似，处于稳定的沉积环境中，有利于致密油成藏。未来在长 7 纯页岩地层中，有望实现“陆相页岩油革命”。

（三）海上油气资源勘探成果

2019 年 2 月，渤海海域海上油气大发现，渤海油田探明超千亿立方米级大气田。中国海油渤中 19-6 探井已完成探井 11 口，每口井均钻遇气层超过百米，经测试，天然气综合探明储量超过 1 千亿立方米，如果全部开采，将可供一个百万户规模城市使用超过百年。渤海油田地处京津冀腹地，是中国第二大原油生产基地，尽管渤海湾原油产量丰富，由于渤海湾盆地复杂的构造，过去 50 多年中，始终没有天然气田的发现，近年来，中国海油通过产学研联合攻关，勘探发现了渤中 19-6 大型太古界低潜山圈闭天然气藏，是渤海湾盆地有史以来发现的最大的天然气田。它的成功发现是增强华北地区天然气保供能力，能源保障的重要突破。中国西部天然气产量占全国天然气总产量的 80%以上，而消费地却主要集中在中东部，中东部消费量占全国天然气消费量的 70%，渤中海域距离京津冀地区超过 100 千米，开发之后可以直接利用已有的天然气管道进入市场，将大大增强华北地区的供应能力，为京津冀地区提供绿色、清洁、安全的能源保障。

中国海油南海陵水深水气田，探明天然气超过 1 千亿立方米。中国南海油气资源极其丰富，70%蕴藏于深海，但深海勘探难度极大。陵水 17-2 气田的发现，不仅证明了中国南海深海丰富的油气资源潜力，也意味着中国已基本具备深水油气开发的能力，实现了中国深水历史的重大突破。在南海开发油气田所面临的高温、高压和深水这三个世界级难题也被逐个攻克。

2019 年 7 月，中国石油化工股份有限公司与中海石油(中国)有限公司就渤海湾、北部湾、南黄海和苏北盆地签订了合作框架协议，共涉及双方探矿权 19 个、总面积约 2.69 万平方千米。这标志着继东海油气联合勘探开发后，双方在油气勘探开发领域合作的新篇章。中国海上油气资源丰富、勘探程度较低，是油气勘探开发的重点领域。按照合作框架协议，双方将在 3 年内通过联合研究、联合勘探、设施共享的方式在不同海域进行合作。按照联合研究协议，双方将在渤海湾盆地的黄河口凹陷、青东凹陷、渤东凹陷，北部湾盆地的涠西南凹陷和徐闻地区，苏北盆地的盐城和海安凹陷，南黄海盆地东部地区进行资料共享，开展创新性联合研究。

2019 年 9 月，中国海油所属南海西部油田 20 余年相继攻克高温、高压、深水领域三大世界级油气勘探开发难题，使中国成为世界上少数系统掌握该领域全套勘探开发技术的国家之一，为全面开发南海油气资源、建设海洋强国提供了坚实的技术保障。南海西部油田已累计生产油气超2亿吨油当量，为中国能源安全和经济社会发展作出了重要贡献。

（四）2019年油气资源勘探技术进步分析

2019年，中国油气勘探新技术不断涌现，推动了油气勘探向着高效准确的方向发展，在地质勘查技术和物探技术等方面取得了新进展。

1. 地震勘探技术得到发展

2019年4月江汉油田的“一种去底辟原始地层厚度恢复方法”获得国家知识产权局授权。此项发明依托高精度三维地震资料解释，在以往地层恢复方法基础上提高了预测精度，在潜江、江陵地区应用推广效果良好，还原了成盆期盆地原型，明确了盐湖盆地沉积充填模式，在此方法指导下取得的创新成果达到了国际先进水平。研究成果对江汉老区“十二五”勘探指标的完成起到了重要的支撑作用，指导“十三五”高效勘探也已初见成效，对江汉油田二次勘探具有重要借鉴作用。

西北油田，名为“超深碳酸盐岩走滑断裂系统地震成像技术”解决了油藏埋深大、成像不清晰等因素造成的勘探开发难题，2019年5月28日，该技术通过中国石化鉴定，成果整体达到国际领先水平。目前，该技术在顺北油气田实现了规模化应用，推广面积达3000平方千米，主干断裂带钻探成功率为100%，累计提交探明储量6436.77万吨，新增利润约12.5亿元，为顺北地区勘探持续突破提供了技术支撑，解决了火山岩、断裂带高精度速度建模、各向异性参数联合反演、逆时偏移高精度、高效成像难题。

2. 东方物探井中地震技术开辟勘探新领域

东方物探紧跟油气田增储上产部署和技术需求，持续加快发展井中地震技术，井中地震技术研究团队致力于垂直地震技术研究，经过8年多的技术攻关，逐步形成了VSP软件、采集、处理、解释及应用技术等井中地震配套技术，打造了具有自主知识产权的VSP处理解释软件平台GeoEast-VSP和微地震监测处理解释软件平台GeoEast-ESP；集成创新的井地联采、井驱地震处理技术、Walkaround-VSP等技术，以高分辨、高保真的技术优势，在复杂油气藏勘探开发中受到油田高度重视，有力提升了VSP技术在油气勘探开发中的技术服务能力，为寻找剩余油气、指导水平井轨迹、提高油气田采收率提供了技术支撑，为油田增储上产发挥了重要作用。2019年11月11日，由东方物探2517队承担的亚洲陆上第一深井轮探1井VSP测井资料采集圆满完成，轮探1井井深8882米，标志着东方物探已具备9000米井中作业能力。VSP技术作为开发地震中的一项重要技术在国内油田得到广泛推广应用，涉及碎屑岩、碳酸盐岩、火成岩三大主要岩性储层，在断裂破碎带、逆掩推覆体、古潜山等复杂构造以及复杂地表探区均取得了良好的地质效果。

3. RTK测量技术在大同盆地电法剖面测量工程成功应用

RTK测量(实时动态载波相位差分)技术，是实时处理两个测量站载波相位观测量的差分方法，这是一种新的卫星定位测量方法，野外作业人员只需沿四个方向定位便可获取极距，而手持GPS、全站仪还需要测绳和反光镜进行直线测量极距，RTK测量技术对每个测点的电极距更加精准、快捷、方便、高效、节约人工成本。在精度上，以前的静态、快速静态、动态测量都需要事后进行解算才能获得厘米级的精度，而RTK是能够在野外实时得到厘米级定位精度的测量方法。RTK测量技术在大同盆地电法剖面测量工程的应用不仅为常规物探勘查提供了测量技术支撑，尤其是在钻井井场溶洞探测过程中，针对小点距测量技术的高标准要求提供了技术保障，该技术为物探队带来了新的测量原理和方法，极大地提高了作业效率，提升了测量精度，大大节约了人工成本，是物探队测量技术应用的重大里程碑。

4. 机械化气动钻进开启鄂尔多斯三维地震勘察新时代

自鄂尔多斯盆地第一条地震测线部署以来，由于黄土塬独特的地形和岩性特征，作业效率低成为制约黄土塬地震勘探的最大瓶颈。2019年10月，长庆物探处加快机械化钻井研制工作，持续加大技术创新力度，攻克多项技术难题，成功研制出适合黄土塬勘探的CQ-HTZ-20系列机械化全气动轻便钻机，一举破解黄土塬钻井世界性难题，为助力长庆油田二次加快发展提供了新的技术利器。气动钻机的成功研发，终结了黄土塬低效勘探钻井的历史，实现了鄂尔多斯盆地黄土塬勘探世界级钻井难题的历史性突破。新型钻机带来勘探技术方法的变革，提高了勘探生产效率和勘探质量，为长庆油田稳产高产、保障国家能源安全作出了积极贡献。

5. 大港油田陆相页岩油压裂工艺获突破

在页岩油勘探开发中，国内外普遍采用的工艺整体施工用液量加大，平均砂较低，并容易造成沿缝长剖面上的铺砂浓度不一致，影响后部整段裂缝产量。大港油田经过3年多创新实践，在渤海湾盆地率先实现陆相页岩油工业化开发，但仍存在诸多技术瓶颈亟须攻克。为提高页岩油产量，大港油田页岩油研究团队积极研发变黏滑溜水体系，开展室内滑溜水挟砂平板模拟实验，优化压裂加砂工艺，增加每个砂比挟砂液量，实时调整滑溜水黏度，实现后续高砂比成功加砂，形成了滑溜水连续加砂工艺。2019 年 10 月，大港油田科研人员研发的页岩油滑溜水连续加砂工艺实现首次成功应用，砂液比由之前的 4.1% 提高到现在的 8.3%，标志着国内陆相页岩油压裂工艺实现了由段塞加砂方式到全程滑溜水连续加砂的新突破。

6. 东方物探科技创新取得新突破

（1）核心软件研发应用成效显著。GeoEast 软件在高效混采处理、断层增强、多波叠前联合反演等多个方面取得显著进展；Diva 速度建模软件成为叠前深度偏移处理生产的自主关键产品；KLSeis Ⅱ V3.0 软件系统 5 大系列 18 个应用软件的功能和性能得到大幅提升，为重点项目提质、提速和提效提供了强力技术支撑；GeoEast-USP 非常规甜点预测地震软件 V2.0 不断完善，提高了甜点预测精度。

（2）装备利器研发应用持续推进。DAS 井中地震光纤采集系统研制成功，为油藏业务提供了新利器；Hawk HD 节点仪器完成研发，G3i HD 超大道数数字系统在科威特西三维项目成功应用；G3i 有线和 Hawk 节点联采技术发挥关键作用，确保了国内首个大型城区高密度三维采集项目的顺利完成；AHV-V480 宽频可控震源顺利完成全球商业化发布，EV56 高精度可控震源入选中国石油天然气集团有限公司标志性技术有形化项目；自主研发的海洋电磁勘探装备成功进行生产试验，各项技术指标均达到设计要求和工业化应用水平。

（3）综合配套技术不断深化集成。“两宽一高”勘探技术持续完善，为拓展高端市场发挥了重要作用；可控震源超高效混叠采集技术在阿曼创造最高日效 3.8 万炮，有效推动了中东高端市场开发；可控震源动态扫描技术为项目高效运行发挥了重要作用；打造形成具有国际领先水平的 OBN 勘探配套技术，有效提升了东方物探 OBN 勘探实力；横波地震勘探技术在青海三湖地区首次成功进行工业化应用，拉开了物探行业弹性波地震勘探的序幕；非常规油气勘探技术持续完善，为中国石油天然气集团有限公司页岩油气勘探突破提供了有力支撑。

二、2020 年中国油气勘探产业展望

中国大部分浅层油气藏已逐步进入难动用阶段，技术要求逐渐提高，成本也逐渐增多；非常规油气增储上产难度大；页岩气虽有良好前景，但产量和预期存在较大差距；煤层气也未走出困局。中国油气勘探对象复杂化、目标多元化以及油气资源劣质化成为新常态。中国油气企业正处于全面深化改革的攻坚期，从注

重规模发展向更加注重质量效益发展转型，质量效益发展面临巨大冲击，资源劣质与低油价双重压力袭来，倒逼中国油气勘探强化创新驱动，依靠科技进步实现资源发现的转型发展。

（一）总体趋势

石油天然气开采业是国民经济的重要支柱产业，石油天然气开采行业的发展关系到国民经济的发展，关系到国家安全，而且与人们的生活息息相关。中国油气资源丰富，勘探领域和地区广泛，勘探程度和资源转化率较低，油气勘探潜力巨大。

中国油气储产量增长已进入高峰期，这一高峰期可能延续到2050年左右。未来油气勘探发展的总趋势：一是从中新生界向古生界转移，二是从中国东部向西部转移，三是从陆地向海洋转移，四是从石油向天然气(含非常规天然气)转移，五是从中浅层向中深层转移，六是快速发展非常规油气领域，七是开发利用国外油气资源。

（二）油气勘探面临的挑战

当前世界正处于地缘多极化、经济全球化、社会智慧化、文化多样化的大变革与大调整期。中国作为全球最大的石油吸收市场、最具潜力的天然气吸收市场和重要的油气生产国，如何应对内外环境变化，不断加大油气资源勘探开发力度，以最大限度满足新时期国家安全、与国民经济持续健康发展的需要，是摆在石油地质家和工程技术大师面前亟待回答的命题。总的来看，目前油气勘探行业发展面临着五方面的挑战，同时也孕育着潜力和希望。

1. 国内常规油气勘探难度日益增大，成本提高

首先，随着常规油气勘探开发的深入，国内主要含油气盆地油气资源探明程度高，多数富有凹陷探明程度已经超过50%，未来勘探主要对象为隐蔽、地质条件复杂的油气藏，勘探难度日益增大。第二，资源品位下降，新增探明低渗透、特低渗透石油储量占比达80%~90%，提高开发效果的难度加大。第三，已开发油田整体处于“双高”(高含水、高采出程度)阶段，单井产量低，后续开发面临诸多的关键技术瓶颈。第四，油气生产企业既是能源生产者也是耗能和排放大户，随着人们环保意识的不断增长，油气勘探开发活动面临越来越大的环保压力和限制，因环保问题而出现的关停事件将越来越多。

2. 非常规油气资源大规模商业性开采面临技术和经济挑战

中国已发现的非常规资源类型有致密油、致密气、页岩油、页岩气、煤层气、重油沥青和天然气水合物等。其中，页岩油、页岩气和天然气水合物的地

质资源量分别为6000亿吨、138万亿立方米和80万亿立方米。尽管资源量远远超过常规油气资源，但总的来看，中国的非常规油气资源勘探开发仍在局部领域探索，大规模商业性开采非常规油气资源面临技术和经济挑战，目前难以大面积推开。例如，页岩气重点建厂地区一半以上深埋的地质深度超过3500米，深层开发技术尚未成熟，页岩气单井建厂投资较高、产量低、产量递减速度较快。

3. 迫切需要理论与技术创新

中国剩余油气资源依然比较丰富，待探明的常规和非常规可采石油资源量达到150亿~180亿吨，天然气可采资源量预计在40万亿立方米左右，中西部、中深层、非常规和海域的勘探程度相抵较低，拥有较大的潜力，只要地质认识到位，工程技术到位，工作部署到位，仍有获得大发现的希望。准噶尔盆地玛湖地区10亿吨级砾岩油藏，塔里木盆地顺北、顺南超深层油气田，渤海湾盆地海域数千亿立方米级大气田的发现以及准噶尔盆地南部高探一井，库车凹陷中秋一井，四川盆地永探一井等一批重要的新突破，催人奋进。随着勘探工作的不断深入，深层、海域和非常规油气逐渐成为重要的突破方向，同时勘探难度不断增加，对地质理论和技术创新提出了更高的要求。未来需要聚焦认识、技术和资料三大盲区，通过创造性的认识突破、精度更高和效果更好的技术发展与扎实细致的基础工作，将潜力转化为成果，将资源转化为规模效益储量。

4. 主攻方向清晰与落脚目标不明并存

目前国内油气勘探方向比较明确，碳酸岩盐油气藏、前陆冲断带海域致密油气与页岩油气等都是勘探增储上产的重点方向。但目标的选择却面临诸多困境。例如海相碳酸盐岩有利区带优选面临古老地层岩相重建等难题，四川盆地下一个安岳大气田在哪里，塔里木盆地寒武系岩下白云岩优质储层分布期在哪里，前陆冲断带下一个克拉2在哪里，等等。要破解困境，需要坚持问题导向，重新开展盆地级的地质条件研究，开展岩性盆地恢复等基础工作。把方向变期待，把期待变目标，把目标变成突破发现，推动勘探持续扩展。

5. 油气资源总量大与资源品质差并存，需要从管理体制与工程技术上找出路

中国新增探明油气储量中，低渗透、低丰度、非常规等低品质储量占比持续走高，已经成为新常态。实现低品位资源规模效益开发，已经成为国内油气工业持续发展的重大现实问题。未来一方面要依靠地质工程一体化、勘探开发一体化、增储上产一体化等管理体制创新，实现多专业密切协同；另一方面要依靠高密度三维、长水平井高效钻井、体积压裂等工程技术的持续创新，把产量提上

来，把成本降下去，把成效和信心打出来，通过两方面同步发力，让低品位资源成为加大国内勘探开发和增储上产发展的重要支撑。

6. 传统技术的主导性与 AI、大数据等新技术的颠覆性并存

工业革命 4.0 代表第四次工业革命的新浪潮，云计算、人工智能、机器学习、工业互联网+等新的发展大潮已经风起云涌。智慧油田、智能钻井、地下原位改质、纳米机器人、纳米材料、深水智能开发的颠覆性技术正在向纵深发展，应用前景已经给石油工业带来颠覆性变化，需要继续瞄准世界前沿，对接产业新秀，打造创新高地。与此同时，应该清醒地认识到，油气行业的 AI 等智能化技术已经落后于时代，未来基于海量的数据和云计算，打造多专业多学科协同共享的智能化研究工作平台，已经成为提升研究创新效益和水平的大趋势，更有可能重塑油气行业的生产模式和商业模式。国际油公司和油服公司已经率先启动数字化和云平台的建设，如 BP 公司正在打造数字能源平台。我们要加快能源化颠覆性新技术的攻关，布局智能化。

(三) 油气勘探潜力

1. 中国油气资源丰富，勘探潜力巨大

中国经过三次油气资源评价，全国石油资源总量 1086 亿吨，天然气 56 万亿立方米。这一资源量只是在现阶段研究程度和油气勘探程度相对较低的情况下计算的结果，对当前油气勘探工作起了重要的指导作用。但从战略上讲，它不能代表我国实际的油气资源状况。首先，近几年来原国土资源部及各油公司组织的全国油气战略选区项目中取得了一批重大的研究成果，对一些新区、新领域油气地质条件获得了创新性认识，如东北地区石炭-二叠系、准噶尔盆地石炭系及其以下地层、柴达木盆地及走廊地区石炭-二叠系、青藏地区古生界、中国南方的古生界以及中国海域的中-古生界，等等，上述地区的古生界含有较好的烃源岩，油气资源量还未来得及进行全面系统的计算。其次，从中国三次油气资源评价情况看，由于油气勘探工作的不断深入，有的盆地油气资源量一次高于一次，如塔里木盆地油气资源量第一次发现 108 亿吨油当量，第二次为 206 亿吨油当量，第三次为 229 亿吨油当量；准噶尔盆地第一次为 60 亿吨油当量，第二次为 85 亿吨油当量，第三次为 206 亿吨油当量。另外四川盆地、鄂尔多斯盆地等也有相似的进展，表明中国油气资源潜力大。再次，塔里木盆地沙雅隆起(塔北隆起)潜力巨大。1990 年之前，该隆起油气资源量为 10 亿吨油当量，但塔河大油田发现后，油气资源量飙升至 38 亿~40 亿吨，目前在该隆起探明油气储量约为 15 亿吨油当量。预测沙雅隆起可能形成特大型(大庆式)的油气田。另外，库车坳陷 1985 年

油气资源量为 10 亿吨油当量，但克拉 2 等大气田发现后，该坳陷油气资源量改写为 30 亿吨油当量。综上认为，中国战略油气资源量，可能是现今的 2 倍左右。另外，我们还要开发利用国外油气资源。

2. 油气勘探领域广泛

首先，中国东部老油区仍有较大勘探潜力。具体来说，中国东部老油区现有油气资源的探明率大体为 30%~50%，2019 年仍有新的发现；老油田采收率为 35%~50%，有待进一步提高，特别随着科技进步各油田采收率还可提高 10%~20%；中国东部的各生油凹陷基本上是满凹陷含油，按“四新”思路(新地区、新领域、新类型、新深度)，还会发现新的油气田。如胜利油田近些年来每年新增探明储量为 1 亿~1.2 亿吨，其他油田也都不同程度地增加。

其次，中国古生界海相领域勘探潜力巨大。自 1984 年塔里木沙参 2 井实现古生界海相油气首次重大突破后，在国内出现连锁反应，发现 13 个大型油气田，但这还是刚刚起步，据目前阶段性油气资源评价 385 亿吨油当量，其资源转化率仅 10%左右，况且尚有广大地区基本上未开展勘探工作，由此设想，古生界海相油气勘探是今后中国主要的勘探领域之一，也是众多大油气田发现的主要领域。

再次，中国西部前陆盆地油气勘探潜力巨大。中国西部天山、昆仑山、阿尔金山、阿勒泰山、祁连山、西秦岭、贺兰山、龙门山等造山带前缘发育的 16 个中新生代前陆盆地，油气资源丰富，成藏条件好。目前已发现多个油气田，但由于构造条件复杂，勘探程度低，因此油气前景广阔。

此外，中国海域辽阔油气资源十分丰富。目前中国海域油资源量 152 亿吨，天然气 13 万亿立方米，由于勘探程度低，油气资源转化率仅 10%左右，勘探潜力巨大。中国陆上中小型盆地有几百个，目前很多盆地勘探程度很低，尚有一些盆地基本属于空白，但这些盆地均不同程度地发育有烃源岩，具有一定资源潜力。

火山岩领域，中国是火山岩十分发育的地区，主要有三期，即海西期、燕山期和喜山期。这些火山岩缝洞、孔发育，是油气较好的储集层(体)，目前已在松辽盆地、准噶尔盆地等火山岩中发现大气田，显示这一领域有良好的勘探前景。非常规油气领域，如油砂、油页岩、页岩气、天然气水合物等领域，以往对这一领域基本未开展工作，近两年来才开始起步，发现该领域资源较为丰富，勘探潜力较大，是不可忽视的油气资源领域。

(四) 2020 年油气勘探产业政策展望

2019 年以来，能源领域改革政策地位不断提升，管网改革与加大油气勘探开发则是油气领域改革的重头戏。在此背景下，2020 年，国家层面将多次发文加大油气勘探开发力度，全力加大油气储备。

1. 全面放开油气勘探准入，深化油气体制改革

2019 年 3 月，国家发展改革委提请“今年放开油气勘查开采准入限制，积极吸引社会资本加大油气勘查开采力度”的决议已获通过。同时，国家发展改革委宣布，取消“石油天然气(含煤层气)对外合作项目总体开发方案审批”，改为备案。此次油气勘探开发等上游领域的开放，将加大外资石油企业在中国开展油气勘探开发，能够打破垄断，推动真正的市场化改革启动，让市场在资源配置中发挥决定性作用。此次全面放开油气勘探开发领域，充分展示出中国坚定不移扩大对外开放的决心。

2019 年 6 月 30 日，发展改革委、商务部分别发布《外商投资准入特别管理措施(负面清单)(2019 年版)》，自 2019 年 7 月 30 日起施行。与 2018 年版相比，2019 年版负面清单，取消了石油天然气勘探开发限于合资、合作的限制，将 2018 年版自贸试验区外资准入负面清单试点的石油天然气勘探开发等开放措施推向全国。此举标志着中国整个油气产业已经全面开放，是中国油气体制改革具有“里程碑”意义的一件大事。但该政策短期内不会产生很大效果，外资要想真正在中国独立勘探开发油气资源，还需要出台一系列的配套措施。

2. 建立健全油气区块的竞争性出让、流转及退出机制

2019 年 4 月，中共中央办公厅、国务院办公厅印发《关于统筹推进自然资源资产产权制度改革的指导意见》指出，有序放开油气勘查开采市场，完善竞争出让方式和程序，制定实施更为严格的区块退出管理办法和更为便捷合理的区块流转管理办法。长期以来，中国油气勘探开发由“三桶油”和延长石油四大国有石油公司垄断，此前只是在新疆和页岩气领域进行了开放试点。新疆在 2015 年、2017 年举行了两轮常规油气区块的公开招标出让，页岩气探矿权的公开招标出让则早在 2011 年就开始实施。但实际情况是中国大部分油气区块都已被三大石油公司握在手中，其他企业想获得区块的探矿权，就需要它们退出，中国要想获得更多的油气产量，还需要加大改革力度，完善区块退出机制与矿权流转机制，才能吸引更多的私企及国际油公司加大勘探投入。

3. 推进探采一体化，加速勘探成果商品化

2019 年 4 月，中共中央办公厅、国务院办公厅印发《关于统筹推进自然资源资产产权制度改革的指导意见》提出“探索研究油气探采合一权利制度”。近年来，探采衔接管理矛盾日益突出，探转采过程中遇到的办证周期长、勘探开发一

体化工作受管理制约、与非油气矿权重叠争议、探矿权内的合理生产活动法律手续不全等问题，对企业的实际生产节奏、经济效益和依法合规管理等方面造成一定负面影响，同时也不适应加大油气勘探开发力度形势的需求。探采合一，是在设立单一矿业权基础上整体重构新的油气管理制度，有望从根本上解决探采衔接管理矛盾，但颠覆实行多年的现有制度，涉及的问题错综复杂，需要综合考量实现探采合一改革的成本及新老制度平稳过渡的可操作性方法。

4. 实施创新驱动战略，提高勘探创新能力和效率

历经几十年的勘探开发，油气田勘探开发的难度越来越高，寻找规模优质储量的难度持续升级。因此，创新是破解油气勘探困局、走向更大发展必须依靠的“钥匙”。《2019年国务院政府工作报告》指出要深入实施创新驱动发展战略，创新能力和效率进一步提升。大力优化创新生态，调动创新主体积极性，推进关键核心技术攻关，强化质量基础支撑，推动标准与国际先进水平对接，提升产品和服务品质，促进传统产业改造提升。在创新人才政策方面，将加大基础研究和应用基础研究支持力度，强化原始创新，加强关键核心技术攻关。健全以企业为主体的产学研一体化创新机制，促进发明创造和转化运用。要充分尊重和信任科研人员，赋予创新团队和领军人才更大的人财物支配权和技术路线决策权。以技术创新为基点，持续推进管理创新，着力推动油气勘探跃上新台阶。

5. 坚持开展绿色勘探，推动地质勘探和生态环境保护协调、健康发展

自然资源部办公厅在2019年6月18日下发通知，就开展绿色勘查项目示范工作作出部署。开展绿色勘查项目示范工作，旨在创新地质勘查工作管理制度和技术方法，加快建立新时代绿色勘查管理制度和标准规范体系，推动地质勘查和生态环境保护协调、健康发展，立足国内提高能源资源保障能力。2019年5月29日，中央深改委会议审议通过了《关于在山西开展能源革命综合改革试点的意见》等10个文件，其中，政府指出，推动能源生产和消费革命是保障能源安全、促进人与自然和谐共生的治本之策。中国富煤少油的特点，决定了充分利用煤炭资源是稳定国内能源供给基本盘的战略举措，而山西作为产煤大省，其能源改革举措将对产业界形成显著的标杆作用。山西要通过综合改革试点，要聚焦打赢蓝天保卫战等重点任务，统筹兼顾、标本兼治，使生态环境质量持续改善，努力在提高能源供给体系质量效益、构建清洁低碳用能模式、推进能源科技创新、深化能源体制改革、扩大能源对外合作等方面取得突破。

中国油气开发产业发展分析与展望

张艳[1]；刘贵贤[1]；张海霞[1]；孔朝阳[2]

[1. 中国石油大学(北京)经济管理学院；2. 对外经济贸易大学国际商学院]

2019年，中国原油产量1.91亿吨，同比增幅1.1%；天然气总产量估算1738亿立方米，同比增幅约9.8%。中国油气行业不断提高开发水平，持续强化精细管理和生产组织，油气田新区老区亮点频现，油气产量继续保持稳定增长。原油全年产能稳中有升，天然气产量持续保持高速增长。海上油气资源开发力度进一步加大，海外油气业务经营良好。非常规油气开发步伐加快，开发技术不断优化。页岩气开发技术实现新突破，新一代浅层稠油、超稠油开发技术大规模推广应用。

一、2019年中国油气开发产业发展分析

2019年中国油气开发持续贯彻“稳定东部、发展西部”的战略，陆上原油产能建设发展势头良好，油气开发技术不断提升，老油田的再开发和新油田的建设并重，全年原油产量稳中有升。天然气产能增长速度较快，尤其是西部天然气产量增长迅速，为满足国内天然气需求作出了重大贡献。此外，中国海上油气资源开发力度进一步加大，海外油气业务经营良好。

(一) 常规油气产能建设情况

1. 陆上原油产能建设情况

1) 西部地区

2019年，以中国石油的长庆油田、新疆油田、塔里木油田、吐哈油田、青海油田为代表的西部油气田开发公司，不断提高油田开发技术，推进油田高质量发展，加强老油田的再开发和新油田的建设进程，油气产量稳中有升。

长庆油田，2019年生产油气当量产量突破5700万吨新高点，不仅实现5000万吨第7年稳产，连续8年居全国第一，还创造了长庆油田年产油气当量的最新纪录。其中，原油2416万吨。自2007年以来，长庆油田油气当量年均增长500

万吨以上；2013 年，长庆油田油气当量突破 5000 万吨，已持续七年实现高效稳产。长庆油田主动对接国家战略需求，将“稳油增气”调整至“油气双增”轨道，通过核心技术创新提升油气资源掌控能力，依靠技术引擎，加大稳油控水力度，加速低效井治理，使老油田稳产活力依旧，驱动“三低”油气田高质量发展。2019 年，长庆油田气田数字化覆盖率已达 100%，油田数字化覆盖率达到 94%。

新疆油田，2019 年全年生产油气当量产量 1479 万吨，其中原油 1247 万吨，同比增产 100 万吨。新疆油田围绕全力加快油气规模增储上产、工程技术提速提效，重点领域加快勘探突破、产能建设、原油产量净增百万吨等核心任务做好各项工作，持续推进新疆油田高质量发展。准噶尔盆地的油气资源开发难度大，主要表现为油层的低渗透率、油质偏稠、储集母体形态多样、矿质复杂。

塔里木油田，2019 年生产油气当量产量突破 2800 万吨，其中原油 576 万吨，新建原油产能 100. 8 万吨。塔里木油田以 3000 万吨大油气田为建设目标，着重开展老油气田综合治理和库车山前勘探开发两大项目，加快资源落实和产能建设，勘探开发实现质量效益双跨越。塔里木油田全面推进稳油增气，新区实现快速上产，夯实天然气上产资源基础。综合治理老油气田，深化地质认识，强化生产管理经营，实现老区良性开发。按照“四清楚一具体”的要求，系统开展“控制递减、提高采收率、提高动用程度和滚动开发”四大工程。塔河南碳酸盐岩勘探开发持续发力，快速建成 23 万吨/年的产能。充分发挥专业化管理优势，推行高效组织运行模式，组织实施了 6 项天然气试采工程、6 项改扩建工程和 3 条联络线工程，加速产能建设推进，保障西气东输和南疆地区天然气平稳供应。

吐哈油田，2019 年油气生产保持良好势头。2019 年以来，吐哈油田全面落实“大力提升勘探开发力度”，滚动评价取得突破。针对建产区块不落实的现状，吐哈油田大幅调整年初部署，加大老区挖潜和侧钻力度。通过精细断层刻画及剩余油分布研究，在陵四断块形成“羽状”剩余油挖潜模式，沿断层面实施侧钻挖潜 7 口井，初期单井日产油 7. 7 吨，是相邻调整井的两倍。三塘湖盆地马中区块马 LI-2-10H 井应用 GRD 聚合物钻井液 21. 3 天完钻，水平段长 1086. 55 米，钻井周期较设计周期缩短 44%，刷新三塘湖芦草沟组页岩油水平井钻井周期最短纪录。

青海油田，2019 年全年生产油气当量产量 738 万吨，其中原油 228 万吨。针对老区油田发展不稳定的困境，青海油田加强维护管理，强化注水系统运行管理，科学合理安排清罐、洗线、洗井工作；同时，强化老井维护管理，加强增油措施论证和实施，积极恢复长停井，提高开井率，努力提升老区产量基数。柴达木盆地英雄岭狮子沟英中一号高产层得到落实，并且首次在盐间发现了工业油流。青海油田在切克里克凹陷切探2井获得日产油54.88立方米、日产气6899立方米的高产工业油气流，产量稳定。油田实行勘探开发一体化措施，落实了尖北底水块状基岩气藏特征，年初油田上交探明天然气地质储量211亿立方米，含气面积18.87平方千米。青海油田开发建产稳步推进，探明了尖北气田，开发建产稳步推进。

2）东部地区

大庆油田，2019年油气当量超4300万吨，其中完成国内原油产量3090.01万吨，获得海外权益产量910万吨，同比增加293万吨。大庆油田在四次采油技术、页岩油、天然气等勘探开发方面取得重大进展，进一步夯实了油田高质量发展基础。大庆油田应用四次采油技术，增加原油可采储量1亿吨以上。在西部斜坡、三肇、双城南等多个区带、多口井获高产工业油流，奠定了效益增储上产的基础。Ⅱ、Ⅲ类页岩油实现产量突破，齐平1-1井等14口井获工业油流，水平井日产油达到14.3吨。古页油平1井成功探索了“水平井+大规模体积压裂”提产途径。隆平1井实现了中央古隆起带基岩储层产能突破。

辽河油田，2019年稳产原油1000万吨。面对千万吨稳产资源接替不足、开发成本高等难题，辽河油田以重大开发试验为依托，努力攻克技术难题，充分释放老油田潜力，实现了老油田稳产从靠投资拉动向靠创新驱动的转变。辽河油田重大开发试验通过多方式并重、先导试验先行、分期工业化推广，实施600多个井组，建成264万吨产量规模，占油田总产量的26.6%。辽河油田重点推广的SAGD、蒸汽驱、火驱、化学驱、气驱五大试验项目，平均单井日产量是转驱前的1.5~4倍，实施区块预计提高采收率20.1%，增加可采储量4400万吨。辽河油田通过对水平评价井曙古169-高H1井实施地质工程一体化攻关，优化分段压裂设计方案，分9段实施体积压裂改造。辽河老区滚动勘探牛612井采用8毫米油嘴25毫米挡板自喷，获日产油110.4立方米、日产2.59万立方米的高产工业油气流。滚动勘探牛612井所在的牛612块沙一段可新增含油面积0.95平方公里，带出开发井位12口，新建产能2.5万吨。

胜利油田，2019年全力稳油增气。2019年，胜利油田推进油公司建设，通过市场化运营，采油厂与研究院所积极合作，激发价值创造“乘数效应”。在采油厂与研究院的合作框架下，采油厂以区域风险承包为突破口，将科研院所的技术创新实力与开发单位的资源潜力相结合，促使理论技术从研究院进入采油厂，形成利益共同体。孤岛厂、孤东厂与勘探开发研究院实行了“风险共担、效益共享”的院厂承包合作新模式，现河厂与采油工程研究院签订战略合作协议，以期解决不同类型油藏面临的开发矛盾，滨南厂同勘探开发研究院、石油工程技术研究院签订“产研”“院厂”合作协议，共同解决开发技术瓶颈，推进采油厂效益发展的同时，实现互利共赢。在鲁丰管理区，注汽技术服务中心利用其研制的烟气冷凝式余热回收装置，在锅炉对流段下方加装“提干段”，提高烟气利用效率，实现锅炉热效率提高 5 个百分点，干度保持在 75%~80%之间。双方合作实施的 18 口老井，平均注汽干度增长 5%，注汽一次成功率 100%。

2. 陆上天然气产能建设情况

长庆油田，2019 年生产天然气达 412. 3 亿立方米，约占国内天然气全年总产量的 25%，持续领衔中国最大产气区地位，也是我国首个年产突破 400 亿立方米的大气区。近几年来，长庆油田面临油田资源边缘化、劣质化严重的困境，长庆油田通过不断创新勘探理论，实现规模增储。长庆油田在水平井提产的基础上，还采取“水平井+体积压裂”的综合措施，通过在水平井段实施多段多簇压裂工艺，优化天然气的流通环境，大幅度提高了单井产量。长庆油田发现 12 个气田，在内蒙古地区建成我国第一个万亿立方米大气区，天然气勘探已连续 10 年新增探明储量 5000 亿立方米，新增油气探明储量占中国石油新增储量的一半以上。2019 年 1—8 月，长庆油田已累计压裂 82 口井，完试 30 口井，平均无阻流量达 78. 2 万立方米/日，其中 10 口井日产超过百万立方米，产量较前期提高了 50%以上。截至 2019 年 6 月底，长庆油田生产天然气 213. 8 亿立方米，创历史同期新高。

塔里木油田，2019 年生产天然气 285. 4 亿立方米，同比增产 19. 2 亿立方米。新建天然气产能 49. 5 亿立方米，开发井成功率达 93. 6%。从 2019 年开始，塔里木油田加快发展部署，加强三大新区新领域风险勘探，统筹推进油气区建设。同时，塔里木油田加快规模建产、效益建产，高效开展富油气区带产能建设；加大克深、博孜、塔河南岸等主力建产区上产。塔里木油田围绕加快完善天然气上产地面系统，组织实施了 6 项天然气试采工程、6 项改扩建工程和 3 条联络线工程，有力保障了西气东输和南疆地区天然气平稳供应。建成投运的克深至克拉联络线，形成两大气田之间的“共享链”，相当于新增一套 1000 万立方米的天然气处理装置。迪那油气处理厂扩建工程，天然气日处理能力在原 1600 万立方米基础上扩容到 2000 万立方米。截至 10 月 10 日，塔里木油田 93 口新井超前增油增气，新井原油产量 32. 8 万吨、天然气产量 8. 9 亿立方米，分别较去年同期增加 11. 4 万吨、6. 4 亿立方米。此外，塔里木油田协调老区与新区，常态化开展老油气田综合治理，优化开发措施与方案，实施“控制递减率、提高采收率、提高储量动用、滚动开发”四大工程，全面恢复老油气田生产能力。

青海油田，2019年生产天然气64亿立方米。青海油田成立天然气产能建设、油气田综合治理等19个项目组，以油气产量为核心，向生产倾斜各种资源，各方力量向生产靠拢，全力保障油气生产。青海油田坚持油气并举，深挖提质增效潜力，聚力油田智慧，提升勘探开发水平，上半年油气产量分别较去年同期增长6万吨和2022万立方米。青海油田在阿尔金山前形成规模气区，重视风险勘探，加大部署力度，综合勘探深化深层卤水、砂岩型铀矿，评价资源规模。青海油田编制气藏治理方案、规模应用主体工艺，推进治水全面覆盖，综合递减率控制在4.3%以内，以稳产为需求，以气砂体为落脚点，深化储量滚动评价、气藏水侵规律、剩余气定量描述认识，着力构建“透明气藏”，持续挖掘开发潜力，夯实了涩北气田年产50亿立方米产量再稳产5年的根基。尖北区块按照“直井控面、水平井提产”的思路，强化井震结合，精准构造解释，落实有利储层布井。

大庆油田，2019年生产天然气45.53亿立方米，同比增长2.18亿立方米。大庆油田开发系统超前谋划、超前组织，突出精准理念，克服极端天气不利影响，组织方案编制，落实风险举措，抢前组织上产施工，主要措施工作量同比多实施2066井次，实现提速、提量、提质、提效，确保了油气产量超计划运行。潼探1井在川中地区泥灰岩层首获工业气流，深层致密气勘探多口井获工业气流，进一步拓展了含气场面。微生物驱油技术已在大庆油田聚驱后和外围油田开展了矿场试验，微生物采油技术将残留在地下利用现有技术无法采出的原油转化成天然气，把油田变成气田进行开发，可提高采收率3~5个百分点，充分利用石油资源。

西南油气田，2019年全年生产油气当量2145万吨，同比增产336万吨，其中天然气268.6亿立方米。2019年获得2个万亿立方米级储量规模的天然气区，川南页岩气和安岳气田深层超深层碳酸盐岩天然气。西南油气田全年天然气产量增幅约20%，约占全国天然气增量的30%。西南油气田，在成都凹陷崇州构造须三段油气勘探取得突破，安阜1井在须三段钻遇空隙型储层，经过大型加砂压裂测试，获日产天然气6.06万立方米。西南油气田围绕产能建设全力推进，持续优化部署，强化生产组织运行，新建增产能同比大幅增加；威荣页岩气田已完钻26口井，顺利完成2口井新工艺压裂先导试验；川西陆相强化气藏精细描述和优化调整，中江气田以沙溪庙气藏和新场气田蓬莱镇组气藏产能建设效果显著；川东北河坝嘉二气藏勘探开发30年来首次获得上百万立方米无阻流量工业气井。

在老区稳产方面，元坝气田强化“四精”分类施策管理，高产井做到能产尽产，异常井防治井筒堵塞，低产水气井严格控制生产，低效高产水井轮流开井控水，上半年日产量保持在1100万立方米稳定生产；川西陆相老区深入开展“一井一策”精细管理，精准挖潜，持续优化低成本采气工艺，推广增压工艺，自然递减率、综合递减率得到有效控制。

2019年，新疆油田生产天然气29.3亿立方米。新疆油田公司克拉玛依油田“天然气提效”工程竣工，工程将提升气田产能潜力，延伸天然气产品链条。呼图壁储气库调整工程年度建设任务超额完成，新增采气能力300万立方米/日，顺利迎峰度冬，有力保障了北疆及西二线天然气供应。新疆油田首个大型深冷提效工程——克拉美丽气田深冷提效工程日前顺利投产，新疆油田天然气的开发建设进入了新的阶段。工程建成投产后，克拉美丽气田将在原来生产甲烷、稳定凝析油两种产品的基础上，新增乙烷、液化气、稳定轻烃三类产品，预计可实现年增加液体产量近10万吨，气田开发综合效益有望得到大幅提升，为新疆油田天然气快速增储上产、保障冬季高峰供气打下坚实基础。

3. 海上油气产能建设情况

中国海上油气资源丰富、勘探程度较低，海上油气勘探开发支出不断提高，油气勘探开发力度进一步加大。中国海油与中国石化签订合作框架协议、成立联合作业机构，合力攻克海洋油气资源勘探开发技术难题。

中国海油所属南海西部油田20余年相继攻克高温、高压、深水领域三大世界级油气勘探开发难题，使我国成为世界上少数系统掌握该领域全套勘探开发技术的国家之一，为全面开发南海油气资源、建设海洋强国提供了坚实的技术保障。2019年下半年，中国海油湛江分公司投建半潜式平台，计划2021年投产，截至8月底，该项目进展良好。项目整体实际累计进度为22.47%，详细设计实际累计进度为93.04%，Owner Furnish Equipment（OFE）采办实际累计进度为95.48%，陆地建设实际累计进度为14.8%。

为进一步提升国内油气勘探开发力度，保障国家能源安全，中国海油启动“七年行动计划”，加大高温、高压、深水领域的勘探开发力度。中国海油与中国石化就渤海湾、北部湾、南黄海和苏北盆地签订了合作框架协议，共涉及双方探矿权19个、总面积约2.69万平方千米。在开发生产阶段，中国海油与中国石化成立联合作业机构，担任联合作业者，双方各占50%权益。在合作框架协议下，同时签署了渤海湾盆地、苏北和南黄海盆地、北部湾盆地联合研究协议。将在3年内通过联合研究、联合勘探、设施共享的方式在不同海域进行合作，有益于攻克海洋油气资源勘探开发技术难题，提高在不同海域条件下的勘探技术水平和开发能力。

4. 海外油气产能建设情况

2019年，海外地区持续推进提质和降本增效工作，持续深化体制机制改革，对外油气合作水平不断提高，海外油气业务发展良好。

中国石油海外油气业务半年权益产量首超5000万吨。中国石油集团公司海外油气业务坚持稳健发展方针，深入推进新形势下开源节流降本增效工作，持续深化体制机制改革，扎实做好生产经营管理，持续加强党建和党风廉政建设，主要业绩指标表现良好，实现权益产量当量近5300万吨，同比增长10.6%。阿姆河B区东部三气田项目一期一阶段工程于1月10日提前投产，进一步提高了国内冬季天然气保供能力；乍得项目2.2期LaneaFPF于3月26日投产，标志着2.2期工程整体完工；伊拉克哈法亚项目三期工程按期实现每日40万桶高峰产量目标。此外，莫桑比克LNG项目Coral一期、巴西里贝拉项目Mero1单元、加拿大LNG项目一期、俄罗斯亚马尔LNG项目第四条生产线等工程正按计划推进。2019年上半年，以北极LNG2项目为代表的新项目开发获得重要突破。中国石油获得北极LNG2项目10%股权，在亚马尔LNG项目基础上拓展了深度参与北极资源开发的条件，为全面提升对俄油气合作水平奠定了坚实基础。

2019年，中油国际中东公司加快实施“做大中东”战略，完成原油作业产量1.04亿吨、权益产量5241万吨。中国石油摒弃西方石油公司对巨厚碳酸盐岩油藏的已有观点，充分借鉴国内油田开发经验，大胆探索，创新提出针对巨厚复杂碳酸盐岩油藏开发的技术系列，实现了中东地区巨厚碳酸盐岩油藏亿吨级储量高质量开发。项目组聚焦15个核心合作项目，详细观察描述岩心，对比近千口井的地质数据，发现了中东巨厚碳酸盐岩油藏的规律，创新了多模态储层开发地质理论认识，突破了不同类型碳酸盐岩油藏“隐蔽”隔夹层的识别技术。巨厚复杂碳酸盐岩油藏高效开发理论技术已在中东合作区块全面推广，包括阿联酋陆上和海上合作项目，以及巴西里贝拉巨厚碳酸盐岩项目。

（二）非常规油气产能建设情况

2019年，非常规油气资源开发步伐进一步加快。页岩气产能较2018年大幅上升，开发技术实现新突破，试油投产装备实现基本国产化；致密气开发水平有所上升；致密油产量实现新突破；稠油开发应用新一代浅层稠油、超稠油开发技术，工业化采收率上升。

1. 非常规天然气产能建设情况

1)页岩气

2019年，中国页岩气开发水平不断上升，试油投产装备基本国产化。其中西南油气田2019年累计产量达60.2亿立方米；浙江油田页岩气产量达13.13亿立方米，比上年增产1.8亿立方米。川南页岩气年产量80.3亿立方米，同比增长88%，日产气量最高达3097万立方米。

截至2019年3月底，中国石油在四川累计提交探明储量3200亿立方米，开钻井560口，完钻井419口，投产井337口，累计生产页岩气107亿立方米。西南油气田蜀南气矿威远采气作业区，页岩气脱水装置日处理气量连续3日超过1000万立方米。蜀南气矿坚持“页岩气产能发挥最大化”原则，威远区块投产页岩气新井69口。

中国石化江汉油田涪陵页岩气公司的焦石坝老区，在2019年1—8月，综合递减率为7.92%，特别是2月、3月综合递减率为负，老区日均产气始终维持在1030万立方米以上，累计生产页岩气41.67亿立方米，销售页岩气40亿立方米，均比年初计划增加0.06亿立方米，完成年产销量计划的65.83%。同时公司新井投产平均提前23天，确保了产能接替。气田整体日销量最高也攀升至1783万立方米。中国石油西南油气田公司宁209H10-2井和长宁H25-7井投产，长宁页岩气区块日产量达到1006万立方米。经过不断创新、优化高产井培育技术及施工提速技术，长宁页岩气区块储层预测参数符合率达90%以上，提速试验缩短钻井周期4.1天，一类储层钻遇率达95%以上，平均单井测试日产量22.83万立方米，63%新井为一类井。

中国石油页岩气技术实现新突破，试油投产装备基本国产化。针对页岩气开发面临产出流体成分复杂、净化难度大，传统滤网方式砂处理能力有限等问题，形成五级过滤天然气净化装备，成功研制了105兆帕旋流除砂器，实现了页岩气开发“见气回收投产”。自动化液体回收装备助力水资源循环利用针对页岩气试油投产期间排出流体时间长、流量大，研制了自动一体化控压分离计量装置和袋式精细化过滤装置，实现了水资源循环利用。针对页岩气试油投产期间高速流体下设备冲蚀严重、天然气紧急处理等问题，研制了高抗冲蚀节流阀和密闭燃烧器，确保了作业安全。试油投产装备解决了页岩气开发中面临的水资源消耗量大、无法及时投产、无法满足页岩气高效开发等技术难题，通过国内外对标，填补了国内空白，主要技术指标达到国际同类产品水平，部分指标高于国外产品。

2）致密气

2019 年，中国致密气地质储量年增 3000 亿立方米，产量年增 50 亿立方米。

中国石油西南油气田公司部署的秋林 16 井测试获日产气量 35.51 万立方米，创造了四川盆地致密气储层——沙溪庙组测试产量最高纪录；西南油气田秋林区块沙溪庙组秋林 203-H1 井，经加砂压裂改造后测试，获日产 23.13 万立方米高产工业气流。长庆油田日产无阻流量达 100 万立方米的气井数，占所有生产气井的比例不到 2%，而产量却占到总产量的 15%左右。

长庆油田所开发的是世界上典型的“三低”（低渗、低压、低丰度）油气田，由于储层先天致密、低压、低丰度，“多井低产”是这个中国最大油气田的客观现实。截至 2019 年底，其生产的天然气 85%以上属于极难有效开发的致密气。投入生产的气井，平均单井日产气不到 1 万立方米，相当于国内常规气田、高产气田的几十分之一、上百分之一。得益于黄土塬三维地震、沙漠数字地震、成像测井技术的突破，优快钻井、体积压裂技术的升级换代，长庆油田掌握了寻找非常规油气的地质理论和规律，获得了高效开发致密天然气核心技术。2019 年，长庆油田探明天然气储量 3353 亿立方米，建成天然气产能 115 亿立方米，先后打出了 59 口日产无阻流量超百万方高产气井，年产天然气比 2018 年净增长 25 亿立方米。气田由“多井低产”向“少井高产”转型。

3）煤层气

2019 年，煤层气开发力度加大。同煤集团与晋煤集团针对煤层气开发进行战略合作，渤钻录井二公司创国内煤层气水平井新纪录。

晋煤集团，已建成中国最大的煤层气地面抽采井群，瓦斯治理业务正在山西高瓦斯和煤与瓦斯突出重点矿区逐步拓展。在煤与煤层气安全、高效共采的同时，还打造了从煤层气勘探开采、集输、压缩液化到终端燃气销售的完整上下游产业链。11 月 19 日，同煤集团与晋煤集团举行煤层气及地热综合开发利用战略合作框架协议签约仪式，在地热资源开发、煤层气和瓦斯综合利用等方面加强合作，能够发挥各自优势，有效增加地热能、煤层气等新能源生产和消费比重，推动山西省能源结构更加绿色、多元。

渤海钻探录井二公司，承担录导一体化任务的郑 4-76-32L 井，顺利进入完井阶段。渤海钻探录井二公司利用可视化模拟水平井录井导向技术，开展标志层划分、地层倾角推算、地质建模和实时轨迹控制，解决了构造起伏大、煤层埋藏浅、定向托压严重、地层倾角变化大、轨迹控制困难、易发生事故复杂等问题。以水平段长 2001 米、水平位移 2271.22 米、纯煤进尺 1836 米、水垂比 3.7，创国内煤层气 L 形水平井单支水平段最长、水平位移最大、煤层进尺最长、水垂比最大 4 项纪录。

2. 非常规石油产能建设情况

1）致密油

大庆油田塔 21-4 致密油效益建产示范区，自成立以来一年多的时间，产油约 8 万吨。榆树林油田树 79-29 致密油区块与常规模式相比，单井投资降低 66 万元；采油九厂建立完善致密油有效开发管理模式，力争龙西地区致密油产量实现新突破。大庆油田致密油储量主要集中在扶余油层和高台子油层，覆盖整个大庆外围，总资源量超过 10 亿吨。

2）稠油

2019 年，稠油开发应用新一代浅层稠油、超稠油开发技术，工业化采收率上升。

西北油田的采油二厂是稠油开采主战场，拥有 700 多口油井，有 90%以上的油井要掺稀生产。塔河油田六区、七区、十二区、十区北小区为超稠油油藏，储层非均质性极强，油藏具有“两超三高”特点，即深度在 5400～7000 米；油稠，最高黏度 210 万毫帕秒。同时还具有高含胶质沥青质、高矿化度、高含硫化氢的“三高”特性。胜利油田滨南采油厂采用常规注汽热采技术开发，周期产油不到 200 吨，油气比小于 0.1；然而，采用 HDCS（水平井+降黏剂+二氧化碳+蒸汽）技术，使得单 113 平 4 井投产初期日产油达到 28 吨，目前日产油 4.7 吨。新一代浅层稠油、超稠油开发技术在新疆油田大规模推广应用，成功动用超稠油储量 1.5 亿吨、特稠油和稠油 2.5 亿吨，实现工业化采收率超过 60%，相比传统技术提高 30 个百分点以上，新技术产量贡献超过 90%。

（三）2019 年油气开发技术进步分析

2019 年，中国油气开发技术在压裂技术、微生物采油技术、稠油开采技术、地应力场测量技术、“贼层”开发技术等方面不断优化升级，“十三五”油气开发形成多项成果，有助于进一步满足油气田现代化生产中节能降耗、环保安全的技术要求，形成更符合现代化生产的数字化的油气田生产模式，提高油气田的各项实质效益。

1. 压裂技术

长庆油田，创新具有自主知识产权的水平井体积压裂新技术，利用体积压裂主体工艺实现升级换代，规模试验可溶桥塞压裂技术，与速钻桥塞相比，通过减免钻塞环节，单井试油周期缩短 15 天。以“低黏度、低伤害、低磨阻、可回收、低成本”为出发点，由植物胶体系逐步演化为多功能压裂液系列，实现了压裂液体的完全循环再利用。同时，体积压裂设计思路由增大裂缝接触面积向细分切割精准改造发展，增产效果明显。

大庆油田，长垣水驱薄差储层压裂增产技术达到国际先进水平，并在油田推广应用。致密油有效开发形成了以“水平井优快钻井、体积压裂、吞吐增能”等为核心的提产技术，聚合物驱提质提效、复合驱降本增效技术进一步提升了吨聚增油效果。大庆外围低渗透储层压裂增产技术整体达到国际先进水平。探索4次采油化学驱后提高采收率技术获新突破，现场试验提高8~10个百分点。井震结合多学科油藏精准描述技术、特高含水后期水驱开发调整技术、集输处理工艺降投资技术均取得新的进展。油气田开发过程中，针对较薄储层和裂缝性油气藏，多采用水平井的开发方案。在水平井运用过程中，采用多段压裂的方式进行开发。根据水平井所处层位、位置，对地质情况进行评价，选取适合压裂段进行优化压裂，同时优化射孔参数，提高压裂效果研究。研究水平井多段压裂技术工艺优化方式，提高产能。针对不同盆地地质条件，和现场开发难度，运用不同的压裂技术，使页岩气开采产能达到最大。同时优化各种压力开采技术，减少投入，增加产量，提高页岩气田开发经济效益。

2. 微生物采油技术

大庆油田，创新采用微生物采油技术，将三次和四次采油之后残留在地底下石头缝里、利用现有技术无法采出的30%左右的原油转化成天然气，把枯竭油田变成气田进行开发。生物酶技术的运用，实现了碳源由碳水化合物向碳氢化合物的转变，既增强了对油藏的适应性，又大大降低了成本，突破了世界上微生物采油界的传统论断，确定了微生物降解原油过程，并采用技术手段对降解程度进行了控制，在很大程度上改善了微生物采油的效果。

胜利油田，针对油田中高温油藏地质和开发状况，建立了中高温油藏微生物群落分析技术体系，实现了对油藏微生物群落的精确解析；建立了中高温油藏驱油功能菌及代谢产物定量化检测技术，明确了生物特征与驱替效率之间的对应关系，实现了微生物驱油机理的定量化描述；建立了中高温油藏驱油功能菌选择性激活技术，可高效激活油藏内驱油功能微生物；形成2项中高温油藏的微生物驱油技术标准，为现场试验方案的编制以及现场实施效果评价提供了理论依据。

3. 稠油开采技术

新疆油田公司，自主研发了多种针对性的油气开发工艺技术体系，开创了多项世界先进甚至领先的油气开发技术。为攻克传统稠油开采技术成本高、采收率低等难题，新疆油田公司联合中国石油勘探开发研究院等单位，建立先导试验区，组织千人科研团队持续攻关，实现了稠油开采技术的转型升级，创建了浅层稠油、超稠油高效开发的完整理论技术体系，形成了4项关键稠油热采新技术，分别是强非均质超稠油双水平井SAGD、多相协同注蒸汽开发、注蒸汽尾矿高温火烧驱油、采出液高效处理及资源化利用。由于稠油的沥青质和胶质含量较高、黏度大、摩擦阻力大、流动性差，给开发带来了非常大的阻碍。针对稠油黏度大等特征和各油气藏不同的构造条件，可采取不同的开采工艺。采取有效的机械降黏、稀释降黏、化学降黏等技术，并根据现场情况不断优化稠油开采技术，使稠油产能达到开发要求。热采技术是通过注入热蒸汽进行开采，循环热载体，使稠油井的温度升高降低黏度，有效提高开采效果。

4. 地应力场测量技术

2019年10月29日，中国石油冀东油田勘探开发研究院的技术人员，自主研发的“复杂断块现今地应力场预测软件”测试成功，标志着深层低渗油藏再添新利器。

为解决断陷盆地复杂断块油藏现今地应力油田现场预测难的问题，冀东油田研究人员以区域构造应力背景分析为基础，采用矿场统计、数值模拟、物理模拟相结合的方法，确定地应力场主控因素，并建立主控因素与应力方向及数值的关系，建立地应力场预测模型。基于开源版本的NET. Framework 4.0平台，对模型进行了精细离散化，设计了适用于计算机计算的数据结构，开发出复杂断块现今地应力场预测软件，可以快速计算油藏任意点现今地应力方向及数值，且水平最大主应力方向可直接成图，方便应用。通过软件试用，将本软件预测结果与矿场实测结果进行对比，由对比结果来看，除少数井误差较大外，大多数井预测结果与实测结果吻合，符合率超过75%，可以满足现场应用需求。

5. “贼层”开发技术

中国石油在国际上首次建立了“贼层”定量识别标准和空间刻画技术，提出了利用和规避“贼层”的注水开发策略，填补了国内外该领域的技术空白。中国石油中东项目形成了井网井距优化技术及平面差异化注水开发技术，创立了整体水平注采井网开发、大斜度水平井及直井注采联合井网开发以及地下地面一体化的多套层系立体组合井网开发3种模式。中东项目创新井筒安全构建技术，使得钻井周期由111天降低到57天，提速48.7%；动态模拟实验技术+全生命周期动态防腐阻垢技术的应用，改变了含水30%关井的格局，极大延长了设备的寿命，保障了油田全过程安全生产；模块化设计快装化关键地面工程技术的使用，实现了一次建站1000万吨/年、重质油单列单台处理300万吨/年的规模，处于世界同类最大行列。

6. 其他技术成果

油气开发方面，深化了特高含水后期水驱油机理新认识，发展了整装油田水驱、断块油田水驱、非均相化学驱等提高采收率技术系列，覆盖地质储量7.1亿吨；初步创建了缝洞型碳酸盐岩油藏提高采收率理论和技术。页岩气方面，深化了常压页岩气地质特点及富集主控因素，建立了常压页岩气目标评价体系。致密油方面，形成了低丰度致密低渗油气藏经济有效开发模式，形成了济阳坳陷致密油开发技术系列，有效地指导了渤海湾盆地致密油、鄂尔多斯和川西致密低渗气藏的经济有效开发，初步获得了陆相页岩油赋存富集新认识、页岩油资源评价、储层体积压裂等6项关键技术。

二、2020年中国油气开发产业展望

针对中国油气开发产业存在的深层次矛盾和问题，以深化油气行业体制改革为基点，加大勘探开发力度，提高油气开采效率，稳定国内油气产品生产供应能力，促进油气行业持续健康发展，进而保障国家油气战略安全。

（一）总体思路

1. 石油开发的总体思路

推动实现石油石化行业高质量发展，实现从石化大国向石化强国的转变。十九大报告提出，贯彻新发展理念，建设现代化经济体系，把发展经济的着力点放在实体经济上，把提高供给体系质量作为主攻方向，显著增强中国经济质量优势。支持传统产业优化升级，瞄准国际标准提高水平，提升科技支撑能力。通过优化油气田开发新技术，综合运用各项最有效的开发技术，对于不同地质环境、构造条件的实际开发区块采取不同的开发方案，提高油田的开发效果。满足油田现代化生产中节能降耗、环保安全的技术要求，逐渐形成更符合现代化生产的数字化、智能化的油田生产模式，来提高油田的各项实质效益。

2. 天然气开发的总体思路

推动天然气高质量发展，重视非常规天然气的发展。加大技术引进和攻关力度，加大煤层气资源综合开发力度，加快区域地下储气库群建设，合理优化用气结构，推进天然气全产业链系统效率从低水平向高水平升级。要深化天然气上游领域改革，从放开矿业权、解决矿业权配置问题、解决矿业权占有问题、建立矿业权交易市场，解决矿业权过度集中、占而不勘、占而不采的问题等方面，在既

有矿业权委托审批权的背景下，把非常规天然气矿业权向全球开放，吸引更多投资主体进入勘探开发领域。同时，尽快建立中国的天然气市场体系和价格形成机制。

（二）发展目标

1. 石油资源开发战略目标

构建开放条件下的多元石油供应安全体系，加大开发力度，提高开发效率，夯实国内石油资源基础。坚持陆上石油资源开发和海上石油资源开发并重，强化基础调查和资源评价；加大新区、新层系风险勘探，加强老油田的再开发和新油田的建设进程，不断提高油田开发技术，推进油田高质量发展。

2. 天然气资源开发战略目标

提高国内天然气供应能力，降低对外依存度。加大勘探开发力度，寻找潜在能源基地；重视科技创新，加大开发资金投入，深化产业链进而提高生产附加值；坚持改革开放，创新对外合作体制机制，提升国内天然气勘探开采的技术水平和开采质量，降低对进口天然气的依赖度，逐步形成天然气多元化供给体系。

（三）政策展望

1. 推进探采合一，有序放开油气开采市场

有序放开油气勘查开采市场，完善竞争出让方式和程序，推动油气产权制度改革，释放油气开发环节市场活力。2019 年 4 月 14 日，中共中央办公厅、国务院办公厅印发《关于统筹推进自然资源资产产权制度改革的指导意见》（以下简称《指导意见》）指出，在产权体系方面，探索研究油气探采合一权利制度，有序放开油气勘查开采市场。

探矿权和采矿权联系密切，权益关系相互延伸。探矿权、采矿权两权合一可以更清晰更完整地体现矿权人的资产价值，也便于矿权人统筹规划勘探开发，合理安排生产建设，从而进一步降低公司成本，加快资源动用。有序放开油气勘查开采市场，有助于在油气勘探开发领域引入社会资本参与，进一步加大对现有矿权的研究和勘探开发力度，促进储量升级，提升勘探开发的质量，提高探矿权和采矿权之间的转化效率。油气探采合一权利制度的改革，并不仅仅会带来油气行业的竞争，还会在勘探开发领域引起新一轮的合作，推动国内油气行业快速发展，形成新的竞争格局。

《指导意见》对于矿业权竞争性出让、退出机制的明确，抵押流转制度的明确，对民营企业进入油气勘探方面有诸多利好，但是后续需要完善细则并健全执法监督。探采合一改革，可以将不动产属性纳入矿业权，同时完善立法保障第三

方资源评估企业权益，鼓励第三方评估公司进入中国油气市场，激活矿业权的出让、流转和退出，让资源勘探真正成为一个“市场”。

2. 发展5G智慧油气田，推动油气田信息化建设

加大科技创新力度，发展5G时代智慧油气田，提高油气开发管理水平，推动油气行业信息化建设由数字化向智能化转变。5G具有媲美光纤的传输速度，万物互联的泛在连接和接近工业总线的实时能力，正逐步向能源领域加强渗透，引发一系列融合创新应用与变革，为能源转型升级带来历史性的发展机遇。在新形势与新要求下，推动石油石化行业从粗放发展向创新、绿色和高质量发展转变，发展5G智慧油气田，将大数据、人工智能技术与老油田融合，可能会解决油田勘探开发中存在的各种瓶颈与难题，提高油田管理数字化、网络化、智能化水平，实现企业的降本增效，助力油气开发企业形成高效运行管理模式。

以“5G+油田大脑”为主题的2019智慧油田高峰论坛于8月24—25日在北京成功召开，旨在探索建设油气田的智慧化，推动新一代信息通信技术、新一代人工智能技术、新一代管理技术、新一代金融技术与油气行业的深度融合，建设智慧油田，服务绿色、安全、高效的国家能源体系。长庆油田利用信息化技术，积极融入“互联网+”，促使企业科研工作方式从传统的“人工+计算机”向“数字化、智能化”的大数据升级。山东移动与中国石化胜利石油工程有限公司测井公司、胜利油田胜机石油装备有限公司、山东海科化工、山东科瑞机械制造等10家集团单位签署5G战略合作框架协议，在5G时代，逐步构建全面的全球石油知识信息系统，面向世界学习成功经验，助力中国油气开采行业，用新一代人工智能技术来拥抱工业4.0，开启第四次采油的新时代。

建设智慧油气田，要对勘探开发数据标准进行一体化设计，对钻井、录井、试油、测井等几大专业数据库的逻辑结构、数据规范值进行一体化设计，形成油田统一的数据银行，从而实现油田各类业务数据的充分共享。通过大数据、云计算、AIOT以及大中台等新技术应用，搭建能源数字化开放平台；逐步搭建5G工业互联网平台，把数据作为新的管理要素和经营资产，实现各层级数据资源的端到端集成。全面融合、深度挖掘和深入分析各类数字化信息，全方位透视企业经营管理情况，推动战略决策和生产经营管控的定量化、实时化和精准化。

3. 鼓励外资和技术进入，提高油气开发效率

大力引进外资和技术力量，提升国内油气勘探开采的技术水平和开采质量，减少对于国际能源的依赖度，形成能源的多元化供给体系。2019年2月27日，国务院发布《关于取消和下放一批行政许可事项的决定》(国发〔2019〕6号)，取

消并下放25项行政审批权，其中第一项就是取消对石油天然气(含煤层气)对外合作项目总体开发方案的审批。3月15日，十三届全国人大二次会议表决通过了《中华人民共和国外商投资法》，其中的第19条规定："各级人民政府及其有关部门应当按照便利、高效、透明的原则，进一步提高外商投资服务水平。"6月30日，国家发展改革委、商务部发布《外商投资准入特别管理措施(负面清单)(2019年版)》，取消了石油天然气勘探开发限于合资、合作限制，并于7月30日施行；《鼓励外商投资产业目录(2019年版)》和《自由贸易试验区外商投资准入特别管理措施(负面清单)(2019年版)》中，明确鼓励外商投资于石油天然气的勘探开发、提高原油采收率(以工程服务形式)及相关新技术的开发与应用、石油勘探开发新技术的开发与应用等方面。

开放竞争并非坏事，中国石化、中国石油和中国海油已经互签协议加大开采力度。7月8日，中国石油和中国石化就塔里木盆地、准噶尔盆地和四川盆地签订联合研究框架协议，共涉及双方探矿权81个、总面积约30.58万平方千米。7月10日，中国石化与中国海油就渤海湾、北部湾、南黄海和苏北盆地签订合作框架协议，共涉及双方探矿权19个、总面积约2.69万平方千米。几家企业联手竞争力更强，有利于提高油气开发效率，有利于中国油气行业发展。

引入外资有助于推动油气行业体制改革，创新能源合作方式，提升国内油气勘探开采的技术水平和开采质量，加速行业的优胜劣汰，减少对于国际能源的依赖度，形成能源的多元化供给体系，加速行业的优胜劣汰，在价格形成机制、供求结构和行业规范上形成新的市场格局，为中国企业在全球范围内整合技术和产业链提供契机。新版负面清单对外资的促进和保护，将更大力度吸引外资进入油气合作领域。石油企业应以此为契机，提前谋划，在石油天然气勘探开采领域引入外资，可以先从引进先进技术开始，提升国内勘探开发的技术水平，后续持续推动中国油气开放合作，保障国家能源安全。

4. 加大科技创新力度，打造"技术主导"竞争优势

大力推动油气勘探开发领域的科技创新和装备升级，强化油气供应保障能力，构建全面开放条件下的油气安全保障体系，保障国家能源安全。在能源转型的大背景下，油气行业日益重视对低碳减排、新能源业务领域的投入，油气公司必须更加依靠技术创新，打造"技术主导"的竞争新优势。随着油气消费的持续增长，油气资源的约束日益凸显。国内油气勘探开发的难度不断加大，传统开发技术难以实施，进行技术革命，对于推动油气勘探开发领域的科技创新和装备升级十分必要。

当前国际油价正位于低档，正是中国抓紧机遇进行技术创新的极佳时期。在油气田勘探开发中，提高油田采收率是技术研发的核心，全面提升油田开采水平，需要借助科技的力量。积极借鉴吸收国外管理经验，进行技术革命，提升油气开发水平，突出价值创造和价值链管理；充分利用科技发展的最新成果，弥补自身研发能力存在的不足；有效地缩短研发周期，降低研发成本和研发风险；利用有限的研发资金，为公司创造更大的价值；注重技术组合管理，聚焦核心技术能力与平台；大力实施开放式创新，在对自主研究、合作研究、技术联盟等技术获取方式进行决策时，充分考虑技术交易成本等，促使油田开发健康发展，强化油气供应保障能力，保障国家能源安全。

5. 实现品质创新，推动油气行业高质量发展

实现品质创新，实现油气行业从"大而全"向"强而精"转变，推动油气行业高质量发展。党的十九大报告指出，未来中国必须增强经济质量优势，推动高质量发展。中国石油行业经过几十年的发展，实现了从无到有、从小到大的突破，但面对新的形势，仅仅依靠大而全难以支撑其高质量发展，只有从"大而全"向"强而精"转变，才能突破发展的瓶颈。随着中国能源生产和消费革命的推动，油气行业在保障油气供给安全的同时，会更加强调油气供应的品质和效率，而这一改变必须通过品质创新来实现，以品质创新为突破口，才能真正走上高质量发展的道路。中国石油行业必须从高投入向高技术转变，利用在勘探开发方面的技术积累实现重大装备和关键技术的突破，依靠技术创新实现品质突破。中国油气行业过去的勘探开发环节，主要采用高投入实现产量突破，但随着中国油气资源赋存量的减少以及世界油气供给格局的调整，单纯的高投入不再起决定作用，对于关键技术和装备的把控才是根本，也是石油行业上游企业实现品质创新的立足点。

6. 坚持对外合作战略，构建油气合作利益共同体

坚持"走出去"战略，树立"互利共赢"理念，通过创新对外合作体制机制，扩大对外合作的规模与数量，构建油气合作利益共同体。根据《国务院关于取消和下放一批行政许可事项的决定》(国发〔2019〕6 号)，发展改革委取消一项行政许可事项："石油天然气(含煤层气)对外合作项目总体开发方案审批"，改为备案。油气对外合作项目总体开发方案由审批改备案后，油气田总体开发方案仅需按《企业投资项目核准和备案管理办法》要求在网上填报必要信息，项目备案时间和审批相比将有较大幅度缩短，将进一步调动油气企业积极性，有利于进一步方便中外油气企业开展合作。

2018年12月18日，中国海油与英荷壳牌、美国雪佛龙、美国康菲、法国道达尔、挪威石油、科威特海外石油公司、加拿大哈斯基、澳大利亚洛克石油公司、韩国SK共9家国际石油公司在北京签署战略合作协议。通过协议签署建立长期、稳定的合作伙伴关系，合作各方可以更充分地发挥专业技术优势，互相学习，取长补短、实现海上油气合作开采的创新和突破。2019年4月，道达尔与广汇国际天然气贸易有限公司签署了一项为期10年的LNG长期购销协议。根据协议，道达尔每年将向广汇供应70万吨液化天然气。2019年6月7日，中国石油与诺瓦泰克股份公司在圣彼得堡签署了《中国石油国际勘探开发有限公司与诺瓦泰克股份公司关于入股“北极LNG2有限责任公司”的购股协议》。根据协议，中国石油国际勘探开发有限公司将收购北极LNG2项目10%的股份。同日，中国海油也宣布与诺瓦泰克签订股权购买协议，将收购北极LNG2公司10%的股权。在“一带一路”倡议的框架指导下，俄中蒙三国经济走廊正在建设，开展相关的能源合作，包括一系列科研规划合作，特别是开展了针对中国石油的相关产能建设合作。莫桑比克国家石油公司和中国石油的合作，将着眼于勘探及陆上和海上油气开发，充分利用莫桑比克独特的地理位置优势，发掘非洲市场潜力，成立合资公司进行勘探开发，同时实现产业化和基础设施的建设。

坚持对外合作战略，有益于提高国内勘探开发技术、促进油气资源尤其是低品位与非常规资源的有效开发利用、保障国家油气安全做出积极贡献；有助于进一步加强国内外油气公司的合作交流，开启油气开发跨国合作新篇章；促进相关国家人民和经济发展，对世界经济也有着积极的意义。

中国油气工程技术服务产业分析与展望

马郑玮；张译文；柳杨；朱劭昀；李丙琪
[中国石油大学(北京)经济管理学院]

2019年，受国内增储上产、国有三大石油公司七年行动计划的利好带动，油服公司经营业绩实现大面积增长，装备利用率稳步提升，研发投入继续增长。但国内油服公司仍存在“卡脖子”技术风险、数字化服务能力较弱等问题。展望2020年，国内油服行业将进一步强劲增长，市场竞争将更加激烈，数字化技术将成为油服行业转型升级的重要动能。

一、2019年中国石油工程技术服务行业现状

2019年，国内油气勘探开发市场持续回暖，增储上产力度加大，油服行业复苏势头强劲。

（一）国内油服行业复苏强劲

中国海油2019年勘探开发资本支出700多亿元，中位数同比增长19%；中国石化2019年勘探开发资本支出596亿元，同比增长23%；中国石油2019年勘探与开发投资支出2282亿元，同比增长36.2%。综合各大石油公司勘探开发投资支出，2019年国内油气勘探开发投资在3400亿元左右。2019年国内石油工程技术服务行业规模在2210亿元左右，同比增长30%。

（二）国内油服公司经营业绩呈现较快增长

经历油价低谷后，2018年、2019年上游市场逐渐回暖。受国内增储上产、国有三大石油公司七年行动计划的利好带动，油服企业业务量持续攀升，营业收入和净利润增幅较大。国有油服公司中，中海油服前三季度营业收入为213.3亿元，同比增长55.5%；净利润为21.3亿元，增加24亿元，不仅实现扭亏，还取得大幅增长。石化油服前三季度实现收入476亿元，增长28%。民营油服中，杰瑞股份前三季度营业收入为42.4亿元，增长45.9%；归属于上市公司股东的净利润9.05亿元，上涨149.46%。贝肯能源前三季度营业收入为10.9亿元，增长

97.6%；归属于上市公司股东的净资产为9.65亿元，比年初增长0.85%。华油惠博普前三季度实现营业收入14.3亿元，同比增长23.51%；归属于上市公司股东的净利润0.46亿元，增长58.6%。

（三）油服公司工作量明显提升

截至2019年第三季度，中海油服钻井平台作业10662天，同比增加2621天，增幅32.6%，使用率同比增加了15.6个百分点。其中，自升式钻井平台作业8036天，同比增幅36.2%，使用率同比增加19.4个百分点；半潜式钻井平台作业2626天，同比增幅22.6%，使用率增加5.3个百分点。船舶服务业务的自有船队共作业23156天，同比增加580天，日历天使用率同比增长4.4个百分点至94.2%。其中，多用船作业量和使用率均有显著增加。2019年上半年，石化油服完成二维地震13167千米，同比增加2.5%；完成钻井进尺501万米，同比增长30.1%；完成测井12256万标准米，同比增长25.7%；完成录井进尺457万米，同比增长44.2%；完成井下作业3362井次，同比增长17.4%。贝肯能源上半年完成钻井进尺23.6万米，同比增长113.4%。

（四）国内油服公司在国际市场取得积极进展

中海油服在国际市场开拓取得积极进展：在印尼签署为期2年固井及修井服务合同；与泰国石油公司成功续签缅甸海上固井合同；成功中标3年期印尼陆地常规井固井增产服务合同；获得3年期印尼电缆测井服务合同和2年期印尼钢丝作业服务合同；成功中标缅甸海上项目电缆测井与射孔服务，测井服务重返缅甸市场；获得加拿大当地客户套管井服务项目；在墨西哥获得了2年的电缆测井服务合同，取得技术服务在墨西哥市场的实质性突破。

2019年上半年，石化油服国际业务实现主营业务收入人民币60.1亿元，占上半年主营业务收入的20%，在重点规模市场取得积极进展：在沙特市场新（续）签32部钻机，合同额10.6亿美元，其中2部钻机获得10年服务合同；签约沙特阿美石油公司三维地震采集项目，合同额1.7亿美元；首次进入沙特气井钻井、连续油管作业、硫化氢检测等新业务；中标沙特阿美石油公司管道项目，合同额2.7亿美元；厄瓜多尔市场签约41口井钻完井总包服务项目，中标COCA-PAYAMINO油田钻完井总包服务项目。

安东油服坚持推动国际化进程，在伊拉克市场上半年收入约7.45亿元，增长约77%。中曼石油海外钻井生产运行平稳，新项目启动效率连创新高，新启动的马油、BLOCK8、哈里伯顿、卢克、BLOCK12等5个项目先后顺利开钻，伊拉克作为第一主力市场的战略布局基本确立。

（五）科研投入持续增长

2019年前三季度，石化油服研发费用投入为6.84亿元，增长154.4%；持续推进研发体系建设，针对西北等重点工区实际情况，攻关深层页岩气等关键技术，现场提速提效效果显著；在西南威荣页岩气工区，平均钻井周期为92.1天，较2018年平均钻井周期缩短13.8%；上半年获得专利授权203件。中海油服前三季度研发投入为4.68亿元，增长28.85%，自主研发的测井资料解释软件EGPS获得Energistics国际组织分配的DLIS文件识别码，成为我国油服企业中第一家拥有国际DLIS文件识别码的企业；成功研发出具有自主知识产权的新型抗高温隔离剂、高温悬浮稳定剂、液体减轻剂等多种关键外加剂。通源石油2019年前三季度的研发投入为0.12亿元，增长24.7%。

二、2019年中国石油工程技术服务行业问题

油服行业尽管整体呈现回暖态势，但受历史原因和现实条件约束，在发展过程中仍然存在一些问题。

（一）国内油服行业存在“卡脖子”风险

我国油服行业在旋转导向钻井系统、自动化智能化钻机、大型深水海底钻机系统、精密高端装备等方面技术薄弱，存在“卡脖子”风险。另外，根据最新盘点出的中国亟待攻克的“卡脖子”技术清单里，有两项技术与中国油服企业密切相关。其中一项是高端焊接电源技术，这项技术应用于深海油气管道的维修，但目前这项技术基本被国外垄断。另一项同样受制于人的技术是水下湿拔连接器技术，这项技术对于海底观测网的建设至关重要，目前中国水下连接器市场基本被外国垄断。此外，斯伦贝谢、哈里伯顿等国际知名油服公司在石油工程高端技术领域，提前进行了大量专利布局，牢牢掌握着发展主动权。

（二）国内油服公司数字化转型速度较慢

目前，全球企业正逐步进行数字化转型。在近几年的数字化转型过程中，油公司和油服公司在启动一般性数字化转型提升效率之外，努力融合数据和业务流程，共同建立完善“设备/资产—数据—分析—降本增效解决方案”链条。近5年来，斯伦贝谢与70余家软件技术创新中心合作研发，相继推出GyroSphere微电子机械系统随钻陀螺测斜仪服务、Concert测试现场实况服务、GAIA数字化勘探平台以及智能眼镜等软硬件结合的数字化产品和服务。作为国际油服巨头的贝克休斯（BHGE）也在不断加强数字化转型。2019年2月，通用电气公司贝克休斯

(BHGE)与阿联酋国家石油公司(ENOC)合作开发 VitalyX 润滑油状态监测系统。2019 年 6 月 24 日，BHGE 和 C3. ai 联合宣布成立合资企业，该合资企业将 BHGE 的石油和天然气技术领域专业知识与 C3. ai 独特的“人工智能”软件套件和解决方案相结合，为石油和天然气行业带来新的生产力。反观国内油服公司，数字化和智能化水平仍然处于较低水平。目前国内绝大多数油服企业内部没有建立功能健全、集中统一的数字化平台，而是存在多个涉及核心业务的小平台，功能重叠却难以互联，形成信息孤岛。

(三) 国内油服公司在国际市场竞争力整体较弱

全球油服行业经过 150 多年的发展，形成了充分市场化的竞争格局，巨大的油服市场使得国外油气田设备与技术服务业各类规模企业并存，中小企业数量众多。以斯伦贝谢、哈里伯顿和新贝克休斯为代表的国际油服巨头普遍起步较早，在经历几轮周期后通过内生发展及外延并购向全产业链延伸，目前基本涵盖包括物探、钻完井、测录井及油田生产等作业环节，具备一体化油田技术服务能力，实力雄厚，占据大部分市场，在各个领域也都占据了比较大的优势。除此之外，在细分市场也拥有大量的竞争者，如物探服务板块的法国地球物理公司(CGG)、专业钻井服务公司越洋钻探(RIG. N)、SeaDrill 等公司。以测井和钻井服务为例，三大油服巨头在全球测井服务领域占据约 73%的市场份额，在定向钻井服务领域占据 68%的市场份额。这两种服务能力的竞争优势是 3 家公司涉足其他细分领域并成为国际油服一流企业必须具备的核心能力。

随着国际工程业务覆盖范围逐渐扩大，业务管理难度加大，管理跨度增加，国际工程项目业主要求项目承包商提交合规行动方案(CAP)，对于海外机构和人员的要求越来越严格。目前，国内油服公司在国际市场主要以工程承包为主，存在国际化人才总量不足、人才结构不合理以及国际化人才引进、后备人员培养工作相对滞后等问题。

(四) 民营油服公司经营表现不佳

油田技术服务包括物探、钻井完井、测井录井、油气开采、油田建设等五大类数十种服务。目前，中国民营油服企业因为资本积累不足，业务发展主要集中在钻井、修井和综合项目管理等几个细分领域，尚未形成像斯伦贝谢、哈里伯顿、BHGE 等那样的一体化服务模式，企业业务发展的抗风险性不强。2019 年度，恒泰艾普实现营业总收入 10. 94 亿元，较上年同期下降 26. 48%；归属于上市公司股东的净利润-9. 7 亿元，较上年同期下降 3271. 57%。潜能恒信实现营业利润 4120. 25 万元，较上年同期下降 52. 21%；利润总额 4138. 85 万元，较上年同期下降 52.02%；归属于上市公司股东的净利润 2697.08 万元，较上年同期下降 6.99%。中曼石油前三季度净利润 3812.97 万元，同比下降 50.82%。第四季度公司签订海外钻井工程项目合同 3 个，合同金额约人民币 3.7 亿元，比上年同期下降约 27.45%。公司全资子公司中曼石油钻井技术有限公司新签国内钻井工程项目合同 4 个，按照工作量预估合同金额约人民币 1.53 亿元，比上年同期增长约 56.12%。公司全资子公司中曼石油装备集团有限公司、全资孙公司四川昆仑石油设备制造有限公司、四川中曼电气工程技术有限公司合计签订配件销售合同 24 个(不含销售给公司合并范围内子公司合同)，合同金额总计 0.04 亿元，比上年同期下降约 90.48%。

同时，较为单一的业务模式导致油服企业无法满足客户的多样化需求，作业成本无法降低，作业时效难以提升，客户的风险及费用不易有效控制，无法为客户创造更多经济效益。而且单一业务模式使得油服企业抵抗风险的能力较弱，一旦油气开发市场发生大变动，部分油服企业转型困难，企业生存受到威胁。

目前，中国民营油服企业的研发投入相比于三大国际油服公司仍较低，技术实力较弱，较少开展跨国并购，更多的是直接引入国际油服公司或国家油服公司的成熟技术，无法实现快速的跨越式发展。

三、2020 年中国石油工程技术服务行业展望

受政策刺激和上游市场复苏影响，2020 年油服行业效益将继续增长，安全环保、一体化模式、数字化转型方向将更加清晰。

（一）国内油服行业将持续复苏势头

为了保障国内能源供应安全，提升国内油气资源自给率，2019 年 5 月国家能源局组织召开大力提升油气勘探开发力度工作推进会。中国石油、中国石化、中国海油、延长石油纷纷制订了七年行动计划，未来 3~5 年中国石油公司勘探开发投资将保持持续增长，有望进一步推动国内油服工程行业的景气复苏。与此同时，三大石油公司还互签协议，加强油气勘探开发领域的合作，将助推油服行业发展。2017 年底中国石油与中国石化相继启动矿权内部流转工作，目前已取得阶段性成果。在此基础上，中国石油于 2019 年 1 月 30 日宣布全面启动第二批矿权内部流转工作。本轮矿权内部流转涉及区块和单位更多，选择上也更有针对性，更加注重发挥整体优势，同时层次也更加丰富，不仅有油气田企业的内部流转，还有与工程技术服务企业、外部企业的风险合作。这将进一步盘活矿权区块，使得探矿权和未动用储量区块流转到有相关勘探开发经验、有成熟技术和人

才力量的单位，有利于激活内部勘探开发市场，加大油气勘探开发力度，为油服行业持续复苏进一步注入动力。

（二）油服企业一体化服务模式将更加明显

斯伦贝谢、哈里伯顿等国际大型油服公司通过兼并、收购使业务涵盖石油技术服务的各个环节，充分利用自身在已有产品上的生产、技术和市场等方面的优势，不断完善油服产业链。国内的中海油服、石化油服、中油油服等公司已经建立了完善的一体化产业链，其中中油油服已成为全球产业链最完整、规模最大的综合性油田技术服务公司之一，总资产 1700 多亿元，年收入超 1500 亿元，分别位列全球油服公司第三和第四位。业务遍及全球 50 多个国家，市场各类服务队伍 1500 多支，持续为 300 多个客户提供优质服务，每年签订合同超 60 亿美元，产值超 50 亿美元，有力推动了国内油服行业的发展。此外，民营油服公司也在朝着一体化的趋势发展，通源石油利用自身优势，整合有效资源，提供一体化技术服务和集成化作业发挥各项业务间的协同效应与互补效应，在为客户提供更加专业的个性化增产解决方案的同时降低油田整体开发成本，保证客户一定的利润空间；中曼石油实现了井筒技术一体化，公司的施工能力覆盖钻井、测井、录井、固井、完井等众多项目，能够为客户提供更为全面的服务。可以预见，2020 年，在油服行业竞争日益激烈的大环境下，其他油服公司也势必会向一体化的趋势发展，以凸显企业自身的竞争优势。随着油服市场竞争压力加大，油服企业将向一体化服务模式转变的趋势将更加明显。

（三）油气工程技术服务将日益重视安全环保

随着社会公众与监管部门对安全环保问题的重视程度的提高，以及新《环境保护法》的通过，2020 年对油气田开采的环保要求也日益严格，油田环保领域将迎来新的市场空间。石油开采的产业链是目前中国主要环境污染源之一，如果油服企业能够关注到这一领域，开发核心技术，并提供良好的运营维护，将有可能拓展其业务领域，增强其市场竞争力。目前惠特普等公司着眼于油气污染治理，相继开发了含油污泥处理系统装备、大中型储油罐清洗系统装备等国际先进水平的成套装备，由于其明显的竞争优势，其产品毛利率可达 40%以上的高水平。

（四）数字化转型速度将加快

在全球发展越来越依赖大数据、人工智能、移动互联网、云计算等技术的背景下，数字化技术成为油服公司降本增效、开拓创新方向、培育核心竞争力的有效途径。利用数字化新技术新应用转型、提升全要素生产率已经成为行业的广泛共识。积极推动互联网和油气产业深度融合，加快提高产业的数字化、智能化水平，做大做强数字经济，拓展产业发展新空间，已经成为油服行业的必然选择。国际油服公司紧紧抓住了这一发展趋势，纷纷将数字技术与油服相结合，打造智能化的技术服务平台。国内油服企业的数字化服务能力正在加快提升，油服公司开始主动寻求数字化、智能化变革，积极融入数字化的潮流。民营油服上市公司海默科技便是其中的代表。海默科技早在 2016 年就成立了油田生产优化业务单元，开始探索利用数据技术助力油田生产优化业务的实现途径；2017 年成立了大数据研发部，聚焦于利用人工智能技术实现智能仪表开发及生产优化智能决策应用；2019 年，推出了石油领域数款黑科技，其中便有国内首台水下多相流量计工程产品，该产品打破了国外产品垄断及技术壁垒，让海默科技成为全球少数能自主生产水下多相流量计的企业。可以预见，2020 年，随着信息技术的进一步发展和互联网趋势的进一步深化，各油服企业会进一步加大信息化、智能化的投入，积极融入互联网的潮流，实现数字化发展，不断提升企业竞争力。

中国炼化产业发展分析与展望

董聪[1]；赵君[1]；杨悦[2]

[1. 对外经济贸易大学国际经济贸易学院；2. 中国石油大学(北京)经济管理学院]

2019年，中国炼油能力持续上升，炼油产能依然过剩，产业一体化发展优势显著，已成为不争的共识。国内炼化项目布局由北向南、由内陆向沿海转移，以及计划入驻广东的巴斯夫、埃克森美孚的两大独资的化工项目也将“地理”因素发挥到了极致。面对更加开放的市场竞争，中国炼化行业进入“能力本位”时代。中国国内炼化企业纷纷从“油主化辅”转向“化主油辅”。炼化市场主体多元化带来国内产业格局的变化，即将迎来的是高段位、高层次的竞争。

一、2019年中国炼化产业发展状况

2019年，世界经济贸易环境更趋复杂严峻，经济增长总体放缓，存在较大的下行风险；中国经济延续稳中有进的发展态势，国内生产总值(GDP)比2018年同期增长6.1%，经济运行保持在合理区间，但存在一定的下行压力。国际石油市场供需总体宽松，国际油价从年初持续上涨后又震荡下行，国内成品油市场供需宽松，产能过剩加剧，市场竞争激烈。

2019年中国原油表观消费量6.96亿吨，同比增长7.3%，对外依存度为72.60%。天然气表观消费量3047.9亿立方米，同比增长8.7%，对外依存度为43.0%。成品油表观消费量3.10亿吨，同比下降2.7%，其中汽油表观消费量1.25亿吨，同比下降0.8%；柴油表观消费量1.46亿吨，同比下降6.0%；煤油表观消费量0.39亿吨，同比增长4.4%。合成树脂表观消费量1.23亿吨，同比增长10.3%；合成橡胶表观消费量1276.4万吨，同比增长4.8%；乙烯表观消费量2302.1万吨，同比增长7.9%；烧碱表观消费量3356.7万吨，同比增长1.6%。

2019年中国原油产量1.91亿吨，同比增长0.8%，天然气产量1736.2亿立方米，同比增长9.8%。成品油产量3.60亿吨，同比增长0.2%，其中生产汽油

1.41 亿吨，同比增长 1.9%；生产柴油 1.66 亿吨，同比下降 4.0%；生产煤油 0.53 亿吨，同比增长 10.6%。2019 年化工产业重要产品中，乙烯产量 2052.3 万吨，同比增长 9.4%；合成树脂产量 9574.1 万吨，同比增长 9.3%；合成橡胶产量 733.8 万吨，同比增长 11.0%；烧碱产量 3464.4 万吨，同比增长 0.5%；化肥产量 5624.9 万吨，同比增长 3.6%。

(一) 炼化产业盈利能力有所下降

据国家统计局统计，2019 年石化全行业实现营业收入 12.3 万亿元，与 2018 年相比增长 1.3%，其中炼油板块增长 4.6%。全行业营业成本同比增加 3.1%，其中炼油板块增加 8.4%。利润总额 6683.7 亿元，同比下降 14.9%。其中，炼油板块下降幅度最大为 42.1%，化工板块下降 13.9%，全行业收入利润率为 5.45%，低于 2018 年的利润率 6.77%，化工板块中利润下降幅度较大的有肥料制造业下降 38%，基础化学品下降 30.5%，合成材料下降 7.0%。全年主要石化产品的市场价格呈跌势，原油布伦特全年均价 64.26 美元/桶，同比下跌 9.9%；无机化工产品中硫酸年均价格下跌 22.6%、烧碱年均价格下跌 24.1%；有机化学品中乙烯年均价格下跌 29.3%、乙二醇年均价格下跌 33.7%、PTA 年均价格下跌 11.5%，全行业效益大幅下降。

炼化产业整体的盈利能力变化使得三大石油公司的经营业绩受到了不同程度的影响。中国石油 2019 年前三季度净利润 535.37 亿元，同比下降 15.45%；炼化与化工板块经营利润 71.33 亿元，比 2018 年同期经营利润 389.06 亿元下降 81.7%；其中，炼油业务实现经营利润 34.10 亿元，化工业务实现经营利润 37.23 亿元。中国石化 2019 年前三季度实现净利润 544.64 亿元，同比下降约 28.13%；其中，炼油板块实现经营收益 225 亿元，同比下降 58.85%；化工板块实现经营收益为 165.6 亿元，同比下降 30.83%。2019 年前三季度中，中国海油的销售收入为 483.4 亿元，同比上升 0.8%。

(二) 炼化产业结构性矛盾依然突出

在当前全球经济下行的压力下，中国石油石化工业发展的突出矛盾是产业结构性矛盾。经过三年多的努力，化解产能过剩虽取得了一些成效，但增扩产能的热情始终不减。目前中国在建炼油项目 14 个，炼油能力 1.3 亿吨/年，拟建炼油项目 16 个，炼油能力 2.1 亿吨/年，拟在建炼油能力合计高达 3.4 亿吨/年。烯烃、芳烃产能也随之快速增长，2019 年 PX 新增产能 896 万吨，总产能将达 2275 万吨/年，目前在建项目 11 个，拟建项目 6 个，合计产能 3140 万吨/年。此外，硫酸、烧碱等新增产能也很可观。2019 年纯碱产能增加 156 万吨，同比增长

5.0%；烧碱产能新增100.5万吨。

然而，在成品油、基础化学品等大宗石化产品过剩的同时，高端石化产品却依然短缺。高端聚烯烃、工程塑料、聚氨酯、高性能橡胶、高性能纤维、功能性膜材料等自给率还不足，部分产品仍未实现大规模工业化生产。尤其是在电子化学品领域，光刻胶、硅晶体、CMP抛光型材料以及一些石化过程用的催化剂、特种助剂(添加剂)等关键材料完全依赖进口。低端产品拥挤，高端产品缺乏，中国炼化产业的结构性矛盾依然突出。

(三) 炼化一体化发展加速，呈现多元化竞争格局

中国炼油行业正在向装置大型化、炼化一体化、产业集群化方向发展。目前，已经建成投产了近30个千万吨级炼油基地，合计产能占中国炼油总产能的45%左右。恒力集团在大连长兴岛石化产业基地建设的首座民营2000万吨/年世界级炼化一体化项目已全面投产，中国炼化产业正在步入竞争多元化的时代。

大量炼化一体化项目纷纷上马，推动多样化市场格局形成。中国的炼化一体化企业市场规模普遍较大，大多数企业为大中型企业。目前，从经营主体来看，中国形成了以中国石油、中国石化为主，中国海油、中国化工、中国兵器、地方炼油、外资及煤基油品企业等多元化市场主体的竞争格局。“十三五”期间规划的七大石化产业基地，要求新建项目必须建在产业基地内，原则上不再新增布点，炼化行业正不断向园区化发展。

民营力量快马加鞭，逐步打造炼化一体化产业链。浙石化炼化项目(一期)建成投产，盛虹炼化项目开工建设，中化旭阳炼化项目即将开建。主营单位谋篇布局，有序推进炼化产业布局，中科炼化、中委广东石化、中化泉州炼化(二期)等多个炼化一体化项目的建设有序推进。山东民营炼厂转型升级，新旧动能转换扬帆起航，规划在裕龙岛布局大型一体化项目。2020年以前，中国计划建成投产的炼化一体化项目(包括已投产项目)主要有云南石化、华北石化(改扩建)、惠州炼厂(二期)、大榭石化(改扩建)、恒力石化、一泓石油化工、中科大炼油、盛虹石化、舟山石化(一期)、其他民营炼厂。2020年后，中国计划投产的炼化一体化项目主要有东方石化、揭阳石化、吉雷石化、华锦石化(新建)、曹妃甸(一期)、西中岛(一期)、上海漕泾。

(四) 开启智慧炼化新步伐

随着5G、北斗、区块链等新技术的应用，炼化产业由数字化不断向智慧化发展。中国石化九江石化成为国家工信部“智能制造试点示范企业”，炼化工程集团宁波工程实现了镇海炼化POX装置的数字化工厂交付。

四川石化以信息化带动管理提升，以智慧化助推装置安稳运行，持续优化ERP、MES等系统，发挥自动化管控作用，通过视频交接班系统和智能巡检仪实现了远程面对面交流，生产数据实时共享。公司仪表自控率达98%以上、操作平稳率98%以上。依靠信息化建设车轮驱动，四川石化盈利能力始终保持在中国石油炼化板块前列，凸显了新建炼化企业的价值潜力。

惠州石化的智能工厂成为智能制造试点示范项目。惠州石化将信息化嵌入未来企业管理运行模式里，通过SAP等信息技术手段实现计划进度、费用控制、合同采办等信息化管理；同时按照“以信息化带动工业化，以工业化促进信息化”要求，实现了信息化与炼厂建设“同步设计、同步建设、同步投用”，搭建了“一个平台、两个网络、三层应用”，建立了DCS、SCADA等生产过程控制系统和MES、LIMS、ERP生产运营信息系统。在一体化大数据平台基础上，惠州石化在国内首创工业大数据平台、4G无线专网、智能防爆硬件、标准化管控软件四位一体有机集成的管控系统。在惠州石化中央控制室中可以随时看到全厂17套生产装置、公用工程系统及辅助设施运行情况、操作参数，海量数据实现了实时交互。

(五)炼化产业绿色化逐步推进

中国石油积极开展绿色工厂、绿色油气田建设，搭建绿化区域合作共享平台，打造石油苗圃联盟，深入开展绿化经营，提升绿化科技含量，加强绿化宣传，全面推进石油绿化高质量发展。2019年中国石油11家单位和12名个人获全国绿化表彰；中国石油大庆油田矿区服务事业部园林绿化公司等11家单位荣获“全国绿化模范单位”称号；西南油气田四川川油物业公司众益园林公司的12名个人获得全国绿化奖章。

在绿色发展方面，广州石化在不增加原油加工量的前提下，以全面建成绿色企业的要求，持续深入开展炼油总流程优化，实施炼油工艺清洁化和总流程优化改造，加快推进汽油质量升级，调整结构，提质增效，持续保持安全环保治理、节能减排的投资力度，不断提升企业绿色发展的质量。在绿色采购方面，开展源头削减，固废减量化取得成效。8个品种的润滑油使用润滑油液袋周转箱替代钢桶，2019年减少了340个危废桶；硫化剂(二甲基二硫)、己烷、白油、异戊烷等用量较大的原辅料实现槽车供货，大量减少了危废包装物。

2019年3月，炼化公司在西安组织召开了污水总排水质提标升级改造及锅炉烟气排放提标升级改造6个环保项目可行性研究报告论证会。项目建成后，对于实施“碧水蓝天”工程及建设环境友好型企业，履行企业社会责任、创造社会及环保效益具有重要意义，促进企业与周边环境的可持续、和谐、绿色发展。

（六）炼化产业“一带一路”建设蓬勃发展

中国企业开拓海外炼化市场更加多元化。从早期阶段以中国石化、中国石油、中国海油等“三桶油”为代表的国有企业在海外与当地石化企业合资建设炼厂，以及以中国石化炼化工程、寰球工程、中国化学工程等工程公司开拓境外炼化工程市场，参与承建海外炼化项目，到近几年，以恒源石化等为代表的民营石化企业也开始在海外实施炼化项目，进入国际化发展阶段，参与国际竞争。

“一带一路”建设推进以来，中国石化全力展开国际能源合作，并结出丰硕果实，目前与沿线30多个国家在油气勘探开发、炼油化工、油品销售、工程施工服务、贸易、仓储物流等领域展开全产业链广泛合作，沿线朋友圈不断扩大。中国石化抓住机遇，加大投资力度，共同打造沙特延布炼厂、俄罗斯西布尔丁腈橡胶项目、哈萨克斯坦阿特劳炼厂等一系列国家名片项目，助力沿线国家从资源输出国转型为资源深加工国，推动共建之路走深走实。沙特是能源大国和“一带一路”关键支点国家，中国石化与沙特的合作，不断从油气资源合作向高附加值、研发方向转型，由国家主席习近平与沙特国王萨勒曼共同出席投产启动仪式的延布炼厂，是“一带一路”倡议和“沙特2030年愿景”有机结合的项目。

2019年4月2日，由洛阳工程公司参与EPC总承包的科威特阿祖尔炼厂项目一序列常压蒸馏装置和系统管桥实现中交。阿祖尔炼厂是“一带一路”国家重点项目，建成后将是中东地区规模最大的炼厂。

恒逸文莱PMB石化项目是恒逸石化股份有限公司在文莱展开的国际产能合作方面的代表，是首个全面执行中国标准的海外大型石化项目，也是中文两国《联合公报》中明确提出的两国旗舰项目。其中恒逸石化持股70%，文莱财政部旗下主权基金持股30%。项目一期占地375公顷，投资34.5亿美金。项目规划炼油年产能800万吨，包括年生产近600万吨汽柴煤油品、150万吨芳烃、50万吨苯。2019年11月3日，经过全面调试、联运和平稳运行，恒逸文莱PMB石油化工项目实现工厂全流程打通和全面投产，顺利产出汽油、柴油、航空煤油、PX、苯等产品，标志着恒逸文莱项目投料试车一次成功。中国企业协同“走出去”，建设化工园区和产业基地，实现产业链上下游联动，形成集群发展优势，将提升“一带一路”国际产能合作水平和效率，提升东南亚地区石化产业发展协同效应。到2020年，“一带一路”沿线国家将新增炼化产业市场需求近两万亿元，空间巨大。恒逸文莱PMB石化项目将助推“一带一路”经济向高质量发展转变，为世界经济增长提供更多动力，为国际经济合作开辟更大空间。恒逸文莱PMB

石化项目建成投产后，恒逸石化将打通炼油石化全产业链，形成“原油-PX-PTA-涤纶”和“原油-苯-CPL-锦纶”的双产业链竞争格局，同时为文莱当地提供大量就业岗位，为当地经济发展创造了商业机会，成为“一带一路”中国企业“走出去”合作共赢的样本。

二、2019年中国炼化产业面临的问题

中国经济已处于由高速增长向高质量发展转变阶段，必须坚持质量第一、效益优先，以供给侧结构性改革为主线，推动经济发展质量变革、效率变革以及动力变革。作为国民经济主要支柱产业之一的炼油化工行业，在当前的新形势下，需要根据社会经济发展的新变化新要求，加速结构调整，实现转型发展。然而，2019年中国炼化行业发展形势依旧严峻，如何解决炼油产能结构性过剩问题成为重中之重。另外，环保压力增加以及炼化行业的安全问题依然不可忽视，同时，如何在成品油出口竞争中取胜也至关重要。

（一）中国炼油能力结构性过剩趋重，结构性矛盾进一步加剧

自2002年中国成为全球第二大产能炼油国之后，中国炼油能力日趋增强。近三年来，国内炼油产量连续增加，2019年中国原油一次加工能力达8.3亿吨/年，较2018年净增2225万吨/年(新增能力3390万吨/年，淘汰落后能力1165万吨/年)，2019年4月全国原油加工量为5210.3万吨，同比增长5.1%，增速比上月加快1.9个百分点。然而，中国炼化行业不仅总体产能过剩，结构性产能过剩也日趋严重，即存在一次加工产能过剩、炼油区域分布不均、炼厂平均规模较小等特点。

到目前为止，中国炼化行业已属于产能严重过剩行业，过剩产能高达8000万吨/年，产能过剩态势进一步恶化。炼化企业旨在追求自身利益最大化，炼油产能过剩将会导致炼化行业竞争愈加激烈，从而导致炼化企业开工率不足、盈利能力下降。具体来讲，尽管中国炼油能力不断上升，但是全国炼厂平均开工率只达到72.9%，为全球最低。因此，中国不仅要限制炼化产能盲目扩张，还要勇于淘汰成本高、规模小、竞争力弱的落后产能，不断优化炼化行业布局，促进炼化行业转型升级。

区域分布方面，中国石油炼化主要集中在东部地区及华北地区，且国内炼能存在北油南运、西油东调的形势。尽管近年来在炼化行业大型化、规划化推动下，炼油化工设备行业技术水平实现快速上升，但由于中国炼油化工机械行业生产企业规模普遍较小，缺乏绝对的大型龙头型企业，产业集中度仍然较低，行业

内排名前十企业仅占整个市场的30%左右，其中，兰州兰石、中国一重、锦西化工、达力普等是规模相对较大的生产企业。因此，未来随着石化行业不断换挡升级，炼油化工设备企业需加快科研与技术开发的投入，开发出技术含量高、更环保的新产品，增强企业自主创新能力和产业竞争力。

（二）成品油供需矛盾突出，质量升级仍面临较大压力

随着国家关于炼油行业政策的调整，外资及民营企业逐步开始增加项目投产，这将导致炼化行业产能进一步过剩，成品油供给日益增多，过剩的产能导致成品油市场竞争更加激烈。到目前为止，中国经济快速发展消耗了大量能源，而能源消耗会产生大量污染物质，这就导致中国环境急剧恶化，同时也导致全国人民承受了环境污染带来的后果。为治理环境，国家出台了一系列规制政策，也限制了成品油市场的消费。同时，行业内部清洁替代燃料的使用挤压了成品油市场空间，中国目前已形成了以天然气、甲醇、生物燃料以及煤制油等多种清洁替代燃料共同发展的局面，环保意识的逐步增强增加了对于清洁能源的需求。同时，电动汽车的发展也降低了成品油消费，成品油供给大于需求的局面难以调和。

中国炼油化工行业除了在成品油供需方面矛盾突出以外，清洁类能源以及高端能源较为短缺，急需实现炼化企业转型升级。“十三五”规划提出，2017 年起车用汽柴油均升级达到国Ⅴ标准，2019 年起达到国ⅥA 阶段标准。目前煤炭、石油、天然气等常规油气资源消费占比较大，造成了环境急剧恶化，中国炼油结构性过剩主要体现在低端产能过剩，而高端产能甚至出现不足局面，距离世界先进水平的距离较大。中国炼油化工行业必须通过优化炼油结构以及区域分布，促进油品质量升级，实现行业转型和绿色可持续发展。

（三）新能源汽车及替代燃料减少了对传统油品的需求

近年来，中国以电动汽车为主的新能源汽车发展迅速，成为主导全球新能源汽车发展的重要市场。根据中国汽车协会的数据，2019 年 1—10 月累计来看，新能源汽车产销分别完成 98.3 万辆和 94.7 万辆，比上年同期分别增长 11.7%和 10.1%。相比新能源汽车的快速发展，中国天然气汽车增速虽然有所放缓，但依旧存在巨大的发展潜力。随着电动车技术的不断完善，基础设施建设逐渐推进，续航问题不断改善，消费者对于新能源汽车认知、认可程度越来越高，这会导致纯电动汽车销量的快速增长。同时，国内基于环保、能源安全以及技术发展的考虑，仍会选择纯电动汽车为发展方向。按照中国《汽车产业中长期发展规划》，2020 年电动汽车产销量要达到 200 万辆，2025 年占全国汽车产销量达 20%以上。尽管目前新能源汽车保有量占比很低，但从长远看其对燃油车替代产生的影响将

逐渐增加，这对石油行业来说将是一个较大的冲击。

另外，替代燃料的应用也将会对传统油品造成挤压。短期看，天然气仍是替代主力，电动汽车从总量上对石油的冲击有限，但增长迅速。从长期来看，石油行业面临着巨大的挑战，一方面，石油需求大国正迫切进行经济转型，向绿色、低碳、清洁的能源方向发展；另一方面，电动车、天然气以及燃料电池的兴起，对石油燃料在交通领域的主导地位提出了挑战。

（四）炼化市场参与主体实现多元化，竞争程度加剧

2019 年以来，国家逐渐放开炼油行业政策，为成品油市场化夯实基础，民营炼油厂进口原油配额基本到位，炼油市场多元竞争格局巩固深化，逐步实现从“一油独大”到“油化并举”的局面。另外，中国千万吨级以上的炼厂已经从 2010 年的 19 座增加到 2019 年的 27 座，这就标志着中国炼油行业的整体竞争力进一步增强，但是也加剧了产能过剩的局面。

近年来，随着中国经济快速发展，为了满足国内不断上升的石油加工产品需求，中国加快了炼油能力的建设，不仅提出重点建设大连长兴岛(西中岛)、河北曹妃甸、江苏连云港、上海漕泾、浙江宁波、广东惠州、福建古雷七大石化产业基地，还提出支持民营和外资企业独资或控股投资石化产业，加快炼油能力和结构调整，这就促使中国炼化市场主体不再只有国营企业，民营企业以及外资企业的加入使得整个炼化市场竞争更加激烈。

中国炼化行业历经数十年的快速发展，当前已经形成了以中国石油、中国石化、民营炼厂为主的多元化发展格局。中国规划了未来几年的大量大型石化项目，尤其是民营企业加大了进军炼化产业的步伐，这就加大了未来炼化行业的竞争激烈程度。

（五）成品油出口竞争加剧，炼化企业转型升级迫在眉睫

中国海关最新统计数字显示，2019 年上半年中国成品油出口总量为 2720 万吨，同比上涨 11. 10%，2019 年 9 月中国成品油出口量为 567. 9 万吨，与 2018 年同期相比增加 7. 8%。从出口目的地来看，新加坡依旧是中国成品油出口的主要目的地，占比达 27. 52%，其次是中国香港、菲律宾及澳大利亚，占比分别达 16. 84%，8. 47%及 6. 39%。虽然中国出口利润同比增幅明显，但是出口竞争趋势依然严峻。具体来看，中国周边的一些国家，之前依靠成品油进口为主，现在也在发展自己的炼油行业，这将对中国成品油出口造成影响。另外，部分跨国石油企业开始着手布局大型的炼油项目，在油气资源比较充足的国家和地区进行规模化生产，中东部分油气资源国家以及印度加快发展外向型炼油行业，这将会大幅度减少中国成品油出口量。不仅仅是外在市场竞争加剧，国内炼化行业也在承受着前所未有的规制成本压力，目前中国大力倡导的生态文明建设严重削弱了成品油出口竞争力，中国炼化市场应加快向绿色、清洁能源转型的速度，提高技术创新优势，弥补成本增加带来的损失。

中国炼油能力结构性矛盾突出，一方面在于油品结构不合理，区域分布不均；另一方面在于中国炼化市场高端产能不足，能源清洁力度不够。具有低成本优势的低端产能成品油虽然增加了其销售额，但是也带来了持续性恶化的环境。炼化行业实现转型升级是解决产能结构性过剩，实现绿色、低碳、可持续发展的必然途径，是顺应中国21世纪绿色发展目标的必然选择。

（六）环保压力逐步增大，炼化安全问题不容忽视

十九大重点强调了生态文明建设对于中国经济实现可持续发展的重大意义，“建设美丽中国，推进绿色发展”是十九大提出的主要发展目标。炼化行业实现向安全绿色高效生产转型，是企业实现可持续发展的重大需求。因此，为加强生态文明建设、保护环境、节约资源，中国密集出台了新《安全生产法》、新《环境保护法》《能源行业大气污染治理方案》《环境保护税法》《石化和化学工业节能减排指导意见》以及《石油炼制工业污染物排放标准》（GB 3150—2015）、《石油化学工业污染物排放标准》（GB 31571—2015）等安全环保法律法规，加强了对于炼化行业能源消耗和污染物排放的管制，炼化企业面临的生态环保和安全生产压力不断加大。

从生态环保方面来看，低端炼油的成品油污染程度较大，会导致环境急剧恶化，随着炼油技术能力提升，中国成品油质量标准已逐步与发达国家接轨。近年来，为改善环境、促进绿色发展，对炼化产品质量要求日趋严格。在成品油质量升级方面，2017年1月，全国已全面供应国Ⅴ标准车用汽柴油，北京提前实施京Ⅵ标准；2017年10月，“2+26”城市也全面实施国Ⅵ标准A阶段；2019年全国全面实施国Ⅵ标准A阶段车用汽柴油。随着国家重视力度持续加大，汽车发动机技术逐步升级，成品油质量将实现突破，这对于缓解环保压力，实现炼化行业绿色可持续发展具有重大价值。

另外，炼化行业安全问题同样不可忽视。第一，安全事故的频繁发生导致炼化企业的安全管理问题成为关注重点。炼化行业是国民经济建设以及资源储备中的重要部分，在炼化企业生产经营过程中，安全管理是重要的一环，炼化企业的每个环节都可能存在危险因素，所以要不断加强安全管理力度，促进生产安全开展。第二，石油是易燃易爆物品，但是火又是石油炼化过程中不可或缺的因素，倘若这两种不兼容的物品没有按照一定标准严格实施，则会导致难以想象的后果。同时，炼化过程要保证消防设备的完备，这是保证炼化顺利进行的前提。第三，与发达国家相比，中国的炼化安全技术水平较为落后，安全生产的保障能力及措施不够完善，这就使得中国炼化行业在国际上竞争力大为缩减。炼化行业安全问题是重中之重，不可忽视，炼化部门应当不断提高员工的安全意识，提供完备的安全保障措施，最大限度地减少安全事故的发生。

三、2020 年中国炼化产业的展望

2019 年，受中美贸易摩擦、美联储加息、英国脱欧、美国对伊制裁等因素影响，贸易额和工业产值增长动能减弱，将拖累各经济体出现略低于 2018 年的 GDP 增速，石油需求也低于 2018 年的水平。石油需求增速放缓可以预见，但石油供应为油价的走向增加了不确定性。全球炼油格局突显，炼油业呈现加速东移态势。亚太和中东将继续引领全球炼油能力的扩张。中国大型炼化企业相继投产，需求侧增速不及供给侧增速，且需求逐渐高端化。预计 2020 年是中国炼化产业迎来成品油和化工产品全方面竞争的第一年，成品油出口将有所增加，中国或将超过韩国和印度成为亚太地区最大的成品油净出口国。随着炼化企业的转型、产品结构的转型升级，不同类型的企业仍有一定的发展空间。

（一）大炼化投产、新能源冲击，成品油产业竞争愈演愈烈

随着大炼油产能释放，加之新能源快速发展，成品油行业面临严峻的压力和挑战。从市场需求和资源优势方面综合考虑，国务院在不断推进产业集聚发展，重点建设七大石化产业基地，推动炼化一体化持续发展，届时国内将新增优质产能约 2.47 亿吨。“十三五”后期炼油能力将进一步增加，在国内及“一带一路”地区，有望最先投产的以中国企业为主体的炼化一体化产能达 1.47 亿吨。随着这些石化基地的建成投产，届时国内成品油行业的竞争将趋于白热化。

自 2019 年 5 月下旬以来，大连恒力以及浙江石化相继投产，国内成品油产量大幅增长，2020 年成品油供应过剩矛盾将继续加剧，直接的影响就是地炼行业竞争日益加剧，下游资源争夺愈发激烈。从区域维度看地炼资源外发东北以及华东华南的阻力将大大增加，成品油销售模式以及客户群体的维护将面临新的挑战。

同时，随着部分省份清洁能源汽车发展规划的相继出台，以及新能源汽车销售趋势向好，新能源的不断发展也给传统成品油行业带来严峻挑战。

（二）地炼转型以应对产业格局变化形成的冲击

炼化一体化炼厂的汽油产能将完全覆盖现有传统地炼的汽油产能，并且拥有无可比拟的成本优势。考虑到传统地炼现有的柴油市场受新上炼化一体化炼厂的影响较小，保守估计将有约三分之一的传统地炼能够找到生存空间。预计在市场倒逼形势下，传统地炼将大幅减少汽油产量，以减少和炼化一体化炼厂的正面市场竞争，逐步转向以生产柴油为主，汽油逐步流向乙烯裂解和 PX 装置。传统地炼向 PX 方向延伸时，竞争对手或将是日韩传统外销 PX 的炼厂，所以沿海地区的传统地炼上小型 PX 装置具有一定优势。

传统地炼集中的山东东营地区通过适时更新下游配套装置，来消化周边传统炼厂的石脑油资源，也有利于在一定程度上转移汽油产能。

中国炼厂的分布呈现两大特征：第一，依靠油田而建，如大庆石化、克拉玛依石化等；第二，沿海而建，中国国内原油产能不足，需要从国外进口大量原油，沿海地区因有港口、码头的优势，且船运、管道运输较陆路运输成本低，因此沿海建炼厂能保障原料供应，降低经营成本。全国炼化产能整体呈现以东部为主，中西部为辅的梯次分布，但集群化、规模化程度仍显不足。由于炼化一体化炼厂多处于沿海地区且自备码头，未来沿海、沿江的成品油市场竞争将更加激烈。所以传统地炼的市场将可能向内陆地区转移，从而避免沿海和沿江地区的激烈竞争。具有成品油铁路专运线的传统炼厂在开拓内陆成品油市场方面优势较为明显。因此，对于传统地炼来说，2020 年仍有转型发展空间。

（三）民营炼化在结构性“去产能”中扮演重要角色

成品油过剩而化工品短缺是中国石化产业的重大瓶颈。2019 年中国石化产业继续呈现了成品油，特别是柴油过剩，同时化工品短缺的结构性失衡。成品油过剩而化工品的结构性失衡是制约中国石化产业发展的重大瓶颈。结构性失衡背后的本质原因是产业链发展的不均衡。造成中国成品油过剩而化工品短缺的结构性失衡的直接原因是中国炼厂类型的不合理。炼厂类型不合理导致中国在石油-化纤产业链中明显弱势。由于炼厂结构的不合理，且 PX 被国外巨头垄断，导致这个产业链的利润高度集中于石油-PX 环节，大量利润被国外炼厂所攫取，中国下游企业在产业链中明显处于弱势地位。

民营大炼化预计是破局中国炼厂结构性失衡的有效措施。其补上了石油-PX 这最后一个环节后，中国的相关企业将具有更强的一体化竞争优势、抗风险能力以及行业话语权，无论盈利能力还是收入体量均能够实现重大提升。民营大炼化预计将显著改善中国石化行业的竞争力。由于民营炼化项目可以采用最新的有成熟应用的技术建设，因此具有明显的后发优势，在对原油的适应性、工艺的合理性以及全流程的经济性上均具有很强的竞争力。

(四) 炼化一体化仍是主要发展趋势

2019年是中国炼化一体化项目商业化运营的元年。炼化项目是化纤巨头实现产能国际化布局的重要一步。随着炼化项目的逐步投产运营，将使企业的经营业务从现有的中下游产业“PTA、聚酯长丝、聚酯短纤、聚酯瓶片、聚酯切片和CPL”延伸至更上游的“PX、苯和炼化”环节，实现从“原油炼化到涤锦双链”的均衡发展模式，有利于企业全球化布局，增强持续盈利能力，提升核心竞争力。

对国内2000万吨“俱乐部”国家队成员(镇海炼化、大连石化、惠州炼化)和新加入“俱乐部”的民营炼化(恒力石化、浙江石化)来说，由于新加入“俱乐部”的民营炼化在建设之初就采用高起点的工艺包和先进的工艺技术，生产流程也按照当前国际上先进的“油头化尾”(以炼油开始，以化工结束)方案，宜油则油、宜烯则烯、宜烃则烃，不仅加工成本可以和国企炼化企业论伯仲，而且生产可以围绕市场转，产品结构调整灵活。例如，恒力石化、浙江石化、盛虹炼化这三大炼化项目均按照炼油、芳烃、乙烯一体化的加工模式进行设计，实现了差异化、规模化，通过重点发展芳烃和乙烯产业链来满足自身下游对二甲苯、乙二醇需求，适度延伸芳烃、乙烯、丙烯化工产业链，提高加工深度，实现在油品、芳烃、乙烯、丙烯产业链方面的优势互补。同时民营炼化企业还有着用工优势，人工成本和管理成本相对较低。这些优势倒逼国有大型炼化企业要在管理上更加精细和精益，才能在市场竞争中不被民企击败。

(五) 产品结构更加追求高端化和差异化

目前，新建大型炼化一体化企业不断压缩成品油收率，大幅提高化工原料占比。预计2020年，炼化产业产品结构总体向“少油多化、油化并举”趋势发展，更加重视市场化导向，追求产品的高端化和差异化。例如，恒力2000万吨/年炼化一体化项目，通过采用柴油加氢、混合脱氢、正异构分离等新技术，将低附加值物料转化为高附加值的化工产品，用2000万吨的原油，可生产出1400多万吨的化工品，化工品达到了70%。恒力石化一体化建设有450万吨/年芳烃联合装置，规模在世界上也实属罕见，可提高国内重要化工原料芳烃总产量的30%，补齐国内芳烃供应短板，扭转大量进口的局面。

预计阶段性炼化扩能方向为PX和乙烯系产品，尤其是乙二醇，而丙烯系产品相对受这次阶段性扩能冲击较小，未来在炼化产业竞争加剧中的下滑会相对缓和。炼化产业各类企业的不断涌入，使得总产能和过剩产能不断增加，新建炼化企业也将不断倒逼存量高成本炼化企业的退出。2020 年各类石化产品供给整体都将有较大幅度增长，打破垄断后多数石化产品的进入壁垒也将不可逆的大幅下降，这种格局性的变化会带来整个行业盈利中枢系统性下移，行业很难再享有长期超额收益，长期来看，成本优势将成为未来企业竞争的主旋律。此外，炼化项目投资巨大，融资能力也是重要的保障之一。

（六）炼化产业面临安全、环保、技术方面更高要求

中国经济迈入高质量发展阶段，对石化行业的发展提出了新要求。安全、节能减排标准提高，水处理和空气净化要求提高。例如，随着消费升级，对化工产品的质量、品种和功能也将有更高、更新和更细化的要求。如炼油从大量生产柴油、汽油转向生产更多的高标号汽油、航空煤油和清洁柴油。在国家发展改革委发布的《产业结构调整指导目录(2019 年本，征求意见稿)》中明确提出，鼓励对经济社会发展有重要促进作用，有利于满足人民美好生活需要和推动高质量发展的技术、装备、产品、行业。其中石化化工行业鼓励类有 20 个大类，包括乙烯-乙烯醇树脂(EVOH)、聚偏氯乙烯等高性能阻隔树脂，聚异丁烯(PI)、聚乙烯辛烯(POE)、茂金属聚乙烯等特种聚烯烃，高碳 α-烯烃等关键原料的开发与生产；5 万吨/年及以上溴化丁基橡胶、溶聚丁苯橡胶、稀土顺丁橡胶、丙烯酸酯橡胶、固含量大于 60%的丁苯胶乳、异戊二烯胶乳开发与生产，合成橡胶化学改性技术开发与应用；聚丙烯热塑性弹性体(PTPE)、热塑性聚酯弹性体(TPEE)、氢化苯乙烯/异戊二烯热塑性弹性体(SEPS)、动态全硫化热塑性弹性体(TPV)、有机硅改性热塑性聚氨酯弹性体等热塑性弹性体材料开发与生产等。2020 年行业投资和研发重点或将逐渐向化工新材料、高端专用化学品、生物化工、现代煤化工和安全、节能环保等领域倾斜。

此外，炼化行业需要有熟练的工人和技术人员，还要考虑安全保护、防护、环保等因素，是个大的系统工程。大炼化项目运维需要很专业的人才队伍和人才积累。一些民营石化炼厂就聘请中国石油、中国石化的专家来帮助其建设运营。未来面临安全、环保、技术方面更高要求下，这类方面的资金投入以及研发必将不断增强。在技术的选择上，尽量采用国际最先进的生产工艺及控制技术，必须重视环保、节能、减排、节水等环节，要突破一些制约行业绿色发展的技术瓶颈，以适应未来更为苛刻的环保要求。另外可以利用大数据、云计算等新一代信息技术，加快结构调整、提质增效的改革进程。利用物联网技术和监控技术加强信息管理服务，提高生产过程可控性以及合理计划排程。借助能源互联网和供给侧改革，精准对接全球消费市场需求，以全球市场为导向灵活调整下游产品结构

提高供给质量与效益。通过新技术、新工艺、新产品的开发和应用使中国石化行业整体水平和竞争力得到提升。

综上所述，随着大型民营炼化企业相继投产，2020 年炼化产业中无论是成品油还是化工产品，都面临着竞争加剧、利润压缩风险。不同类型的企业也面临更加迫切的转型和优化需求，要结合自身资源优势，用好国内和国际两种资源，积极顺应炼化一体化大的趋势，重视市场化导向，实现产品结构的转型升级，同时应对安全、环保、技术方面的更高要求和挑战。

中国油气管道产业发展分析与展望

孙梅；安迪；董秋雨；杜秀丽；李敬；李姝瑶；李亚静；马林；许家天；张丁方

[中国石油大学(北京)经济管理学院]

油气管网作为国家重要的基础设施和民生工程，在国家能源战略中的位置也越来越重要。随着国家管网公司的成立，油气管网运营改革将持续推进，管输定价和成本的监管也将平稳过渡，油气管网的规划也将进一步完善，天然气的基础建设将步入快车道，油气管道智能化、信息化和国产化水平将不断提高，交易中心将在未来的油气管道改革中发挥重要作用。

一、2019 年中国油气管道产业发展分析

2019 年油气市场消费稳步增长，天然气资源供需基本保持平衡，国家多项规划和政策密集发布，国家的政策对油气管道相关公司的业绩影响较大，但按照国家政策的要求油气主干管网、管道互联互通、储气库和 LNG 建设步伐依然很快，油气管道技术向国产化、智能化、信息化发展，国家管网公司成立，省级天然气管道公司和油气企业体制改革逐步深化，天然气交易中心努力创新交易模式，助力互联互通和基础设施建设。

（一）国家多项规划和政策密集发布

为了保证天然气的供应，石油天然气规划、天然气管网运营机制改革、油气管网公平开放以及城镇燃气工程安装收费等政策出台，除此之外国家还出台了产业结构调整和资源税等与天然气产业相关政策。

1.《关于石油天然气规划管理办法(2019 年修订)》

为大力提升国内油气勘探开发力度，2019 年 4 月 3 日，中国能源局印发《关于石油天然气规划管理办法》(2019 年修订)。《办法》一方面在坚持底线思维前提下，按照集约布局、适度超前的原则，同步规划外输管道，确保与天然气主干管道的连通。另一方面加快完善地下储气库和沿海 LNG 接收站布局，加强规划对储气指标的约束性。《办法》为建立健全石油天然气规划指标体系，加强规划

指标的量化管理，提高规划的指导性和可操作性提供了指导意见。

2.《石油天然气管网运营机制改革实施意见》

为进一步推进油气领域改革，2019 年 3 月 19 日，中央全面深化改革委员会第七次审议通过了《石油天然气管网运营机制改革实施意见》。《意见》强调，推动石油天然气管网运营机制改革，要坚持深化市场化改革、扩大高水平开放，组建国有资本控股、投资主体多元化的石油天然气管网公司；要推动形成上游油气资源多主体多渠道供应、中间统一管网高效集输、下游销售市场充分竞争的油气市场体系，提高油气资源配置效率，保障油气安全稳定供应。

3.《油气管网设施公平开发监管办法》

为提高油气管网设施利用效率，2019 年 5 月 24 日，国家发展改革委、国家能源局、住房城乡建设部、市场监管总局联合印发了《油气管网设施公平开放监管办法》。《办法》在充分总结前期实施经验的基础上，明确了油气管网设施公平开放的基本原则，规定了影响油气管网设施公平开放关键问题的解决方案，突出针对性、指导性和可操作性，进一步改革机制、强化监管，更大力度地推动油气管网设施公平开放，更好地营造公平开放的制度环境。

4.《关于规范城镇燃气工程安装收费的指导意见》

为规范城镇燃气工程安装行为，加强工程安装收费管理，2019 年 6 月 27 日国家发展改革委提出《关于规范城镇燃气工程安装收费的指导意见》。《意见》指出当地价格主管部门要建立健全监管机制，加强成本调查监审，对标行业先进水平，兼顾周边地区水平，合理确定收费标准，原则上成本利润率不得超过 10%，现行收费标准偏高的要及时降低。同时，要创造条件加快建立完善燃气工程安装竞争性市场体系，充分发挥市场决定价格的作用。《意见》的提出对简化城镇居民新建住宅燃气工程安装等收费方式和规范城镇燃气安装工程施工管理起到了重要作用。

5.《产业结构调整指导目录(征求意见稿)》

2019 年 4 月 8 日，国家发展改革委颁布了《产业结构调整指导目录(2019 年本，征求意见稿)》，《意见》将石油、天然气上游勘探开采、页岩油气开发、油气管道基础设施、天然气分布式能源、液化天然气技术、放空天然气回收利用等产业作为国家鼓励的产业。

6.《中华人民共和国资源税法》

2019 年 8 月 27 日，十三届全国人民代表大会常务委员会第十二次会议审议通过了《中华人民共和国资源税法》，对非常规天然气资源实行免税或进一步减税。因此，国家政策更加重视非常规天然气的开发，煤层气、页岩气和煤制气配套外输管道已成为天然气开发的重点项目，并在政策激励下积极推进。

（二）国家政策对油气管道相关公司的业绩和投资有一定程度影响

为进一步加快油气管道建设，保证油气安全稳定供应，国家发布了石油天然气规划、天然气管网运营机制改革和油气管网公平开放等相关政策，特别是国家管网公司的组建和成立对三大石油公司业绩和投资影响较大。

中国石油 2019 年前三季度天然气与管道板块营业收入为人民币 2772. 11 亿元，比 2018 年前三季度的人民币 2500. 30 亿元增长 10. 87%，主要是因为国内天然气销售量价齐增。2019 年前三季度天然气与管道板块实现经营利润人民币 219. 5 亿元，比上年同期的人民币 197. 19 亿元增长 11. 3%。天然气与管道板块销售进口天然气及 LNG 净亏损人民币 217. 64 亿元，比 2018 年同期增亏人民币 18. 07 亿元，原因是汇率变化、采购成本增加。2019 年上半年天然气与管道板块经营支出为人民币 1778. 61 亿元，比 2018 年上半年的人民币 1571. 81 亿元增长 13. 2%，主要由于购气支出增加。2019 年上半年中国石油天然气与管道板块的资本性支出为人民币 50. 83 亿元，主要用于中俄东线天然气管道、西气东输三线闽粤支干线等重要的天然气骨干输送通道项目、LNG 等调峰储运设施、天然气互联互通工程以及天然气支线和销售终端等项目建设。总之，2019 年中国石油天然气与管道板块收入、经营利润、成本和亏损与 2018 年比都呈现增加趋势，收入、经营利润和成本的增长率较亏损增长率稍高。

中国石化上半年管道投资累计 188 亿元，截至 2019 年 6 月 30 日，鄂安沧输气管道一期工程（鹿泉-沧州输气干线以及濮阳、保定支线）累计完成投资人民币 55 亿元，新气管道一期工程（潜江-韶关输气管道）累计完成投资人民币 63 亿元，文 23 储气库一期工程（注采井及地面工程建设）累计完成投资人民币 70 亿元。

（三）油气主干管网、管道互联互通、储气库和 LNG 建设步伐加快

国家管网公司的组建和成立对三大石油公司会产生不同程度的影响，但各企业仍然按照国家政策的要求加快进行油气主干管网、管道互联互通、储气库和 LNG 建设。

1. 油气主干管网建设稳步推进

2019 年中国油气主干管道建设稳步推进。中国石油的日照港-京博输油管道完工投产，尼日尔-贝宁原油外输管道拟开工，中国石化的日濮洛原油管道正在加紧建设，董家口至东营原油管道相继开工，山东省鲁豫原油管道建成投产。中国石化湛江至北海，北海至北口和荆门至襄阳成品油管道完工。中国石油中俄东线中国境内管道与俄罗斯境内管道连接成功，西气东输三线闽粤支干线建成，中国海油蒙西煤制天然气外输管道项目一期后续工程和海西天然气管网二期工程的开工，使得中国天然气干线建设进程加快。

1）原油管道建设情况

中国石油的日照港-京博输油管道建成投产。该管道全长 428 千米，原油管道年度输量为 1500 万吨，该项目建成投产后对油品疏港能力的提升和将日照港打造成北方最大的原油集散地起着重要作用，也为地炼新旧动能转换以及实现产业升级提供强劲的发展动力。

中国石油将拟建尼日尔-贝宁原油外输管道。该管道起点尼日尔阿加德姆油田，终点贝宁赛美港，总长为 1980 千米，是中国石油在非洲投资规模最大的跨国输油管道，也是贝宁最大的对外合作项目，该管道建成后将打通尼日尔原油外输至国际市场的跨国通道，成为中尼双方合作的里程碑。

中国石化的日濮洛原油管道正在加紧建设。截至 2019 年 8 月日濮洛原油管道焊接达到了 703 千米，完成了管道焊接总量的近 90%，其中的董家口至东营原油管道工程预计 2021 年完工投用。该管道建成后将保障洛阳石化的原油资源，推动山东省油气管网互联互通，提高原油供给能力，维护油品市场稳定供应。

中国石化山东省鲁豫原油管道建成投产。该管道全长 796 千米，起点日照市岚山港，终点洛阳炼油厂，是国家重点工程，山东省三条在建重点管道之一。该管道建成投产对升级替代老旧管道，优化管网布局和降低能源运输成本都有重大意义。

2）成品油管道建设情况

2019 年中国石化湛江至北海、北海至北口和荆门至襄阳成品油管道建成。

2019 年中国石化的中科一体化配套项目——湛江至北海成品油管道建成投产。该管道全长 238 千米，是中国首条大口径、高压力和长距离的成品油输送管道。该项目的建成推动了中国西南省份成品油管道高效运行，保障广东和西南地区成品油供应。

2019 年中国石化的广西北海至北口成品油管道建成。该管道全长 76 千米，建成投产后将进一步完善广西地区成品油管网，为北部湾经济战略提供了基础能源保障。

2019 年中国石化的荆门至襄阳成品油管道建成投产。该管道全长 130 千米，该项目的建成实现了鄂北地区成品油首次管输供应，将大幅度降低物流成本，提高油品调运效率，助力荆门和襄阳地区的经济发展。

3）天然气主干管道建设情况

2019年中国石油的中俄东线正式通气，西气东输三线闽粤支干线全线贯通，中国海油的蒙西煤制天然气外输管道项目一期后续工程和海西天然气管网二期工程福州至三明段线路正式开工。

中国石油中俄东线天然气管道正式通气，西气东输三线闽粤支干线全线贯通。中俄东线是中国东北方向首条陆上天然气跨境战略通道，2019年7月连接成功，12月2日正式投产通气，该管线完善了中国东部地区的天然气管网布局，保障中国的能源安全和中俄合作共赢，深化了中国与沿线国家的友好合作。西气东输三线闽粤支干线的16条隧道于2019年7月全线贯通，该管线全长为380千米，建成投产后将为粤东地区提供清洁能源，有利于该地区的的节能减排工作。

中国海油天然气主干管道建设项目聚焦于华北地区与闽西南地区。中国海油蒙西煤制天然气外输管道项目一期后续工程和海西天然气管网二期工程福州至三明段线路正式开工。中国海油蒙西煤制天然气外输管道项目一期后续工程于2019年9月开工，该管线包括干线定兴-黄骅段、天津LNG联络线和廊坊分输支线，其项目建成后，中国海油天津LNG接收站的液化天然气和渤海海气将输送至京津冀地区，可为雄安新区供气1400万立方米/日，对缓解华北地区天然气供应紧张的局面产生重要的作用。2019年8月28日海西天然气管网二期工程规划的主干管网——福州至三明段线路正式开工，该管线全长286千米，起于海西天然气管网在建主干线福州-福鼎段连江输气站，终于三明境内三明输气站，该管线标志着中国海油天然气管线正式进入闽西北地区，将为闽西北地区提供优质高效的清洁能源。

2. 天然气管道的互联互通步伐加快

各企业根据《国家发展改革委关于加快推进2018年天然气基础设施互联互通重点工程有关事项的通知》，加强各企业内部和企业间的天然气管道互联互通。

1）中国石油致力于华北和珠三角天然气管道互联互通

2019年中国石油致力于陕京四线和西气东输与相关管线的互联互通。

2019年陕京四线首期增压工程投产，该工程的投产可使陕京四线输送能力增加至每年250亿立方米，提高了国产气和中亚进口气向华北地区主力用气市场的输送能力，增大北京市西北侧气源的供气量，同时将沿海LNG资源通过中卫-贵阳-广州输气通道反输至中卫，确保华北地区供气平稳。

2019年完工的西气东输互联互通项目主要有闽粤支干线工程、定合复线工程、广州站互联互通适应性改造工程，另外中俄东线南段工程、深圳LNG外输管道工程、福州联络线工程正在建设中。

2）中国石化致力于华北与长三角天然气管道互联互通

2019年中国石化致力于华北管网、LNG、储气库和川气东送，以及川气东送和南川页岩气的互联互通。

2019年鄂安沧输气管道一期工程全面建成投产。该管线全长736千米，主要包括鹿泉-沧州输气干线以及濮阳和保定支线，该管线将天津LNG外输管道、榆济管道、文23储气库、文96储气库、陕京管道实现互联互通，华北管网闭网成环，极大提高了京津冀地区天然气供应的安全性和可靠性。

2019年中国石化青岛-南京输气管道工程项目开工建设，预计2020年投产。青宁管道的建设实现了中国石化华北管网与川气东送管网的互联互通，有利于陆上天然气资源和海外LNG资源互通互保，保障中国东部沿海经济发达地区的能源供应。

2019年川气东送管道与南川页岩气实现互联互通，南川-涪陵天然气管道计划日外输页岩气260万立方米，将有效释放重庆南川地区平桥、江东和白马等区块页岩气产能，为页岩气的川气东送和长江经济带的发展提供清洁能源，不仅解决了南川页岩气富余问题，而且进一步提升了川气东送管道应急保供能力，川气东送管道多气源供气格局逐渐形成。

3）中国海油致力于省份区域间天然气管道互联互通

中国海油致力于省份区域间天然气管道互联互通，主要项目有2019年蒙西煤制天然气外输管道项目一期后续项目，海西天然气管网二期工程福州至三明段线和冀宁联络线工程。管线的建成将有效保障京津冀地区清洁能源的供应，为闽西北地区提供优质高效的清洁能源，提高长三角区域供气的安全性，利用LNG建立区域天然气的主干管网对于保障中国所有城市天然气的供应安全有着十分强大的作用。

4）各油气企业还致力于企业间的管道互联互通工程建设

各油气企业除了致力于自己负责油气管道的互联互通建设，还致力于企业间管道的互联互通建设，企业间的合作加快推进国家互联互通工程项目建设。

中国石油陕京管道与中国石化鄂安沧管道实现互联互通。2019年陕京管道与鄂安沧管道互联互通工程完工，天然气供气能力每天增加1500万立方米，该项目完工将有效提升陕京管道系统输气能力，缓解河北省“煤改气”工程后的气荒问题，保障京津冀地区的天然气供应。

中国石化广西管道与中国石油中缅管道实现互联互通。2019年中国石化广西管道与中国石油中缅管道互联互通工程扩建项目完工，扩建后每日双向供气能力为2200万立方米，该项目建成对“南气北送”具有重大作用。

中国海油深圳LNG与中国石油(迭福北)LNG调峰站实现互联互通。2019年中国海油深圳LNG与中国石油(迭福北)LNG调峰站连通线工程全线贯通，该管线全长约1.9千米，是国家冬季保供互联互通重点工程，管线的建成将保障中国珠三角地区的LNG资源供应。

除三大石油公司之间的互联互通外，各企业在华北地区、珠三角和福建地区也积极进行互联互通建设。在华北地区，北京管道公司密马香管道工程密云分输站完成动火作业，为大唐煤制气管道与陕京四线密马香联络线实现并网联通打下了坚实基础；曹妃甸新天液化天然气有限公司唐山LNG项目开工建设，项目建成后将通过外输管道与中俄东线等国家干线管道实现互联互通，为京津冀地区供应俄罗斯天然气。在珠三角地区，广汇启东LNG与中国石油西气东输管道南通分输站互联互通工程完工，该项目建成将实现双向供气、互为保供气源；珠海港集团旗下的两家企业与南光天然气公司合作完成珠澳天然气管网互联互通工程建设，包括“拱青线”和“琴澳线”，该项目建成使珠澳天然气管网实现互联互通，开启珠澳双向供气。此外，中国海油福建漳州联络线项目完工，与中国石油西气东输三线漳州分输站联通，该项目建成将提高福建省能源供应能力及缓解北方天然气冬季保供压力。

各企业间通过管道互联互通，为“西气东输”“南气北送”和“川气东送”发挥重大作用。

3. 储气库建设加速推进，液化LNG建设步伐加快

储气库和LNG建设是提高中国天然气储备能力，弥补天然气管道输气能力不足，缓解冬季气荒的战略举措。2019年，东北、华北、华东、长三角和珠三角的储气库和LNG项目稳步推进中。

1）储气库建设稳步推进

2019年中国石化文23储气库一期工程完工，辽宁省盘锦市政府与中国石油共建的雷61储气库开工。

中国石化文23储气库一期工程完工。文23储气库项目总库容量104亿立方米，其中一期工程设计库容84.31亿立方米，有效工作气量32.67亿立方米。文23储气库全部完工后将实现与中国石化榆济管道、中开管道、鄂安沧管道的互联互通。全部注气投产完成后，可为京、津、冀、鲁、豫、晋等省市提供最大3000万立方米/日的采气能力。

辽河天然气地下储气库群项目的主体工程——雷61储气库开工。该储气库

群由辽宁省盘锦市政府与中国石油共同投资建设，全部建成投产后，库容将达到241亿立方米，工作气量达到115亿立方米，将成为东北地区最大的天然气地下储备中心，对日后东北地区及京津冀地区的季节调峰、保供等用气需求有着十分重要的作用。

2）LNG建设步伐加快

在LNG建设方面，2019年中国华北、华东、长三角和珠三角等多地进行LNG扩产新建项目，深圳LNG接收站和天津LNG接收站二期气化扩能工程建成投产，上海LNG项目正在进行中，龙口南山LNG接收站一期工程和江苏省滨海LNG接收站正式开工。这些项目的建设为将缓解华北地区供气紧张、长三角和珠三角地区的平稳供气提供保障。

华北华东地区LNG建设主要集中在天津和山东龙口。中国石化天津LNG接收站二期气化扩能工程2019年建成投产。该工程新增气化能力3000万立方米/日，总气化能力超4500万立方米/日，二期扩能工程建成后，天津LNG接收站规模达到1080万吨/年，年输气能力136亿立方米，成为中国最大的LNG接收站之一。该工程对于优化环渤海地区能源结构，构建区域安全供气格局，确保华北地区冬季调峰用气具有重要意义。龙口南山LNG接收站一期工程于2019年开工建设，预计2022年建成投产。该项目由中国海油全资子公司气电集团和南山集团共同出资建设，一期工程建设规模500万吨/年，二期工程建设规模1200万吨/年，远期规模达到2000万吨/年。项目配套外输管道与全省主管网以及中俄东线、中国海油华北管道互联互通，不仅能保证山东省的天然气需求，也可以向北方、华东地区供气。

长三角地区LNG建设主要集中在上海和江苏。上海LNG项目储罐扩建工程4号储罐顺利升顶，该储罐预计将于2020年正式投产，罐容20万立方米，可转换气态天然气约1.2亿立方米，是目前国内自主设计和自主施工的单体最大储罐，该储罐的建成将使上海LNG储存能力提升约50%，保障能力从15天提升到20天以上。江苏省滨海LNG接收站项目预计在2021年正式投产，该项目拟建国内首创自主设计建造的最大的22万立方米全容式混凝土储罐，将承担基荷、调峰和储备功能，该项目的建成将推进天然气产供储销体系的建设。

珠三角地区LNG建设重点是于2019年8月1日正式投产的深圳LNG接收站，是中国实施天然气产供储销体系建设以来投产的首个LNG接收站。对保障中国清洁能源供应，优化能源消费结构和推动天然气基础设施互联互通起到重要作用。

（四）油气管道技术向国产化、智能化和信息化发展

油气主干管网、管道互联互通、储气库和 LNG 建设为油气管道技术的发展提供了空间，油气管道技术逐步向国产化、智能化和信息化方向发展。

1. 中国油气管道的自主研发技术逐步提高

2019 年，中国各大油气管输企业持续进行技术研发，油气管道自主研发技术在运行、改线、焊接和监测等方面取得多项突破。

中国石油在中俄东线、粤西主干管网和川气东送天然气管道控制、改线和焊接等技术国产化方面取得了成功。中俄东线天然气管道工程已实现关键核心设备等硬件技术的全部国产化，在此基础上又自主研发了核心控制 PCS、站场数据采集与控制 PLC、安全控制 PLC 等软件，这些技术的成功应用将实现压缩机组及辅助系统的远程一键启停，为无人场站管理建设打下基础。中国石油管道局在川气东送天然气管道上使用四封不停输封堵工艺，于 2019 年 8 月创造了主管线不停输的改线作业新纪录。此次改线所用关键设备均为中国自主研发，其拥有的智能化、自动化程度高于国外同类产品。此项新技术为大口径、长距离、高压力管道改线提供了低碳环保、安全高效的新途径。中国石油管道局半自动焊工况数据智能采传技术于 2019 年 9 月在粤西主干管网项目成功应用。该项目填补了国内长输管道半自动焊工况数据智能采传工业化应用的空白，对强化管道焊接过程质量管控，助力焊接质量管理升级起到十分重要的作用。

中国石化在原油检测技术和成品油管道工控系统方面取得成功。中国石化于 2018 年 12 月攻克了大口径海底长输原油管道检测技术，填补了中国在该领域的技术空白，从此打破欧美技术垄断，实现管道完整性管理由陆上推广到海底。中国石化管道公司自主研发的 SCADA 系统——成品油管道工控系统截至 2019 年 2 月已安稳试运行超过 4 个月，系统软硬件运行正常，管道水力线运行稳定。该技术成功实施标志着中国成品油管道工控系统首次全面实现国产化。

新技术自主研发的成功打破了中国对外国技术和设备的依赖，降低进口采购成本，且更符合中国实际现场情况，设备性能指标更优，设备日常维护也更方便，更有效地保障中国油气管道的运行安全。

2. 中国油气管道向数字化、智能化和全周期建设发展

根据国家发展改革委和能源局发布的《中长期油气管网规划》，到 2025 年全国油气管网规模预计达 24 万千米。三大石油公司积极响应国家战略部署，加快油气管网的布局和建设。为建成安全可靠、节能环保、运行高效、科学管理的现代化油气运输体系，油气管道行业正在积极将传统工业技术与新型信息技术相结

合，开启油气管道智能化建设进程。

管道数字孪生体在中俄东线智能管道开始试点。该技术是利用传感器、物理模型、运行历史等数据，形成与实体管道高度一致和同步更新的管道数字孪生体，实现在虚拟信息空间中对实体管道的镜像呈现。该技术可展现实体管道的全生命周期状态，用于指导和优化实体管道业务的运行，所形成的数据成果直接存储在数据云平台，实现全数字化移交，促进科学化管理。

物联网技术主要应用于油气管道及周边环境的实时远程监测、智能感知和数据采集。中俄东线天然气管道、西气东输西三线闽粤支干线和定合复线等新建管道均已利用物联网技术，实现管道建设过程的动态管控。

无人机技术主要应用在管道施工空中反省、管道巡线、油气走漏监测、管道维抢修作业等方面。目前，无人机技术已运用到中俄东线天然气管道工程，对油气管道人工巡检、人工作业的短板起到重要补充作用。

“全数字化移交、全智能化运营、全生命周期管理”是信息化背景下智慧管道的发展目标，现已在西气东输、中俄东线等国家重点部署的油气管道工程中逐步实施运作。油气管道智能化将管道运行各环节连成一个整体，使工作效率、操作精准性、预测准确性得到大幅提高，使油气管道资源有机整合并发挥最大效用。

管道数字孪生体、物联网技术、无人机技术和“全数字化移交、全智能化运营、全生命周期管理”智慧管道项目的成功应用，有效地提升了中国油气管道的信息化水平。

3. 中国油气管道的管理技术明显提升

在国家大力发展数字化、智能化、全周期智能管网的大背景下，2019 年中国主导制定了油气管道管理 ISO 国际标准，天然气计量、能量计量二项油气管道管理技术取得极大进展。

陆上和海上管道完整性管理规范标准出台。2019 年 5 月，中国石油管道公司成功牵头制定了 ISO 19345-1《管道完整性管理规范——陆上管道全生命周期完整性管理》和 ISO 19345-2《管道完整性管理规范——海洋管道全生命周期完整性管理》国际标准，两项标准分别针对陆上管道和海洋管道的全生命周期各阶段提出了完整性管理的具体要求和建议，通过持续开展检测监测、风险评价和维修维护工作合理控制风险，确保管道运行安全。管道完整性管理系列标准是中国首次主导起草的 ISO 国际标准，该标准的发布标志着中国管道完整性已实现世界先进水平的标准化管理。

天然气能量计量计价体系提到日程。2019年5月24日，国家发展改革委、国家能源局、住房城乡建设部、市场监管总局共同制定了《油气管网设施公平开放监管办法》，其中第十三条特别明确了要在24个月内建立天然气能量计量计价体系的要求。目前，天然气能量计量计价体系还在构建中，天然气生产、销售、使用方按照国家要求在各自领域建立完善的能量计量解决方案，为计量方式转变做准备。

这两项油气管道管理技术上的重大突破有利于中国油气管道的标准化、精细化和完整化管理，有助于中国油气管道管理走向国际化，并在国际市场上取得行业领先地位。

（五）油气管道行业体制改革全面深化

2019年油气管道行业体制改革有了重大突破，国家管网公司正式挂牌成立，省级管道公司体制改革持续深化，各油气管道公司管理创新水平逐渐提升。

1. 国家管网公司正式挂牌成立

2013年，国务院发展研究中心首次提出"油气管网独立"。2014年2月，国家能源局印发《油气管网设施公平开放监管办法（试行）》，规定了监管的细则及方法。2017年，中共中央、国务院印发了《关于深化石油天然气体制改革的若干意见》，提出推进油气管网独立，实现管输与销售分开，促进第三方市场主体公平开放。2019年3月，中央全面深化改革委员会第七次会议审议通过《石油天然气管网运营机制改革实施意见》，同年12月国家石油天然气管网集团有限公司（简称国家管网公司）正式成立。国家管网公司是国家基于"全国一张网"的蓝图以实现资源充分利用、多主体参与、开放上游勘探开发市场和下游消费市场的目标，打造高质量高效率高效益的管网格局，以解决现存天然气供需失衡等问题。

国家油气管网公司属于国资委监管的国有企业。三大石油公司全资或控股的干线管网、持有的省级管网股权、部分LNG接收站和储气库、管网调度业务等资产将被纳入。国家油气管网公司规模庞大，具有在全国范围内统筹调配、输送和存储油气资源的核心能力，是政府对油气市场进行战略性和全局性把控的重要抓手。

国家管网公司的成立不仅与"蓝天保卫战""气代煤"等时代政策相呼应，采用"X+1+X"模式实现天然气的运销分离，更是对天然气产业链和天然气经营主体的重大变革。从天然气产业链来看，国家管网公司的成立会促进其他经营主体进入天然气领域，促进了上游天然气资源市场开放，缓解天然气供给不足的现状，改变天然气供应议价机制；有助于中游天然气储备能力及基础设施的快速发展，推进天然气运输管道互联互通，引入天然气管道运输价格机制；冲击下游消费市场，促进中国天然气贸易计量方式从体积计量向能量计量转变，促进天然气广泛利用局面的形成。从经营主体来看，打破了一体化经营模式，使三大石油公司重新定位，调整企业资本结构和价值链，省级管网公司的短期区域性作用将仍然存在，但随着国家管网公司的完善，省级管网与国家管网将逐渐融合，实现“全国一张网”的规划势在必行，并在此基础上攻坚克难，实现互联互通。

总之，国家管网公司对油气管网设施进行统一规划，消除当前某些地区的无序竞争和基础设施重复建设的现象，实现“全国一张网”的供应格局以及天然气资源在全国范围内的统一灵活调配，保障全国天然气供应安全，有助于促进天然气基础设施建设，扩展干线管网覆盖面，减少天然气供应的中间环节，降低天然气供应成本。

2. 省级天然气管道体制改革稳步推进

省级管道公司价格改革稳步推进，积极打造“全省一张网”，省内多家省级管网公司并存的新格局初露端倪，竞争与合作共存。

1）天然气管道价格改革继续推进

近年来，伴随各地省级天然气管道价格改革办法密集出台，开展价格改革的省区市不断增加。2019 年湖北省、甘肃省相继颁布了省级天然气管道价格改革办法，制定配气价格管理和定价成本监审规则。

2）多省市积极打造“全省一张网”

在国家管网公司打造“全国一张网”的同时，多省市积极打造“全省一张网”。广东省天然气主干管网建设稳步进行，重心由珠三角转向粤东粤西，力争 2020 年建成通达全省 21 个地市的管道建设任务。贵州省人民政府印发《贵州省天然气“县县通”行动方案》，提出依托国家天然气主干管线，规划建设以“国家干线、省级支线和县级联络线”为骨架的全省天然气“一张网”。山东省能源局表示，将构建覆盖全省的“六横八纵四枢纽一环网”的天然气管输网络，积极统筹推动天然气“全省一张网”，加快省内天然气基础设施的互联互通建设。

3）省内多家省级管网公司并存的新格局初露端倪

在各省努力打造“全省一张网”的同时，省内多家省级管网公司并存的新格局初露端倪，呈现了竞争与合作共存的格局。

江苏省沿海输气管道有限公司于 2018 年底正式成立，有别于江苏已经存在的省网公司——江苏省天然气有限公司主要经营区域为苏南地区，该公司计划在江苏省内布局一条自北向南的沿海输气网管，其重要主干线路启通天然气管线项目一线工程已经全面开工。该管网将联络已建成和规划的主要 LNG 接收站，并计划联通储气库，并预留了安徽、河南、山东等省际联络线接口。据悉，沿海管道只作为公共基础设施承担相应职能，向各类主体公平开放，预计将不从事天然气经营销售业务。

贵州省天然气管网有限责任公司于 2019 年初成立，该公司为贵州省省属大型国有骨干能源集团——贵州乌江能源集团有限责任公司的全资子公司。乌江能源集团目标是围绕清洁能源开发利用，开展电、气、管、网一体化投资、开发、研发、运营、服务等业务，贵州省天然气管网有限责任公司承担其中天然气管网、液化天然气工厂、储气设施、加气站项目投资等方面业务。而贵州燃气集团股份有限公司及其参股的中国石油贵州天然气管网有限公司仍然继续承担省内长输管道运营管理和建设职能。

2019 年 9 月，黑龙江省省政府与中国石油有关公司签订的框架协议，规划建设黑龙江天然气管网，提出充分利用中俄东线天然气管道、中俄远东天然气管道，通过国家干线管道、支干管线以及省内支线管网，形成“全省一张网融入全国网”的天然气网络构架，实现气源供应、管网输送和终端运营有效连接。此前，黑龙江通过市场化招投标方式成立，由北京市燃气集团有限责任公司、中燃燃气(深圳)有限公司、陕西省天然气股份有限公司、新奥(中国)燃气投资有限公司共同参股的黑龙江省天然气管网有限公司，能否独立或与中国石油有关公司合作开展省内天然气干支线运输管网的规划、建设、运营和管理工作，仍有待观察。

3. 各油气管道公司持续进行管理创新

油气管道企业不断进行管理创新，在项目管理、风险管理和区块链方面进行管理创新。

1) “融投建管”全寿命期全产业链的项目运作模式

2018 年年底，中国石油管道局首个“融投建管”项目揭阳天然气管道工程项目通过审查。融投建管作为一种新型项目运作模式，集项目的投资、建设和运营于一体，贯穿全寿命期全产业链。

2)《长输油气管道行业法律风险防控指引》专著出版

2019 年 8 月，由中国石油管道公司编写的《长输油气管道行业法律风险防控指引》专著正式出版发行，标志着中国油气管道行业首次以油气管道企业管理视角和逻辑，系统梳理在具体业务和企业管理工作中所面临的法律风险及防控指引。

专著系统地分析了长输油气管道行业所处的法律环境，从管道企业在管道建设前期规划、建设项目核准、管道建设施工、生产质量安全管理、合同管理、劳动用工等多方面多角度，全面总结概况了业务活动和企业管理工作中潜在的法律风险，在管道企业法律风险防控领域无疑具有里程碑意义。

3）舟山 LNG 接收站成为首家试运行区块链解决方案的站点

在中国燃气协会主办的“2018 中国国际燃气及热力技术与设备展览会”上，新奥能源控股有限公司与上海燃气(集团)有限公司、区块链领先企业唯链，联合发布全新的 LNG 区块链解决方案。

业界普遍认为，区块链技术将极大改善 LNG 产业链的运营模式，区块链的应用将对现有 LNG 产业链产生颠覆性的影响。区块链技术克服了传统的 LNG 产业链各个环节的涉及大量的纸质文件交换以及对账等烦琐细节的固有弊病，使得账簿管理的过程容易出现人为差错的可能性大大降低。借助区块链交易平台，交易方可以实时追踪带有电子标签的每个计量单位的天然气商品在所有交割点上的热值、贸易流向、价格等重要信息，并可以回溯此前发生过的历史交易记录。

(六）天然气交易中心创新交易模式，助力互联互通和基础设施建设

2019 年上海石油天然气交易中心开始探索储气库库容交易模式和进口 LNG 窗口一站通交易产品，助力储气库和 LNG 接收站基础设施向第三方公平开放。

1. 探索储气库产品交易模式

2019 年，上海石油天然气交易中心与港华燃气围绕储气库交易产品展开合作研究，针对港华金坛储气库的交易设计了两种产品：一是储气库调峰气产品，并于 2019 年 11 月正式上线推出，交易通过挂牌、竞价和招标这三种模式进行交易；二是储气库库容产品。一直以来中国储气库的盈利模式不清晰导致储气库建设不足，资本市场投资热情不高。未来储气库气体交易与库容交易灵活组合，不但能有效解决储气库利用效率低下问题，还能提高中国天然气储气调峰能力，是破解中国储气困局的有效举措。同时交易中心上线储气库产品也是落实国家天然气基础设施对第三方公平开放政策的具体举措。

2. 扩大进口 LNG 窗口一站通

2018 年上海石油天然气交易中心首次推出进口 LNG 窗口一站通业务，标志着中国 LNG 接收站首次实现以公开竞价方式实现向第三方公平开放。进入 2019 年以来，中国海油通过交易中心对 LNG 接收站实行更大规模的开放，在 2018 年试点产品基础上完善并优化进口 LNG 窗口一站通业务，推出一系列长期、中短期、短期创新性组合，实现“多点卸货、多点提气”，延长提气周期，最大程度满足客户要求。未来随着进口 LNG 窗口一站通产品交易更加标准化、常态化和规模化，将促进 LNG 接收站投资建设规模扩大，完善沿海接收站和相关管线布局，进一步助力天然气基础设施的公平开放、互联互通。

二、2020 年中国油气管道产业发展展望

随着国家管网公司的成立，与之相关的油气管道规划、成本和价格的监管、油气管网和储气库等相关基础的建设，以及大数据和云计算等在管道行业和交易中心的应用，都使得油气管道行业将油气管网体制改革进入了新的历史时期。

（一）油气管网运营改革将持续推进

随着国家管网公司的成立，保供责任的确定和划分、油气管网规划、天然气价格体制改革、省级管网公司改革及其与国家管网公司关系的梳理、吸收社会资本和实现股权多元化寻求上市的准备工作等千头万绪，国家管网公司运营体制改革将持续推进，国家管网公司的改革也将使得行业内的公司体制发生极大的变化，各公司也将随着国家管网公司的成立，构建全新的股权关系和管理体制。

（二）管输定价和成本监管改革将平稳过渡

目前天然气管输定价采用的是“准许成本加合理收益”原则，国家管网公司成立后，将放开产业链的上下游市场，打破原三大石油公司垄断局面，天然气的价格改革将由原来的体制改变为区域性和全国性的定价模式，而管输定价监管模式也将从原来的“准许成本加合理收益”逐步转变为采用国际通用的“两部制”，按照“使用费”和“容量费”分别计取，天然气的价格和成本监管方式将发生较大的变化，但考虑到国家管网公司刚刚成立，管输定价和成本的监管方式也将平稳过渡。

（三）油气管网规划将进一步完善

随着国家管网公司的成立，管网体制改革的进一步深化，能源、石油和天然气“十四五规划”的制定和出台，油气管网规划将进一步完善。2019—2025 年期间，中俄东线、中亚 D 线等进口输气管线，西气东输四线、川气东送二线及多条煤制气输气管道的建设将增加中国气源来源，包括来自俄罗斯和中亚的进口天然气，四川盆地常规气、页岩气，以及中、西部煤层气、煤制气等气源。国家管网公司应根据中国自有气源、进口气源的规划和下游市场分布情况，统筹规划管网布局，根据实际情况稳妥分步、分段实施，科学合理设计管道路由走向和干支线配比，同时推动干线间联络线及跨省、区、市联络线的建设，加快油气管道互联互通。

油气管道之间的互联互通是实现资源统一调配的前提，不仅要改变现有管道各自运营的局面，促进长输管道互联互通，解决历史遗留的问题，还应在对未来管网进行建设规划的同时，以双轨并行的模式，同时将管道的互联互通考虑在内，协调地方管网与国家管网的联通，提升建设的效率，以防出现油气管道重复无序建设的局面，造成资源的极大浪费，以期做到真正打通全国管网的脉络，实现油气统一调配，管网不间断，真正落实“全国一张网”的天然气供应格局，加快产业的转型升级，实现油气高效集输。

（四）天然气基础设施建设将步入快车道

2019 年以来，天然气市场消费呈超预期增长态势，中国天然气可获取资源与基础设施仍然有较大的欠缺。2020 年还应想方设法从深挖国产常规天然气资源潜力，适当提高煤制气、页岩气、煤层气产量，加大海外 LNG 资源获取与接收站建设等多方面提高天然气资源保障，同时继续加大政策支持，对天然气管网、互联互通工程、储气调峰设施、LNG 接收站等基础建设项目优化审批程序，倒排工期，加快推进。

《天然气发展“十三五”规划》要求在 2020 年天然气长输管道总长度达 10.4 万千米，干线输气能力超过 4000 亿立方米/年。为实现全国主干网全覆盖、全联通，形成坚强有力的基础设施格局，预计将新建青岛-南京、保定-石家庄-郑州、楚雄-攀枝花、鄂尔多斯-银川、赣湘线、赣闽线、闽粤线、琼粤线、渝黔桂线、青藏线等管输工程，如有必要，还将进一步规划华北沿海和东南沿海线 LNG 互联互通工程。国家重点致力于天然气管网互联互通工程建设，着力落实天然气产供储销体系建设，天然气领域正逐步实现管道气与 LNG 接收站、储气库互联，进口气与国产气互通，正逐步形成布局合理、覆盖全国、调运灵活、安全高效的天然气管网格局。

按《天然气发展“十三五”规划》要求，在 2020 年地下储气库将累计形成工作气量 148 亿立方米。各城市也在用实际行动响应国家政策要求，如重庆市计划新建 5 座大型储气库，形成西南、东北、新疆、陕西四大区域性储气库群。2020 年预计建成 LNG 项目包括：中国石油唐山 LNG 接收站三期工程（增建 4 座 16 万立方米 LNG 储罐和配套设施）；中国海油江苏滨海 LNG 项目和蒙西煤制天然气外输管道项目（天津 LNG 联络线）；浙江嘉兴（平湖）LNG 应急调峰储运站项目。此外，中国石油在广东、海南、福建等沿海地区进一步加快 LNG 接收站建设。2020 年上述项目建成投产之后，将充分利用 LNG 资源，为中国华北地区、华东地区和华南地区提供充足的天然气供应。

（五）油气管道技术向国产化、智能化和国际化趋势发展

随着国家管网公司的成立，油气管道的自主研发技术将进一步升级，基于物联网、大数据、人工智能等新技术的智能化管道建设将全面展开，天然气能量计量计价体系将与国际接轨。

油气管道自主研发技术将进一步升级。国家发展改革委颁布的《产业结构调整指导目录(2019 年本，征求意见稿)》将原油、天然气、液化天然气、成品油储运和管道输送设施，网络和液化天然气加注设施，石油储运设施，挥发油气回收技术开发与应用，以及液化天然气技术、装备开发与应用等产业作为国家鼓励产业，这将对刺激油气管道相关行业自主技术研发起到积极的促进作用。

基于物联网、大数据、人工智能等新技术的智能化管道建设将全面展开。随着国家管网公司的成立，国家管网公司将进行统筹布局，全面推进油气管道的智能化水平，油气管道的智能化将上一个新的台阶。管道的自动化软硬件更新升级，开展无人站场建设，研发远程控制技术，运用数字孪生体、大数据等。

天然气能量计量计价体系将与国际接轨。《油气管网设施公平开放监管办法》明确了要在 24 个月内建立天然气能量计量计价体系的要求。随着中国天然气储量的大规模开发以及天然气进口量的快速增长，气源不同、气质不同、结算方式不同的天然气进入长输管网混合输送为天然气计量结算带来诸多不便，随着国家管网公司的成立，天然气能量计量计价体系将落地。

（六）交易中心将在未来的管道油气交易中发挥重要作用

随着天然气市场化改革的推进，交易中心打造建设的能源大数据采集与分析资源库将为油气管道互联互通提供可靠的数据信息。上海石油天然气交易中心自主开发的国家油气管网独立运行支撑平台——油气管网信息采集、报送和公开系统即将投入运行；重庆石油天然气交易中心组建重庆能源大数据中心，独家建设运营“国家能源大数据中心”，通过整合国家政务信息工程中的全国性跨部门数据资源，以及重庆石油天然气交易中心交易结算数据和会员企业数据等资源，打造具有行业特色和竞争力的能源大数据资源库。在平台优势和政策支持下，大数据系统能为中国油气管道互联互通和国家管网公司提供高效的数据支撑。

合　作　篇

2019年，国际油气格局与国内石油石化行业格局都在发生巨大变化。世界油气供应过剩，OPEC对石油价格的主导能力正在削弱，美国、俄罗斯、沙特三足鼎立之势逐渐形成。地缘政治更趋复杂，国际油气市场不确定性继续增加。伊朗面临制裁，石油出口量仍存在不确定性，有可能导致油价波动，美国页岩油会继续增产，出口有可能增加。另外，美联储加息、美国中期选举后的财政及贸易政策对全球经济的影响都将影响油价的表现，进而影响油气行业的国际合作。

2019年，也是油气行业的三个“关键之年”：中国油气体制改革正进入关键之年，油气行业低成本高质量发展也处在关键之年，中美博弈的关键之年。随着中国国内油气体制改革与行业对外开放的推进，更加开放多元的国内油气新格局也将逐步形成。中国的海外油气权益产量当量突破1亿吨，海外油气将进入亿吨级时代。

2019年，全球能源行业进入大变革大调整时期。一方面，中国石油企业的发展仍处于重要战略机遇期，海外业务发展存在很多有利因素和条件。另一方面，全球油气地缘政治复杂多变，全球原油需求增长放缓等挑战严峻，油气行业数字化变革和转型更加紧迫，对国际业务优质高效发展提出更高要求。2020年，中国油气行业及国企各项改革将进一步落实，油气管网运营机制改革加快推进；国企、民企、外企三方在油气全产业链上竞争的新格局将逐步形成，这一系列措施也将加快中国油气国际合作的步伐。

中国油气产业国际合作分析与展望

吴爱玲[1]；张琼[2]；董聪[1]

［1. 对外经济贸易大学国际经济贸易学院；2. 东北石油大学经济管理学院］

2019 年，中国油气企业继续充分发挥比较优势与核心竞争力，注重风险管控与本土化合作，在海外的生产经营投资取得了丰硕成果，油气合作已进入优化发展的新阶段。合作对象由自主勘探开发逐渐发展为与国际大石油公司或资源国国家石油公司合作开发、联合多家国际石油公司共同开发大型项目。合作模式不断创新，主要包括贷款换石油、市场换资源、项目换项目等，至今涵盖上游、中游和下游全产业链，“资源、供应、效益、品牌”四位一体的中亚-俄罗斯、中东、非洲、亚太、美洲和欧洲 6 个油气合作区基本建成，有 30 多家中国企业参与海外 200 多个油气项目的油气投资，业务遍及全球 50 多个国家。

2019 年是中国实行改革开放政策 41 周年，中国油气国际合作也取得了长足发展，从以外商投资为主到大力发展对外投资，从单一合作到多边合作，从国有企业为主到民营企业崭露头角，从油气进出口为主的合作到全产业链全方位合作，从少数国家到全球，中国国际油气合作的数量、内容、方式、领域等发生着巨大变化。同时 2019 年是“一带一路”倡议提出的第七年，作为实施“一带一路”倡议的重要内容，中国油气国际合作在各个方面取得了积极的进展和显著的成效。来自“一带一路”沿线国家原油进口量在中国原油进口总量的比重接近 80%，不仅促进了中国油气产业国际贸易合作和产业发展，又对中国经济社会发展产生重要影响。2019 年，中国石油海外油气权益产量当量突破一亿吨，在大力提升国际化经营水平，推进世界一流国际综合性能源公司建设方面不遗余力。“独乐乐不如众乐乐”，中国油气国际合作通过设备投资、技术服务等方式，带动了合作国社会经济和当地油气产业发展，扩大了中国油气合作的世界“朋友圈”。

一、2019 年中国油气产业国际合作概况

2019 年中国油气企业国际合作继续发力，一路披荆斩棘、爬坡过坎。以“三

桶油”为代表的国有大型企业海外油气业务合作领先于其他类型企业，同时民营企业以及其他类型企业在海外市场方面有新的突破。中国石油海外油气业务战略布局方面日臻完善，在全球34个国家92个油气合作项目上多方统筹，贸易销售网络遍及80多个国家和地区，实现上中下游产业链协同高效发展。在自主勘探开发和重点工程推进方面抵御各种风险挑战，实现油气权益产量当量年均增长1000万吨；在海外工程服务业务结构方面不断优化，质量管控能力持续提升，特别是高端市场份额方面不断发力，装备制造业出口、油服业务和技术合作不断涌现，同时中国国家管网公司的成立对深化油气改革、推动油气企业发展和油气的国际合作意义重大。按照国家油气体制改革思路“管住中间，放开两头”，推动民营油气企业海外业务的拓展，助力民营企业参与油气上游勘探开发环节参与意愿和能力的提升。这些国际油气合作新特点证明了中国油气企业正在以崭新姿态推动全球油气合作新发展。从国际环境来看，受地缘政治问题、国际贸易紧张局势和美国以及世界主要产油国油气政策影响，中国油气国际合作面临着由此带来的诸多不确定性。

(一) 中国石油国际油气合作成果

1. 渤海装备研发穿越钻杆首次出口日本

2019年2月19日，渤海装备钻井装备公司旗下的渤海能克钻杆公司研发的穿越钻杆，与日本客户签订首单，打造中国穿越钻杆销售日本市场第一单，结束了中国穿越钻杆对日本出口为零的历史，实现了在穿越高端领域国际市场开发的又一突破。

2. 中国石油工程建设有限公司中标壳牌项目

2019年2月27日，中国石油工程建设有限公司在与6家国际知名公司的角逐竞争中脱颖而出，成功中标伊拉克巴士拉天然气轻烃回收处理厂(BNGL)项目，合同金额约为1.7亿美元。BNGL项目是壳牌南方天然气项目规划中的首个重点绿色油田工程，投产后的经济和社会效益可观。BNGL项目是中国石油工程建设有限公司首次进入国际知名油公司天然气高端市场，是在中东执行的第一个天然气项目，标志着该公司在国际高端市场取得重大突破。

3. 西部钻探中标哈萨克斯坦钻井大包项目

2019年3月11日，西部钻探国际工程公司凭借设备、技术优势和成熟区块钻井模式，与坚戈公司进行多轮谈判，最终中标哈萨克斯坦坚戈油田4口钻井大包项目，合同价同比上升15%。这是中国石油西部钻探国际工程公司在海外市场竞争中以品质胜出的典型范例。

4. 中国石油自产柴油乘 LR2 油轮赴欧

2019 年 5 月 5 日，“百老汇”号邮轮从辽宁锦州起航，装载着 9 万吨超低硫柴油开往意大利热那亚港。这是中国石油国际事业公司首次将自产柴油用 LR2 型油轮售往欧洲市场，实现了公司开拓国际高端市场的又一重大突破，证明了公司海外营销和交易的协同运作能力，同时将有助于打开海外市场缓解销售压力，推动实现系统内柴油出口欧洲市场的常态化。

5. 奇姆肯特炼油厂提前完成复产运行任务

2019 年 5 月 18 日，中国石油国际中亚公司奇姆肯特炼油厂项目二期现代化改造工程装置提前完成复产运行任务，有力保障了资源国成品油市场供应，展现了奇姆肯特项目作为“一带一路”明珠项目的重要价值。

6. 西部钻探再获哈萨克斯坦钻井大单

2019 年 5 月 20 日，西部钻探国际工程公司于克孜洛尔达和 TMG 公司签订 3 年期的 33 口井钻井合同，第一次实现在 TMG 公司钻井市场份额占比超过 50%。西部钻探国际工程公司高度重视专业化服务协同发展，在全力提升钻井市场份额的同时，以优质服务品牌工程为依托，持续巩固了区域最大固井承包商地位。

7. 东方物探合资公司中标里海 OBN 项目

2019 年 6 月 19 日，东方物探合资公司 Caspian Geo 与英国石油公司 BP 签署里海 OBN 项目合同。BP 里海 OBN 项目是东方物探合资公司成立以来在里海地区中标的第三个项目，里海 OBN 的签署将深化 BP 与 BGP 合资公司在里海区域的进一步合作。里海作为东方物探海洋业务市场开发的三大重点区域之一，该项目的成功签署将为东方物探实施里海战略和后续大型物探项目的市场开发起到至关重要作用。

8. 中国石油与沙特签订联合研发合同

2019 年 6 月底，中国石油工程技术研究院与沙特阿美国家石油公司签订“等井径膨胀管系统”联合研发合同，合同研发周期为三年。该合同是双方在科研合作项目领域取得的又一实质性进展，标志着工程技术研究院膨胀管技术研究成果得到国际同行认可，科研实力得到全球最大石油公司的充分肯定，对提升中国石油在国际上的影响力具有重要意义。

9. 中国石油管道公司牵头制定又一国际标准正式发布

2019 年 7 月 30 日，由中国石油管道公司牵头制定的 ISO20074：2019《石油天然气工业路上管道地质灾害风险管理》国际标准正式发布。该标准对陆上油气输送管道进行地质灾害风险管理提出了要求和建议，获得了美国、加拿大、澳大利亚等主要油气大国的认可。该标准的正式发布标志着中国石油在国际管道管理和风险防控领域的影响力和话语权得到进一步提升，管道公司的国际标准化工作进入了稳步有序发展阶段。

10. 中国石油阿曼项目签署延期合同

2019 年 8 月 7 日，中国石油阿曼项目延期合同在阿曼首都马斯喀特签署，标志着中国石油与阿曼油气合作进入新阶段，新签署的延期合同期限为 15 年。中国石油将在油田服务、风险勘探等方面与阿曼开展广泛的油气业务合作。阿曼项目作为中东乃至整个海外业务的“明星项目”，在“一带一路”的合作契机下，中国石油充分发挥一体化优势，做大中东业务，实现海外油气业务优质高效发展。

11. 亚马尔 LNG 项目取得丰硕阶段性成果

2019 年 8 月 16 日，亚马尔 LNG 公司首航装载第 273 船 LNG 的 ARC7 冰级油轮“VLADIMIER VORONIN”顺利出港，亚马尔 LNG 项目自投产以来 LNG 加工外运达到 2000 万吨，标志着中俄两国最大的油气合作项目取得丰硕的阶段性成果，充分体现了亚马尔 LNG 项目生产运营、海外销售的精细化管理和国际化运作水平，为中俄两国的合作奠定了基础。

12. 中国石油全球最大常压塔启运尼日利亚

2019 年 8 月 23 日，中国石油技术开发有限公司尼日利亚塔器项目首台常压塔从张家港启运，该塔按照美国机械工程师协会标准(ASME)制造，是目前全球最大的常压塔。常压塔的顺利发运对推动尼日利亚丹格特炼油厂建设具有重要意义。丹格特炼油厂是目前全球单线处理能力最大的炼油厂，它的投产将扭转尼日利亚长期严重依赖进口燃料的局面，支撑整个尼日利亚乃至整个非洲的下游炼化市场。

13. 渤海钻探公司中标阿塞拜疆 KK 油田项目

2019 年 8 月 29 日，渤海钻探第一录井公司中标阿塞拜疆 KK 油田复杂断块油田开发调整研究项目。渤海钻探公司凭借多年来在复杂断块油藏的特色技术研究经验和海外市场技术支撑性服务领域深耕细作，将需求方的建设需求和解决油田开发的实际问题放在首位，顺利完成竞标目标，与阿方继续合作，同时为该公司提高技术和服务品质、增加海外服务经验提供了海外平台。

14. 川庆钻探首次中标巴基斯坦钻井液服务合同

2019 年 9 月，川庆钻探国际工程公司巴基斯坦分公司首次中标钻井液服务合同，结束了西方油服在巴基斯坦技术市场领域垄断的历史。川庆钻探紧抓国际油气勘探投资增加的商机，利用技术优势，屡次在国际市场中斩获油服合同，展示了海外需求方对川庆钻探公司技术实力和本土化政策的高度认可。

15. 兰州石化拓展中亚 FCC 催化剂市场

2019 年 9 月 11 日，兰州石化 440 吨 FCC 催化裂化催化剂抵达哈萨克斯坦口岸，准备投入到炼油生产中。兰州石化凭借过硬的技术和服务，在催化裂化领域达到行业领先，产品性能达到国际先进催化剂的标准，兰州石化借助“一带一路”，打开了中亚市场。

16. 中俄签订全球最大乙烯一体化项目总承包合同

2019 年 10 月 11 日，中俄在成都签署俄罗斯波罗的海化工综合体项目总承包合同，合同金额约 120 亿欧元。该项目是全球最大的乙烯一体化项目，是目前全球石化领域合同额最大项目，同时也是中国企业“走出去”签订合同额最大项目。该项目合同的签订对提高俄罗斯列宁格勒地区天然气化工加工深度，探索新型经济模式，促进地区就业具有重大意义。

17. 中国石油汽油首次直接出口印度

2019 年 10 月 17 日，永盛号油轮装载中国石油国际事业有限公司出口的 92 号汽油从广西起航，直航运至印度东海岸供应印度斯坦石油公司。作为中国石油成品油首次直接出口印度，标志着中国石油在拓展印度成品油市场方面取得新的突破，为拓展成品油出口渠道，持续加强中印油气贸易合作作出了积极贡献。

18. 渤海二钻中标印尼市场新项目

2019 年 10 月 22 日，渤海钻探第二固井公司成功中标印度尼西亚 SRMD 公司两口井技术服务合同。该公司在开发印尼市场上，及时跟进市场形势变化，制定符合市场的开发策略，最终在与西方知名技术服务公司的竞争中取得胜利，成功中标。本次合同金额较上年中标 SRMD 公司的合同金额上涨较多，增幅达 50%。

19. 东方物探 2273 护航玻利维亚生态

2019 年 10 月 29 日，东方物探辽河物探处 2273 队在玻利维亚 RIOBENI 二期项目施工中高度重视作业区域的生态环境安全，从粉尘颗粒、尾气排放、防止油品泄漏、水源安全等方面做到认真筹划、采取切实可行措施，切实保障了项目区内的生态环境质量，展现了中国石油企业的形象，受到玻方高度评价。

20. 中国石油与多家境外供应商签署采购合同

2019 年 11 月 6 日，中国石油在进博会期间分别与意大利 SNAM 燃气公司、斯伦贝谢公司签署战略合作协议，与哈萨克斯坦天然气运输、沙特阿美、科威特石油、ABB、斯伦贝谢、卡特彼勒、霍尼韦尔、陶氏化学等20家境外供应商签署了21份采购合同，体现了中国石油国际化经营规模实力在全球同类国家石油公司中位居前列的地位。

(二) 中国石化国际油气合作成果

1. 中国石化中标科威特阿祖尔炼厂土建工程

2019年2月3日，中国石化十建公司中标科威特阿祖尔炼厂K031土建零星地坪工程，与福禄公司进行再次合作。

2. 中国石化中标沙特朱拜勒空分装置安装工程

2019年2月14日，中国石化四建公司获沙特朱拜勒空分装置安装工程中标通知书，标志着四建公司作为施工总承包商承揽分控装置从土建到安装的全部施工任务。本次顺利中标对四建公司持续开拓沙特乃至中东市场均具有重要意义。

3. 中国石化油服中标沙特钻机十年合同

2019年3月21日，中国石化油服下属的国际石油工程公司与沙特阿美石油公司签订4台钻机合同，合同额约为3.4亿美元，其中一台钻机合同期长达10年，创造了沙特阿美公司陆上钻井合同延期最长纪录，表明沙特阿美石油公司对石化油服的充分肯定。本次中标是中国石化石油工程首次进入阿美气井钻井市场，也为未来发展沙特高端业务市场打下坚实基础。

4. 中国石化国际合作公司成功拓展巴基斯坦市场

2019年3月13日，江汉石油工程国际合作公司巴基斯坦项目部Sinopec077钻井队承钻的PANDHI-1井通过巴基斯坦OGDCL公司的开钻前验收及功能测试，并正式开钻，标志着中国石化石油工程服务队结束了13年来在巴基斯坦钻井市场仅拥有1部钻井的历史，实现了江汉石油工程自2006年进入巴基斯坦市场以来首次实现市场规模的扩张。

5. 中国石化十建公司中标阿曼炼油厂建安工程

2019年3月20日，中国石化十建公司中标英国Petrofac公司阿曼杜库姆炼油厂第二包公用工程项目。阿曼项目的中标，是十建公司与国际知名工程公司战略合作的又一重大成果，是该公司境外项目市场开发布局的重要一环，对于第一次进入阿曼炼化工程建设市场的十建公司来说具有里程碑式意义。

6. 江汉石油中标YPFB Chaco公司钻井项目

2019年6月5日，江汉石油工程国际合作公司玻利维亚项目部正式收到YPFB Chaco公司发来的授标函，将该国南部Subandin区块、Aguarague油区和Los Monos油区两口井的钻井施工合同授标于玻利维亚项目部Sinopec164机组，预计工作量为 18 个月。

7. 华北工程挺进哈萨克斯坦穆乃雷油田

2019 年 6 月 27 日，华北工程井下作业分公司顺利完成哈萨克斯坦穆乃雷油田 MK-1 井施工，这是该公司首次挺进哈方穆乃雷油田新市场。该块区开采时间久远，但储层薄且多，水侵现象严重，经过多次谈判，成功取得固井合同并顺利完成两口井的固井作业。

8. 华北工程固井中标哈萨克斯坦 50 口盐上浅井

2019 年 9 月 17 日，华北工程公司哈萨克斯坦项目部分别与巴迪士钻井公司、亚洲钻井公司签订了 20 口盐上浅井固井合同，获得 50 口固井工作量，区块占比达到 62.5%，打破了 2018 年以前与中国石油东方固井公司区块占比 50%的局面。

9. 胜利建工中标法赫德通道挂板工程

2019 年 10 月 21 日，胜利建工公司沙特项目部中标沙特阿卜杜拉国王路与法赫德路立交工程挂板(GRC)项目。这是胜利建工公司继中标法赫德通道完善项目后，在沙特承揽的第二项工程。本次工程工期为 300 天，实现该公司在沙特市场任务量的良性接续。

（三）中国海油国际油气合作成果

1. 中国海油莫桑比克长期 LNG 购销协议签订

2019 年 2 月 1 日，中国海油气电集团与莫桑比克 1 区块 LNG 项目签署长期 LNG 资源购销协议，合同量达 150 万吨/年，为期 13 年。气电集团是目前国内最大、世界第三大的 LNG 进口商，已建成投产 10 座 LNG 接收站。

2. 近海油气研讨会推动中挪油气合作

2019 年 5 月 21—22 日，中国海油与挪威国家能源商会联合举办第五届中挪近海石油天然气研讨会，围绕数字化技术的应用价值展开讨论。此次研讨会展示了数字化技术在促进油气生产、提升质量效益、优化操作流程和降低操作费用等方面取得的新成果和新进展，推动了数字化在中挪油气合作领域发展。

3. 中国海油与阿布扎比签署战略框架协议

2019 年 7 月 22 日，中国海油与阿布扎比国家石油公司在北京正式交换战略框架协议，双方将合作探索在上游勘探开发、炼化产业及 LNG 等领域的合作机遇。双方还考虑将共同探索潜在的 LNG 销售和采购机会，分析 LNG 市场的行业经验和专业技术，评估 LNG 价值链中潜在的合作关系和联合投资机会。中国海油与阿国战略框架协议的签署，有助于两国从战略高度进行油气全产业链式合作，增加中国海油在国际合作中的企业竞争力和话语权。

4. 中国海油挪威水下建造工作开启

2019年8月19日，中国海油工程股份有限公司特种设备分公司与挪威阿克石油集团(AKSO)达成协议，全面启动陵水17-2项目的水下中心管汇建造工作。水下中心管汇是深水生产系统中建造难度极高的设备。中国海油工程特种设备分公司负责单元正式开启，并紧张有序地开展相关工作。挪威水下项目的签订对于提升中国海油工程技术水平和开展欧洲市场的工程服务业务具有重要意义。

5. 中国海油正式接收沙特阿美公司资质批准函

2019年9月2日，中国海油正式收到沙特阿美石油公司的资质批准函，青岛场地成为中国首家入网的沙特阿美海上长期合格平台建造场地。这是继2018年中国海油成功与沙特阿美签订长期协议后，在沙特市场业务开发方面取得的又一次突破。此次中国海油青岛场地的成功入围既提高了公司品牌形象和行业影响力，也为进入中东市场提供了强有力的支持，对于推进"一带一路"的双赢合作具有重要意义。

6. 中海油服首次进入科威特市场

2019年10月24日，中海油服中东公司与哈里伯顿全资子公司(HAL)正式签署关于Oriental Phoenix及Oriental Dragon1钻井平台的服务合同。本次合同的签订标志着中海油服钻井平台业务首次进入科威特市场，为中海油服打开科威特和中东市场，提高油服业务业内知名度打开了良好局面。

7. 中国海油中标伊拉克破乳剂项目

2019年10月26日，中国海油能源发展股份有限公司工程技术分公司中标伊拉克米桑油田5000立方米破乳剂项目。该项目为伊拉克米桑油田历史上数量及金额最大的一个单一化学品招标项目。此次中标是中国海油发展工程技术公司精心组织，并从成本控制、技术服务等方面做优做精的结果，从而获得米桑油田一致认可，最终夺得了订单，拓展了中国海油破乳剂业务海外市场。

8. 中国海油进博会拓展国际合作新领域

2019年11月7日，首届中国国际进口博览会期间，中国海油与西门子、ABB等多家国外供应商完成进口协议签约，总金额达100亿美元。这对推动中国海洋石油工业的持续创新理念，探索更加灵活多样的商务合作模式，进一步推动对外合作和高质量发展具有重大意义。

9. 中国海油与中国石油联手中标巴西深海盐下石油项目

2019年11月11日，中国海油与中国石油联手中标布兹奥斯(Buzios)大型在产项目和阿拉姆(Aram)区块项目。布兹奥斯项目中标联合体中，中国石油和中国海油各占5%，阿拉姆项目中标联合体中，中国石油和中国海油各占5%。此次中标对扩大中国海油与国际石油公司合作、加快建设拉美地区深海油气合作具有重要意义。

（四）其他国际油气合作成果

1. 恒力集团进博会签约高额订单项目

2019年11月5日，在第二届中国国际进口博览会上，恒力集团深化国际经贸合作，与来自多个国家和地区等知名企业签署合作协议，总签约金额达125亿美元，其中仅恒力石化（大连）炼化有限公司与沙特阿美公司签订的原油供应协议一单，签约金额高达57亿美元。进博会高额国际订单的签订推动恒力集团全产业链的国际贸易与合作，有助于提高中国民营油气企业国际知名度和竞争力。

2. 广汇公司与道达尔公司签订购销协议

2019年4月3日，广汇国际天然气贸易有限公司与道达尔气电亚洲私人有限公司签订《LNG购销协议》，每年协议购销LNG数量达70万吨，供货周期为10年。道达尔公司是全球第二大LNG运营商，有着雄厚的LNG资源储备实力。双方开展合作后，能够有效地控制国贸公司LNG上游采购成本，提升公司LNG国际贸易业务发展的稳定性，可进一步实现LNG终端市场及城市应急调峰、工业用户采购等下游销售渠道保持稳定供应，对公司经营业绩与社会效益将产生积极的影响。

3. 新奥集团与澳大利亚签订LNG长期购销框架协议

2019年4月4日，新奥集团与澳大利亚最大天然气生产商澳德赛能源（Woodside Energy）签署LNG长期购销框架协议。根据框架协议，澳德赛能源从2025年开始将每年向新奥供应100万吨LNG，期限10年。该购销框架协议的签订有助于新奥公司拓展海外LNG上游气源，对于未来参与投资海外天然气区块权益具有重要推动作用，有利于提升民营企业在天然气上、中游国际业务的能力。

4. 中国最大连续油管设备进驻北美市场

2019年3月7日，由杰瑞公司自主研制的中国最大连续油管设备正式发往北美地区，该设备是目前中国连续油管设备中长度最长、管径最大的设备，将为北美油气资源高效、安全开发提供助力。面对北美市场一直在全球油气开发市场占据技术领先优势的压力，杰瑞公司制定创新定制化产品，在拓展北美市场上迈出了重要一步，助推民营企业在国际油气行业领域发挥重要作用。

二、2019 年中国油气产业国际合作分析

2019 年全球经济下行风险突出、中美贸易争端的长期复杂性、美国原油增产前景和石油市场供给过剩的预期给国际油价带来较大压力。从国际油气市场来看，世界石油市场供应和需求在 2019 年达到了“脆弱的”平衡。油气市场的不确定性对全球油气主要产油国如何制订油气政策路径及油气减产政策具有较大的考验。从各国来看，由于页岩革命的成功，美国在 2018 年成为新晋油气生产和供给大国，自此日益引领全球石油供应的增长，而非 OPEC 产油国的石油产量出现显著增长，巴西、加拿大、复苏中的挪威和圭亚那的产量非常可观。对需求增长最快的亚洲买家特别是中国来说，由于美国出口的增加增强了全球石油的安全性，供应来源有了更多选择，增强了消费者操作性空间和交易的灵活性，降低了对传统长期供应合同的依赖。油气的需求基础依赖于全球经济情况。IMF 对短期经济前景预测进行了下调，表现在多国经济指标弱化，大国之间持续贸易争端和无序的英国脱欧可能导致国际贸易和油气需求速度放缓。发展中经济体的石油需求继续增加，虽然中国经济增速有所放缓，但仍然保持稳健增长，油气消费重心随着国民收入水平的提高而发生了转移，具体表现是从工业部门转向消费需求。

全球油气产业结构的深度调整，国内外经济环境的剧烈变动，为中国油气产业发展和国际合作带来了机遇和挑战，在油气合作方式多元化、合作领域多样化等方面提出了更高要求，油气产业国际合作更加注重科技创新和技术合作。

（一）中国油气产业国际合作出现的机遇

1.“一带一路”倡议助力油气企业参与全球能源治理

当前，“一带一路”建设进入深耕细作的新阶段，为中国油气企业、能源企业注入了新的活力与动力，同时，能源国际合作作为“一带一路”建设的重要领域特别是发展中国家的能源合作在当前的重要性尤为突出。当前的全球能源生产和消费格局正在发生积极的、深刻的变化，中国油气企业在发展海外业务、扩展境外市场的过程中，借助“一带一路”倡议，扎实推进油气国际合作，坚持“质量第一，效益优先”的原则推动项目合作共赢，并主动、深入地参与到国际能源治理体系中来，通过担任成员国、对话国等方式，与国际组织如国际能源署（IEA）、石油输出国组织（OPEC）、国际能源论坛（IEF）加强沟通并发挥影响力，获得在 G20、APEC 等关键能源问题讨论时充分发表中方意见的机遇，推动油气国际合作朝着更大视野和更积极参与态度、更强的全球能源治理能力方向进发，

不断促进国际能源治理的提升，为能源企业国际合作不断创造优良环境，为中国油气企业更好地参与全球能源治理创造了机遇。

2. 勘探开发和油服高端业务领域大有可为

中国油气企业海外勘探开发合作规模不断扩大。目前，中国油气企业国际勘探开发业务已囊括中亚-俄罗斯、中东、非洲、美洲、亚太五个大区，在全球50多个国家和地区经营管理运作达200多个油气项目，在全球重点资源国和油气富集地区均可见中国油气企业的身影，特别是在老油区焕发活力、开发难点新地区、技术瓶颈突破等重难点领域，中国油气企业不断攻坚克难，凭借过硬项目质量、丰富管理经验和先进技术手段支撑，为海外勘探开发业务领域赢得口碑和声誉。

在油服领域，中国油气企业为全球上百个国家提供工程建设、技术和装备制造服务。目前，中国石油、中国石化已成为沙特、科威特和厄瓜多尔国家石油公司最大陆上钻井承包商，阿尔及利亚石油公司最大的国际地球物理承包商；中国海油油服公司的一体化整装总承包作业服务已拓展至亚太、中东、美欧非、远东等地区。同时在油服领域，中国油气企业与高端国际油气公司合作、在高端业务领域大力挺进已成常态，赢得高端市场对提升油气企业国际合作水平和能力，提升企业的国际竞争力是重要一环。在装备制造领域，中国石油企业开展了大量国际合作，为石油装备制造出口打下坚实基础。开展该领域合作的石油企业不仅包括中国石油、中国石化等国企，同时也包括杰瑞、科瑞等优秀民营企业，在装备制造领域蕴含着合作模式由单一化到一体化合作的转变机遇，迎来延伸和提升价值链、培育新的增长点方面机遇。

3. 全球天然气需求持续增长迎来投资高峰机遇

随着发展中国家经济社会发展，电力和工业需求持续走旺，同时又面临环保压力，天然气作为一种清洁高效能源，自然而然成为众所青睐的能源，导致全球天然气需求持续增长。中国2019年LNG进口量达到6067万吨，成为拉动需求的主要力量。以美国和俄罗斯为代表的LNG液化能力的快速增长蕴含了全球LNG项目新一轮高峰投资机遇，中国油气企业需要抓住机遇，及时掌握市场信息，统筹谋划新一轮LNG项目。

4. LNG定价方式的多样化利于拓宽天然气国际合作范围

2019年，全球LNG贸易量为3.61亿吨(4910亿立方米)，增速由上年的9.6%升至12.2%，目前参与LNG贸易的进口和出口国分别达42个和20个，参与天然气贸易的进出口国家数量增加，LNG在各地区间的广泛流动推动全球化市场的形成，推动LNG合同由追求短期为主向短期、中期和长期的平衡转变，促进LNG

定价方式的多元化，对拓宽中国天然气进口来源和LNG供应安全和灵活性产生重要意义。

(二) 中国油气产业国际合作面对的挑战

中国油气产业国际合作在取得较快的发展速度和较明显的成绩的同时，受国际地缘政治等因素影响，也面临着众多挑战和风险。

1. 国际合作面临叠加风险和挑战

油气国际合作中，合作国家分布广泛，经济社会情况各异，合作风险存在国别差异，主要表现为：一些国家对华政策摇摆不定、大国博弈等政治因素带来政治安全风险；部分国家主权信用状况不良，存在金融体系建设薄弱、资金链容易断裂、债务情况堪忧等经济问题，还面临项目风险与成本控制问题，中国油气企业在国际合作中遭受更多来自“资金流”和财务核算方面的拖累；意外事件和不可控力、恐怖袭击对海外油气企业特别是正在处于勘探开发作业中的项目带来直接现实威胁，自然灾害和治安事件多发地区波及项目地人员、机构和项目安全，部分国家的能源资源政策、财税政策不稳定，造成合同难以履行和兑现，发展成突发事件；油气合作项目受到越来越多资源环境当地风俗等诸多敏感问题影响，当地民众诉求增加、不满情绪积累、民族主义情绪逐渐涌出，合作项目容易遭到一些媒体不公正报道和炒作，形成多方面的社会风险；部分国家政局不稳定性导致法律的不稳定性，部分国家安全审查制度会随着执政者的变更而修改，成为海外业务面临的主要法律风险之一。

2. 油气国际合作面临油气对外依存度增长过快压力

2019年，中国石油对外依存度突破70%，天然气对外依存度达43%。油气对外依存度快速增长与中国经济社会发展、国民生活水平提高而造成的用能需求随之增加息息相关，使中国油气进口面临着更大压力。在油气进口方面，需要对进口渠道多元化、油气运输安全保障、出口方合同执行力等方面重点关注，并考虑如何在石油贸易合作中更多地反映中国市场，以确保供需双方的互利共赢和可持续发展。

3. 美国因素影响油气贸易合作的稳定性

一方面，美国凭借页岩油气革命，油气产量获得了快速增长，出口数量和范围增大，同时，亚太地区成为美国原油出口的最大目标地区；另一方面，石油产量的快速增加降低了美国石油对外依存度，其对全球油气市场控制手段和能力增强。中国作为美国油气出口的重要目标国，美国因素对中国油气对外贸易产生重要影响，特朗普政府执行的“美国优先”政策和开启的多国贸易争端，导致了更复杂的国际关系，影响了国际油气市场贸易合作的稳定性。2019 年初，美国与委内瑞拉断交成为 2019 年石油领域第一个“黑天鹅”事件，对国际原油市场造成较大冲击，促使美国与 OPEC 之间关系趋于复杂化，特别是中美贸易摩擦对中国油气贸易的稳定性存在一定挑战。

4. 油气国际合作遭受金融竞争力不足的制约

金融机构的竞争力在跨国经营、重大项目上的重要性不言而喻。国外的重大能源国际合作项目都需要时期长、金额大、成本低的融资，但中国融资银行在外汇资金来源方面普遍表现为融资成本竞争力低、稳定性差，外汇资金来源和境外发债募股受限，较高的资金融资成本导致中国油气企业在经营海外油气项目的竞争力受到金融竞争力不足的制约。提高中国油气企业海外投资能力和金融机构竞争力对推进中国油气企业国际合作意义重大。

5. 油气企业国际竞争力水平面临挑战

中国油气企业需要增强与国际大型油气公司在全球油气产业上的国际竞争力。主要从国际业务高质量发展、高端技术领域竞争力、经营管理水平三方面考虑。中国油气企业在深水、LNG 等新兴领域、重点领域欠缺对应的核心技术和管理经验。与国际大型油气公司相比，中国油气企业在资本和商业运行方面稍逊，高端人才不足对油气合作和国际业务高质量发展形成一定制约。

三、2020 年中国油气产业国际合作展望

2019 年，中国的油气国际合作虽受到了个别区域政治经济动荡的影响，但是由于“一带一路”倡议的顺利实施和推进，又为我国开启了新的合作局面，也带来了新的机遇和挑战。2020 年，油气国际合作还将出现新变化和新特征，我国将克服困难和阻碍，继续稳步推进新一轮的国际合作。

（一）国际能源合作格局出现了新的变化

随着国际形势的风云变换，国际能源合作格局也产生了一系列的新变化，将会对油气的国际合作产生较大的影响。主要体现在以下几个方面：

（1）能源生产中心加速“西移”，能源消费中心持续“东扩”。随着美国页岩油气革命成功、加拿大油砂大量开采以及委内瑞拉石油储量跃居世界第一，中东地区油气供应一家独大的传统格局将被打破，全球能源供应中心“西移”，开始呈现出 OPEC、俄罗斯-中亚、北美等多级供应新格局。在消费侧，全球能源需求将进入低速增长时期，主要发达国家能源消费总量趋于稳定甚至下降，新兴经济体能源需求将持续增长。

(2)随着国际能源格局的变化，传统能源生产和消费国的利益正在分化调整，以新兴经济体为主的能源消费国，开始在国际合作中赢得更多主动权，以往由发达经济体主导的全球能源治理平台各自为战、缺乏协调，将难以平衡新旧能源生产国和消费国的利益诉求。如OPEC仅代表生产方利益，IEA主要为经合组织国家代言，唯一包含油气生产国和消费国在内的能源宪章条约(ECT)明显倾向于主要发达经济体，俄罗斯、中亚地区被排除在外。

在此背景下，世界亟需新的共同安全体系和治理机制，以将主要能源生产国、消费国和过境国凝聚在一起，就能源政策、市场建设、定价机制、运输通道安全等重大问题，形成富有约束力的新机制。

(二)油气合作将呈现出新的时代特征

随着供需格局及全球能源合作理念的变化，国际油气合作也将呈现出一些新的特征：

(1)维护共同安全成为能源合作的新理念。随着经济全球化的发展，能源资源已经实现全球配置，全球能源供需互利共赢的需求增加，利益博弈也在加剧，越来越多的国家正在通过双边或多边合作机制协调争端。能源合作的理念，正从保障个体安全，逐渐走向共同安全。

(2)随着化石能源大量使用所带来的环境、生态等一系列问题，主动破解困局、加快能源转型发展正在成为各国的自觉行动。世界能源绿色低碳发展是大势所趋，主要经济体正在纷纷制订新能源发展规划，抢占新能源技术制高点，扩大市场份额。在传统油气能源合作的基础上，新能源合作必将成为未来国际能源合作的重要内容。

(三)国际大国利益关系格局变化将加大国际油气合作风险

由于中美经贸高级别磋商取得阶段性成果、美联储10月降息预期升温，在此期间，伊朗油轮遇袭事件若进一步发酵，可能导致伊朗与美国、沙特冲突升级，促使石油市场供需基本面加速改善。伊朗油轮袭击事件使本就剑拔弩张的中东地缘政治局势变得更加微妙，自从2019年4月22日美国宣布取消对伊朗核制裁的豁免条款以后，美伊两大阵营的关系降至冰点，地缘政治紧张局势逐渐蔓延至整个海湾地区。5月12日和6月13日，阿曼湾和霍尔木兹海峡先后有6艘油轮遇袭，鉴于船只分属沙特、挪威、阿联酋和日本等不同国家，这一系列“无差别袭击”让海湾地区的安全形势急剧恶化。在此之后，美国、沙特、伊朗三国及其盟友之间冲突不断，中东原油供应进入高危状态。

中东地区是我国原油进口的最大来源地，我国2019年的原油进口总量中占比约达 48.46%，作为全球首屈一指的地缘政治“火药桶”，该地区不稳定的局势有可能影响世界原油供应稳定。2019 年的两个重大变化将使中东的供应风险攀升至新高度：一方面，美国对伊朗的核制裁迟迟没有松动迹象，反而不断引发新的争端；另一方面，同时承担区域原油“压舱石”和“节拍器”两人角色的沙特，在遭遇石油设施袭击后，短期内也很难再被全球原油买家视为万无一失的供应者。从装置结构和原油加工经济性的角度考虑，进口国的炼化产业对中东原油品种仍有较强的依赖，对于可能出现的大规模供应中断风险，有必要提前制定妥善的应急预案。

除了潜在的供应风险，伊朗油轮遇袭事件还让油轮运费直线飙升，实质性地抬高了中东乃至全球的原油现货采购成本。许多承租人和船舶经纪商为了规避制裁风险，被迫寻求其他船运公司服务，已造成全球油轮运力紧张、运费暴涨，而中东局势的动荡，则无疑使得油运市场雪上加霜。因此，预计 2020 年油气运费仍会出现较大波动，建议进口国的炼化企业根据自身情况，通过释放部分商业储备、适当调整生产计划等手段，合理优化采购成本、降低经营风险。

（四）中东地区将成为我国首个年产原油超过 1 亿吨的海外油气合作区

在世界能源版图上，中东地区占据极其重要的位置。这里是世界最大的油气输出中心，而中国是全球第一大石油进口国，两者互补性强，合作空间广阔。2019 年，全年完成原油作业产量 1.4 亿吨、权益产量 5241 万吨。中国石油依靠坚持油气开发一体化、管理创新综合化、战略合作国际化，在中东地区已经形成横跨五大资源国，运作经营 15 个油气投资项目的合作格局。每一个能源合作项目，都已经站稳脚跟并取得了骄人的成果。2020 年，中国石油在海外油气合作方面还将继续创出佳绩，也将引发全球业界的关注，国际合作空间将进一步扩大。

（五）亚洲市场将成为产油国合作竞争的焦点

亚洲石油需求仍将较快增长，中国作为世界石油需求增长的重要力量，在全球需求格局中的地位将越来越重要。在世界供应总体宽松、美国对外依存度下降以及原油出口的形势下，越来越多的产油国不得不把目光转向亚洲，从而加速世界石油贸易重心东移。为了争夺市场份额，传统产油国之间、非欧佩克国家与欧佩克国家之间的合作竞争将进一步加剧。这对于亚洲国家来说既是机遇也是挑战，所以应该做好全方位的准备，利用好这个时机带动油气产业的长足发展。

（六）国际油气竞合格局由资源主导向“管理、技术、资本”主导转变

主导者的时代变迁是世界石油工业史的重要注脚。当油气供需持续宽松成为常态，股东价值最大化、可采储量最大化和降低作业成本为基础的传统商业模式不再适用于当前油气市场发展的形势下，国际油气竞合格局正在从过去的资源主导向“管理、技术、资本”三驾马车主导转变。

从国际市场看，本轮低油价期间，国际石油公司通过技术创新和管理优化，使单桶原油平均完全成本持续降低，在美国页岩气革命助推美国实现能源独立的深刻启示下，以数字技术和智能技术为标志的“两化融合技术”创新将对油气行业产生根本性的改变。根据BP统计，单纯依靠科技进步，到2050年，油气生产成本的下降幅度平均将达30%左右。《2018国内外石油科技发展与展望》则大胆预测，到2025年，油气工业将进入“智能油气”新时代，油气行业生产的效率、精度和质量将大大提高，人工成本显著降低。技术是保障，合作是主流。随着降低生产运营成本的需要和常规资源开发难度越来越大，勘探开发重点不断向深海和非常规领域转移，在资本回报周期越来越长、地缘政治等外部环境越来越复杂的情况下，联合投标、发挥各方优势合作模式被越来越多采用，越来越多历史性合作正在产生。因为很多国家都意识到：变化是油气行业的根本特点，合作是新的能源时代的基本特征，只有加强合作才能驶向更加美好的明天。

(七)国际石油公司的低成本合作与发展成大势所趋

自2014年以来，油价的大幅下跌使石油公司对成本的关注日益增加，促使上游作业者及其承包商重新调整其经营项目，寻求更好的控制成本方式，以降低项目的收支平衡点。

直到2019年末，通过控投资压成本、调整资产结构、优化生产运行等措施，国际石油公司变短期被动应对为长期综合施策，努力寻找转型升级、实现可持续发展的新机遇，大部分油气公司的发展战略出现了投资由降向增、业务结构从强化下游向强化上游、资本运作由出售为主向收购为主等方面转变。不论如何变化可以肯定的是，“控规模、保效益、压投资、削成本”将成为2020年及未来较长时期国际石油公司竞争和合作的共同战略主线。为严控成本费用随油价回升反弹，国际石油公司在继续实施降本增效策略的同时，将有限的投资集中到盈利能力强或长远发展前景优的项目上来，持续优化资产结构。在勘探理念和模式上由高风险、低勘探程度地区转向低风险、高成熟盆地。

此外，在已投产项目中，国际石油公司将油气生产聚焦资源“甜点”，并通过在基础配套设施完备的项目周围进行“扩边”作业等，实现低成本下的效益开发。优化资产组合是国际石油公司不断提高资产质量、增强国际合作竞争力的重要手段。本轮低油价期间，尽管国际石油公司实施并购的规模、地域及资产类型等各不相同，但都是围绕各自发展战略，将并购目标聚焦在资源潜力大、开发成本低且生命周期长的油气合作项目上，不断扩大优质油气资产规模。

（八）中国油气行业基本实现市场化将推动与周边国家的合作升级

“十三五”期间，油气行业有望基本实现市场化，定价权将下放给企业，价格水平由市场决定，油气交易中心加速推出。中国油气市场将成为全球市场的重要组成部分，并与世界市场紧密联动。国家将逐步放开原油和成品油进出口权。原油进口权放开后，地方炼厂有望突破原料瓶颈，实力规模将明显增强，在资源整体过剩的大环境下，成品油市场竞争将更加激烈，销售环节经营压力显著增大。此外，随着混合所有制经济加速发展，社会资本积极参与油气行业，市场竞争主体将更加多元化。在环境压力的倒逼下，企业将面临更大的结构调整压力和油品升级成本。

值得注意的是，国家发展改革委、商务部发布了《自由贸易试验区外商投资准入特别管理措施（负面清单）（2019 年版）》，取消了自贸区内外商投资石油天然气勘探开发限于与中方企业合资、合作的限制，真正对外资放开了石油天然气的勘探和开发权利，这也是中国首次对外资全面开放油气产业上游领域。中国是近几年以来全世界天然气消费增速最明显的国家之一，外商很清楚未来中国天然气市场的发展前景，此次限制的解除对于外商具有很大的吸引力，因此 2020 年势必会推动中国与周边甚至更多发达国家的油气合作深度与广度。

中国对外油气贸易分析与展望

曾叶丽；赵丛雨
[中国石油大学(北京)经济管理学院]

2019年，中国全年进口原油50589万吨，出口原油81万吨，原油净进口50508万吨，进口依存度为72.6%；2019年进口成品油3056万吨，出口成品油6685万吨；进口天然气1348亿立方米，其中管道天然气3631万吨、LNG 6067万吨，进口依存度为43%。受经济下行压力影响，石油需求增长放缓。2019年国际石油市场供需多方博弈，上半年油价整体振荡上扬，下半年油价先抑后扬。受经济形势影响，国内石油需求增速加快，原油进口保持增长，对外依存度不断攀升；成品油出口呈上升趋势，开发潜在新市场需求迫切；天然气进口增速放缓，进口依存度有所下降。

一、2019年中国原油贸易分析与2020年展望

2019年，中国原油贸易总体运行情况良好，原油进口成本震荡上升，进口依赖程度加深，进口种类有所波动，进口主要来源地调整较小，非国营贸易进口允许量充足。预计2020年贸易储运基地将进一步升级，原油对外依存度将会继续攀升，贸易储运能力进一步增加，进口成本波动，另外，新冠肺炎疫情对国际原油市场有一定影响。

(一) 总体运行情况概述

2019年，中国原油进出口50670万吨，其中原油进口50589万吨，同比增加9.5%；原油出口81万吨，同比减少69.2%。2019年，中国原油进出口总值2391亿美元，其中原油进口总值2387亿美元，同比下降了0.2%；出口3.6178亿美元，同比下降71.5%。原油进口平均价格为471.95美元/吨，同比下跌了5.3%(见表3)。

图10显示了2017—2019年中国原油月度产量。从图中可以看出，2017—2019年原油产量基本持平，年初和年末呈现下降趋势。2019年，中国原油总产

量为 19101.4 万吨，同比上升 27.4%。

表 3　2017—2019 年中国原油进口情况

时间	进口量/万吨	同比增长/%	进口额/亿美元	同比增长/%	平均进口单价/（美元/吨）	同比增减/%
2017 年 1 季度	10476.8	9.67	408.2	80.53	389.5	55.74
2017 年 2 季度	10770.0	12.85	403.0	44.22	374.2	27.58
2017 年 3 季度	10573.0	9.02	372.3	16.94	351.8	7.06
2017 年 4 季度	10176.8	9.26	424.0	15.91	415.9	23.38
合计	41996.6	10.20	1607.5	39.40	382.8	26.50
2018 年 1 季度	11207.6	6.98	528.5	29.50	471.6	21.18
2018 年 2 季度	11285.4	4.78	572.6	42.11	507.5	35.62
2018 年 3 季度	11161.2	5.60	598.0	43.94	480.1	36.50
2018 年 4 季度	12745.3	25.20	684.0	61.30	536.7	29.05
合计	46190.1	10.10	2402.1	46.70	520.0	35.84
2019 年 1 季度	12116.86	8.1	544.77	3.1	449.59	4.7
2019 年 2 季度	12353.81	9.5	627.31	9.6	507.79	0.1
2019 年 3 季度	12445.01	13.0	579.43	3.1	465.59	3.0
2019 年 4 季度	13673.36	7.7	635.55	7.1	464.81	13.4
合计	50589.04	9.5	2387.07	0.6	471.95	5.3

数据来源：中国石油和化学工业联合会。

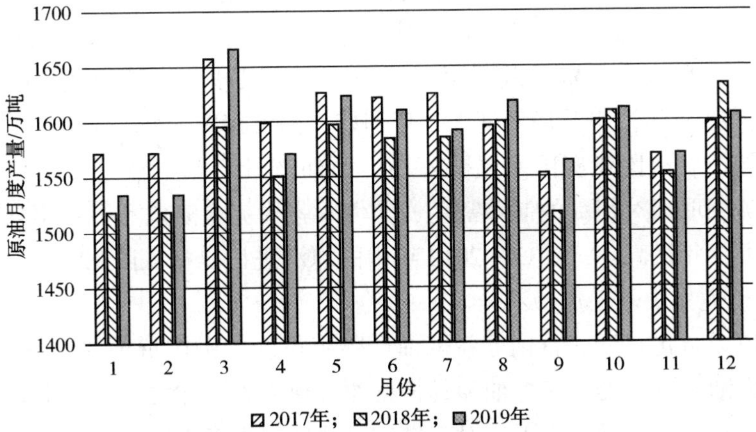

图 10　中国 2017—2019 年原油月度产量

数据来源：中国石油和化学工业联合会

近年来中国原油对外依存度不断攀高，2019 年中国原油进口依存度达 72.6%。2019 年，中国原油进口量再创年度新高，总进口量达 50589 万吨。相对于 2018 年逐渐下降的国内原油产量，中国石油产需缺口逐渐扩大，中国的原油进口需求与依存度还将提高。2017—2019 年中国原油进口量如图 11 所示。

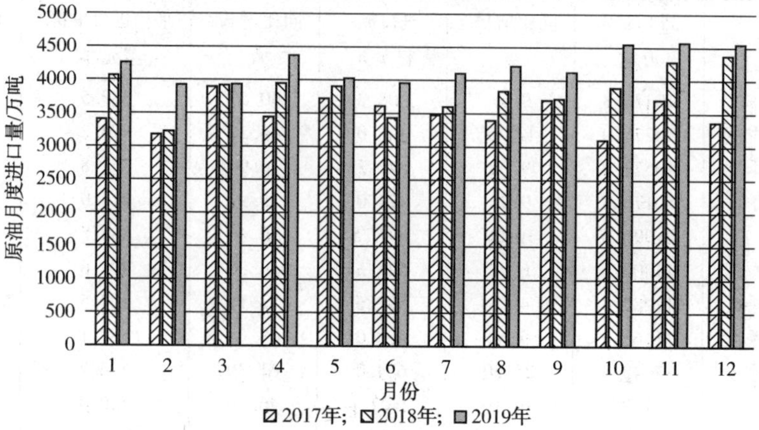

图 11　中国 2017—2019 年原油月度进口量

数据来源：中国石油和化学工业联合会

（二）2019 年中国原油贸易的主要特点

1. 原油进口成本震荡上升

上半年推动油价上涨的主要因素有两点，一方面是 OPEC 继续减产且减产执行率较高使得供应端缩减，另一方面则是美伊紧张关系升级导致地缘政治风险加剧。2019 年初以来中美贸易关系逐渐缓和，加上以沙特为首的减产同盟国积极推进减产，2019 年油市开局便迎来一片利好，油价接连上涨。随着 OPEC 深化减产，委内瑞拉、利比亚等国家局势不稳，原油产量不断下滑进一步缩紧市场供应，加上美国取消对伊朗的制裁豁免，美伊紧张局势愈演愈烈等一系列利好推动油价迎来上半年最高点。2017—2019 年中国原油进口价格见图 12。

2. 原油进口依赖程度加深

随着恒力石化、浙江石化等新炼油厂陆续投产，中国炼油加工量稳步提升。但因为国内油田一直处于三桶油和延长石油管辖之内，加之开采成本较高而国际原油价格一直处于中低位水平，对于进口原油依赖程度不断加深。

在中国进口原油不断增加的过程中，经济发展带动需求增加始终是最大的推动力。2009 年，中国进口原油仅有 2 亿吨，2019 年则顺利突破 5 亿吨。从近几年的进口量来看，连年增加且在体量不断加大的情况下，同比增速始终稳定在 10%左右的水平，实属不易。从另一方面也体现了中国进口原油加快步伐的节奏。

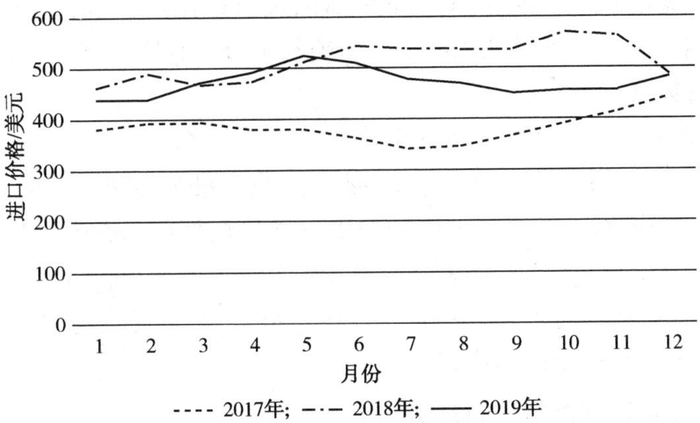

图 12　2017—2019 年中国原油进口价格

数据来源：中国海关总署

虽然面临较大不确定性的外部环境，中国进口来源多元化很好地化解了部分矛盾，比如加大了对伊拉克等国的进口。在炼油厂采购方面，一方面加大了在新加坡和西欧现货采购的节奏，另一方面也加大了与部分产油国投资的进一步协作。正因如此，整个 2019 年中国进口原油继续增加，一举突破 5 亿吨大关。

3. 中国原油进口种类有所波动

中东、俄罗斯、非洲和南美洲依然是中国原油进口的四大来源区域。ESPO、卢拉、阿曼三大主力油种仍广泛被中国炼厂使用。但巴士拉轻及沙中原油的进口量出现增长，并跃居前两名，主要原因是主营炼油厂需要提供乙烯料、渣油加氢原料，对硫含量适应性强，因此主营炼油厂对这两个油种的加工量较大。而伊朗原油的进口量大幅下降，主要原因是美国对其制裁带来的利空影响。中国进口原油整体呈现“中质、偏高硫、低酸”的品质特征，被主营炼油厂广泛使用的巴士拉轻及沙中原油即为高硫中质原油。从山东独立炼油厂进口的主要油种性质来看，API 值较国内均值高 0.78%，说明山东独立炼油厂对于原料的喜好还是偏重一些，硫含量低于国内均值，酸值基本与国内均值持平，中质原油的进口量占主导地位。

4. 原油进口主要来源地不变

2019 年中国原油进口来源扩大到了 40 个国家以上。中东、非洲、俄罗斯和南美洲依然是中国原油进口的四大来源区域，这一结构没有发生变化。2019 年，俄罗斯是中国首要原油进口国，沙特阿拉伯和安哥拉位列第二和第三。俄罗斯连续四年成为中国最大石油供应来源，这得益于俄罗斯丰厚的油气储备与中俄之间密切的利益关系的巩固。2019 年，俄罗斯的进口占比达 18%，依然是中国第一大进口来源国。前十大进口来源国中，伊朗的出口量有所下降，美国制裁带来的利空影响已有体现。

5. 原油非国营贸易进口允许量充足

商务部公布 2019 年原油非国营贸易进口允许量为 20200 万吨，首次超过 2 亿吨。2019 年全年累计下放三批原油非国营进口配额共 16595 万吨，占 2019 年原油非国营贸易进口允许量的 82.15%，其中第一批下放 9625 万吨，第二批下放 5680 万吨，第三批下放 1290 万吨。2020 年原油非国营贸易进口允许量仍为 20200 万吨，进口允许量保持充足。

（三）2020 年中国原油贸易展望

1. 原油贸易储运基地进一步升级

浙江省正积极创建舟山国际石油储运基地。为推进建设国际石油现货市场定价的“浙江指数”，全面提升舟山国际石油储运交易基地在东亚乃至全球的影响力和话语权，着力打造全球一流国际石油储运交易基地。计划到 2025 年前完成舟山海洋石化园区黄泽山整岛开发，建成一流原油储运基地，建成连接上海、覆盖全省的输油管网，并在 3 年内建 700 座综合供能服务站，融入市场。

2. 原油对外依存度继续攀升

20 世纪 90 年代初期，中国还是石油净出口国。但 1992 年后，随着中国经济体制改革的纵深发展，经济发展的潜力被极大地释放出来，由此拉动了石油消费需求的急剧增长。1993 年，中国的石油进口量首次超过了出口量，成为石油净进口国。此后，中国石油净进口量几乎呈直线上升。到 2003 年，中国石油净进口量进一步攀升至 9113 万吨，从而使中国成为仅次于美国的世界第二、亚洲第一石油消费大国。受中国民营炼油厂原油进口配额增长、中国国有油企补充库存以及中国增加原油战略储备的影响，对外依存度将继续不断攀升。2020 年中国石油对外依存度将超过美国，石油安全面临严峻挑战。

3. 原油贸易储运能力进一步增加

2019 年 8 月，董家口港区原油商业储备库项目正式开工建设。该项目由青岛港国际股份有限公司投资建设，计划总投资 48.5 亿元，占地 1670 亩(1 亩 = 666.67 平方米)，总规划建设面积 111 万平方米。项目将分三期建设，一期计划建设 16 座储罐和库内生产、办公管理辅助设施；二期计划建设 24 座储罐、工艺配管；三期计划建设 12 座储罐、工艺配管及相关配套设施。项目建成后，预计年均产值可达 5 亿元，利税 2000 万元，解决就业近 500 人，计划于 2020 年 12 月竣工。

中国原油进口量需求巨大，除部分通过管道直接运输外，大部分需要通过原油港口码头。国内主要的原油进出港口有宁波、天津、青岛、宁波、舟山、惠州、泉州等。受到需求的刺激，从渤海到北部湾，沿海港口开始纷纷扩大自己码头蓝图，近几年建设的原油码头泊位都在30万吨左右且多为石化企业的专用码头。

4. 原油进口成本波动

随着中国与俄罗斯能源合作程度的日益加深，中俄输油管线的大力建设以及双方开始使用人民币进行结算等情况出现，俄罗斯已经超越沙特，连续三年保持中国进口原油第一大来源国地位。自2019年第二季度以来，中国从沙特进口原油数量见涨，沙特原油的进口成本也开始回升，中国进口的沙特原油价格明显高于俄罗斯原油，同时2019年以来中国进口原油成本也在逐月走高。但由于新冠肺炎疫情的影响，2020年初中国石油进口量有所减少，国际油价下跌，对于中国这样的石油天然气进口大国而言，油气价格的走低意味着全球油气供需宽松局面的持续，能源安全的紧张局面将进一步缓解，进口油气的成本将进一步下降。

5. 新冠肺炎疫情使得国际原油市场供给过剩

中国作为国际石油市场需求侧大户，突如其来的疫情，使得国际方面总体上需求侧增长作用消失。全球石油市场的悲观情绪加剧。2019年，布伦特原油期货均价64.2美元/桶，同比2018年下降7.5美元/桶，降幅10.5%。但由于此次疫情加剧了全球石油市场过剩的态势，推低油价。因此未来一段时期的布伦特石油期货价格将持续徘徊在50美元/桶左右，2020年全年的布伦特平均价格预计将难以突破60美元/桶。

二、2019年中国成品油贸易分析与2020年展望

2019年中国成品油贸易总体运行情况良好，成品油进口成本上升，产量过剩，出口地变化不大，进口结构有微变。预计2020年成品油配额制度将会面临挑战，零售资格审批下放有可能会促进贸易发展，成品油出口配额增长，民企成品油出口权或将放开。

（一）总体运行情况

2019年，中国进口成品油3056万吨，比2018年同期下降了8.7%；出口成品油6685万吨，比2018年同期增加了14.1%。中国成品油贸易主要品种为汽油、煤油、柴油、石脑油、燃料油等，主要贸易地包括韩国、俄罗斯、新加坡、委内瑞拉、马来西亚、日本等(图13、图14)。

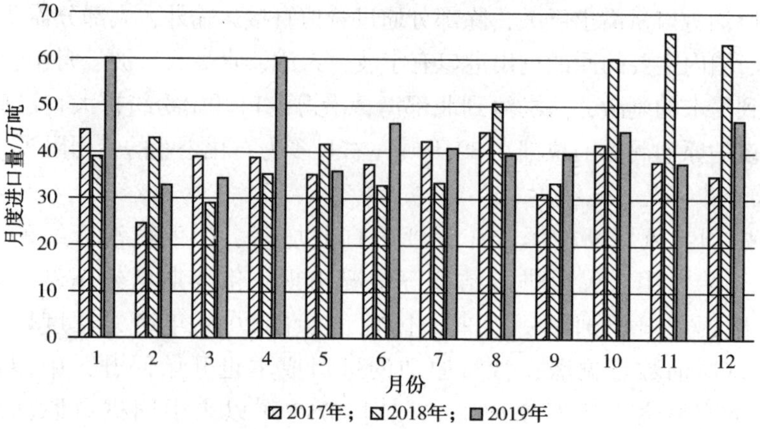

图 13　2017—2019 年中国成品油月度进口量(汽煤柴合计)

数据来源：中国石油和化学工业联合会

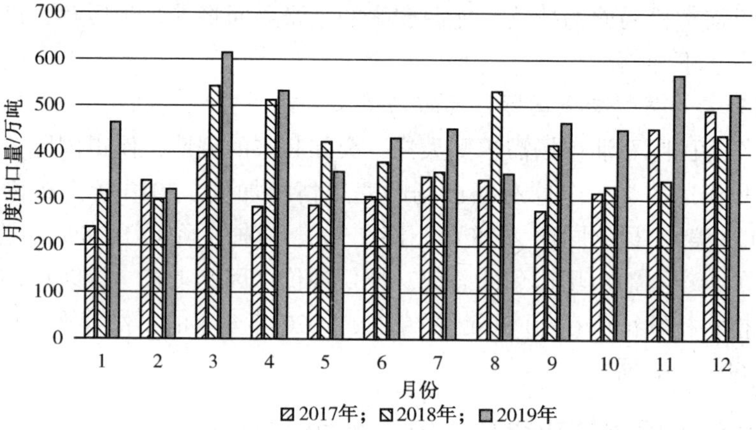

图 14　2017—2019 年中国成品油月度出口量(汽煤柴合计)

数据来源：中国石油和化学工业联合会

（二）2019 年中国成品油贸易的主要特点

1. 成品油出口量同比有所增长

中国成品油市场资源供过于求、炼油产能过剩等问题日益突出，成品油出口成为调节国内供需的重要手段。2019 年，中国成品油净出口规模明显扩大，汽油成为主要增长点。2019 年汽油、煤油、柴油出口量分别为 1637.1 万吨、1761.4 万吨、2139.1 万吨，同比分别增长 27.1%、20.1%、15.4%。2019 年，成品油出口总量为 6685 万吨，出口金额为 328.8123 亿美元，成品油出口量同比上升 14.1%。

2. 成品油产能过剩

一方面在国际贸易上，成品油进口配额增加，国内成品油总量将有所增加；另一方面，随着恒力石化和浙江石化的炼油产能陆续落地，未来中国炼能与燃料型产品将过剩。与此同时，国内成品油消费呈现一个放缓的趋势，因此成品油将会过剩，这对于国内成品油价格有巨大的影响。成品油出口流向和市场面临饱和压力。

3. 成品油出口地变化不大

中国成品油市场资源供过于求、炼油产能过剩等问题日益突出，成品油出口成为调节国内供需的重要手段。2019 年，从出口目的地分析，新加坡依旧是中国成品油出口的主要目的地，其次为中国香港、菲律宾及澳大利亚。其中汽油主要出口到新加坡、墨西哥及马来西亚等地；柴油主要出口到新加坡、中国香港、菲律宾及澳大利亚等地；煤油主要出口到中国香港、新加坡及越南等地。

4. 成品油进口小幅变化

2019 年，中国进口成品油主要油种具体进口量、进口金额、出口量、出口金额见表 4。

表 4　2019 年中国成品油进口种类及金额

2019 年	进口量/万吨	进口额/万美元	出口量/万吨	出口金额/万吨
汽油	33. 3569637	20890. 4523	1637. 136924	939754. 2733
煤油	366. 7436373	231737. 0615	1761. 35145	1122807. 159
柴油	119. 1617211	69362. 7559	2139. 065632	1225561. 27
石脑油	702. 2298095	381752. 1754	0. 0001812	0. 8593
燃料油	1485. 808445	676859. 2775	1117. 67887	508229. 7432

数据来源：中国石油和化学工业联合会。

其中，汽油和煤油进口量和进口总金额同比下降，而出口量和出口总金额同比上升，总体上反映出小幅变化。

（三）2020 年中国成品油贸易展望

1. 成品油配额体制有望改革

成品油出口配额体制原来集中在国营企业，但国家逐渐向民营企业倾斜，将更多支持民营企业。中共中央、国务院印发了《关于营造更好发展环境支持民营企业改革发展的意见》，《意见》指出支持民营企业进入油气勘探开发、炼化和销售领域，建设原油、天然气、成品油储运和管道输送等基础设施。支持符合条件的企业参与原油进口、成品油出口，意味着民营企业在炼油板块获得强有力的政策支撑。预计在2020年，中国炼油或将呈现“高原油进口，高成品油出口”的格局。同时配合此前出台的视体制改革进程全面放开价格、取消成品油批发仓储资质审批等意见，民营企业发展也将获得强大驱动力。

2. 成品油零售资格审批下放促进贸易发展

《关于取消和下放石油成品油经营资格审批权限有关事项的通知》，决定扩大成品油市场准入，取消石油成品油批发仓储经营资格审批，将成品油零售经营资格审批权限下放至地市级人民政府。自2019年10月1日起，省商务厅不再受理成品油零售经营资格审批事项。成品油零售市场集中度的变化，可判断行业的竞争程度。从经营主体来看，目前中国成品油零售市场由中国石油、中国石化、其他国有公司、外资公司、民营企业等主体组成。中国加油站数量2013年接近11万座，并基本保持至今。非中国石油、中国石化的加油站数量占比逐年增加，2019年上半年约为55%。随着成品油经营准入门槛的下放，成品油市场经营主体将进一步增加，民营及外资加油站实现连锁化、网络化，销量的市场集中度也将进一步下降。

3. 2020年成品油出口配额将增长

2020年第一批成品油出口配额明细下发，配额共计2800万吨，同比大涨30.23%，民营企业依旧无缘出口。与此同时，2019年成品油出口配额完成率近90%，柴油配额盈余量所剩无几。据卓创获悉，2020年第一批成品油出口配额2800万吨中，一般贸易出口配额共计2456万吨，加工贸易配额共计344万吨。一般贸易方面，中国石油同比增幅最大，达到37.93%；其次是中国海油的34.95%；再次是中国石化的32.05%；最后是中化的24.61%；中国航油在第一批次有6万吨的出口配额。加工贸易方面，中化同比增幅最大，达到75%；其次是中国海油的66.67%；再次是中国石油的14.29%，最后是中国石化的4.35%。2020年成品油第一批出口配额较去年同期上涨幅度较大，并且出口方式主要还是一般贸易方式。近几年国内成品油需求增速相对供应增速慢，目前国内产能已经处于过剩状态，增加成品油出口配额是必经之路。

4. 民企成品油出口权或将放开

中共中央、国务院早前印发的《关于营造更好发展环境支持民营企业改革发展的意见》指出，支持符合条件的企业参与成品油出口。在业内看来，这是国家向民营企业放开成品油出口权的信号。但商务部日前下发的2020年第一批成品油出口配额中，却仍未出现民营企业的身影。数据显示，2020年第一批成品油出口配额共计2800万吨，同比增加30%。出口配额仍由中国石油、中国石化、中国海油、中化、中国航油五家国有企业包揽。换言之，至少在2020年前几个月中，民营企业仍无缘成品油出口。在当前中国炼油产能日趋过剩的背景下，随着2019年恒力石化和浙江石化等大型炼化一体化项目相继投产，国内成品油市场竞争更趋于白热化，成品油出口主体将会更加多元化。

近年来中国成品油过剩局面导致出口需求逐渐增大，之前成品油出口配额只给国营企业，因为他们体量大，但这两年新的大型炼化一体化项目，包括恒力石化、浙江石化，以及未来的盛虹石化、河北曹妃甸一些新的炼厂等，很多是民营企业。民营企业体量增大，具备了与国营企业在国际上同台竞争的能力，所以放开民企成品油出口配额是大势所趋。不过，对于文件中提及的"符合条件的企业"，具体落实还得有一个过渡期，需要配套政策的支持，不可能马上放开。但是像恒力石化、浙江石化这种大型的炼厂，虽然是以化工品为主，但他们的成品油产量每年可能也在900万吨，是比较大的，如果没有出口配额的话，势必会加剧国内市场的竞争，并且他们的储运、公路、码头等设施基本上比较完善，出口的条件是完全具备的。

三、2019年中国天然气贸易分析与2020年展望

2019年中国天然气贸易总体运行情况良好，天然气进口保持平稳，管道天然气进口来源多样化，中国LNG基础设施建设逐步完善，LNG运输船建设同样也逐步完善。预计2020年中国天然气进口气源更加多样化，LNG运输方式多样化，LNG环保作业更显著，天然气进口价格指数发布有助于天然气贸易，天然气对外气源依存度将下降，中国推进天然气现货市场体系建设，LNG罐式集装箱运输进一步发展。

（一）总体运行情况

中国进口天然气主要是LNG和管道天然气，2019年中国天然气进口仍以液化天然气为主。2019年，天然气产量1736.2亿立方米，同比增长9.8%，中国天然气进口依存度43%，同比下降0.6%。进口天然气总量约为1348亿立方米，其中LNG进口总量6067万吨、管道天然气进口总量3631万吨（图15–图17）。

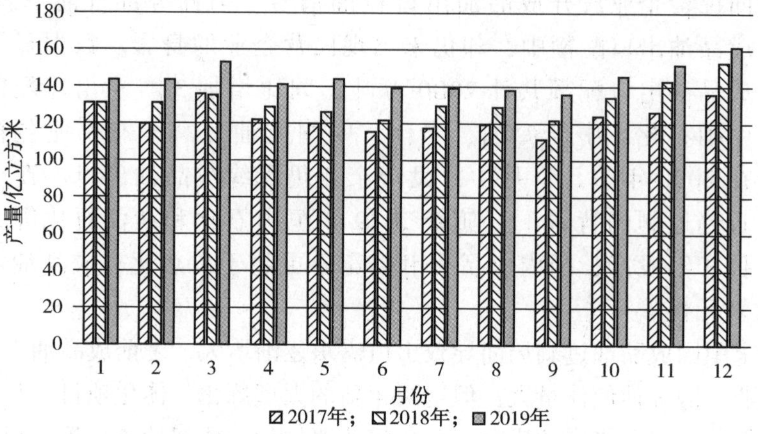

图 15　2017—2019 年中国天然气月度产量

数据来源：中国石油和化学工业联合会

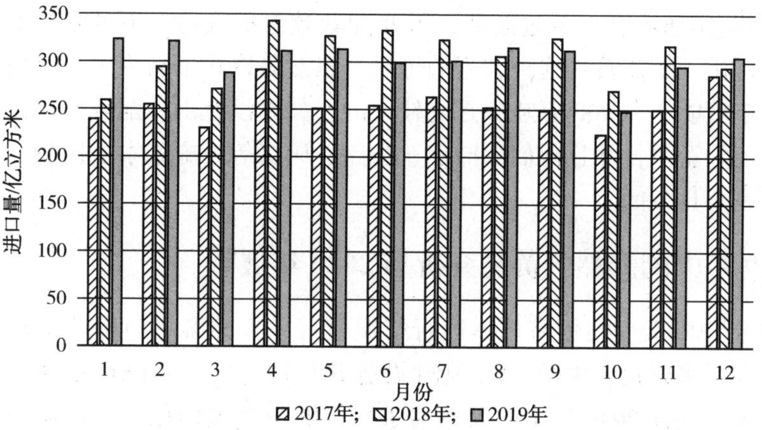

图 16　2017—2019 年中国管道天然气月度进口量

数据来源：中国石油和化学工业联合会

（二）2019 年中国天然气贸易的主要特点

1. 天然气进口保持平稳

2019 年中国天然气总进口量达 1348 亿立方米，同比增加 7.3%，再创历史新高；进口额 419 亿美元，同比增加 9%。其中，LNG 进口额 288 亿美元，同比增加 7.6%；管道天然气进口额 131 亿美元，同比增加 12.1%。天然气进口依存度 43%，与 2018 年同比下降 0.6%。由此可见天然气进口保持平稳。

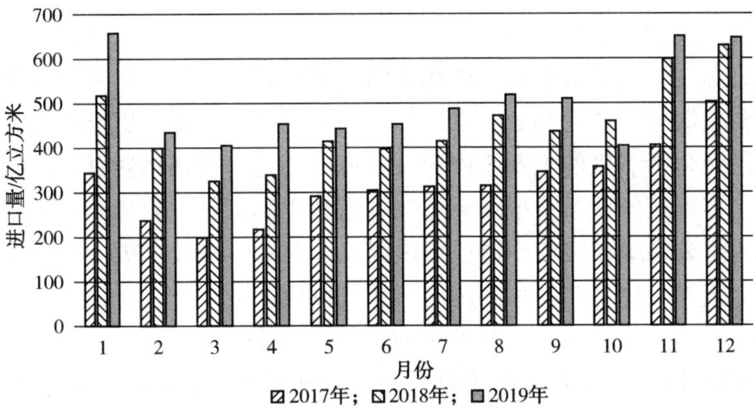

图 17　2017—2019 年中国 LNG 月度进口量

数据来源：中国石油和化学工业联合会

2. 管道天然气进口来源多样化

管道天然气现状：中国的进口管道气主要来自于哈萨克斯坦、乌兹别克斯坦、土库曼斯坦、缅甸等国家，目前运行的管道有中亚天然气管线 A/B/C 线以及中缅天然气管线，中亚天然气管线起于土乌两国边境，从新疆霍尔果斯进入中国境内；中缅天然气管道起于缅甸皎漂港，从云南瑞丽进入中国。在建的管道有中亚天然气管道 D 线以及中俄东线和西线。

中国近期计划扩大从俄罗斯、哈萨克斯坦进口管道天然气。2019 年 12 月 1 日，该管段正式接收俄气，一年内将引进 50 亿立方米天然气，黑龙江、吉林、辽宁、河北、天津、北京等地将直接受益，这对东北、京津冀地区 2019 年冬季天然气保供和打赢蓝天保卫战具有重要意义。

3. 中国 LNG 基础设施建设逐步完善

中国于 2006 年才开始进口 LNG，比日本晚 38 年，但是中国 LNG 工业发展迅速，自 2006 年深圳大鹏 LNG 接收站投产运营以来，中国 LNG 进口量逐年增长，已经慢慢成为重要的天然气供应来源。受能源消费结构转型和“煤改气”政策大力推动等因素影响，中国天然气市场迎来爆发式增长，进口 LNG 供应量不断增加，在天然气供应中占比不断提高。目前，中国已投产接收站 21 座，接收 LNG 能力达 8862 万吨/年，接收站基本辐射沿海各省。此外，外输管线和储罐建设如火如荼，但尚不能完全满足国内需求。推动 LNG 接收站布局也已成为中国天然气产供储销体系建设的重要组成部分。

(三) 2020 年中国天然气贸易展望

1. 天然气进口气源更加多样化

中国天然气的进口资源包括液化天然气和管道天然气，中亚和缅甸是管道天然气的主要来源地，澳大利亚、卡塔尔、马来西亚、印尼、巴布亚新几内亚、美国等国家是液化天然气的主要来源地。管道气的进口增幅相对有限，LNG 进口资源近年来呈多渠道的状态。中亚天然气管道和中缅天然气管道是保证中国天然气能源安全的主要通道。目前中国已形成西北、西南、东北三大天然气管道输气体系，与海上天然气体系共同保障国内天然气供应。

2. LNG 运输方式多样化，LNG 环保作业更显著

未来 LNG 液态运输方式多样化，LNG 罐箱公路、铁路、海路、内河运输四通八达，互通有无。随着国内市场化改革的推进，国内价格机制也将逐步得到理顺，上下游价格能及时传递。更重要的是，进口 LNG 供应规模将大幅增加，持续成为中国天然气供应的主要组成部分，为有效治理大气雾霾、推进能源发展转型作出更大的贡献。LNG 运输行业正在尝试各种新型的如海路、铁路、公路等 LNG 物流模式，“罐式集装箱”为 LNG 物流模式带来了一系列创新和改善，未来将有望助力升级全球 LNG 物流模式。LNG 集装罐运输将可改善目前依赖 LNG 接收站转公路槽车再转客户的模式，同时也为实现 LNG 资源快速分拨提供了新途径。LNG 集装罐运输，提升附加值及客户黏性，打通上下游，使国内中小批量 LNG 进口贸易市场规模扩大成为可能。

3. 天然气进口价格指数发布有助于天然气贸易

2019 年 10 月 16 日，由海关总署全球贸易监测分析中心和上海石油天然气交易中心共同研发的中国 LNG 综合进口到岸价格在上海正式发布。中国已成为全球最大的天然气进口国，是世界天然气市场的重要参与者，但至今中国没有权威的、得到国际市场认可的天然气相关价格指数。目前，中国石油和天然气进口对外依存度分别达 71%和 43%，进口价格却存在“亚洲溢价”。建设反映中国市场真实需求的能源价格指数势在必行、任重道远。

中国 LNG 综合进口到岸价格编制由海关总署全球贸易监测分析中心和上海石油天然气交易中心合作完成，是对中国天然气价格市场化定价体系的有益探索，有利于培育国内天然气定价基准，有利于国内市场与国际市场的及时有效对接，有助于促进天然气贸易与交易。

4. 天然气对外气源依存度将下降

2020 年，是中国全面建成小康社会和“十三五”规划收官之年，是实现第一

个百年奋斗目标之年，也是“十四五”谋划之年和为实现第二个百年奋斗目标打下基础之年。在全球经济弱势趋稳，下行风险仍较大的背景下，中国经济处于“十三五”收官之际，稳增长至为关键，能源化工行业也必须要以创新应对挑战。

中国天然气市场仍处于培育发展阶段，中国天然气需求将继续保持增长。考虑到经济下行压力加大，市场发展愈见成熟、稳定，需求增速将放缓至近10%。在供给方面，国内勘探开发成果进一步显现，产量保持持续稳定增长，海外现货LNG及俄罗斯管道气等低成本资源供应更加充足。2020年国家管网公司在市场格局重构、天然气市场化改革中将发挥重要作用，对国内定价机制向市场化靠拢、推进天然气产业持续健康发展产生深远影响。由于经济下行压力仍存、中美贸易摩擦持续、市场消费基数扩大，需求增速将略有放缓。预计2020年全国消费量将达3290亿立方米左右，同比增长8.8%，但从增量上来看，仍将有近265亿立方米的空间，大于2019年的增量。2020年北方地区“煤改气”工程量较此前将有所减少，北方清洁取暖和煤改气对需求增长的拉动作用有所减弱，更多的新增需求来自长江经济带“煤改气”项目。总体看来，2020年国内勘探开发成果显现，产量保持持续稳定增长，对外来气源依存度存在下降的趋势。

5. 推进天然气现货市场体系建设

作为全球增速最快的市场之一，中国天然气改革的进展备受关注，过去几年中国启动了天然气市场化改革并取得较大进展，但还未建立完全市场化的天然气体系。推进天然气市场化改革，培育市场竞争主体是核心。加快推动天然气体制改革，从上、中、下游推动天然气全产业链市场化改革，形成各市场主体平等参与、公平竞争的多元化竞争格局，为形成由市场决定的价格机制创造必要的体制环境。建议在上游勘探开发环节，废除勘探开发的登记制度，实行招标制度，向所有油气企业开放，降低市场准入门槛；改变资源区块管理办法，实行探矿权退出机制，对“占而不勘”的区块强制收回并公开招标。中游储运环节，推动天然气管网业务独立运营和公平开放，加快实现管网互联互通，促进“气”畅其流。取消民营资本投资天然气基础设施建设的股权限制，鼓励独立第三方投资建设管道和储气设施。下游销售和应用领域，允许更多的企业从事天然气进口业务，鼓励上游企业与终端大用户直接签署供应采购合同，鼓励点供等非管网形式的竞争性供应，逐步推动城市燃气管网的特许经营制度向经营许可制度转变。

6. LNG罐式集装箱运输进一步发展

中国石化天然气分公司北海LNG接收站2019年首次采用LNG罐式集装箱为广东清远用户供气，进一步创新了中国石化LNG充装运输模式，促进“多式联运”“一罐到底”的 LNG 运输新思路的实现，技术支持中国天然气供应的远洋运输、内河转售及南气北供。LNG 罐式集装箱是将 LNG 储罐安置于国际标准集装箱框架内，LNG 罐式集装箱运输具有罐体与车体可拆分，储存时间长，铁路船舶远距离集散运输方便等优点。使用 LNG 罐式集装箱方式，能够有效减少天然气运输中间环节，通过水路、铁路、陆路使 LNG 更高效更快速地分拨出去，改善目前 LNG 接收站转公路槽车再转客户的模式，降低运输成本，助力中小批量 LNG 贸易。2020 年 LNG 罐式集装箱运输将进一步发展。

专　题　篇

国际油价暴跌的原因与未来趋势分析

董秀成；曹钰婕

[1. 对外经济贸易大学一带一路能源贸易与发展研究中心；2. 中国农业大学理学院]

进入2020年3月，国际油价疯狂暴跌，在几天内，油价由每桶50美元跌至每桶30美元以下，国际油价30日再度大跌，原油价格一路跌破20美元，创18年以来新低，综合多种因素来看，预计原油价格可能继续下跌，甚至跌至10美元左右。油价再度引发全球关注，油气投资商开始普遍担忧未来油价趋势，影响国际油价变化的因素有哪些？此次油价暴跌的原意何在？未来国际油价变化趋势如何？

一、影响国际油价变化的因素

根据经济学的基本原理，商品的价格由供求关系决定。但是，由于石油具有战略意义，属于特殊商品，因此价格除了受供求关系影响外，还有诸多其他因素起作用。影响油价的因素总体上可以划分为两大类：长期因素和短期因素。

（一）长期因素

长期因素影响石油市场的供需关系，供给因素和需求因素决定油价长期变化趋势。

1. 影响供给的因素

1）世界石油储量

目前，世界上还有众多可能含油的沉积盆地由于地理位置的相对偏远没有勘探，勘探技术的发展将使原有油田的储量不断上升，非常规性石油资源潜力十分巨大。石油储采比(探明储量/当年产量)是反映石油资源潜力的重要指标，通过对历史数据定量分析发现，储采比的变动影响油价波动。

2）世界石油产量

以中东、美洲和中亚俄罗斯等产油国为主的石油生产国的石油产能利用率及其在世界石油供应中所占的比重变化，对油价有着非常深远的影响。石油资源国可能通过减产、禁运等方式引发原油价格上涨，同时也可以通过提高产量来促进石油价格下降。

3）石油成本

目前，世界上主要油田进入开发后期，开发成本大幅提高，勘探难度加大，对油价产生明显的推动作用。根据历史数据分析，油价的变化趋势与成本的变化趋势存在相关性，油价曲线围绕成本曲线上下波动，决定着油价涨跌长期走向。

2. 影响需求的因素

1）世界经济增长

全球经济增长或超预期增长都会牵动国际油价上涨。反过来，油价高启，会阻碍世界经济发展，经济增长速度放缓又会影响石油需求。通常来说，经济周期上行时经济活动活跃，石油需求增大，此时即使供给不变，油价也会随经济周期的上行而上升。同理，亦会随经济周期下行而回落。通过历史数据分析，世界经济周期性波动与石油危机在时间上存在同步性。

2）替代能源

油价大幅上涨时会刺激替代能源的发展，替代能源的成本将决定石油价格的上限。当石油价格高于替代能源成本时，消费者将倾向于使用替代能源。受石油危机的影响，石油消费大国调整能源消费结构，更多使用替代能源，减少对石油的依赖。

3）能源利用效率

油价上涨会促进能源利用效率提高，石油危机促进了欧美发达国家能源利用效率的提高，减少了石油的有效需求。随着科学技术的发展，国家政策的支持，能源利用效率将会继续提高，对石油的有效需求将会逐步减少。

4）低碳政策与环保意识

应对全球气候变化已经成为世界共识，发展低碳经济和循环经济，加快开发和推广应用资源利用效率高、污染物排放少的清洁生产技术，发展清洁能源和高附加值产品已经成为未来发展方向，推动能源结构调整，促进替代能源发展，减少石油需求，对油价产生抑制作用。

（二）短期因素

1）重大地缘政治事件

由于石油是一种战略资源，因此重大地缘事件对油价波动的影响非常显著。重大地缘政治事件包括资源国的国家主义意识的增强、资源国内部政治和社会动荡、国际石油禁运和制裁、关键输送通道受控、国际政治矛盾、军事冲突和外交关系失控局势等等，往往会在短时间内刺激油价上涨。

2）重大突发自然或社会灾难

主要石油生产国或消费国的重大突发自然灾难或社会灾难事件在短期内爆发会引发油价波动，包括石油运输通道发生重大安全事故、重要石油产区发生重大自然灾害如地震、海啸和飓风对产油设施的破坏、资源国内部政治和社会动荡、冲突、罢工以及恐怖袭击等。

3）金融因素

根据历史数据分析，自2001年初以来，油价与美元汇率呈显著的负相关关系，美元贬值，则油价加速上升，美元升值，则油价加速下降。当石油市场发生重大变化时，期货市场上的投机活动就更加活跃，金融投机商预期油价看涨看跌，大量买进或卖出期货合约，对油价上升或下降起到推动作用。

4）石油库存

当期货价格远高于现货价格时，石油公司倾向于增加商业库存；当期货价格低于现货价格时，石油公司倾向于减少商业库存。石油库存在一定程度上能够反映供需状况，库存降低，说明石油需求旺盛、供给紧张，油价上涨；反之，油价下跌。

二、近期油价为何暴跌

长期因素和短期因素交织，供求关系失衡与重大突发事件叠加，政治因素与经济因素融合，构成了这次油价暴跌的主要特征。

（一）长期因素是主因：全球石油供需关系严重失衡

1. 近年来全球经济处于低速、萎靡状态，对石油需求拉动乏力

近年来，世界经济的特征是低速增长。2019年上半年，美国工业产出和制造业产出连续两个季度下滑。2019年1—10月，德国制造业产出下降5.7%。2019年，日本制造业PMI呈连续下降态势。欧洲和日本均面临人口老龄化，经济增长难度较大。俄罗斯经济低速增长，动能不足，2019年上半年增速为0.7%。印度经济明显降速，2019年三季度增速降至4.5%。拉美地区增长普遍乏力，脆弱性凸显，多国出现货币贬值、通胀高企、股市动荡、国家风险指数攀升等现象。众多非洲国家受高失业、高通胀和高赤字困扰。

2. 替代能源、能效提高和绿色转型等快速发展，抑制石油消费需求

近年来，世界能源消费稳中有增，非化石能源消费快速增长，增速明显快于化石能源。能源消费结构进一步向清洁化、低碳化加速转变，天然气和可再生能源消费比重上升。与此同时，世界各国强化节能和经济结构调整，能源利用效率

明显提升，抑制石油消费增长。包括光伏、太阳能光热、生物质发电、陆上风电等在内的清洁能源成本不断降低。目前，欧盟现在新建的可再生能源装机发电成本已经低于煤电。全球已有20个国家或地区宣布在2030年前替代煤电的时间表。荷兰、挪威、德国、法国等多国陆续推出全面禁售燃油车时间表，中国提出研究禁售时间表问题。各国大大鼓励电动车生产，促进汽车行业转型，抑制石油消费需求增长。

3. 石油技术创新能力不断提升，非常规资源开发加快，供应能力不断提高

由于技术革命，各产油大国产量增长明显，尤其是美国非常规石油产量大增，成为全球新的产油大国。最近几年来，全球石油勘探加快，石油产量稳定增长。石油勘探开发由陆地走向海洋，由浅海走向深海，由常规资源走向非常规资源。美国爆发页岩技术革命，基本实现能源独立目标，石油产量大幅提升。挪威、巴西、圭亚那等国成为供应增长的接替力量。

（二）短期因素是诱因：新冠病毒疫情引发恐慌蔓延+维也纳联盟协议流产

1. 新冠病毒蔓延速度和范围超出预想

面对新冠病毒疫情来势汹汹，中国启动全民抗疫战争，取得明显成效。正当中国抗疫取得突出成效之际，不料疫情开始在世界范围内蔓延，日本告急，韩国告急，新加坡告急，病毒不断扩散，从东亚到东南亚，到南亚，到中东，伊朗告急，再到欧洲，意大利成为重灾区，目前美国疫情形势也不乐观。如今疫情不断蔓延，全球受新冠肺炎疫情影响的国家和地区已经破百，确诊人数不断攀升，人们惊诧之余，随之而来的便是恐慌情绪的快速蔓延。

2. 经济恐慌变成一种更加可怕的“病毒”

由于新冠肺炎疫情在全球迅速扩散，加剧了投资者的恐慌情绪，等于是在已经本来就不乐观的世界经济上火上浇油，掀动了全球金融市场的惊涛骇浪。经济危机或金融危机是否再度爆发？经济恐慌已经演变成一种“病毒”，持续蔓延，资本市场剧烈动荡，哀鸿遍野，混乱不堪。美国纽约股市接连暴跌，欧洲三大股指震荡下行，东京股市上演过山车行情，中东各国股指全线暴跌，世界各地股市不断传来“熔断”信息，庞大资本蒸发，踩踏式暴跌、崩盘不断上演。疫情暴发前，全球经济已经增长乏力，中美贸易战和英国“脱欧”等让经济增长前景不乐观，疫情迅速蔓延和恐慌情绪叠加，加剧了投资人的悲观预期。从目前来看，爆发全球经济危机和金融危机的可能性上升，全球产业链和价值链有可能重构。

3. 维也纳联盟协议意外流产成为油价暴跌的直接导火索

维也纳联盟机制也叫欧佩克+机制，就是欧佩克与非欧佩克产油国之间通过

合作签订限制原油产量而稳定国际油价的机制。维也纳联盟先前的石油减产协议将在3月底到期，业界人士普遍预料将签订新的协议。然而，3月6日在第八届欧佩克与非欧佩克部长级会议上，减产协议没有如期达成。谈判破裂以后，沙特迅即发动“价格战”，大幅降低石油价格，抢夺市场份额。沙特还私下表示，如有需要还将大幅度增加原油产量。

三、国际油价未来变化趋势

尽管国际油价变幻莫测，但还是可以对未来趋势进行分析。

（一）短中期油价变化趋势

综合分析和考虑，油价短中期变化趋势与疫情变化趋势、全球经济走势、地缘政治和维也纳联盟机制是否重新发挥作用等因素密切相关，不排除油价继续下跌，甚至下跌到20美元左右，但总体趋势是震荡波动，回归在50~60美元的可能性最大，上冲70美元以上的几率很小。

1. 疫情变化趋势及其经济破坏力仍然是油价趋势的观察重点

针对疫情扩散，国际货币进机组织再次下调全球经济增速预期，预计2020年全球经济增长率将低于2019年的2.9%。经济合作组织将全球经济增速从2.9%下调到2.4%。西方七国集团（G7）财长和央行行长发表联合声明，随时准备采取行动，支持经济增长。新冠疫情在全球肆虐，严重影响经济运行，原油需求减少，价格下行压力增大。目前，疫情蔓延态势持续，对全球经济影响到底会达到何种程度尚不能准确判断，但总体上不容乐观。目前，中国疫情基本得到控制。意大利和伊朗彻底沦陷，日本、韩国疫情经历了期初的彻底沦陷后有所缓解，法国、德国、英国和美国等不容乐观。疫情未来趋势如何，包括是否发生变异、蔓延范围和疫情持续时间长短等是观察国际油价变化的最直接因素。

2. 主要经济体的经济表现与合作是影响油价趋势的关键因素

目前，美国、中国、欧盟和日本是全球经济发展的支柱，其他新兴经济体如印度、俄罗斯、巴西和南非等国也发挥重要作用。美国和中国更是全球经济增长的引擎和火车头，如果两国经济稳健，那么全球经济就有增长动力。主要经济体之间已经形成了稳定的产业链和价值链，你中有我，我中有你，共生共存。一旦价值链被破坏，那么全球经济将遭受沉重打击和冲击。如果疫情蔓延导致经济经济危机，甚至引发金融危机，那么预计主要经济体还会强化合作，淡化分歧和意识形态矛盾，携手应对挑战。

3. 地缘政治因素不容忽视

在过去几年，国际油价之所以没有崩盘，除了维也纳联盟机制发挥重要之外，地缘政治因素一直发挥作用。近年来，大国地缘政治博弈趋势明显，美国与中俄博弈更加激烈。美国针对中国崛起，推进“印太战略”，搅局南海问题，插手香港事务，干预台湾政治，破坏新疆和西藏的社会稳定。在中东地区，阿拉伯国家与以色列冲突、伊朗核问题、叙利亚、也门和利比亚战乱不止，土耳其插手叙利亚和利比亚事务，俄罗斯直接介入中东事务，拉近与沙特、埃及等国关系。地缘政治日益复杂多变，一旦有风吹草动，国际油价便会闻风而动，如果出现重大地缘政治事件，如美伊发生战争冲突、伊朗与沙特直接正面冲突、霍尔木兹海峡被封锁等，那么国际油价将迅速攀高。

4. 维也纳联盟是否起死回生直接影响油价变动

历史上，沙特曾经成为国际石油市场的唯一“机动产油国”。然而，时至今日，俄罗斯成为最大产油国之一，美国由于页岩革命也成为石油生产大国，国际石油市场出现三大“机动产油国”共存格局。由于国家体制不同，美国不可能采取非市场行为参与价格联盟机制，而只有俄罗斯和沙特可以采取非市场行为建立稳定油价的机制，因此维也纳联盟机制本身就存在先天缺陷。这次油价暴跌，导火索当然是沙特与俄罗斯之间产生了重大分歧，核心是利益冲突。俄罗斯不同意大幅增加减产，原因是不愿意失去更多的市场份额，由于过去限产保价，美国页岩油夺走了不少市场份额。业内许多人对沙特的做法似乎不解，似乎觉得沙特年轻王储有个人义气，但背后逻辑清晰，那就是过去两年的减产提升了油价，美国和俄罗斯挤占了沙特的市场份额。不过，即使谈判破裂，并不意味着维也纳联盟寿终正寝，是否起死回生，关键要看其是否能够满足联盟国的国家利益。油价暴跌至此，绝对不符合产油国的利益，因此关键要看这种低油价究竟能够持续多久，产油国的忍耐力和忍耐时间最终决定大家是否重新回到谈判桌上。

5. 国际石油公司生产成本不支持长期低油价

据估计，目前世界上绝大多数的大型国际石油公司石油生产成本超过 45 美元/桶，个别石油公司成本可能更高。如果当前过低油价继续较长时间，那么多数石油公司都将面临巨额亏损，再次进入“寒冷的冬季”，全球石油行业将面临生死存亡的考验。

（二）油价长期变化趋势

从国际油价长期变化趋势看，重点应该分析石油的替代、石油供求关系和石油成本等因素的变化趋势。综合分析和判断，国际油价总体变化趋势仍然是周期性波动，短期还将出现剧烈震荡，暴涨或暴跌情形可能再现，但价格总体水平很难再回到上次金融危机爆发之前的每桶百美元以上高位水平。

1. 能源转型决定石油替代进程，替代成本成为国际油价变化的约束条件

面对全球应对气候变化和环境治理，能源转型趋势必将加快，核心是能源结构调整，非化石能源必将逐步成为主体能源，石油替代难以避免。当然，油价是影响能源转型和替代过程的重要因素，如果油价持续处于超低水平，那么将会影响能源转型步伐，油价越高，越有利于能源转型和石油替代。在能源转型过程中，客观上存在一种隐性的石油替代边际价格，也就是其他替代能源的边际成本。从理论上讲，只有替代能源的边际成本低于石油替代边际价格，那么替代能源才能在经济上可行。随着非化石能源技术进步和规模化效应提高，其替代边际成本正在逐年下降，进而压缩油价的上涨空间。

2. 全球石油消费峰值即将到来，石油市场供大于求的局面难以改变

从供给侧来看，由于非常规石油资源潜力巨大，生产能力持续增加，但非欧佩克产油国增产潜力有限，而欧佩克产油国尚有较大增产能力。从需求侧来看，主要发达国家消费需求增长已经基本保持平稳状态，新兴市场国家的需求总体上稳步增长，预计在今后几年全球石油消费将达到峰值。因此，全球石油供需关系将处于长期供大于求局面，不支持油价高涨。

3. 石油成本因素仍然是油价变化的关键因素

对于石油成本来说，必须明确两个基本概念：石油生产成本和资源国石油财政预算成本。石油生产成本是企业层面的概念，如果价格低于生产成本，企业就会经营亏损，从理论上讲，该企业应该停产。客观上存在一种隐性的石油边际成本，理论上讲，油价不应低于边际成本。总体来看，常规石油生产成本相对较低，而非常规石油成本较高，石油边际成本应该存在于非常规石油生产中，因此油价应该高于非常规石油边际成本。资源国石油财政预算成本是指某个资源国为了满足国家财政预算的需要设定的石油预算价格，如果油价低于这个成本，那么国家经济社会运转就会出现问题。近年来，由于技术进步，非常规石油生产成本逐年下降；由于石油资源国加快经济转型，其石油财政预算成本也在逐渐下降。这些变化不利于油价上涨，成为油价的制约因素。

近半个世纪以来中东石油政治透析

陆如泉

[中国石油天然气集团有限公司国际部]

1973年，中东地区爆发了第四次阿以战争，以沙特、伊拉克、科威特为代表的阿拉伯产油国，为支持埃及、叙利亚和巴勒斯坦抗击以色列，发起了为期一年左右的对美国和西欧国家的“石油禁运”，引发了美国经济滑坡和“滞胀”。至此，“石油武器”开始在全球范围内声名大噪，“石油权力”与“石油政治”的影响力进一步扩大。现将1973年之后的45年来，中东地区石油政治整体情况，特别是围绕石油权力而展开的美国与伊朗制裁与反制裁演变情况做一梳理和分析。

一、石油政治的由来和本质

按照国际石油经济学者QysteinNoreng在《1980年代的石油政治——国际合作的范式》(Oil Politics in the 1980s, Patterns of International Cooperation)一书中的解释，石油在全球能源体系中的特殊地位和石油的不可再生性、分布的不均衡性，赋予了石油的经济、战略和政治属性。而石油价格波动和对石油供应的控制则可能导致潜在的政治冲突。而且，由于石油的特殊属性，往往会和其他因素直接或间接地挂钩。过去半个世纪以来，最普遍的现象是，大多数国家是石油净进口国，因而石油价格涨落和对石油供应链的控制与否对这些国家的经济、外交政策和行为自由度产生了直接影响。石油往往与一个国家的经济增长速度、就业水平、通货膨胀率、贸易政策，乃至总体的外交政策倾向密切相关。按照维基百科对石油政治的解释，自从20世纪初中东石油大发现后，石油工业在世界经济政治和外交中扮演更加重要的角色，石油的政治属性就变得越来越强。例如，世界范围内石油政治的典型例子有：石油生产的配额制、因石油而起的国际冲突、石油峰值论、中亚里海地区的石油管道外交、石油国有化及其政治影响、石油货币的地缘政治特征等。

可以看出，石油政治的核心和本质就是“石油权力”。石油之所以能形成“权力”，是因为石油所发挥作用的不可替代性，除了石油，尚没有一种能源品种能够称得上“工业的血液”；还因为石油的不可再生性，石油储量分布的不均衡性，石油资源的稀缺性，以及石油的大宗商品属性，如果产量和交易量不够大，石油也不会有这么大的影响力。再加上后来随着金融市场的发达和金融衍生品的诞生，石油又具备了金融属性。石油的上述特点，使得它与众不同，常常为拥有它的国家、群体和个人所利用，成为实现利益的工具。自从石油与利益挂钩后，它便具备了“权力”。

半个世纪以来，石油被当作“权力”使用的案例举不胜举，石油政治也已经成为国际政治的重要组成部分。在中东阿拉伯国家，石油被当做“武器”，多次发挥对抗西方发达国家的作用，直到现在，欧美仍对“石油武器”心有余悸。如前所述，1973 年，因第四次中东战争(阿以战争)而导致的阿拉伯国家联合起来，集体对西方实施了石油禁运，使得“石油武器”名声大噪，这也是“石油权力”最具威力的一次发挥。在欧亚大陆的中心地带，每逢俄罗斯与欧美发生矛盾时，作为对欧洲出口石油天然气第一大国，俄罗斯就会对欧洲挥舞起“能源大棒”，“能源筹码”和“石油天然气杠杆”是俄罗斯对外政策和国家战略的核心组织部分，“石油政治”在俄罗斯被发挥到无以复加的地步。

在学术界和战略界，将石油与政治相结合的著作和论断有很多。比如，全球著名能源战略学者丹尼尔·耶金先生的名著《石油风云》(中文译名又叫《石油大博弈》)，其英文名字是“The Prize, the Epic Quest for Oil, Money & Power”，直译为《奖赏：对于石油、金钱和权力的史诗般的追逐》。耶金先生的书名点明了问题的本质：石油即政治，石油即权力。还有，美国哥伦比亚大学新闻学院院长史蒂夫·科尔 2012 年出版了“Private Empire: ExxonMobil and American power”一书，直译为《私人帝国：埃克森美孚与美国权力》。该书中文版 2017 年 7 月出版，译者杨蝉宇女士将书名意译为《石油即政治》，充分反映了埃克森美孚作为全球最大的私营石油公司，其所拥有的无与伦比的政治影响力。

二、中东地区石油政治主要表现形式

近半个世纪以来，中东地区一直是全球最重要的油气储量地区、生产地区和出口地区。截至 2017 年底，中东地区石油探明可采储量 1091 亿吨，天然气探明可采储量 79.1 万亿立方米，分别占全球石油和天然气总储量的 47.6%和 40.9%；2017 年，中东地区的石油产量和出口量分别为 14.81 亿吨和 11.96 亿吨，分别占全球生产总量和出口总量的 33.8%和 35.4%；2017 年，中东地区的天然气产量和出口量分别为6599亿立方米和1534亿立方米，分别占全球天然气生产总量和出口总量的17.9%和13.5%，可见中东地区石油天然气储量、产量和出口量在全球油气市场上的中流砥柱地位。

与此同时，中东地区有着全世界最为复杂的宗教关系和民族冲突矛盾，有着全球最为严重的地缘政治冲突，域外大国长期盘踞中东地区。中东地区极其复杂的民族、宗教、政治和文化关系，加上中东地区全球最重要油气富集地的特点，使得中东地区成为全球石油政治特征最普遍最显著的地区。中东地区的石油政治主要表现为：

一是石油往往与地区冲突联系在一起。有国际政治学者对中东地区国家间冲突和战争研究过后发现这样一个现象，拥有油气资源的国家往往容易发起战争或者成为战争受害者。比如伊拉克20世纪80年代初对伊朗的入侵(两伊战争)以及在90年代初对科威特的入侵；再比如作为世界第一油气储量(当量)大国的伊朗近40年来一直遭受着美国等西方国家的制裁；也包括2003年美国对伊拉克发动的第二次战争，这些冲突无不与石油有密切的关联。有学者统计发现，就全球范围内而言，富油国家极易成为别国攻击的靶子，而半个世纪以来，资源型国家的战争爆发率是常态国家战争爆发率的2.5倍。

二是中东地区几个主要的产油国发起成立了石油输出国组织(OPEC)，成为由本地区主导并能够影响全球政治经济格局的为数不多的国际组织之一。1960年，在巴格达由沙特阿拉伯、委内瑞拉、伊拉克、科威特等几个中东和拉美地区重点产油国石油部长们发起成立的石油输出国组织是继20世纪初美国得克萨斯铁路局后，全球最具影响力的石油卡特尔。OPEC的成立和运行打破了此前长期以来由“石油七姊妹”控制全球石油市场和价格走势的局面。半个多世纪以来，OPEC一直是全球最重要的能源国际组织之一，对全球油气市场乃至世界政治经济格局发挥着巨大影响。特别是21世纪以来，沙特成为OPEC的领头羊，OPEC的“中东化”倾向不断加强。

三是中东地区此起彼伏的石油国有化运动。国有化运动使得石油被看作是国家主权的象征因而具备了浓厚的政治色彩，石油国有化背后是资源国政府和外国投资者(其背后是投资者所代表的母国及其政府)之间的博弈，很容易上升为国家间矛盾乃至冲突。全球第一波石油国有化运动发生在20世纪20年代末拉丁美洲的阿根廷，接着40年代初在墨西哥也发生了石油国有化运动，委内瑞拉的国有化运动发生在1976年。

中东地区石油国有化运动集中发生在20世纪50~70年代，伴随着全球的政治觉醒和民族解放运动。其中以摩萨台时期的伊朗石油国有化运动最为著名。二战结束后，美、苏、英三国的争斗使伊朗卷入国际政治的漩涡之中，并成为战后美、苏冷战的前沿阵地。随着伊朗政府财政收入对石油分红的依赖，英伊石油公司遂通过石油控制了伊朗的经济命脉。伊朗人民不堪忍受英伊石油公司的掠夺，要求废除其租让权。1949 年，伊朗民族民主运动领导人穆罕默德·摩萨台在议会中提出“石油国有化法案”，得到伊朗各界的广泛支持。1951 年 3 月 14 日，议会通过该项法案，宣布对石油资源实行国有化，取消外国公司在伊朗石油领域的特许权。1951 年，伊朗国家石油公司(NOIC)成立。为了对抗伊朗的石油国有化法令，英伊石油公司背后的英国政府对伊朗实行经济封锁，西方国家也拒绝购买伊朗石油。伊朗失去大量的石油收入和外援，国家财政因此陷入危机，政局出现动荡，经济形势的恶化使摩萨台失去了民众的支持。1953 年，美国中央情报局乘机策划并推翻了摩萨台政府，帮助穆罕默德·礼萨·巴列维国王巩固了王权，并取代了英、苏在伊朗的主导性地位，由此获得政治和经济利益的双丰收。

四是中东石油政治一直受到域外因素的影响，因而使得其更具有国际政治的特征。首先，中东石油政治中的“大国博弈因素”主要表现为英法集团、美国和苏联(现在的俄罗斯)等域外大国对中东石油的争夺。历史上，中东石油的第一波域外控制者是英国和法国，特别表现为 20 世纪 50 年代之前英国对伊朗石油的控制。第二波域外控制者或介入者是美国，特别表现为美国和沙特在二战以后建立起来的同盟关系，沙特的石油产量是美国维系其“石油美元”霸主地位的根基。第三波域外控制者是苏联和后来的俄罗斯，突出表现为苏联于 20 世纪 70 年代末入侵阿富汗，与美国争夺中东地区的油气资源和本地区主导权。

其次，中东石油政治的“欧美因素”主要表现为欧美跨国石油公司对中东地区的石油投资和贸易。第一阶段主要表现为 20 世纪 60 年代之前，“石油七姊妹”对中东地区的石油投资，美欧跨国石油巨头和中东地区各产油国政府之间的博弈是中东石油政治的重要组成部分。第二阶段是 20 世纪 50~80 年代，美国阿美石油公司(Aramco)在沙特的投资，阿美石油公司基本上控制了沙特的石油工业。第三阶段是自 20 世纪 90 年代以来，美欧以及亚洲的石油企业在中东地区的石油投资，特别是自 2008 年伊拉克战后对外开放其石油市场，欧美石油企业联合亚洲国家石油公司在伊拉克的大规模投资与建设，一定程度上推动中东石油政治的多元化。

再次，中东石油政治的“亚洲因素”主要表现为中国、日本、韩国和印度等亚洲石油消费大国对中东石油的需求，以及上述四国的石油企业在中东地区的石油投资，对中东石油的巨大需求促使亚洲各重要消费国与中东各大产油国保持着良好的多双边关系，成为中东石油政治的“稳定器”。而亚洲石油企业在中东的投资一定程度上提升了中东石油的产量水平，推动提升了中东国家的石油工业现代化水平，提振了中东石油在全球石油市场上的地位，相应巩固和加强了中东各大产油国的“石油权力”。

三、中东石油政治的特点分析

不难看出，中东是世界地理和文明的“十字路口”，是全球石油生产、贸易和运输的“重心”，是大国博弈和纵横捭阖的“擂台”。近半个世纪以来中东石油政治主要有如下五个特点。

一是石油政治的“家族化”。其中最为典型的就是沙特。众所周知，近半个世纪以来，沙特一直是全球最大的石油储量国、生产国和出口国，直到2017年，沙特的石油产量才被美国超越。沙特石油权力和财富属于伊本·沙特王室及其家族集团。沙特石油圈的其他人，包括石油大臣和沙特阿美——全球最大石油公司的总裁和高官们，都是为沙特王室打工而已。

沙特石油政治对内主要表现为王室成员对石油权力和财富的争夺，以及由此产生的对沙特政治经济社会的影响。最典型的就是沙特“苏德里七兄弟”和其他王室成员的争斗，往往是互有胜负，轮流坐庄。最近的争斗是，王储穆罕默德·萨勒曼在2017年11月借“反腐”之名，拘捕包括沙特已故国王阿卜杜拉的儿子、前国民卫队司令米特阿卜和有“中东首富”之称的阿勒瓦利德等重量级王子在内的11名王子。沙特石油政治对内还表现为王室与管理这个王国石油财富的专业人士之间的较量，其中最常见的就是王室与石油大臣之间的互动。沙特石油大臣可谓全球最有权势的石油部长，一般而言，石油大臣必须听命于王室，但偶尔也会出现石油大臣不听话的。比如，被称为“石油智多星”的前石油大臣亚马尼，由于表现得过于“亲西方”，从而被前国王法赫德解除职务，不得已出走美国。

沙特石油政治对外主要表现为与美国的关系，在2010年之前的半个世纪，沙特和美国是在石油供需领域最具互补性的两个国家，“石油美元”“全天候”的盟友等，均是两国石油政治演绎的产物。2010年以后，随着美国页岩革命的成功和页岩油产量爆发式增长，沙美石油政治动向的不确定性加剧，美国显得更加独立和主动，而沙特则是愈加被动，“石油牌”越打越少。

二是石油政治的“组织化”。其中最为典型的就是OPEC。1960年OPEC的成立使得中东地区石油政治达到空前的一致，“石油权力”由此横空出世。中东石油政治的“黄金时代”出现在20世纪70年代。1973年，在第四次中东战争(阿以战争)期间及后续一段时期，阿拉伯产油国因不满以美国为首的西方对以色列的偏袒，由沙特挑头，联合其他产油国，集体对西方实施了一年左右的石油禁运。此举直接导致美国经济陷入严重的“滞胀”，数以千计的加油站门前排起了长龙等待加油。正是那一时期，美国卡特政府首次提出了“能源独立”的政策主张。这也是中东“石油权力”“石油政治”最淋漓尽致的一次发挥，“石油武器”由此名声大噪。

OPEC作为颇具全球影响力的国际组织，其治理机制是“秘书处+配额制+定期或不定期会议”。OPEC秘书处设在维也纳，每次OPEC大会的轮值主席由某个OPEC成员国的石油部长担任。OPEC通过增加或减少产量“配额”来影响全球石油的供应，从而影响石油市场和石油价格。在20世纪70、80年代，OPEC是全球石油市场上的“主导供应者”，石油政治影响力无与伦比。此后，随着苏联地区的石油全面进入全球市场，加上21世纪以来，特别是近十年来，美国石油供应的持续增加，OPEC的全球政治影响力不断下降。

三是石油政治的“碎片化”。最为典型的就是，2011年“阿拉伯之春”以来，中东政治乱象导致石油政治的碎片化。“我们都说，敌人的敌人是朋友，可是在中东，敌人的敌人还是敌人。伊朗是沙特的敌人，沙特的敌人是以色列，但伊朗和以色列依然互为敌人。”

一方面，阿拉伯内部的产油国互不团结，乃至“互殴”的情况严重，最为典型的是2017年发生的沙特联手海湾地区其他几个兄弟(包括苏丹)，打击卡塔尔这一全球最大的天然气出口国，至今与卡塔尔的外交关系仍未恢复；再有便是卡塔尔于2019年起正式退出OPEC，导致看似铁板一块的OPEC有“破碎”的危险。

另一方面，叙利亚、伊拉克地区石油政治态势的恶化，叙利亚内战和外部势力干预导致战争的长期化，对该国的石油工业已经造成致命的打击，产量已经从2010年的1850万吨掉至最近三年的平均110万吨左右；叙利亚东部和伊拉克西部的一些油区曾一度被伊斯兰国(ISIS)占据；而且，伊拉克战争导致伊拉克中央政府和北部库尔德自治政府在石油收益分配上的矛盾持续加剧。

四是石油政治的“集团化”。最为典型的是，由伊朗主导的伊斯兰什叶派石油国家集团，和以沙特为主的伊斯兰逊尼派集团之间的矛盾加剧。中东什叶派集团和逊尼派集团的“结构性”矛盾加剧，影响着中东石油地缘政治的走向，大有代替美俄等域外大国长期主导中东政治格局的态势。

什叶派集团的核心成员是伊朗和伊拉克，这两个国家2017年的石油产量分别达 2.34 亿吨和 2.21 亿吨，分别占全球石油总产量的 5.3%和 5%，整体影响力不容小觑。两伊由 20 世纪 80、90 年代的“死敌”，演变成为现在的“亲兄弟”，其“石油政治联盟”看似牢不可破。特别在 2018 年特朗普政府退出“伊核协议”，恢复并加强对伊朗的制裁，威胁要将伊朗石油出口打压至零时，有专家分析认为，美国的目的不可能达到，即便美国有这样的决心，伊朗完全可以通过和伊拉克原油“串换出口”的方式，变相达到出口石油的目的。

逊尼派集团的核心成员是沙特、科威特，外加一位当前“很不听话”的小兄弟卡塔尔。沙特和科威特 2017 年的石油产量分别达 5.61 亿吨和 1.46 亿吨，分别占全球石油总产量的 12.8%和 3.3%，整体影响力比什叶派集团看似更强。目前这两大集团正为争夺中东石油政治的主导权打得不可开交，但各自又有“硬伤”。于伊朗而言，最大的挑战是重新恢复的石油制裁；对于沙特而言，最为悲催的是，随着美国的能源独立，中国这一全球最大进口市场逐步提升自给能力，沙特的原油卖向何方？

五是石油政治的“金融化”。除了为外界熟知的中东“石油美元”，在中东，石油政治金融化的典型案例就是阿联酋(UAE)在中东地区的崛起。可以说，阿联酋是中东地区唯一的已经将石油权力、石油政治影响力，成功转化为国家经济和金融实力的“典范”国家，也是中东地区唯一实现“良治”且充分开放的国家。无论是迪拜，还是阿布扎比，目前均已经发展成为具有世界影响力的金融中心。

迪拜自不必说，已经由一个传统的石油出口贸易型城市，转变为中东地区的经济金融中心，目前也是中东地区旅客和货物的主要运输枢纽。石油收入虽然促进了迪拜的早期发展，但 2010 年以后，石油产业只占到迪拜国民生产总值的 5%以下。继石油之后，目前，迪拜的经济主要依靠金融服务、旅游业、航空业、房地产。

作为阿联酋的首都，阿布扎比具有传统的政治优势，其石油储量和产量占整个阿联酋的 90%以上，石油收入是阿布扎比的重要外贸收入来源，大有“后来者居上”的趋势，因此阿布的开放程度并不亚于迪拜。特别在金融领域，阿布扎比国际金融中心(ADGM)于 2015 年 10 月 21 日正式开放，该中心致力于提供金融服务，助力阿布扎比经济多元化和可持续发展。而且，从熟悉阿布扎比金融业专人士那里得知，目前阿布扎比在对外主权财富基金投资上比迪拜更加灵活。

四、结论

一方面，石油政治具有全球性影响力，其背后除了石油这种特殊的商品属性外，还有国际石油机制缺失使然。除了地缘政治、宗教文明冲突和石油利益常常交织在一起外，就国际石油机制而言，直到现在，尚没有一种全球性的国际石油治理机制来规范国际油气贸易、跨境油气投资以及资源国、消费国的行为。现在有的只是区域性的或集团性质的国际石油合作组织，比如 OPEC 和 IEA(国际能源署)，比如主要用于规范欧洲这一地区的“能源宪章”。正是因为缺乏一种全球统一的、具有普遍约束力的机制，“石油权力”才变得那么肆无忌惮，时常“逃出”制度的笼子，出来寻衅滋事，从而使得石油政治愈发具有影响力。

另一方面，中东石油政治的家族化是其“污点”，长期以来，除了沙特，科威特、阿联酋、卡塔尔等中东阿拉伯产油大国，由于“君主制”的政体，其石油政治的一个重要组成部分就是家族政治。

组织化是中东石油政治的“立足点”，如果没有 OPEC，中东将会更加破碎，发展中产油国的利益将更难得到保障，矛盾更加复杂突出。

碎片化是中东石油政治的“风险点”，由于 2011 年“茉莉花革命”的蝴蝶效应，中东政治版图近十年的“碎片化”倾向加剧，导致该地区石油政治的复杂化碎片化。

集团化是中东石油政治的“分界点”，以沙特为首的逊尼派产油国和以伊朗为代表的什叶派产油国已成两大集团对立态势。

金融化则是中东石油政治的“亮点”，以阿联酋为代表的中东石油领域的金融创新则是近年来该地区石油政治少有的亮点。

全面放开外商投资勘探开发对中国油气行业的影响探讨

张海霞；刘芳

[中国石油大学(北京)经济管理学院]

2019年以来，我国油气上游领域改革、市场开放提速。6月30日，国家发展改革委、商务部发布2019年版《外商投资准入特别管理措施(负面清单)》，同2018年的版本相比，新版外资准入负面清单将“石油、天然气(含煤层气，油页岩、油砂、页岩气等除外)的勘探、开发限于合资、合作”这条规定删除。这也就意味着自2019年7月30日新版负面清单施行起，外资将有机会在我国独立开展油气勘探开发。油气上游领域的开放，是我国油气行业发展的重要转折点，此次外商投资准入放开再加上之前已铺开的中游、下游领域的改革，标志着我国整个油气产业将全面开放，油气体制改革进入新阶段。

一、我国油气上游准入放开的历史演变

我国油气上游勘探开发业务长久以来都由中国石油、中国石化、中国海油、延长石油四家大型国企享有，其他资本进入油气勘探开发存在障碍，行业格局的垄断色彩较浓。随着我国经济的发展与能源消费的变化，油气行业以石油国企为主体的格局也应做出调整。如图1所示。

二、全面放开外商投资勘探开发的重要意义

(一) 有利于提高油气自给率，保障我国能源安全

中国石油经济技术研究院发布的《2018年国内外油气行业发展报告》中显示，我国2018年石油和天然气对外依存度分别上升至69.8%和45.3%，继2017年成为世界最大原油进口国之后，2018年我国又成为世界最大天然气进口国，保障能源安全十分紧迫。因此，加大油气勘探开发力度，提高原油天然气储量，改变国内油气依存度不断攀升的现状成为当务之急。油气勘探开发属于竞争性业务，但长久以来，我国油气勘探开发领域市场竞争主体少，市场无法有效在油气勘探

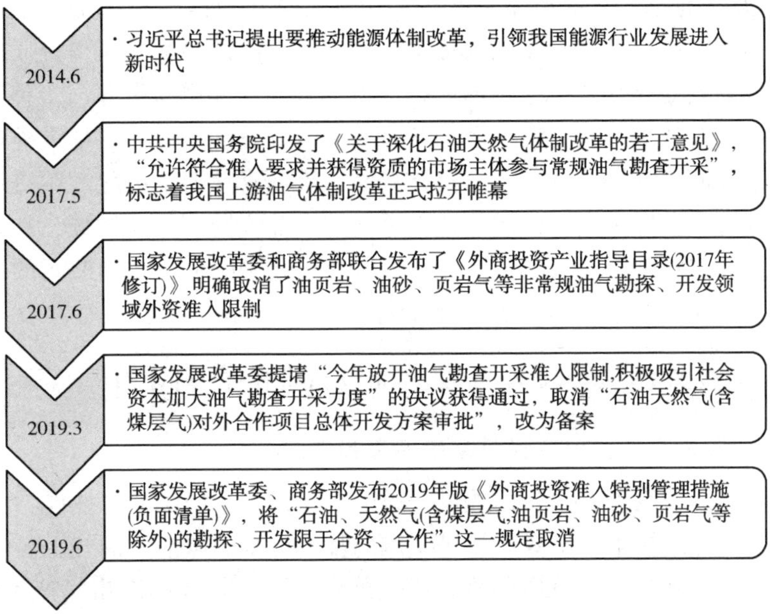

图 1　油气上游准入放开的历史演变

开发领域发挥决定作用，油气勘探开发效率低。现在，通过营造公平开放的准入环境，引入更多的市场竞争主体包括外资参与油气勘探开发业务，在提高效率的同时，还能增加我国油气资源储备，强化油气供应保障能力，维护我国能源安全。

（二）有利于创新合作方式，提升我国油气勘探开发的水平和质量

过去我国油气勘探开发一直由国企主导，外资企业只能通过与中国企业合作的方式参与，为维护我国利益，外资基本是以产品分成模式参与这些合作，没有真正独立承担油气田勘探开发。2019 版负面清单实施后，我国油气勘探开发的门槛降低、限制放宽，现在外商有可能独立参与招投标获得勘探开发区块，从而进入中国油气勘探开发领域。油气上游业务具有高风险、高技术、高投入、长周期的特点，我国油气勘探开发技术与国际巨头比还存在差距，外资在上游油气勘探领域特别是海上石油勘探领域具有相对竞争优势。放开油气上游的外资准入限制，有利于创新能源合作方式，加大油气勘探开发的对外合作力度，通过借助外商的先进技术设备和专业能力，提升国内油气勘查开采的技术水平和质量效率。

（三）促进油气行业市场化改革进程，提升整个行业的效率

按照中共中央国务院 2017 年发布的《关于深化石油天然气体制改革的若干意

见》要求，新一轮油气体制改革正在全面启动，全产业链改革正加速推进。上游勘查开采领域将在保护性开发的前提下，允许符合准入要求并获得资质的市场主体参与常规油气勘查开采，逐步形成以大型国有油气公司为主导、多种经济成分共同参与的勘查开采体系。油气勘探开发等上游领域的开放，将加大外资石油企业在我国开展油气勘探开发，能够打破垄断，推动真正的市场化改革进程，让市场在资源配置中发挥决定性作用。此次全面放开油气勘探开发领域，从国家政策层面上讲，标志着中国整个油气产业全面开放，是中国油气体制改革的一件具有“里程碑”意义的事件，有利于提升整个行业的效率。

三、全面放开外商投资勘探开发对油气行业的影响分析

（一）对国内石油公司来说既是机遇又是考验

外资企业能为我国石油公司提供先进的技术设备、精湛的专业能力和雄厚的资金支持，并通过技术溢出效应促进我国的技术进步。取消了油气上游领域的进入限制之后，公平竞争的市场环境令优质外资的进入带动整个市场产生“鲶鱼效应”，倒逼市场中所有企业必须不断提升自身的竞争力，加快技术研发、完善管理方式。油气勘探开发是一个资本密集型、技术密集型行业，勘探开发周期较长，投资后短期内取得效益的可能性很小。油气深埋于地下，储藏方式和特征因地质条件而异，各地地质条件差异很大，勘探开发突破的难度很大，往往需要不断创新、曲折反复。与国外相比，中国油气勘探开采地质条件复杂、勘探成本比较高。国外很多石油公司已有百余年历史，与现代石油工业同步成长，有丰富的从业经验，进入中国市场开发油气资源具有相对明显的竞争优势。但是中国本土企业也有一些比较优势，它们比外资企业更熟悉中国国情，在各自油气区块有成熟的客户网络和关系网络。对中国企业来说，把本土的比较优势和国际石油公司的一些经验结合起来，将来在提升能力、改善管理等方面都会有所受益，外资的资金技术和中资的人才资源优势可以互补，有助于实现风险共担，增强勘探开发的效果。

油气市场开放给了外资企业和民营企业进入全产业链的机会，上游的竞争环境会变得更为激烈，现有石油国企的市场主导地位和盈利能力将被削弱。由于准入限制，以前民营油气企业大多集中于下游领域，或者提供油田服务。近年来随着中国油气体制改革的深入，政府对民营石油企业也越来越重视，政策的制定上也倾向于给其以公平竞争的机会，实力强的民企也可掌握一定程度的上游资源。而国际石油公司不仅资金雄厚，管理上具有成熟的

运作体系，而且勘查技术先进又有丰富的实战经验，现在它们进入中国油气市场的限制被取消后，就可以不必与中国石油公司合作而是独立地参与招投标，获得勘探开发区块，进而展开相关业务，所以跨国资本进入之后，我国油气上游领域的竞争将会非常激烈。

（二）短期内上游勘探开发的格局基本难以被触动

按照我国现行法律《矿产资源法》《中华人民共和国对外合作开采海洋石油资源条例》以及《中华人民共和国对外合作开采陆上石油资源条例》，目前有资质条件从事矿产资源勘查和开采的，只有中国石油、中国石化、中国海油、延长石油四大国有石油公司，且条例规定中国海油负责中国对外合作开采海洋石油资源的业务，中国石油、中国石化负责对外合作开采陆上石油资源的经营业务，所以当前外资独立进入油气勘探开发领域还面临资质问题，想在中国开展勘探开发业务须与国内三大石油公司进行合资合作。同时，中国油气矿业权实行登记制度，四大石油公司几乎将石油天然气有利区块全部登记。到2010年国土资源部开始竞争性出让油气探矿权试点时，只有一些勘察程度低、风险高的一些海域或西部空白区。这些地区的探矿权资料很少，有的还位于生态保护区内，要想在这些区域取得勘探突破，十分困难，需要很大的勇气和耐心。对外资企业来说，即使有了区块资源，还会综合考虑该区块是否具有开发潜力，是否值得投入大量资金和时间，将来获得的收益能否匹配相应的成本等。所以这次虽然从政策层面上取消了外资企业油气勘探的限制，但能否真正释放出对外资的吸引力还得看之后的配套措施，短期内中国上游油气勘探开发的格局基本难以改变。

（三）长期看对国内油气市场影响重大

从长期来看，通过营造公平开放的准入环境，引入多市场主体包括外资参与，可以增强市场供给力量，随着油气资本支出的增加，油气定价也将进一步市场化，未来油气和页岩油气产业链的相关设备及服务企业也有望受益。外资企业的进入将加速市场化改革的进程，加速整个行业内的优胜劣汰，在市场主体和市场结构上形成新的行业格局。外资企业在勘探开发经验、技术规范、管理标准和全球资源的有效整合上具有优势，对外资准入限制的解除，能推动中外资企业通过市场竞争加强合作，增强整个能源市场的活力。另外，在油气开发进入地上深层、海上深水开发的背景下，油气行业面临新的技术创新和价值链全球管理的需求，对外资企业的限制取消也为中国油企在全球范围内整合技术和产业链提供了机会。

四、结论与建议

(一)政府应尽快出台矿权流转细则

建立健全油气区块的竞争性出让、流转及退出机制，推进矿权区块市场化改革。一方面，国内油气上游领域的主体较少，竞争性还不够，中国陆上常规油气埋藏深、地质构造复杂，加之油气地质资料共享利用难，油气勘探开发要想有所突破，难度很大。另一方面，我国的油气区块长期被三大国有石油公司垄断，区块退出和流转机制还不健全，大部分有利油气勘探区块已被中国石油、中国石化、中国海油通过登记申请掌握在自己手中。对外资来说，拿不到区块资源，开放勘探开发准入就是一纸公文，实际意义不大。外资企业要想获得油气区块探矿权和采矿权，就需要“三桶油”退出。建立油气区块的竞争性出让、流转及退出机制也符合勘探开发的工作原理，每个石油公司地质勘探团队人员组成不同，擅长的地质领域也不同，通过区块流转，可以使待勘探开发区块接受不同石油公司的不同团队的研究开发，而且单个公司的财力和能力是有限的，这样也可以保持一个区块勘探开发的持续投入，促进高效勘探和低成本开发，激活勘探开发市场。

(二)政府应加强有效监管

参差不齐的多元化投资主体进入上游领域后，出于不同的动机以及每个公司既有的技术短板，可能会采用不合理的勘查方式对我国地下层系造成一定程度的紊乱和伤害。能源安全不仅是指以合理的价格为经济发展提供各类能源的可靠供应，还应把对自然生态系统的损害程度降到最低；不仅要满足当代人类的基本能源需求，而且要使后代免于遭受潜在的能源风险和威胁。在放开外资准入的同时，国家需要对此风险进行评估，加强监管，及时应对。另外，2019 年 12 月 9 日国家石油天然气管网集团有限公司正式成立，管网独立向第三方公平开放，外资和民企可以进入油气板块，改善了营商环境，有利于促进基础设施建设，这些企业的运输问题也可以得到解决。但是成立国家官网公司不等于马上就可以完全放开油气市场不管，虽然从趋势上未来油气市场化会逐渐增强，但从上游准入放开到各类市场主体真正参与上游，中间仍有一段艰难的路要走，国家在鼓励其他各类企业加入其中的同时，要注重引导，有效监督，让真正有实力的企业进入上游领域，规范行业秩序。

(三)国内石油公司应树立效益开发理念

中国油气资源丰富，但资源探明程度并不高，探明储量中尚有数十亿吨难以利用，有的已探明储量处于无效益甚至负效益开发状态，大企业很难进行经济开发，但是小型公司由于包袱轻、机制灵活，可以实现经济开发。随着上游准入的放开，这些油气资源或许能得到充分利用。对外资石油公司来说，能否获得具有潜力和经济开发价值的油气区块，才是它们决定是否进入中国油气勘探开发领域开展业务的主要因素，已占有油气区块的公司应强化勘查区块油气资源潜力评价与可能的产量规模预测，强化油气区块的经济效益评价，积极加强与其他石油公司的资料共享，在自身勘探投入资金有限的情况下，可以考虑退出现有勘查力度不足的区块，将资源流转到外资企业那里，共同推进勘探开发一体化，加快效益开发，尽快使优质资源转化为优质产量。

（四）国内石油公司应加大同其他公司合作力度

国内石油公司需要重新审视梳理自身业务，尽快补齐短板，加强同其他石油公司之间的合作。首先国内“三桶油”公司之间应加强合作。虽然之前国内三大石油公司有竞争也有合作，但还是以竞争为主，今后应改变各自为政的局面、加大合作力度以应对市场新变化，加强技术交流，资料共享。其次中资企业应加强与外资石油公司的合作。外资准入开放后，国外的技术和资金一旦注入到中国，就会产生外溢效益，那么国内的企业就会受益匪浅。再是加强与非油气业务公司的合作。在能源转型大背景下，可再生能源对油气行业的冲击越来越明显。在未来，中国石油企业不仅要做行业的守护者，还应加强非油气业务的合作和业务拓展，向综合能源服务商转变，争做能源转型期的中坚力量。

中国油气矿权管理体制主要问题与改革建议

董聪[1]；吴映江[2]

[1. 对外经济贸易大学国际经济贸易学院；2. 香港浸会大学]

2017年5月，国家《关于深化石油天然气体制改革的若干意见》(以下简称《意见》)出台，在油气矿权管理体制改革方面有重大突破，在肯定了新疆油气矿权体制改革试点的基础上，提出了“完善并有序放开油气勘查开采体制，提升资源接续保障能力”的改革要求，并且在油气勘查开采体制、油气勘查区块出让制度、油气区块退出机制、矿权投资管理体制、矿业权流转和地质资料公开和共享机制等方面都提出了明确的改革思路和方向。2019年6月30日，国家发展改革委、商务部发布了《外商投资准入特别管理措施(负面清单)(2019年版)》和《自由贸易试验区外商投资准入特别管理措施(负面清单)(2019年版)》。在采矿业领域，取消石油天然气勘探开发限于合资、合作的限制，取消禁止外商投资钼、锡、锑、萤石勘查开采的规定。随着中国对外开放程度的不断深入，将为其他国家进入采矿业的投资者创造更多发展机遇。

一、中国油气矿权管理体制存在的主要问题

(一) 油气资源法律体系有待完善

1. 油气矿业权审批登记制度不符合油气生产规律

油气勘探开发条件在不断发生变化，以前的油气勘探开发通常以整装的构造油藏为对象，如今则转变为有着“低、深、难、杂”特征的小油田，“勘探开发一体化”方式得到更为广泛的应用。中国现行矿产资源法将油气矿业权申请登记分为勘查许可证登记、采矿许可证登记、滚动勘探开发的采矿许可证登记、油气试采许可证登记以及探矿权保留登记等5种方式。针对不同阶段的不同许可登记规定，人为地分割了“勘探开发一体化”作业流程，增加了油气勘探开发、生产作业的审批成本和审批时间，已然不再适应当今的油气生产运行基本规律。

2. 未能实现区块的依法退出

按照中国相关法律法规，获得勘探、开发区块是有条件的，要求在规定年限

内完成相应工作量，未能完成规定工作量者必须逐步缩小直至完全退出已占有的区块。换言之，区块不能“终生”占有，不能占有大面积区块而不去充分地勘探、开发。然而，这些规定未能在实践中落实，区块占有者并没有按时汇报工作进程，相关管理部门也并没有及时检查区块投入的作业量，无法实现过期的或所谓投入工作量不足的区块应当及时退出的预期安排。退一步看，倘若相关部门想要介入管理，也缺少相关规章赋予他们具体的管理权，连相应的监管机构和人员都没有安排，因此，中国油气勘探开发区块仍然呈现长期被“三桶半油”（三大石油公司和延长石油集团）全覆盖式占有的局面，上游垄断被固化，大量已探明储量长期被空置而不能投入开发、贡献产量，也就不足为奇了。

3. 未能上交资料形成公益性信息

全球主要国家对资源勘探开发区块持有者，都有要其在保护商业秘密和权益年限后按工作阶段上交地质资料的规定。这些资料成为属于国家的基础性、公益性的宝贵信息资源，从事涉及该地该项资源勘探开发和相关研究者，都可按规定向国家的资料管理部门申请获得这些资料信息。这对节约勘探开发和相应研究经费、避免重复性工作提供了保障，是对全社会有益的，也是对所有公司公平的。中国的类似规定在其他资源上执行得较好，而在由国家“一级管理”的油气上反而做得最差。国家石油公司长期未履行有关规定上交资料，致使各公司都被迫做了许多重复工作，更使新获得区块者（如页岩气区块二轮招标中标者）无法在迅速掌握前人成果的基础上开展新的工作，增加了工作难度，浪费了资金。目前中国对地质资料上交、保管、获得的有关规章的确还不够完善，缺乏可操作性。

4. 矿权管理不同法律规范存在冲突

当前矿权管理的不同法律规范之间存在相互冲突的问题。例如，《矿产资源法》第四十二条规定：“买卖、出租或者以其他形式转让矿产资源的，没收违法所得，予以罚款。违反本法第六条的规定将探矿权、采矿权倒卖牟利的，吊销勘查许可证、采矿许可证，没收违法所得，处以罚款。”但国土资源部制定的《转让管理办法》规定探矿权转让方式有出售、作价出资、合作、出租、抵押、赠予、继承、交换等。这些规定与《矿产资源法》存在一定程度上的冲突，但是按规定来看，这些多样化的探矿权转让方式是为了更好地满足中国探矿权流转市场需要，从根本上说符合矿产资源市场的经济规律，有利于促进探矿权转让市场逐渐迈入成熟阶段。因此，建议废除《矿产资源法》中对禁止“将探矿权、采矿权倒卖牟利”这条法律规定，它在某种程度上还保留着过时的计划经济色彩。这样不但解决了不同法律部门之间的冲突，也能更好地彰显出《矿产资源法》是适应市场经济的一部法律。

（二）市场化机制发挥不够

1. 矿权申请和流转机制有待完善

目前中国油气矿业权授予缺乏市场机制，市场主体竞争不足，未建立高效、有序竞争的油气勘查开发市场。中国油气矿业权出让形成一级市场，然而，它并非真正意义上的市场，因为受到了太多限制。中国的《探矿权采矿权转让管理办法》对两种矿业权的转让(二级市场)做出了具体规定："探矿权人有权在划定的勘查作业区内进行规定的勘查作业，有权优先取得勘查作业区内矿产资源的采矿权。探矿权人在完成规定的最低勘查投入后，经依法批准，可以将探矿权转让他人。已取得采矿权的矿山企业，因企业合并、分立，与他人合资、合作经营，或者因企业资产出售以及其他变更企业资产产权的情形而需要变更采矿权主体的，经依法批准可以将采矿权转让他人采矿。"类似的规定(必须经过批准才能取得)严重影响油气矿权的有效配置，给流转去向以及真正使用带来了行政阻力，不能使得出价最高者和经营最好者获得，损害了价值。

2. 过分强调采矿权的公权性质，忽视探矿权人的投资收益

矿产资源公权管理对私权的影响，主要体现在探矿权价款和采矿权价款确认与征收上的不合理。按照《矿产资源法》规定，"勘查或开采国家出资形成的矿产地，应当向国家缴纳探矿权、采矿权价款。"在目前探矿权管理中，出现了两个严重的弊端。一是忽略申请勘查的区域地质工作程度高低的差异性，全部采用招、拍、挂的方式，当申请人申请的区域地质工作程度很低时，无疑增大了其投资额；二是忽略申请勘查的区域地质工作程度高低差异性，全部采用审批制，申请人获得探矿权时不予以评估，对其是否应缴纳探矿权价款也不予确认，当申请人后续经过勘查投入取得开发良好时机时，要求其缴纳采矿权价款，扣除探矿权人的勘查投入。这意味着，本不具备开采条件的矿区，经探矿权人投资、取得资源信息后才能具有开发利用价值，这时也才有了采矿权价款。可见，采矿权价款中包含了本该是探矿权人投资收益的部分，这样的做法侵吞了探矿权人一定的投资收益。这两种情况过分强调了矿产资源法的公权属性，与矿产资源法的立法目的相悖。

3. 矿业权监管与服务系统有待建设

目前，油气资源管理支撑力量少，没有全效发挥管理支撑能力；缺少政府与石油企业之间的信息交流及相关制度，尚未建立不同层次的油气资源综合信息服

务系统。信息服务不到位，造成投资人盲目投资。目前中国矿业权管理和服务还不够完善，未能及时更新矿业信息，创造更有效率的矿业投资环境；未能信息透明公开与共享。社会投资者无法通过网站了解各地出(转)让的矿业权信息以及相关的基础资料；探矿权、采矿权登记信息不能及时、准确地披露给公众，投资人有权知道但却无法准确有效地知晓欲投资区域是否已设置了矿权。很多情况下，由于矿权登记信息披露滞后，导致投资人对投资目标区域的详细信息不了解或了解不全面，出现了盲目投资的状况。

4. 油气行业准入制度不够完善

《矿产资源法》及相关条例规定，只有国务院授予油气勘探开发资质的企业，才能从事石油天然气勘探开发业务，目前国内仅有中国石油、中国石化、中国海油等少数国有石油公司具有该资质，其他资本进入油气领域存在法律障碍。虽然国家出台了鼓励和引导民间资本进入能源领域的相关意见，但目前放宽油气勘探开发准入的法律法规尚不健全，缺少对准入企业在资本额度、装备力量、技术实力、业绩经验等方面的标准要求，准入条件不明确。比较突出的是，缺少国内企业开展油气勘探开发合作的管理条例，包括合作模式、风险承担、准入要求等方面；缺少关于储量资产使用和评估的相关规定、标准和规范，权威的储量评估机构也鲜有，这不利于储量有偿使用的落实，可能导致国有资产的流失。

5. 油气矿权市场化配置程度较低

在常规油气领域，尚未建立比较规范的矿权一级市场和二级市场，中国石油、中国石化、中国海油和延长石油公司通过申请登记、国家行政授予的方式取得油气探矿权和采矿权，其他资本仍难以直接进入，不利于油气矿权的优化配置。2010 年以来，国家陆续出台了《关于鼓励和引导民间资本进一步扩大能源领域投资的实施意见》《关于进一步鼓励和引导民间资本投资国土资源领域的意见》，各类资本可通过“招、拍、挂”进入煤层气、页岩气等非常规油气勘探开发领域，民间资本可通过合作方式进入常规油气勘探开发领域，但占采矿权比例较小。

二、中国油气矿权管理体制改革的对策建议

(一) 完善和加强油气资源法律法规体系建设

应加紧修改和完善《矿产资源法》及配套的法规政策。现行的矿产资源法及相关法规已经不能适应目前探矿权、采矿权流转市场的建设，某些规定已经严重滞后于市场的发展，不利于采矿权的市场化配置。而位于下位法的部门规章与位于上位法的矿产资源法及相关法规中关于探矿权、采矿权流转方式的规定存在很

多不一致的地方，甚至有些是冲突的。因此，有必要加快修订《矿产资源法》及相关法规，删除有关"除了因企业合并、分立，与他人合资、合作经营，或者因企业资产出售以及有其他变更企业资产产权的情形需要转让探矿权、采矿权之外，不得以抵押、租赁等其他方式流转探矿权、采矿权"等规定，并专设章节规定采矿权流转制度，明确规定探矿权、采矿权可以通过抵押、租赁、作价出资的方式进行流转等。

应加紧修改和完善《对外合作开采海洋(陆上)石油资源条例》等法规政策，该条例目前在一定程度上存在行政主管部门不明、油企环保义务缺失、法律责任虚化等问题。例如，对外合作区块的审批部门存在一定的交叉，依法审批矿产资源对外合作区块是国土资源部的主要职能，而油气对外合作项目的开发区块的审批却由国家发展和改革委负责。条例的修改应注意明确主管部门的范围及权限，明晰合作的油气企业的环保义务和法律责任等。

(二)合理划分中央与地方的油气矿权管理事权及职责

理顺中央和地方政府关系，科学合理划分中央与地方的油气矿权管理事权及职责。目前油气作为特殊矿种为国家"一级管理"，在实践中已暴露出许多问题。众所周知，政府机关的编制受到严格限制，在这一情况下，要让国土资源部等某些中央机关直接监管为数众多的油气区块市场准入和退出转让、甚至是大量相关公司的经营运作并不现实。因此，可考虑借鉴美国的资源管理经验，即试行中央和地方的多级管理。这一做法既有利于统一管理，又调动了各方的积极性，在充分考虑地区差异性的基础上，注意防止地方分割和排他性的地区保护。

(三)推进市场准入制度改革

加快推进油气勘探开发主体多元化，要积极推进市场准入制度改革，在国家总体控制的基础上，科学设置适当的市场准入门槛。建立科学、合理和严格的市场准入原则，要为有实力、有勘探开发资质的企业进入油气上游勘探开发领域提供保障，适度鼓励各种有条件的社会资本有序进入油气上游领域，面向市场竞争主体实行国民待遇化管理。充分利用外国资本、技术和专门技能，吸引国内外多种技术和资金，做到优势互补，实现油气勘探开发的多元化。制定勘探开发区块准入门槛时，完善资金标准、产能标准、环保标准、技术标准、设备能力标准等行业规则，规范招投标管理过程，允许有实力的民营企业通过竞标方式从事油气勘探开发。制定科学合理的市场准入标准的同时，加强监管和审查，防止不符合条件的公司从事油气上游业务，以免出现油气勘探开发秩序紊乱、浪费资源、破坏环境的状况。

（四）将矿权登记制变为招标制度

在条件成熟时，将矿权登记制变为招标制度，采用国际上通行的区块招投标方式，建立公开透明的探矿权和采矿权招标投标制度体系，允许具有合法资质的油气勘探、生产企业通过竞争获得该区域的油气勘探权和优先开发权，逐步建立统一、有序、公平、透明的矿权一级市场。逐步建立油气风险勘探开发国内外合作机制，探索高风险、高成本新区以及新领域的油气勘探合作模式，促进低品位、难开采的油气储量的开发。当企业通过勘探或委托勘探而获取了可采油气资源并决定转让优先开发权时，可通过资源估值并组织开发权的竞拍，所获收益按一定比例在勘探权企业和初始矿权所有者之间分配。这样的做法，将既有利于明晰矿权收益和各类矿权人所得，也有助于规范政府和企业的关系和行为。完善并严格执行探矿权延期制度，加强对全国已登记油气区块投入情况的检查，矿权主管部门对超过规定时限不做实质性勘探的区块应予以及时回收，并通过重新公开招标方式授权给其他油气企业，逐步建立有效的退还机制。应改革行政审批的矿权制度，采用竞争性矿权出让方式。

（五）建立公开透明的油气矿权交易市场

中国应建立公开透明的油气矿权交易市场。严格规范矿权转让和流转程序，制定公开透明的矿权转让市场标准和交易规则，明确投资额度、交易期限和交易流程，并加强市场监管，规范交易秩序，确保矿业权交易公正、公开、透明。考虑完善矿权转让方式与机制，简化转让手续，提高行政办事效率，促进矿权流转市场的有效性，使市场更有效地发挥出资源配置功能。建立油气区块矿业权退还制度。此外，相关职能部门按照最低勘查投入标准，加强对已登记油气区块勘探投入现状的检查，对未能达标者，如实按比例退还相应区块面积，逐步建立起有效的矿权退还机制。

（六）完善地质资料汇交使用机制

完善地质资料汇交使用机制，加强对地质资料汇交工作的监督管理，依法查处不履行地质资料汇交义务的行为。加强地质资料馆藏机构网络建设，组织专业人员对油气地质资料进行二次及多次开发，提高地质资料馆藏机构管理服务水平。建设油气地质资料信息共享和社会化服务体系，提高油气地质资料社会化利用效益，为政府、社会及企业提供服务。国务院已经颁布了新的地质资料披露条例。实际过程中涉及有关大比例地形图保密制度问题。现阶段，不同矿区可独立建立坐标系统，政府的出资勘查工作尽可能跟随矿业界需求在有利的地区进行。

不涉密的公益性地质资料，向全社会公开并供其使用。对部分涉密但可以提供利用的地质资料，也将明确要办理的手续和具体的程序。国土资源部目前已将馆藏地质资料目录在互联网上进行发布，并正在逐步完善和增加发布的内容，建立全国地质资料目录网络中心，提供社会查询服务，地质资料服务今后将会出现新的变化。此外，对外合作项目的勘探开发资料也应加强汇交管理。总之，借鉴国外好的经验，逐步建立有效的油气勘探开发资料、信息服务市场，力求促进油气资源有效的勘探开发。

中国原油期货发展现状、问题及建议

李云旭

[国投安信期货有限公司]

中国原油期货于2018年3月26日在上海期货交易所子公司上海国际能源交易中心(INE)上市，作为中国第一个对外开放的期货品种，上市以来交易交割平稳有序、市场规模稳步提升。中国原油期货与外盘联动紧密，价格主要锚定中东可交割油种的进口到岸成本，内外盘价差合理反映了运费、汇率、油品差异、交割费用等因素，处于合理套利区间，区域性定价优势暂未凸显。目前中国原油期货市场产业参与程度偏低，交易者结构有待优化。在提升国际原油市场话语权、推动“石油人民币”体系建立的过程中，交易所应逐步改善交易机制，优化参与者结构，并加快成品油期货上市步伐，为实体企业套期保值保驾护航。

一、国内外原油期货价差分析

中国已成为全球原油进口第一大国，但长期以来原油定价权一直位于国外，且亚洲地区缺乏权威定价基准，使得我国在原油贸易中处于相对被动地位。INE原油期货上市的长远目的在于谋求中国原油定价权，推动人民币国际化进程，但作为国内全新的期货品种，吸引参与者的首要条件是能够在健全的交易体制下合理反映地区价格，而后再随着市场博弈方的增多使得价格逐步反映区域市场的供需情况。在当前外盘主导的定价体系下，合理的内外盘价差是使得内盘期货反映合理到岸价的基础。

（一）内盘原油定价逻辑

INE原油期货总体方案为“国际平台、净价交易、保税交割、人民币计价结算”，可交割油种包括阿曼原油、卡塔尔海洋油、也门马西拉原油、伊拉克巴士拉轻油、阿联酋迪拜原油、上扎库姆原油和胜利原油。胜利原油主要用于中国石化内部炼厂，少量流向山东独立炼厂，由于交割库均在港口，交割胜利原油的陆运成本较大，实际参与交割的可能性较小，主要体现象征意义。内盘原油期货理论上主要反映中东交割油种的保税到岸价格，卖方交割成本由中东可交割油种的到岸价(FOB)加上运费、保险、港杂费、入库费、仓储费、交割手续费等费用组成。另外，INE原油期货采用交割库交割，目前指定的交割仓库主要位于大连、烟台、青岛、日照、上海、舟山和湛江，买方参与交割除了考虑出库和交割手续费用外，还需考虑被分配到不同交割库带来的额外内贸运费。因此，理论上INE原油在当前阶段将以中东可交割油种价格为锚，贸易商与采购方在交割成本相对有利时进入市场参与定价，使得内外盘价差在一个合理的区间内波动。

(二)国内外原油期货价差分析

目前主要的中东原油基于普氏Dubai/Oman的评估价来设定其向亚洲客户的正式售价，迪拜商品交易所上市的Oman原油期货也是中东地区重要的价格参考。但考虑到Brent原油在欧亚市场的定价基准地位以及市场关注度、流动性等原因，我们主要以Brent原油为例对内外盘价差进行分析。数据处理方面，随着INE原油期货的不断成熟和做市商制度的引入，2019年以来合约已经由前期非连续换月变为连续换月，因此我们选取INE原油与Brent原油主力合约，并将每日价格根据当日汇率换算后统一对应至北京时间15：00，用INE价格减去Brent价格代表内外盘价差进行日度波动的分析。

由图1可以看出，2019年10月以前INE原油与Brent原油价差位于-10元/桶至20元/桶区间内波动，10月之后一度上探至最高50元/桶以上，构成该价差波动的主要原因是运费波动、Brent较中东原油的价差，以及人民币贬值预期和主

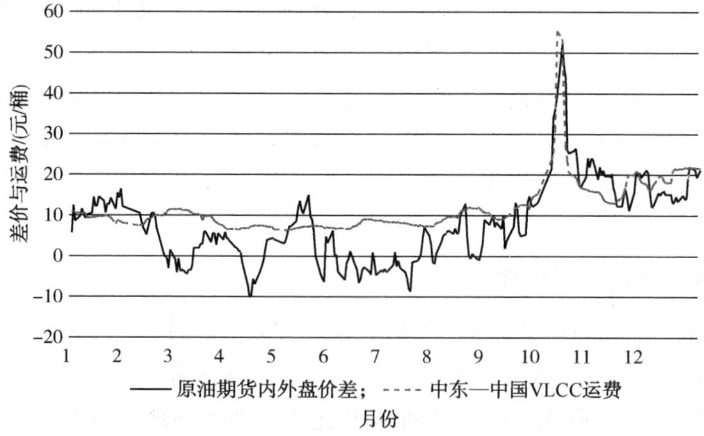

图1　原油期货内外盘价差与运费走势

数据来源：Thomson Reuters

力合约错配等因素。

2—4 月内外盘价差在区间内呈现下跌趋势，主要源于 Brent 较中东原油价差走高。从图 2 可以看出，以 Brent-Dubai EFS 为例，由于受伊朗出口骤降和 OPEC 新一轮减产影响，年初 Brent 较 Dubai 原油溢价较小，中东原油供应相对趋紧，但随着减产边际量的减少和东西市场的再平衡，2 月中旬开始 EFS 价格企稳走高，使得中东原油采购成本相对降低，带动 INE 较 Brent 原油价差走低。

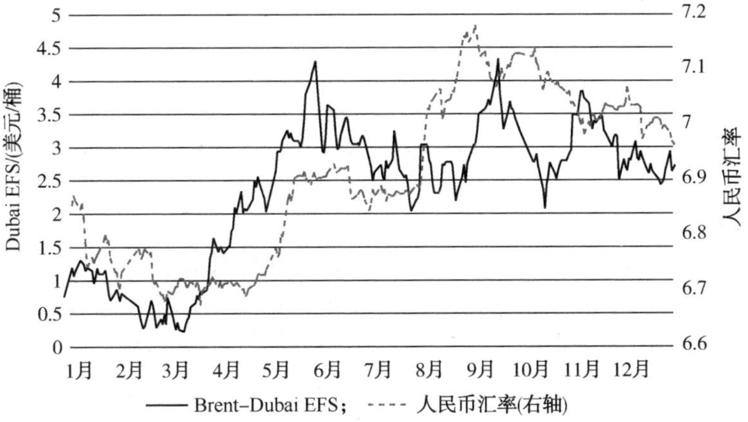

图 2　Dubai EFS 以及人民币汇率走势

数据来源：Thomson Reuters

5 月开始，在中美贸易争端加码的背景下，人民币快速贬值成为支撑内外盘价差的关键因素。虽然价差已经经过汇率换算处理，但在人民币快速贬值时期期货市场通过交易贬值预期往往产生放大效应，使得内盘价格相对强势，这种情绪性导致的价差波动随着后期汇率的平稳逐步回归，同样的情况在 8 月上旬再次被重演。

为应对 2020 年限硫新规，2019 年四季度开始部分油轮进行脱硫塔安装、洗舱等工作使得航运市场运力偏紧，9 月 25 日美国对中远旗下子公司制裁直接导致 VLCC 供应骤减，以 VLCC 中东-中国(TD3C)航线 WS 指数为例最高上涨逾 300%，对应桶油成本增加最高达到 40 元以上，后期随着美国阶段性豁免运费大幅回落。在此期间，内外盘价差冲高回落，反映了运费市场的波动。

总体来说，以 Brent 原油期货衡量的内外盘价差波动处于业界认可的套利区间之内，反映了运费、汇率预期、油品差异、交割费用等多方面因素，其波动的合理性也充分说明了内盘与外盘高度联动，盘面价格目前仍处于反映中东可交割油种进口成本的阶段。

二、中国原油期货市场发展现状及存在的问题

(一) 交易交割平稳有序、市场规模稳步提升

运行近两年来，中国版原油期货与外盘价格高度联动，基本能合理反映可交割油种的到岸价格，总体呈现出交易交割平稳有序、市场规模稳步提升的特征。从图3可以看出，INE原油上市以来成交量与持仓量稳步增加，2019年平均日成交量28.40万手，平均持仓量5.76万手，市场规模在全球原油期货中仅次于WTI与Brent，活跃度在国内原油期货品种中也位于较高水平。

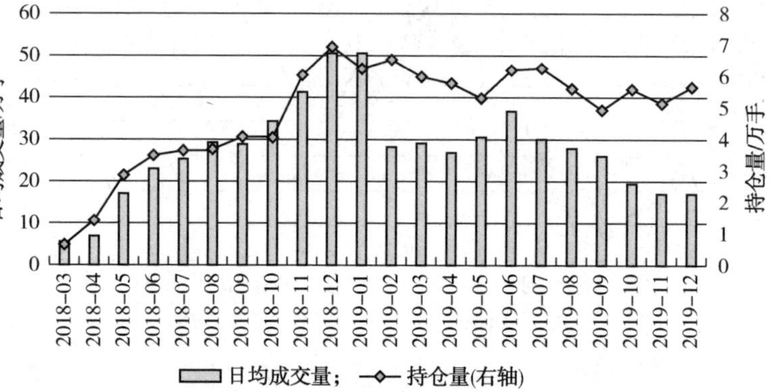

图3 INE原油期货成交量与持仓量

数据来源：上海期货交易所

截至2019年11月30日，已有16个合约顺利完成实物交割，累计实物交割总量达到2046.7万桶，累计交割金额80.77亿元，交易者在完成原油期货交割后，往往包括报关、转关、现货销售等多种后续流向，交割的顺利推进为INE原油的合理定价与平稳运行提供了保障。在推行国际化进程方面，上期所已完成香港和新加坡地区注册，分别取得了ATS和RMO资质，为境外交易者与经纪机构直接参与原油期货交易提供了合法便捷的渠道。

(二) 价格锚定外盘，定价地位难以凸显

长期以来，原油贸易以挂靠国外基准油进行升贴水定价已经发展得十分成熟，这也使得INE原油上市以来主力合约主要反映了国际主流原油期货的“影子价格”，定价权争夺之路还很漫长。形成定价权的标志是成为基准价格，而定价基准油需要成熟的现货市场支撑，去年开始已有企业尝试签订以INE原油期货计价的实货合同，但占比较小并未形成规模。从目前可交割油品的设置来看，INE

原油期货的定价影响力主要并不在供应端，而是要通过中国作为全球第二大经济体的庞大需求来体现，但目前中国市场的基本面变化对国际原油价格的影响仍然偏小，国内原油供需数据的统计与发布与国外相比差距仍然较大，难以形成反映地区供需的价格走势。

（三）产业参与程度较低，市场结构有待完善

据悉，截至2019年9月末，INE原油期货累计开户数超过8.7万个，其中个人客户占比80%以上，同时贡献了约70%的成交量，持仓结构方面，一般单位客户与特殊单位客户各占约30%，个人客户持仓占比约40%。如果依据境内外客户划分，境外客户开户数量较少，但成交量占比一度达到约20%，持仓量占比近25%。总体而言，作为中国第一个国际化期货品种已经初获成效，投资者结构相对丰富，但与Brent原油期货近80%的产业持仓规模相比，INE原油以一般单位客户为代表的产业资金参与程度仍然偏低，市场结构有待完善。

期货市场的核心功能是价格发现与套期保值，两大功能往往需要相互促进，共同发展。对于产业参与者来说，虽然对期货工具迫切需求，但参与INE原油交易的顾虑仍然较多。由于定价地位仍未凸显，大型国有原油贸易公司和外资贸易商虽然已经具备非常成熟的衍生品运营管理模式和经验，但目前仍以参与外盘期货市场为主。对于地炼企业，由于其原油采购主要采用Brent原油作为基准价，采购成本的风险管理也更宜直接在Brent原油期货上进行操作。

受制于风险管理意识缺乏、期货市场发展较慢、缺乏专业团队等多方面原因，国内涉油企业对期货市场的参与程度虽然逐步提升，但仍处于相对较低的水平。INE原油远月合约流动性偏低、交割油种受限、交易时间与外盘不同步等问题也使得套期保值潜在参与者顾虑较大，而由于国内成品油市场仍未完全市场化，加之缺乏成品油期货，炼厂很难单独通过原油期货对风险敞口进行管理，限制了其参与积极性。产业参与者未能大规模进入限制了INE原油期货的功能发挥。

三、中国原油期货市场发展建议

（一）提升国际原油市场话语权，推动“石油人民币”体系建立

国际原油市场话语权涉及政治、经济等多个方面，话语权的提高是使得INE原油期货反映定价权的重要基础。在当前全球原油市场整体呈现供大于求的背景下，中国作为为数不多需求韧性仍然较强的国家，应该利用消费方优势加强议价能力，通过“一带一路”加强与沿线国家，尤其是能源大国之间的能源贸易合作，

提升对国际原油价格的影响力。在全球去美元化情绪有所抬头的背景下，应该利用人民币计价原油期货的推出，加大人民币在全球油气贸易结算中的占比，同时加强金融体系建设、加快人民币国际化进程，推动“石油人民币”体系建立。交易所应该积极发展上期原油指数，利用各方渠道鼓励境内外原油现货贸易采用我国原油期货价格作为基准价，加快期货市场国际化步伐，加深与境外交易所合作交流，提升 INE 原油的国际认可度。

（二）改善交易机制，优化参与者结构

针对目前远月合约流动性偏低的问题，交易所应该深化推行做市商制度和调整相关合约交易费用，促进流动性的改善。在考虑实际需求的情况下，可增加部分进口资源作为可交割油种，综合考虑炼厂分布对交割库进行调整或增加，适当降低交割费用，组织涉及期货公司、银行、仓储、码头等多方的联合培训，降低产业客户参与交割的顾虑。逐步调整交易时间，使其尽量与国际接轨，同时积极研究并推出盘中结算价交易机制以及发布日中交易参考价，提供更多的方式便于各方根据自身需求进行交易。设计形式多样的指数期货、期权等衍生品，满足生产商、贸易商、炼厂和下游用油企业等实体企业风险管理的需求。

除了促进产业客户比例提升，吸引机构投资者参与也是促进市场成熟的重要因素。应深化金融改革开放，推进原油 ETF 等创新产品上市，为资产管理对冲、养老金配置等需求提供新工具，降低投资组合系统性风险。

（三）完善期货品种，丰富企业套期保值工具

完整的产业链期货品种序列是炼厂锁定利润稳定经营的利器，而成品油期货的推出首先需要成品油市场化改革继续推进，早日实现终端销售市场化定价，使得价格真实反映成品油市场的供需状况，需要加大对成品油行业的监管，在油品质量、税收缴纳等重点领域加强把关，为市场参与者构建公平的竞争环境。同时应以保税燃料油期货的顺利上市运行为契机，适时、合理地调整消费税征收方式，缓解国内产能过剩局面，放开进出口经营权，提升国际竞争力。期货交易所应以当前沥青、燃料油期货为基础，加快推进 LPG、低硫燃料油、天然气、汽柴油等期货上市，早日打通油气产业链期货序列，为实体企业保驾护航，为我国油气行业市场化添砖加瓦。

对于完善中国居民用气价格机制的思考

刘毅军

[中国石油大学(北京)经济管理学院]

以2004年底西气东输一线工程全线正式商业运营为标志，中国天然气产业链进入了快速发展阶段。根据天然气资源勘探开发程度、天然气管网等基础设施完善情况、天然气市场发育情况等信息推断，该阶段会再持续10年左右。期间，天然气产业链结构会经历剧烈的变化，天然气价格形成机制也会不断演变。为发挥价格在资源配置中的作用，从2013年6月起，中国将居民用气价格单独处理，转而集中加快推进非居民用气价格的市场化，但在推进过程中也暴露出了不少的矛盾。2017年5月，中共中央、国务院印发了《关于深化石油天然气体制改革的若干意见》，提出进一步完善居民用气定价机制；2017年11月，中华人民共和国国家发展和改革委员会(以下简称国家发展改革委)颁布了《关于全面深化价格机制改革的意见》，再次明确了要完善居民用气价格机制。为此，笔者对中国居民用气价格机制进行梳理并提出完善对策。

一、中国天然气价格市场化形成机制的改革历程

天然气价格市场化是指天然气价格由市场力量自身作用而形成，目的在于充分发挥价格在资源配置中的作用。按照价格的形成机制、价格的作用力度、价格的作用范围、政府干什么、价格的相关性(市场统一性、开放度)等指标，可以将其划分为3个阶段：初级阶段、中级阶段和高级阶段。初级阶段主要指政府开始放松对天然气价格的管制，尝试发挥价格的作用；到了高级阶段，天然气价格由竞争型产业链结构形成，特别是天然气交易中心将发挥关键作用，其中天然气定价中心则是最高级形式。

(一) 天然气价格市场化的初级阶段

天然气产业链进入快速发展阶段前，天然气价格市场化处于初级阶段，其特征表现如下：

1. 天然气产业链引入阶段(1956—1997 年)

此间，相关部门主要对产业链的井口价格进行规制，并强化以市场信号引导生产商的决策。其中，1987 年对井口价格推行了计划内、外“双轨制”的价格机制；1992 年针对不同用户推行的分类定价，在当时则是价格市场化的举措；1997 年对老的管线运输按里程收费，开始探索对管道价格规制的方法。

2. 向天然气产业链快速发展过渡期(1997—2004 年)

此间，相关部门对产业链的规制重点由出厂价格转向管输价格。1997 年在陕京一线开始实行输气管道运价“新线新价、一线一价”政策。此时，地方政府对配气终端气价进行直接管制，而不是仅对城市配气费用(价格)进行管制。

(二)天然气价格市场化的中级阶段(上)——政府模拟市场

天然气产业链进入快速发展阶段后，天然气价格市场化处于中级阶段。从 2005 年底开始，中国明确要全面推进天然气价格市场化，中国天然气价格形成机制主要经历了从出厂环节建立“理想起步价”到省级门站环节建立“理想起步价”，推动了价格形成机制改革的进程。其特征表现如下：

1. 从出厂环节建立“理想起步价”，推进价格形成机制改革

2005 年 12 月 23 日，国家发展改革委发出通知，提出了改革中国天然气出厂价格形成机制的设计。这一设计至关重要，它开启了从出厂环节逐步提高天然气价格，建立“理想起步价”，进而谋求与可替代能源价格挂钩联动，其改革设计的基调是政府模拟市场。此后，由于预期天然气价格将不断上涨，在用气端，很多地方政府开始探索天然气销售价格与天然气产业链上、中游价格的联动机制，其中又以居民用气价格联动机制的建立最为敏感和复杂。

2. 对出厂环节建立“理想起步价”的坚持

2008 年以后，天然气价格形成机制改革备受关注，经过一年多的激烈争论和等待，国家发展改革委在 2010 年 5 月 31 日发出通知，其核心仍是提高国产陆上天然气出厂基准价格；将 2005 年底起实行的一、二档出厂基准价格加权并轨，取消价格“双轨制”。这总体上坚持了走天然气出厂价格最终通过市场竞争形成的目标轨迹。这次提价幅度较大，国产陆上天然气出厂基准价格由 925 元/千立方米提高到 1155 元/千立方米，提价幅度为 24.9%。通知提出：研究推行差别气价政策，用气量季节差、峰谷差较大的城市，可以研究推行天然气季节性差价、峰谷差价和可中断气价等差别气价政策。部分地区也开始进行差别气价政策的探索，如辽宁省沈阳市从 2010 年 11 月 1 日起，在冬季气源紧张时，对工商业用天然气价格可采取上浮 20%的临时调控措施。2006 年起，对天然气出厂基准价格

逐步提高的宣示及实施，激发了地方政府建立下游与上、中游价格的联动机制，2010 年 7 月国家发展改革委办公厅还发文推动联动机制的建立。

3. 省级门站环节建立“理想起步价”的试点

2011 年底，国家发展改革委在广东省和广西壮族自治区进行天然气价格形成机制改革试点，按“市场净回值”方法确定天然气最高门站价格，并实行动态调整机制，同时放开页岩气、煤层气、煤制气等非常规天然气出厂价格，实行市场调节。较之于以前，此次改革的重大变化在于：①天然气价格管理由出厂环节调整为省级门站环节，实行最高上限价格管理；②选取上海市场（中心市场）作为计价基准点，建立中心市场门站价格与可替代能源价格挂钩机制；③可替代能源品种改为燃料油和液化石油气（LPG），权重分别为 60%和 40%；④以中心市场天然气门站价格为基础，考虑天然气市场资源主体流向和管输费用，并兼顾广东和广西经济社会发展水平，以此来确定两省（区）的天然气门站价格。

4. 省级门站环节建立“理想起步价”制度的推出及推进

2013 年 6 月 28 日国家发展改革委发布《关于调整天然气价格的通知》，其要点在于：①针对国产陆上天然气、进口管道天然气，将广东、广西试点的天然气价格管理由出厂环节调整为门站环节的办法推向全国。②推出区分存量气和增量气的价格调整方案，增量气门站价格按照广东、广西试点方案中的计价办法，一步调整到 2012 年下半年以来可替代能源价格 85%的水平，并不再按用途进行分类；存量气门站价格适当提高；存量气价格分步调整，力争“十二五”末调整到位。③页岩气、煤层气、煤制气出厂价格，以及液化天然气气源价格放开，由供需双方协商确定，需进入长输管道混合输送并一起销售的，执行统一门站价格；进入长输管道混合输送但单独销售的，气源价格由供需双方协商确定，并向管道运输企业支付运输费用。④居民用气价格不作调整。2014 年 8 月 10 日，国家发展改革委再次宣布将非居民用存量气最高门站价格提高 400 元/千立方米；与之前不同，本次化肥用气调价措施暂缓出台。2015 年 2 月 28 日，借助于 2014 年下半年国际油价大幅下降、短期反弹乏力的有利时机，国家发展改革委第三次宣布，增量气最高门站价格降低 440 元 /千立方米，存量气最高门站价格提高 40 元/千立方米（广东、广西、海南、重庆、四川按与全国衔接的原则安排），按计划实现价格并轨；同时，放开天然气直供用户（化肥企业除外）用气门站价格，由供需双方协商定价，进行市场化改革试点；化肥用气不区分存量气和增量气，价格在现行存量气价格基础上适当提高，提价幅度最高不超过 200 元/千立方米。经过近 10 年的努力，在省级门站环节非居民用气暂时建立了天然气的“理想起步价”，在替代能源的选择上，采用了更有利于天然气生产商的方案，整个改革的基调是政府模拟市场。同时，放开了页岩气、煤层气、煤制气出厂价格，液化天然气气源价格，以及天然气直供用户(化肥企业除外)用气门站价格，由供需双方协商确定。

(三) 天然气价格市场化的中级阶段(下)——力图快速放开气源价格和销售价格

1. 谋划快速放开气源价格和销售价格

2013 年 11 月 15 日发布的《中共中央关于全面深化改革若干重大问题的决定》，透露出以天然气产业链结构改革(又称体制改革)推动天然气价格市场化走向的迹象，提出根据不同行业特点实行网运分开、放开竞争性业务，推进天然气价格改革，放开竞争性环节价格，政府定价范围主要限定在网络型自然垄断环节。特别是 2015 年 3 月，《关于进一步深化电力体制改革的若干意见》的发布，推动天然气产业链结构改革和加快天然气价格市场化改革的信号更加明确。2015 年 10 月 15 日发布的《关于推进价格机制改革的若干意见》明确指出：“2017 年，竞争性领域和环节价格基本放开，政府定价范围主要限定在重要公用事业、公益性服务、网络型自然垄断环节”“尽快全面理顺天然气价格，加快放开天然气气源和销售价格”。鉴于实践中的困难，将“深化非居民用天然气价格市场化改革，适时放开气源价格和销售价格，完善居民用气价格机制”的时限延迟到了 2020 年。

2. 加快放开气源价格和销售价格步骤

为实现放开气源价格和销售价格，政府价格管理部门加快了推进步骤：2015 年 11 月 18 日，国家发展改革委通知提出，非居民用气最高门站价格降低 700 元/千立方米；将非居民用气由最高门站价格管理改为基准门站价格管理；降低后的最高门站价格水平作为基准门站价格，供需双方可以基准门站价格为基础，在上浮 20%、下浮不限的范围内协商确定具体门站价格。2016 年和 2017 年，政府价格管理部门出台了一系列政策，以加快天然气产业链价格改革的步伐。

上海石油天然气交易中心经过试运行，已于 2016 年 11 月 26 日正式运行；重庆石油天然气交易中心也在准备试运行。另外，所有进入上海、重庆石油天然气交易中心等交易平台公开交易的天然气价格均由市场形成。

二、中国居民用气价格机制的形成历程

(一) 民用气价格调整及联动机制建立的艰难历程

从 2005 年底开始，中国明确提出要全面推进天然气价格市场化，至

2010年底，陆上天然气出厂价格涉及民用气的调整已达两次。受此影响，对出厂基准价格逐步提高的宣示及实施，激发了地方政府建立下游民用气价格与上、中游价格的联动机制，2010年7月国家发展改革委办公厅还发文推动联动机制的建立。以北京市为例，对2005年天然气上游价格的上涨，直到2016年底才走完价格听证程序，2007年4月1日起，才实施上调民用天然气销售价格，并建立天然气上下游价格调整联动机制，但这一联动机制并没有真正被执行。对2010年天然气上游价格的上涨，北京市是2010年10月底通过重新召开价格听证会，2012年12月1日才再次调整民用天然气销售价格。就联动机制而言，中国内地比较主动的城市为成都，2006年2月21日“成都市居民生活用气价格调整申请方案听证会”通过的“建立成都天然气顺价调整机制”，成都市物价局2008年制定了《居民生活用气销售价格顺调工作试行办法》，价格联动机制启动及时、规范，但仍然缺乏明确的联动公式。居民用气价格调整落实比较困难的城市是长春，2010年11月16日已发出公告，拟于当年12月下旬举行上调民用燃气价格听证会，受国家“保持天然气价格稳定”政策，以及国家发展改革委电报要求暂时冻结天然气等调价方案出台的影响，只能再寻时机。再等到窗口期，2013年2月25日才开完听证会，等走完审批程序，正好赶上国家发展改革委对“4月起我国天然气价格将大幅上涨”辟谣表态。如呼应国家发展改革委的表态，则可能使打开的调价窗口期再次关闭，而长春市2元/立方米的民用天然气价格自1996年确定后一直未变，长春市政府顶住压力，于2013年3月1日宣布，从4月1日起上调民用天然气价格。其中在听证方案中并未出现民用气价格联动机制。还有在听证方案中试图建立民用气价格联动机制，但在价格听证环节被否决，如宁夏回族自治区2012年4月20日在银川组织召开了全区民用天然气价格调整听证会，结果被认为建立上下游联动机制时机不成熟，部分与会者对联动机制提出了异议，提出将来再调整民用天然气价格还应召开听证会。由此说明当时建立此机制尚未达成共识。从民用气价格联动机制的建立历程可以看出，天然气上游价格的上涨是居民用气价格调整和建立联动机制最关键的动因，由于各地情况差异巨大、涉及地方治权，其中制约因素众多、进展缓慢，价格联动机制的建立不平衡，具体机制细节差异较大，已建的制度呈现多样性、不规范、执行有条件、甚至拖延不执行等。即便是如此，陆续建立起来的民用气价格联动机制接下来又重回“冷宫”。

(二) 居民用气阶梯价格制度

随着天然气价格市场化改革的深入，2011 年后，为突破居民用气提价难题，政府开始探索居民用气阶梯定价办法，2012 年开始加快探索步伐。从省一级看，当时主要有 3 种做法：第一种，在省一级范围试图整体推进，制定全省统一的试行指导意见，各地分别听证后实施，以河南、湖南省为代表，前者于 2011 年 12 月 10 日起开始试行；第二种，在省一级范围有试行的整体安排，但无统一指导意见，选择重点地区优先试行，各地分别制定自己的方案，以江苏省为代表，2012 年 8 月起在主要地区陆续开始对各自方案召开听证会；第三种，在省一级范围没有试行的整体安排，由省内各地根据自身情况，自愿推进，以四川省都江堰市、湖北省武汉市为代表，前者于 2012 年 3 月 1 日起开始试行。从居民用气阶梯价格制度看，在中国北方，用气的一个“大头”是采暖。用相对低价的煤炭供暖是北方长期形成的习惯，与福利是连在一起的，现在突然让居民用贵一些的天然气，并且采暖费用还得按阶梯算，北方的居民很难接受，可以发现当时北方几乎都没有推行阶梯气价；而在中国南方，采暖季节较短，天然气供暖需求主要集中在追求较舒适生活的家庭，这些家庭较容易通过用气量被区分出来，承受能力也相对较高，能承担气价上涨带来的成本，关键是对采暖没有形成是普遍享有的“福利”观念，而是把燃气采暖视为一种新增加的高消费项。因此推行阶梯气价南方较北方要更顺利。居民用气阶梯价格制度的推行必须照顾到上述地区差异。

因为上述的独特原因等，晚于居民用电、用水的全国性天然气阶梯价格制度指导意见，国家发展改革委直到 2014 年 3 月 20 日才推出。《关于建立健全居民生活用气阶梯价格制度的指导意见》中的前 3 项内容为：①按照满足不同用气需求，将居民用气量分为三档。②各档气量价格实行超额累进加价。其中，第一档气价，按照基本补偿供气成本的原则确定，并在一定时期内保持相对稳定；第二档气价，按照合理补偿成本、取得合理收益的原则制定，价格水平原则上与第一档气价保持 1.2 倍左右的比价；第三档气价，按照充分体现天然气资源稀缺程度、抑制过度消费的原则制定，价格水平原则上与第一档气价保持 1.5 倍左右的比价。③各地可结合当地气候、采暖用气需求等实际情况，单独制定独立采暖用气阶梯价格制度，也可综合考虑采暖用气和非采暖用气情况，将独立采暖用气纳入统一阶梯价格制度。按照统一部署，2015 年底前所有已通气城市均应建立起居民生活用气阶梯价格制度。今后凡制定或调整居民用气销售价格的城市，要同步建立起阶梯价格制度；已实行阶梯气价的城市，则要根据本指导意见进一步完善相关政策。

三、中国居民用气价格机制存在的问题

（一）只是高气价、高涨价等预期的过渡制度，缺乏后续安排，出现新的“双轨制”

从国内外的实践结果来看，推行阶梯价格的目的，是当短期内能源价格大幅上涨时，最大限度地化解上涨对使用者带来的影响。2013 年 3 月，由于天然气将提价的消息走漏，曾引发全国多地居民排队抢购天然气的现象。同年 6 月中国政府决定加快推进天然气与替代能源的合理比价关系时，当时正处于高油价期，从油气比价关系看，天然气价格在中国国内的用户端每立方米至少要上调 1 元人民币，这还没包括居民用气的配气和调峰费用。为此，将非居民用气与居民用气价格加以区分，对居民用气价格不做调整。以存量气为例，连续 3 年上调气价，当 2015 年 2 月决定实现存量气与增量气价格并轨，在省级门站环节建立“理想起步”时，使得原本就存在的对居民用气价格的“交叉补贴”问题异常突出。根据测算，美国居民气价与工业气价的比值，随着季节的变化，比值在 1.2~5.0 之间波动，2010 年前均值为 2.0，2010 年后均值上升为 3.0（图 1）；而中国当时主要城市的居民气价与工业气价的比值在 0.66~0.71。也就是说，消灭了非居民用气价格的“双轨制”，却出现了非居民用气与居民用气价格的“双轨制”。

中国就是在这样一个“双轨制”条件下，推动建立起居民用气阶梯价格制度的。以一档气为例，要求气价按照基本补偿供气成本的原则确定，并在一定时期内保持相对稳定。可以说，按照指导意见建立的居民用气阶梯价格制度包含着明显的过渡特征。即使如此，也是在国务院的督办下，居民用气阶梯价格制度才勉

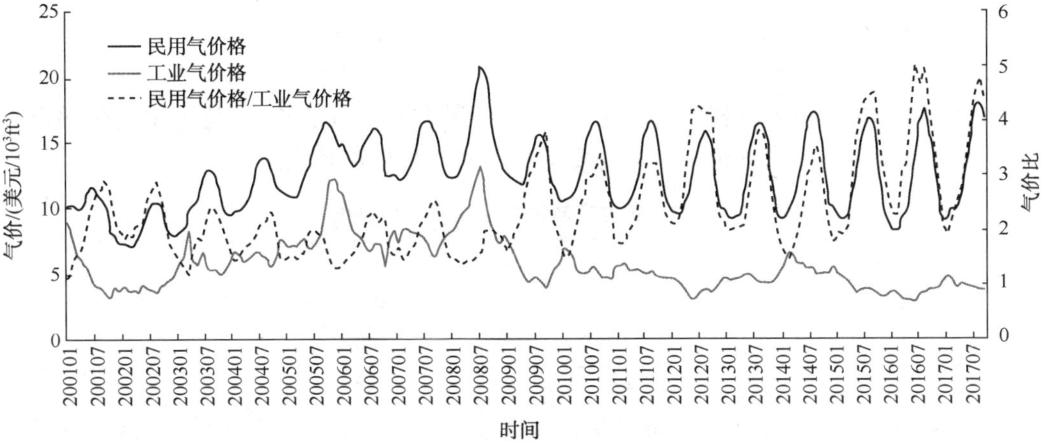

图 1　美国居民用气价格、工业用气价格及其比价关系曲线图

数据来源：EIA，下同

强在全国建立起来，以山东省聊城市为例，2015 年 10 月 20 日就召开了居民阶梯气价听证会，2016 年 12 月 30 日才下发通知，于 2017 年 1 月 1 日起执行居民用气阶梯价格制度。

(二) 各地民用气阶梯定价落地制度难以适应气价市场化

从各地民用气阶梯定价落地制度来看，以长春市、天津市、北京市为例，执行居民阶梯气价时间依次为：2016 年 2 月 1 日、2015 年 11 月 1 日、2016 年 1 月 1 日，其相关情况如表 1~表 3 所示。从上述三地的情况可以看出，一档气的一般生活用气部分的每户年用气量最高可达 300m^3，北京市甚至高达 350 立方米；家庭人口多，气量可以再按人增加；对壁挂炉自采暖用气，每户年用气量额外再增加。以长春市为例，95%以上的居民家庭用气不增加支出，高于国家指导意见的要求。三地的一档气价格，长春市执行的是 2013 年 3 月时调整的价格，天津市执行的是 2013 年 10 月时调整的价格，北京市执行的是 2012 年 12 月时调整价格。实际上，三地的价格调整均与 2010 年 5 月上游价格的上调有关，尽管跟进调整时间滞后，但都跟进了。也就是说居民用气价格，一档气量范围内的价格 2012 年或 2013 年后未再调整过。这与近几年，特别是 2014 年下半年以来，国际油气能源市场的剧烈变化是严重脱节的。从三地民用气阶梯定价落地制度看，这实际上是居民用气价格长期不动的方案。出现这一情况的原因还在于，中央政府执行非居民用气与居民用气价格的“双轨制”，对居民用气价格未再作任何调整。从三地民用气阶梯定价落地制度看，针对阶梯定价制度，只有北京市建立了居民生活用气上、下游价格联动机制，长春市和天津市根本没有建立居民生活用气上、下游价格联动机制，对今后上游价格变化，缺乏价格联动传导机制。而且北京市建立的是居民各档用气价格统一按照调整额调整的联动机制，遇有价格上调时，实际上将缩小各阶梯的级差比例。上述问题的存在说明：各地民用气阶梯定价落地制度难以适应气价市场化的要求，天然气价格市场化改革仍然任重道远。

表 1　长春市居民生活用气阶梯价格

分　档	用户气量		价格/(元/立方米)
	一般生活年用气量(炊事、生活热水)/立方米	壁挂炉采暖季用气量/(立方米/平方米)	
第一档	0~300(含)	0~15(含)	2.80
第二档	301~400(含)	>15	3.36
第三档	>400	—	4.20

注：以 4 人以下家庭为例。

表 2 天津市居民生活用气阶梯价格

分档	用户气量		价格/（元/立方米）
	一般生活年用气量（炊事、生活热水）/立方米	壁挂炉采暖季用气量/（立方米/平方米）	
第一档	0～300（含）	0～900（含）	2.40
第二档	301～600（含）	901～1400（含）	2.88
第三档	>600	>1400	3.6

表 3 北京市居民生活用气阶梯价格

分档	用户气量		价格/（元/立方米）
	一般生活年用气量（炊事、生活热水）/立方米	壁挂炉采暖季用气量/（立方米/平方米）	
第一档	0～350（含）	0～1500（含）	2.28
第二档	351～500（含）	1501～2500（含）	2.50
第三档	>500	>2500	3.90

（三）居民用气的上游价格已多年未调整，有可能引发多重矛盾叠加爆发

目前，居民用气部分约占天然气下游市场份额的 20%，大部分门站环节的价格从 2010 年上调后就一直没有变化过；主要是 2014 年后，由地方政府通过价格听证程序，建立居民生活用气阶梯价格制度，确定了终端居民用气价格水平，其中一档气价格基本上是根据 2010 年上游价格调整后的水平确定，此后一直没有变化。当然，对新增用气城市居民用气门站价格按该省（区、市）调整后的（存量气）门站价格政策执行，一档气价格相对稍高。在民用气阶梯定价制度落地过程中，整个产业链的价格传导机制已经受到严重冲击、甚至破坏。另外，近年天然气价格市场化的改革步伐明显加快，居民用气与非居民用气价格机制的“双轨制”负面影响越来越大；特别是随着国际油气价格的回升（图 2），“交叉补贴”重新突出，居民用气不承担“调峰费用”，用户“交叉补贴”和地区“交叉补贴”将恶化，严重扭曲资源配置。随着国际油价的变化，天然气在能源间的价格竞争力是不断变化的。从图 3 可以看出，长期看，尽管 2013 年以来天然气价格有所回落，但美国天然气在能源间的价格竞争力比以往历史上却有大幅度的提升，而欧洲和日本则变化不大；短期看，低油价时，天然气价格竞争力减弱，高油价时则相反。同期的中国从 2013 年以来，曾连续 3 年提高（存量）天然气价格，加之经济

发展减速换挡，天然气价格竞争力更是大幅度下降。现在，油价开始企稳回升，经济发展向好，2017 年全国天然气需求量增速重回两位数(华北地区超过 20%)，而居民用气和"煤改气"数量的持续增加，使得民生用气需求量急速扩大，"交叉补贴""调峰费用"持续外溢，导致工业、发电等非居民用户的天然气价格竞争力下降，引发深层用气结构性矛盾，影响了天然气产业链的可持续发展。

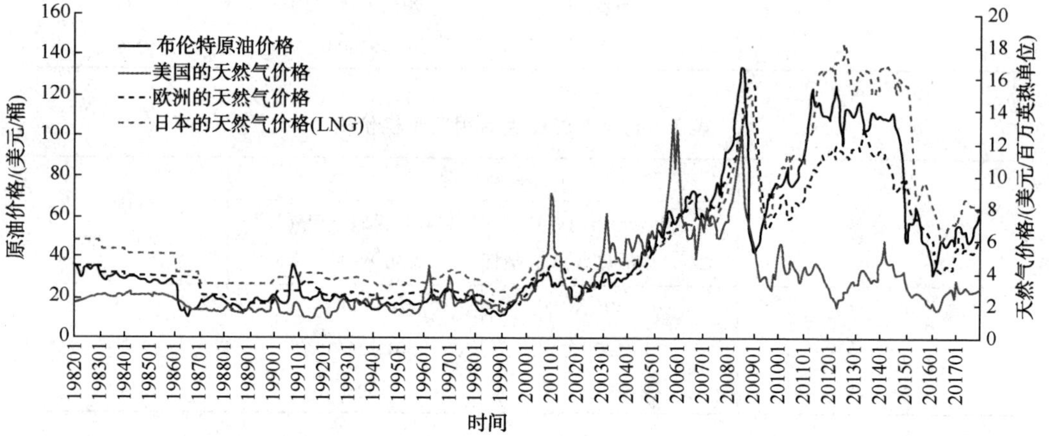

图 2　美国、欧洲、日本的天然气价格及同期布伦特原油现货价格变化曲线图

数据来源：世界银行；1 桶(美制，石油)= 158. 987294928L

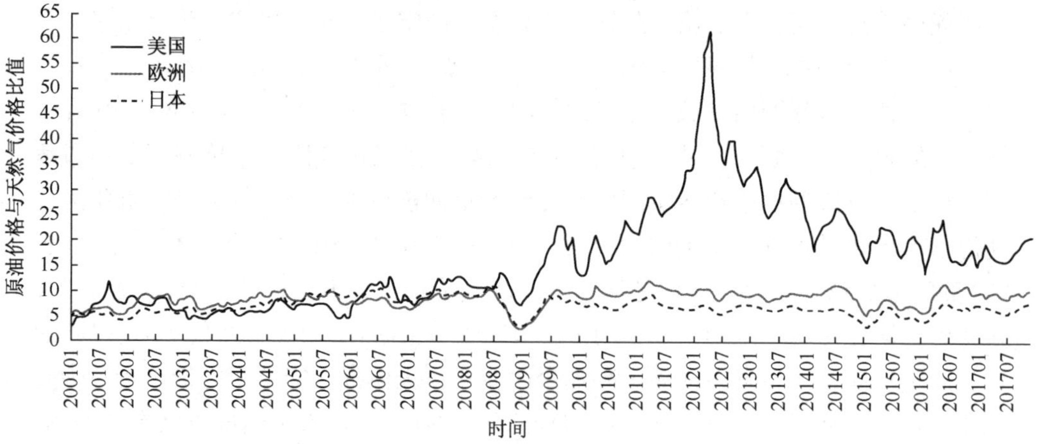

图 3　原油价格与美国、欧洲、日本的天然气价格比值变化曲线图

注：数据来源于世界银行

四、完善中国居民用气价格机制的有利“窗口期”及面临的挑战

（一）有利“窗口期”

从民用气价格市场化改革的需要来看，目前至少有依次递进的3个问题：①价格缺乏变化；②对其价格严重的“交叉补贴”；③缺乏含采暖的民用气调峰气价制度。特别是随着加大治理雾霾力度，“煤改气”不断推进，很多煤改气项目改造后，天然气需求具有了民生特征，用气价格受到民用气价格制度的掣肘；在经济下行期，工业、发电等用气对气价敏感度增加，受民用气价格制度的影响，难以降低前者用气价格，民用气价格市场化改革这块“硬骨头”要尽快啃下来。综合各方面的情况，笔者认为2018年是开始推动这件事的“窗口期”，理由如下：

（1）2018年开始，推出的现有相关制度安排陆续到点或到位。2017年11月，国家发展改革委《关于全面深化价格机制改革的意见》提出到2020年，“深化非居民用天然气价格市场化改革，适时放开气源价格和销售价格，完善居民用气价格机制”。2016年10月推出的《天然气管道运输价格管理办法（试行）》，从2017年1月1日起施行，原来列在管道运输价格中的调峰费用将被取消。2016年10月《国家发展改革委关于明确储气设施相关价格政策的通知》已明确：储气服务价格和储气设施天然气实施市场化定价。现有相关制度安排陆续到点或到位，因天然气调峰需求产生的天然气价格变化将在市场上显现，并要求加以疏导，而最大的天然气季节性调峰需求就来源于居民采暖用气和大量“煤改气”项目。

（2）国际油气价格处于相对低价期。按照阿格斯的统计，从东北亚的LNG价格看，2013年，价格介于14.40~19.85美元/百万英热单位；2014年，价格介于9.69~20.15美元/百万英热单位，市场表现出的是处于大幅下降期；2015年，价格介于6.57~10.15美元/百万英热单位；2016年，价格介于4.05~9.65美元/百万英热单位；2017年，价格介于5.45~11.30美元/百万英热单位，气价进入低位盘整期。根据美国能源署数据，2019年全球原油价格平均比2018年低7美元/桶，Brent和WTI在2019年的平均价格分别为64美元/桶和57美元/桶。根据IEA预测，2020年国际平均油价将保持在每桶65美元。由此看来，国际市场的天然气价格也将处于低位盘整期，对民用气价格引入可变因素，特别是将调峰成本更多引入民用气价是难得的“窗口期”。

（3）相关试点取得了一些经验。按照2015年11月国家发展改革委对非居民

用天然气门站价格的政策，2016 年 11 月在部分地区，天然气供应商对非居民用天然气门站价格采用了上浮定价策略，2017 年冬季，天然气供应商对非居民用天然气门站价格普遍采用了上浮定价策略；同时，进入上海石油天然气交易中心进行市场化交易的天然气数量稳步上升，对于天然气价格的市场化来说，这些都拓展了作用范围和加强了作用强度；2017 年引入 LNG 和管道气的竞价交易，探索天然气价格市场化形成机制新尝试。2016 年 11 月国家发展改革委《关于福建省天然气门站价格政策有关事项的通知》也“撕开”了一条口子，福建省的门站也不再区分非民用气与民用气的价格。其实此前，福建就已经开始了居民用气价格市场化的探索，以厦门市为例，从 2016 年 1 月 1 日起开始执行居民用管道天然气阶梯价格，三档气按 1.0∶1.2∶1.5 的固定级差比例制定。已分别于 2016 年 8 月 1 日、10 月 1 日和 2017 年 1 月 1 日、3 月 1 日、4 月 1 日、5 月 1 日根据上游进口气价情况 6 次调整了居民用气价格，对中国的民用气价格市场化改革做出了有益的探索。考虑到民用气价格变化主要由上游价格变化拉动，传导需要时间，即便 2018 年开始推动，也要到当年下半年才会体现在终端用户头上。从目前的政治、经济形势看，这个时间段节奏安排确实是“窗口期”。

（二）面临的挑战

当然，完善中国居民用气价格机制也面临着较大的挑战，主要来自于以下方面：

① 多年来，中国一直奉行居民用气低价格的价格政策，居民习以为常，特别是北方传统采暖区，低价格采暖是传统福利的少数仅留“果实”。想要大幅度削减“交叉补贴”，建立采暖的居民用气调峰气价制度，居民将面临用气价格的经常波动，特别是需要大幅度提高居民用气成本。对此，图 1 展示的美国居民用气价格变化规律是一个写照。鉴于中国的用气传统、国家发展观、经济发展水平、地区发展差异，可以推断，中国居民用气价格相对工业用气价格至少 5 年中期内，不可能达到美国的状态。即使政府主动作为，削减“交叉补贴”，建立采暖的居民用气调峰气价制度很可能是 10 年左右的长期任务。

② 2013 年大范围区域性雾霾持续发生后，大范围“煤改气”成为重要选项，特别是《京津冀及周边地区 2017—2018 年秋冬季大气污染综合治理攻坚行动方案》的严格执行，使得 2017 年下半年特别是进入冬季后，北方的空气质量明显好转，大家都见到了严格控煤特别是严控散煤的治霾效果。当然，天然气“气荒”，特别是部分居民生活采暖受到严重影响，使政府部门的控煤节奏、范围有所放缓。但是，一旦雾霾问题反弹，持续控煤又会重新强化。为配合“煤改气”的推

进，2017 年 9 月 19 日，国家发展改革委推出《关于北方地区清洁供暖价格政策的意见》，为支持农村“煤改气”，按居民用气价格，严控“煤改气”采暖用气门站价格和销售价格。其实，2014 年 4 月 14 日，国务院办公厅就转发了国家发展改革委《关于建立保障天然气稳定供应长效机制的若干意见》，明确除保障民生用气，还要支持推进“煤改气”工程，到 2020 年累计满足“煤改气”工程用气需求 1120 亿立方米。大范围“煤改气”工程的实施，将扩大民生相关用气范畴，也要求从气价上支持推进“煤改气”工程。这使得天然气价格市场化的步伐受到限制，特别是增大了居民用气价格改革的难度。

五、完善中国居民用气价格机制的对策

（一）居民用气价格机制要与天然气价格市场化统筹设计，抓好价格联动机制建设

从 2005 年天然气价格市场化进入中级阶段以来，在 2013 年 6 月前，居民用户与其他用户天然气出厂基准价格多同时、同步调整，只有在 2007 年 11 月曾只对工业用户单独上调过出厂基准价格，在上游价格显示出居民用气价格机制与天然气价格市场化分离的迹象，开启“交叉补贴”快车道。受上游价格调整的影响，只是居民用气终端价格在调整节奏更滞后、力度更小，但在国家发展改革委的督导下，陆续建立起来价格联动机制，配气成本实际上有了“配气价格”的影子，但这是在价格听证过程中被动形成的。沿天然气产业链看，目前的居民用气价格机制中，政府的作用是：市县地方政府管配气价格，很多地方政府仍直接管居民气价；省级地方政府管省级管道运输价格，偶有统买统卖安排；中央政府管天然气跨省基干线管道运输价格和部分管道气省级基准门站价格。这其中，通过价格联动这一关键机制，将各环节价格、费用沿天然气产业链传输到居民用气终端价格，基本可以实现居民用气价格与天然气价格市场化同步协调。在 2013 年 6 月后，特别是居民用气阶梯价格制度建设过程中，一方面来自上游价格调整动力停滞，另一方面价格联动机制受到冲击、甚至取消。同时，中央政府明确提出配气价格，并以指导意见方式对其进行规范和启动加强监管机制。居民用气价格机制是整个天然气价格市场化改革背景下的有机组成部分之一，20%左右份额的居民用气价格机制将“粘连”非居民用气价格机制，扭曲并干扰非居民用气价格市场化的推进。为此，需要尽快将居民用气价格机制与天然气价格市场化统筹设计，并与后者进行衔接，以防止出现末端梗阻。

(二)加大居民用气上游价格可变动的制度安排

从近10多年的实践来看，只有上游的天然气价格调整了，才能提供下游居民用气价格联动机制建立和完善的动力。从居民用气价格市场化改革需要看，首先要解决价格缺乏变化的问题，要让门站价格根据市场供求的变化而变动起来。其后才是解决“交叉补贴”、调峰气价制度的问题。从中国当前的情况看，LNG市场主体较多、价格市场化程度高。可以经过竞争，选择优秀的第三方，由其采集LNG价格信息、编制LNG价格指数、定期发布指数变化信息。根据LNG价格指数测算一定时间段内(如跨年采暖季的4个月为一个时间段)的移动平均变化情况，据此确定居民用气门站价格调整方向和幅度，按期调整(如4个月)。这种调整的重点是使居民用气价格在门站可以随市场价格行情的变化而定期改变。其基本思路是实现门站价格的可变动，待条件具备时再逐步提高天然气价格波动的基准水平。通过居民用气门站价格的变动，可以带动建立起价格联动机制。在此之前，可以利用与替代能源价格联动机制过渡。从近年的实践来看，居民用气价格有固化的倾向，倒置了完善中国居民用气价格机制需要克服三大问题的循序，使居民用气上游价格上调成了“禁区”，似乎一提上调价格就会影响民生，造成矛盾的积累和深化；特别是大范围“煤改气”工程的实施，使得民生相关的范围进一步扩大。这就需要政府部门主动作为，突破深层障碍。

(三)注意运用“窗口期”机遇，化解居民用气价格“交叉补贴”的历史问题

在非居民用管道气基准门站价格制度未退出前，根据替代能源价格、管输价格等的变化情况，下调管道气基准价格时(如2015年11月和2017年9月的做法)，可以保持居民用气上游价格不动；提高管道气基准价格时，可以同步提高居民用气上游价格。通过这种方式，逐步化解居民用气价格“交叉补贴”的历史问题。应该看到，经过2015年11月的气价调整，“交叉补贴”问题已得到大幅度缓解，以北京市和上海市为例，调整前居民用气价格与门站价格(代替工业用气价格)的比分别为0.84、0.87，调整后分别为1.14、1.38。即便非居民用管道气基准门站价格制度退出后，对难于一步到位的地区，可以设立民用气上游基准门站价格的过渡制度，通过提高基准门站价格，继续化解“交叉补贴”问题。化解“交叉补贴”和天然气价格覆盖调峰成本问题，就民用气而言，是相互关联着的，但化解的方式不同。在这里，笔者一直反对将居民用气和非居民用气门站价格“并轨”的提法，即使在门站环节，未来两者的价格仍将有较大差距，前者要更高，价格的变化方式和幅度也不同，本不在一个轨上，何来“并轨”。

（四）逐步调整供气调峰代价的承担主体，完善调峰代价分担机制

居民用气及采暖用气需求是产生天然气季节性高峰负荷的最重要原因。天然气产业链进入快速发展阶段后，以中国北方为主的天然气季节调峰费用逐渐形成由管输环节、天然气生产商、中国南方地区、天然气工业用户等分担的模式。随着 LNG 价格市场化，冬季保供时，城市燃气配气商采购一部分高价 LNG 等保供用气，地方政府给予一定财政补贴，由此城市燃气配气商和地方政府也承担了一部分天然气季节调峰费用。这种天然气季节性高峰负荷费用的承担主体多有错位，扭曲了资源配置，也严重加剧了“交叉补贴”。随着居民用气地区范围的扩大、用气量的增加，特别是大范围“煤改气”的推进，天然气季节调峰费用分担模式急需加以改革。从制度设计上，在取消管输环节加入的调峰费用后，要逐步减小天然气生产商、天然气工业用户等分担的调峰费用，增加居民用气及采暖用气户的调峰费用，过渡期可以适当加大财政补贴，完善调峰代价分担机制。这不仅要在民用气价格联动机制上下功夫，而且还要在供热价格联动上建立配套政策、机制。

（五）推动居民用气价格机制改革试点

中国民用气价格机制改革的难点在北方地区，至少要加快开展在该地区的试点工作。现行的非居民用气与居民用气价格的“双轨制”不能是价改“禁区”。2016 年 11 月在福建已撕开了一个试点的口子，其门站也不再区分非民用气与民用气的价格。但就民用气价改而言，福建试点解决的是气价随市场行情的可变问题，而对化解“交叉补贴”和天然气价格覆盖调峰成本问题的帮助则不大，要突破这一难题需要回到北方尝试解决的办法。从选取福建试点过程的情况看，再选某一省试点比较困难，可以在东部沿海地区或东部地区先推开民用气深化价改试点，采用区域差异化办法阶梯推进。

中国天然气发电产业发展及其定价机制研究
——兼析美国和欧盟促进天然气发电产业发展的经验做法

殷建平；邱凌越

[中国石油大学(北京)经济管理学院]

中国《电力发展“十三五”规划》为天然气发电设定了发展目标，提出有序发展天然气发电，提高天然气利用比率，到 2020 年天然气发电装机规模达 1.1 亿千瓦以上，占发电总装机比例超过 5%。受政策推动，近年来中国天然气装机容量稳步增长，地方天然气发电项目审批落地加速，未来我国天然气发电产业将有很大的增长空间。鉴于此，本文就国内外天然气发电产业发展及其定价机制进行比较研究，对完善我国天然气发电价格机制提出相应的建议。

一、相关研究文献评述

天然气发电产业的价格制定主要分为天然气价格制定与天然气发电上网电价制定两个层面。

在天然气价格方面，张颙等(2018)分析认为，我国应尽快放开两头的气源价格和门站销售价格，对中游管道运输环节采取“两部制”收费方式，对下游地方配送环节实行以成本加成为基础的价格管制。高建和董秀成(2017)指出：当前我国天然气配气价格监管存在配气价格独立核算体系缺失、配气相关成本数据变动频繁等问题，对此提出相应的改进办法。王富平等(2017)认为，实行天然气差别定价以完善我国天然气价格体系、体现天然气供需的差异性、缓解高峰期天然气供需矛盾，为此设计了天然气调峰价格体系。柳国华(2018)提出：我国天然气产业的分级管理体制是导致产业链上下游间价格传递不一致的主要原因所在，建议价格主管部门尝试建立天然气上下游价格联动机制。

在天然气发电上网电价方面，晁亮亮等(2017)以上海、广州和北京三地现有上网电价、购电价格和天然气价格为准，分析补贴政策对三地分布式能源系统内部收益率的影响，发现在现有条件下三地分布式能源系统的投资回报均不佳。华贲(2012)提出：调峰作用的联合循环发电用气价格应以天然气调峰电站取得的上网电价为参照，给予较为合适的用气优惠价格。

通过文献梳理发现，已有研究存在以下问题：一是当前研究没有详实的价格数据支撑，研究多建立在理论之上；二是对发达国家天然气发电产业链价格的研究比较少；三是缺乏对天然气发电产业链价格的研究与价格联动公式的研究。为了进一步完善我国天然气发电产业价格体系，本文从美国、欧盟与我国的天然气发电产业对比入手，分析我国天然气发电产业存在的主要问题，并提出缩小不同用户间气价差距、减少中间环节成本、合理制定天然气发电上网电价等措施，从而满足我国天然气发电产业发展的需要。

二、我国天然气发电产业发展及其定价问题研究

（一）我国天然气发电规模分析

从发电能源结构来看，我国主要发电能源有煤炭、水能、风能、天然气、核能与太阳能。其中，煤电占全部发电量的70%，其次是水电、风电、气电。2017年，我国天然气发电份额仅为3%，远低于美国(35%)与欧盟(18.9%)水平。从天然气消费结构来看，我国天然气主要用于居民一般生活用气、采暖用气和化工产品的生产原料，居民用气与化工用气占天然气消费总量的一半以上，而发电用气量仅占天然气消费总量的15%，发电用气份额低于美国(35%)和欧盟(23.9%)水平。

当前我国气电厂多集中在天然气富集区域，在广东LNG项目和西气东送项目的推动下，天然气发电产业在长三角与东南沿海地区得以发展。我国气电装机容量也主要集中在长三角地区、东南沿海地区与西部地区。受天然气资源稀缺影响，我国天然业难以在短时间内形成较大规模。

（二）我国天然气发电产业定价机制及其存在的主要问题

天然气发电产业涉及的相关价格有基础门站价格、发电用户价格与天然气发电上网电价。其中：①天然气基础门站价格由国家发展改革委制定，全国各地执行。②用户价格由各地价格主管部门制定，天然气用户通常分为居民用户与非居民用户，发电用户属于非居民用户，发电用户价格普遍高于居民用户价格。③天然气发电上网电价由地方价格主管部门根据国家指导文件制定。其中对热电联产发电机组按其平均成本制定标杆上网电价，调峰机组的上网电价以热电联产发电机组的上网电价为基础适当调整。天然气发电价格补贴由地方政府自行统筹解决，各地政策不一。因此，天然气发电上网电价差异较大。例如，四川省与浙江省的天然气发电上网电价相差0.34元/(千瓦·时)。我国天然气发电发展缓慢的

原因除了资源稀缺因素影响，在天然气发电产业定价方面也存在一些问题。笔者比较了美国和欧盟的经验做法，认为在天然气发电定价方面有以下问题需要改善：

1. 天然气发电用户与居民用户间的价差较大，不同用户的价格水平不合理

如表1所示，除北京、上海两地的发电用户价格低于居民用户价格外，其他地区的发电用户价格均高于居民用户价格。太原的发电用户与居民用户价格差最大，其发电用户价格为居民用户价格的1.77倍，郑州与成都的发电用户价格分别为居民用户价格的1.6倍与1.61倍。而美国2018年发电用户价格不到居民用户价格的1/3，欧盟的发电用户价格也仅为居民用户价格的1/2左右。

表1 我国部分地区的天然气基准门站价格、发电用户价格、天然气发电上网电价及相关比例

地区	基准门站内价格/(元/立方米)	城市	居民用户价格/(元/立方米)	发电用户价格/(元/立方米)	居民用户价格/基准门站价格	发电用户价格/基准门站价格	发电用户价格/居民用户价格	上网电价/(元/立方米)	发电用户价格/上网电价/%
北京	1.86	北京	2.63	2.31	1.41	1.24	0.88	3.41	67.66
天津	1.86	天津	2.63	2.66	1.41	1.43	1.01	3.67	72.39
山西	1.77	太原	2.26	3.99	1.28	2.25	1.77	3.50	114.06
上海	2.04	上海	3.00	2.45	1.47	1.20	0.82	4.05	60.51
江苏	2.02	南京	2.50	2.98	1.24	1.48	1.19	3.13	95.10
浙江	2.03	杭州	3.10	3.95	1.53	1.95	1.27	4.37	90.43
湖北	1.82	武汉	2.53	2.61	1.39	1.43	1.03	4.02	64.98
河南	1.87	郑州	2.25	3.60	1.20	1.93	1.60	3.11	115.61
四川	1.53	成都	2.02	3.26	1.32	2.13	1.61	2.62	124.62
重庆	1.52	重庆	1.72	2.33	1.13	1.53	1.35	4.15	56.16
广东	2.04	广州	3.45	4.17	1.69	2.04	1.21	3.38	123.30
海南	1.52	海口	3.15	3.96	2.07	2.61	1.26	3.34	118.70

注：数据从各城市燃气公司、《关于调整天然气基准门站价格的通知》与《全国电力价格情况监管通报》整理而得。我国使用的天然气发电机组主要是调峰机组、热电联产机组与分布式发电机组，天然气调峰机组、热电联产机组的转换效率为5.27(千瓦·时)/立方米；分布式发电机组的转换效率为5.11(千瓦·时)/立方米，取均值5.19(千瓦·时)/立方米换算上网电价。

2. 中间环节成本过高，导致发电用户燃料成本高

从表1中可以看出，我国天然气发电用户价格较高，超过一半地区的发电

用户价格为基准门站价格的 1.9 倍以上。其中，海口的发电用户价格与基准门站价格之比最高，达 2.61 倍。在我国，天然气到达省级接气门站后需历经省域管网、城市燃气管网，才能到达发电用户环节。由于省内管输费与配气费定价不合理，管网公司与城市燃气公司垄断当地天然气的运输与销售环节，从而产生坐地起价、高价捆绑销售等问题。天然气在输配环节被层层加价，高昂的输配费用最终反映在发电用户价格上，抬高了气电厂的燃料成本，挫伤了发电公司对气电厂的投资积极性。例如，广西区内管输费与配气费约占发电用户价格的 40%。从部分地区发电用户价格来看，发电用户价格的中间环节成本仍有较大下调空间。

3. 上网电价结构不合理，定价机制不够完善

在不考虑折旧费、维修费等其他成本费用的情况下，如表 1 所示，太原等五市的发电用户价格已超过天然气发电上网电价，南京、杭州的发电用户价格也超过当地上网电价的 90%。可见这些地方目前的上网电价扣除地方政府给予的补贴，气电厂只赔不赚，发电用户价格与上网电价间矛盾突出。此外，我国天然气发电上网电价制定权归属到地方，各地价格管理制度不尽相同，除少数地区制定了天然气发电价格联动机制外，绝大多数省份仍缺少气价与电价间的必要衔接，导致气价变化无法通过上网电价反映与分摊。当气电厂用气成本提高后，天然气发电上网电价却维持不变，导致气电厂无力承担高昂的用气成本，只能靠政府补贴勉强维持经营。

4. 天然气发电的调峰效益和环境效益价值未得到充分体现

我国现阶段气电上网电价由政府主导，但在上网电价定价测算时，没有足够考虑电源的灵活性、调峰、节能、环保等价值。许多发达国家均制定了峰谷电价制度，以英国为例，英国 PG&E 公司的发电用户峰平电价比为 1.2~1.5，峰谷电价比为 1.4~1.8。我国与天然气发电较为发达的欧美国家相比，电价制定尚不能很好地反映天然气发电的调峰价值和清洁低碳环保等外部性成本。

三、美国和欧盟天然气发电产业发展的经验做法

（一）美国天然气发电产业发展及其定价机制

1. 美国天然气发电产业发展

美国主要的发电能源有天然气、煤炭、核能和水能等。长期以来，天然气都是仅次于煤炭的第二大发电能源。2017 年，天然气发电为美国提供了 14680 亿千瓦时的电力，占全年发电总量的 35%。EIA 在 2018 年发布的《短期能源展望》预

测：至少在未来两年内，天然气仍将是美国主要的发电来源。从天然气消费角度来看，2018 年美国发电用气量占天然气消费总量的 35%，发电已成为美国天然气消费的主力军。

美国天然气发电产业快速发展主要有以下两方面原因：

(1) 美国页岩气产量增加，带动天然气消费需求增长。

2006 年以来，美国页岩气产量以约 1 万亿立方英尺/年的速度持续增长，2018 年全年产量达 16.39 万亿立方英尺，同年天然气总产量 30.44 万亿立方英尺，页岩气产量占当年天然气总产量的 53.84%。由图 1 可见，2006 年以来，页岩气产量的增长速率大于天然气产量的增长速率，页岩气成为推动天然气产量增长的主要因素。美国页岩气的开发为发电行业提供了充足的能源，页岩气产量增加是近年来天然气价格保持低位的主要原因之一。美国天然气发电产能的增加，廉价的天然气刺激了美国天然气发电产业发展。各大电力公司纷纷转向投资气电厂，产能带动产量，天然气发电量爆发式增长。21 世纪初，大批核电机组和燃煤机组因技术与政策限制纷纷退出发电市场，当时美国电力行业掀起了一波气电厂兴建热潮。在过去的 15 年中，美国新增约 2280 千兆瓦的气电产能，预计气电产能在未来仍将持续增加。

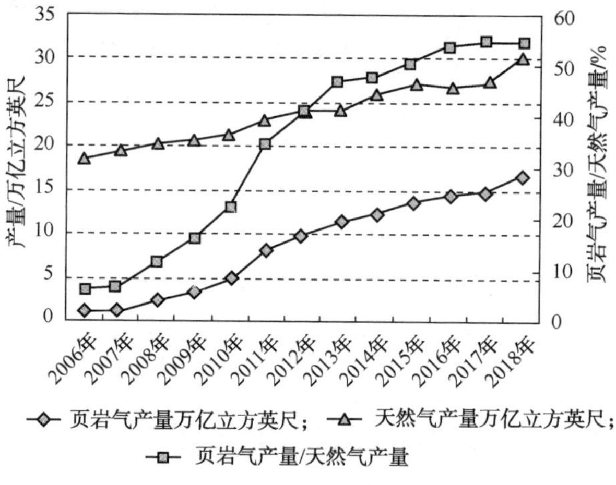

图 1　2006—2018 年美国天然气产量与页岩气产量

数据来源：EIA. Annual Energy Outlook 2006—2018

(2) 美国气电相对煤电更具成本竞争优势。

近年来，美国煤炭用于发电的单位热值成本一直保持在 2~2.5 美元/百万英热单位之间，并伴随小幅下降趋势。虽然天然气发电的燃料成本始终高于煤电的燃料成本，但其在投资建造成本、运营维护成本等方面的优势仍使天然气发电总成本低于煤炭，气电相对煤电更具成本竞争优势。

2. 美国天然气发电产业定价特点

美国各类天然气用户的用气价格差别较大。按价格从高到低排列为：居民用户、商业用户、工业用户与发电用户。发电用户因用气量大、单位输配费低，在所有用户中的用气价格最低。终端用户价格因井口价格的变化而波动，但不同用户气价的变动趋势一致且存在固定的价格比。居民用户价格为发电用户价格的3倍左右，商业用户价格为发电用户价格的2倍左右，工业用户价格略高于发电用户价格，详见图2。从20世纪80年代起，美国相继发布了第436号法令、第636号法令与“用户选择服务”政策，不仅使管道公司与配气公司转变为专业的天然气输送商，压缩了中间环节成本，还使最终用户拥有更多的购气选择。由表2可见，美国历年发电用户价格均低于天然气门站价格，主要因为气电厂省去中间环节，直接通过生产商购买价格更为低廉的天然气。2018年，美国发电用户价格仅为3.73美元/千立方英尺，较天然气门站价格低0.48美元/千立方英尺。

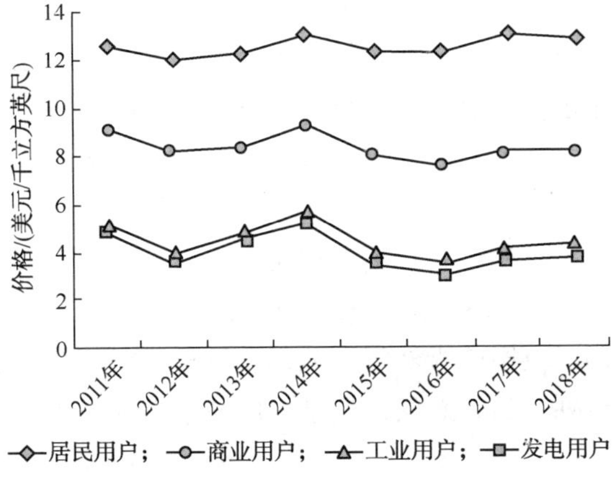

图2　2011—2018年美国对不同用户的天然气价格

数据来源：EIA

美国的发电用户价格/上网电价多年保持在60%~70%水平范围内，在2018年降至54%。在天然气发电上网电价方面，2005年，美国在电力批发开放的地区，实现气电厂自主上网竞价。目前，美国各个州的电力市场发展与电力市场定价模式存在差别，但绝大部分地区的天然气发电量仍通过竞价形式上网，气电厂可以根据上网电价与气价选择最佳的运营模式，通过市场竞争保有合理的盈利空间。

表 2　2014—2018 年美国天然气门站价格、发电用户价格、天然气发电上网电价及相关比例

年份	天然气门站价格/(美元/千立方英尺)	发电用户价格/(美元/千立方英尺)	上网电价/(美元/千立方英尺)	发电用户价格/基础门站价格/%	发电用户价格/上网电价/%
2014	5.71	5.29	8.21	92.62	64.43
2015	4.26	3.42	5.56	80.22	61.45
2016	3.71	3.00	4.58	80.77	65.48
2017	4.16	3.55	5.25	85.32	67.56
2018	4.21	3.73	6.84	88.56	54.52

数据来源：EIA。2014 年至今，美国 80%以上的气电都来自联合循环发电机组，其发电效率一般在 50%~60%，此处取 55%换算上网电价。

（二）欧盟天然气发电产业发展及其定价机制

1. 欧盟天然气发电产业发展

2018 年，欧盟 28 国的发电总量达 32490 亿千瓦·时，主要的发电能源有核电、煤电、天然气和风电等，其中，天然气发电量占所有能源发电总量的 18.9%。受脱碳目标要求，欧盟一直致力于推进清洁能源发电的发展，天然气的低碳属性符合欧盟成员国需要，因此受到欧盟各国的重视。

2. 欧盟天然气发电产业定价的特点

欧盟的天然气消费结构较为均衡。居民用气和商业用气共占比 42.9%、工业用气占比 33.2%、发电用气占比 23.9%，发电用气占比与世界天然气发电用气占比持平。以英国为例，英国的天然气产业起步较早，时至今日已迈入世界天然气市场最成熟的国家行列，其天然气消费结构以城市燃气为主，发电用气占比一直保持在 30%左右。

（1）欧盟的天然气用户分类及其价格体系构建。欧盟天然气用户主要分为居民用户与非居民用户两类，居民用户因用气量小，用气价格高于非居民用户价格。欧盟的天然气终端用户价格同样随井口价格的变化而变化，居民用户与非居民用户的气价变动趋势一致，价格比约为 1.6。

（2）欧盟不断推进市场化改革，2003 年欧盟开始颁布相关法令，逐步推行天然气网销分离、向第三方公平开放配气管网、用户自由选择供气商的天然气市场化改革。欧盟的天然气贸易商可以从销售中获取利润，且价格制定活动不受政府管制，同时天然气配气价格受政府严格管制。以英国为例，从表3可见，英国的天然气供应价格为非居民用户价格的67.63%，占发电厂用气成本的一半以上，管输费仅为非居民用户价格的16.18%，处于较低水平。欧盟其他成员国的管输费/非居民用户价格大多在15%~20%，其中荷兰天然气管输费仅占非居民用户价格的6.18%。

（3）欧盟的天然气发电企业实行自主竞价上网。欧盟电力市场自主竞价上网的基本原则是按不同发电能源的边际成本从低到高依次报价，最后一个竞价成功的报价即为结算价，所有竞价成功的电量都按结算价交易。当前，欧盟天然气发电的边际成本低于核电与煤电，在竞价中上网排第三位。

（4）欧盟天然气发电业价格的形成。欧盟28国的非居民用户价格/综合上网电价为51.01%，表3中比利时的非居民用户价格/综合上网电价最低（37.91%），克罗地亚最高（72.85%）。综合来看，欧盟天然气发电利润空间虽小于煤电与核电，但仍通过自主竞价的方式保有较为合理的盈利空间。综合上网电价价格结构仍合理，为天然气发电产业的健康发展提供根本保证。近几年，欧盟大力发展可再生能源发电项目，核电、煤电由于边际成本更高的气电可能会被市场所淘汰，预计未来天然气发电产业发展将呈现紧缩态势。

表3　部分欧盟成员国天然气供应价格、居民用户价格、综合上网电价及相关比例

国家	天然气供应价格/（欧元/十亿焦耳）	管输费/（欧元/十亿焦耳）	非居民用户价格/（欧元/十亿焦耳）	能源价格/非居民用户价格/%	管输费/非居民用户价格/%	综合上网电价/（欧元/十亿焦耳）	非居民用户价格/综合上网电价/%
英国	5.98	1.43	8.85	67.63	16.18	20.86	42.41
法国	6.63	1.98	12.08	54.86	16.39	20.02	60.36
荷兰	6.07	0.71	11.45	52.98	6.18	18.13	63.15
爱尔兰	5.89	3.02	11.16	52.76	27.04	22.58	49.43
比利时	5.96	1.15	8.11	73.46	14.13	21.39	37.91
希腊	6.50	1.54	10.13	64.15	15.24	17.40	58.21
捷克	5.62	1.61	8.79	64.01	18.34	17.03	51.61
克罗地亚	6.09	1.63	9.36	65.12	17.42	12.85	72.85
欧盟28国	—	—	10.28	—	—	20.15	51.01

数据来源：Eurostat，—数据缺失。1立方米天然气热值取36兆焦，气电发电机组发电效率取55%换算上网电价。

四、完善我国天然气发电产业价格机制的政策建议

（一）缩小发电用户与居民用户之间的气价差距

我国绝大部分地区的发电用户价格高于居民用户价格，这是不符合成本定价原则的。居民用户用气规模小、用气波动性大且对天然气安全性要求高，应承担较高的气价；发电用户的用气规模大且用气稳定，应该承担较低的气价。且发电用户对气价变化敏感，如果背负过多的民用气成本，在替代能源价格较低的情况下，可能会转向投资其他能源发电厂，导致天然气发电产业发展速度低于预期。反观美国，美国发电用户价格不仅低于居民用户价格，甚至低于门站价格，用户价格水平符合成本定价原则。2018 年 5 月，国家发展改革委发布《关于理顺居民用气门站价格的通知》，使居民与非居民的基础门站价格并轨，但天然气在输配环节的交叉补贴问题仍明显存在。我国可以借鉴他国经验，重新考虑发电用户的气价水平，逐渐缩小发电用户与居民用户之间的气价差距，最终以低于居民用户的价格将天然气批发给发电用户。

（二）减少中间环节成本，降低发电用户价格

我国发电用户价格高的主要原因是中间环节过多。美国、欧盟的燃气管网在产业链中扮演专业的输送商角色，仅按规定收取天然气管输费用，且费率受到相关部门的严格监管。2016 年 8 月，国家发展改革委下发了《加强地方天然气输配价格监管降低企业用气成本》和《加强配气价格监管的指导意见》，提出梳理天然气输配环节价格并加强输配价格监管。虽然国家已颁布各种天然气输配费用管理通知并实施了严格的监管，但从目前的天然气加价水平与供气环节来看，仍存在省内管网和城市配气环节过多、收费过高等问题，各地对价格管理与监审办法的执行效果甚微。对此，我国可以借鉴欧美的“独立输送商”和费率监管机制，采取合理的管输费率并对天然气产业的中间环节实施严格管制。政府要进一步加强对天然气各环节价格的监督，逐步将管道公司与配气公司转变为专业的天然气输送商。各地也应采取多种措施积极配合，一方面，取消无实质性作用的省内管网服务与配气服务，降低过高的输配费用；另一方面，合理计算成本，规范定价行为，加强对省内管道运输价格和配气价格的监管，逐步推行天然气输配环节的成本信息公开制度，增强天然气价格决策的透明度与公开度。

（三）建立天然气价格与上网电价联动机制

为了使天然气发电厂保有一定的盈利空间，并使天然气发电上网电价能够反

映气源价格、发电用户成本的变化，应建立价格联动机制，理顺上下游利益关系，解决天然气发电产业的价格矛盾问题。由于当前发电用户价格无法反映天然气发电市场的供求状况，可考虑加入供销差率计算发电用户的用气价格，体现市场化价格原则。当天然气供需失衡时，通过供销差率调整发电用户价格，利用价格配置资源，引导发电用户的消费。在制定天然气发电上网电价时，除了计算固定的成本与收益外，还需综合考虑用户的承受能力、社会效益与气电厂经营状况，并区分不同机组的作用与价值。价格联动计算公式如下：

调整额=(计算期含税加权平均门站价格-基期含税加权平均门站价格)÷(1-供销差率)

发电用户价格=基期发电用户价格+调整额气电上网电价=固定部分+发电用户价格×税收调整因素/气耗比率

其中，固定部分包含气电厂的发电利润、运营维护费与税金。当加权平均门站价格波动幅度高于0.1元/立方米时，即启动机制调价；当波动幅度低于0.1元/立方米时，将未加入计算的调整额分摊到下次累加或冲抵(降低调价幅度，保证发电用户价格与天然气发电上网电价的基本稳定)。

(四)基于多因素制定天然气发电上网电价

要认清天然气发电在能源发电产业中的位置，制定峰谷电价制度。目前我国天然气发电产业受资源限制，难以实现大规模集中发电，但气电厂具有效率高、启停快、占地小、操作方便等特点，易满足电量需求波动，较煤电更具调峰方面的优势，适合作为调峰电厂运行。我国在调峰发电方面仍存在较大缺口，天然气可在该领域发挥巨大作用。可以借鉴发达国家的峰谷电价制度，在峰时段电价下，我国气电厂可保有较大的盈利空间，对气电厂建设和产能增加有积极的促进作用。

天然气发电相对煤电的竞争优势在清洁环保，减少环境污染，这也是我国支持天然气发电产业发展的意义所在。与煤炭发电机组相比，天然气发电减排效果显著，可谓发电产业节能减排的现实选择。地方价格主管部门在制定天然气发电上网电价时，应将天然气发电的环保价值计入电价，对煤电厂收取碳税或加大对气电厂的补贴力度，鼓励并扶持天然气发电发展。

中国天然气产量中长期走势预测研究

王建良；刘睿

[中国石油大学(北京)经济管理学院]

随着绿色发展为核心的新一轮能源转型逐步推进，天然气作为治理环境问题、推动能源转型的有效能源，其发展成为了现阶段的主要关注点之一。科学、合理地预测中国天然气产量是天然气开发过程中的重要任务。天然气产量预测包括短期、中期和长期预测，中、长期预测可为制定天然气发展规划提供重要依据，而进行中长期天然气产量预测工作的基础就是预测模型的选择与应用。

一、预测模型文献回顾

油气资源产量预测的方法有很多种，短期预测需要保证预测质量、提高预测精度，因此常用产量构成法或组合模型法；而中长期预测则要着重体现产量走势及未来变化趋势，预测的方法包括生命旋回模型法和储采比控制法，其中生命旋回模型法的应用相对更为广泛。

生命旋回模型法包括哈伯特模型、高斯模型、广义翁氏模型等，这些模型通过对历史产量数据进行拟合来完成预测。例如，Lin et al、王婷等采用逻辑斯蒂模型和高斯模型对中国常规天然气产量峰值进行了预测；Wang et al 采用广义翁氏模型对中国常规天然气的未来储量增长和产量变化进行了预测。这些模型不仅在常规天然气预测中使用，还可在非常规天然气的预测中应用，例如，Wang et al 运用高斯模型对中国 3 种非常规天然气产量进行了预测；吕明晏等利用广义翁氏模型对煤层气产量进行了预测。另外，也有学者将此类模型通过组合的方式加以使用，以求消除单一模型中存在的缺陷，如李君臣等、周芸等。

然而，上述方法在预测过程中，对油气资源产量变化的认识仍停留在一个“钟形”曲线上。事实上，在油气生产过程中，如发现新油田、采用新技术或受到政治等因素的影响时，会使历史产量曲线经历多个“开始—鼎盛—衰退”的生命旋回历程，因此学者们逐渐将注意力转移到多个生命旋回历程的预测上。而如果把一个生命旋回历程看作是一个产量循环，那么就演变出了多循环产量预测模型，并开始广泛应用于油气资源产量预测中。从国际学术界的研究文献来看，最常用的多循环预测模型为多循环哈伯特模型，例如，Nashawi et al 使用多循环哈伯特模型对 47 个主要产油国进行分析并预测了世界原油产量；Ebrahimi 和 Cheshme 基于多循环哈伯特模型对 OPEC 国家原油产量做出预测；Wang et al 采用多循环哈伯特模型，在几种不同的最终可采储量情景下预测了中国天然气年产量。与多循环 Hubbert 模型类似的还有多峰高斯模型，如朱杰等使用多峰高斯模型预测了鄂尔多斯盆地的石油产量增长趋势，王伟锋等预测了鄂尔多斯盆地的天然气产量增长趋势，方一竹等预测了西南气区天然气产量增长趋势。

在多循环模型的运用过程中，预测曲线形状和产量循环个数对结果具有较大影响。对于曲线形状而言，无论是多循环哈伯特模型还是多峰高斯模型，其曲线形状都是呈对称分布的。但结合实际来看，产量受地质、技术、经济等因素的影响，其曲线形状往往是不对称的。因此在进行油气产量预测时，非对称曲线能够对历史产量进行更好的拟合并做出更为准确的预测。在非对称多循环产量预测模型中，广义翁氏模型最常用。例如，冯连勇等建立多循环广义翁氏模型，并对 OECD 和非 OECD 国家天然气产量做出了预测，取得了良好的预测效果；为了进一步说明模型的有效性，Wang et al 对比了多循环哈伯特模型和多循环广义翁氏模型的预测效果，发现多循环广义翁氏模型对历史产量的拟合效果更佳。因此，应当选用非对称曲线。

对于产量循环个数而言，一般情况下，新增的循环会增加额外的拟合参数，进而提高拟合优度。但过多的循环个数也容易造成过度拟合现象，从而削弱模型的预测能力。因此，只有合理的循环个数才能同时保证模型的拟合优度和预测能力。通过观察现有研究中确定循环个数的方法，发现基本是从定性的角度分析循环个数：一是综合考虑产量影响因素并结合地质特点，通过已出现的高峰来确定循环的个数；二是根据历史时期发生的重大事件引起的产量变化划分循环历程。前者对循环个数的确定取决于作者本身对高峰的定义，后者则取决于政治、经济等因素变化对产量影响的大小。无论是哪一种定性判断，都有可能导致结果的不准确，对于同样的历史数据，不同的预测者可能给出不同的产量循环个数。因此，有必要用一个定量的方法来确定产量循环的个数。

考虑到实际中的产量循环变化曲线形状往往是不对称的，并且可能存在多个循环的情况，本文将选取多循环广义翁氏模型作为基础模型。在此基础上对多循环广义翁氏模型进行改进，定量确定循环个数，最后用改进后的模型对我国天然气产量进行预测。

二、多循环广义翁氏模型的改进

（一）多循环广义翁氏模型

多循环广义翁氏模型是在广义翁氏模型的基础上将循环个数加以考虑，用以预测存在多个循环的油气产量模型。广义翁氏模型的表达式为

$$Q = at^{b}\mathrm{e}^{-tlc} \tag{1}$$

$$t_{\max} = bc \tag{2}$$

$$Q_{\max} = a\left(\frac{bc}{e}\right)^{b} \tag{3}$$

$$N_{\mathrm{R}} = ac^{(b+1)}\Gamma(b+1) \tag{4}$$

式中，Q 为年产量，亿立方米；t 为相对开发时间；$Q_{\max}$ 和 $t_{\max}$ 分别为峰值产量，亿立方米和峰值时间，年；N_{R} 为最终可采储量，亿立方米；a、b、c 为参数；$\Gamma(b+1)$ 为伽马函数，当 b 为正整数时，$\Gamma(b+1)=b!$

进一步可转化为

$$Q = N_{\mathrm{R}}\frac{1}{c^{b+1}\Gamma(b+1)}t^{b}\mathrm{e}^{-tlc} \tag{5}$$

在此基础上，将产量的循环考虑到模型中，即有多循环广义翁氏模型的表达式为

$$Q = \sum_{i=1}^{k}\left[N_{\mathrm{R}}\frac{1}{c^{b+1}\Gamma(b+1)}t^{b}\mathrm{e}^{-tlc}\right]_{i} \tag{6}$$

式中，i=1，2，3，…，k，表示循环个数。对于模型参数的求解，以往研究主要采用非线性最小二乘法。但对于多循环模型而言，如果产量循环较多，则使用该方法需要耗费较多的时间成本。为此，一些学者提出可以用 excel 中的规划求解程序进行自动化参数求解，在求解过程中，规划求解的目标是模型拟合程度，该拟合程度可以用均值平方根（即 $RMSE$）来衡量，其公式表述如下。

$$RMSE = \sqrt{\sum_{i=1}^{n}\frac{(Q_{\mathrm{actual}} - Q_{\mathrm{forecast}})^{2}}{n}} \tag{7}$$

式中：n 为数据个数；Q_{actual} 和 Q_{forecast} 分别表示油气的实际产量和预测产量，亿立方米。通过最小化目标函数 $RMSE$，即可获得最优的模型参数。

（二）改进的多循环广义翁氏模型

一般来说，对于多循环模型而言，额外增加产量循环个数会降低模型的*RMSE*，提高模型的拟合优度。但是拟合程度好不一定代表预测的准确性和可靠性强。在曲线拟合模型中，存在“描述能力”和“预测能力”两个概念。描述能力被定义为模型对历史数据的重现程度，如果模型能够很好地重现历史数据（即模型模拟出的数据与历史实际数据之间的差异非常小或拟合程度非常高），则意味着其描述能力非常强。预测能力被定义为利用模型对未来产量进行预测的可靠性或准确性。由于描述能力是可观测的，而预测能力是不可观测的，所以在实践中，通常认为具有较好描述能力的模型也具有较高的预测能力。在一定的条件下，二者确实存在着类似的关系，但需要指出的是，二者并不一定遵从这种关系，因为如果加入过多的产量循环，可能会出现过度拟合，进而降低预测能力。

为了解决产量循环的量化确定问题，本文借鉴 Wang et al 的研究，引入 *F* 检验。本文认为，只有当额外增加的产量循环带来模型 *RMSE* 的“显著”下降时，这个产量循环的增加才是合理的，而对于“显著”的判断通过 *F* 检验实现。其过程对增加产量循环后的模型的 *F* 值进行计算。

$$F=\frac{RMSE_{bc}^2 n-m_{ad}-1}{RMSE_{ad}^2 n-m_{bc}-1} \tag{8}$$

式中，$RMSE_{bc}$ 和 $RMSE_{ad}$ 分别是增加新的循环前后的 *RMSE* 值，并且通常有 $RMSE_{bc}>RMSE_{ad}$；m_{bc} 和 m_{ad} 分别是增加新的循环前后的自由参数数量，通常有 $m_{bc}<m_{ad}$；n 为预测所使用的数据个数。在给定的显著水平下，标准的 *F* 值为 $F_\alpha(n-m_{bc}-1,\ n-m_{ad}-1)$（$\alpha$ 表示显著水平，本文取 $\alpha=0.1$）。当模型的 *F* 值大于标准的 *F* 值时，表明新增加循环对 *RMSE* 的降低是“显著”的，这时才应该接受该循环，否则应该拒绝该循环的增加。

三、中国天然气产量预测

（一）数据来源

本文利用改进的多循环广义翁氏模型对我国天然气产量进行预测。为了充分反映不同类别天然气资源对天然气总产量的贡献，本文对天然气产量的预测包括常规气（含致密气）以及两种非常规天然气，即页岩气和煤层气。从公式(6) 可以看出，模型所依赖的输入数据主要是历史产量和最终可采储量。

中国天然气历史产量数据来源于 Wang et al 和《BP 世界能源统计年鉴》的数

据，年限为1950—2017年；煤层气产量数据来源于国家统计局官网及《中国能源统计年鉴》，年限为1997—2017年；我国页岩气勘探开发开始时间较晚，其产量数据在2011年才开始统计，数据来源于《“十二五”期间中国页岩气进展》。总产量数据扣除了煤层气和页岩气之后，即可得到常规天然气(含致密气)的历史产量(图1)。

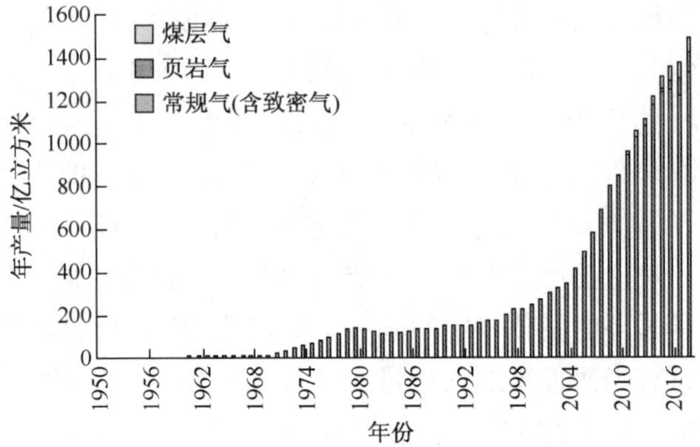

图1　我国常规和非常规天然气历史产量变化

最终可采储量大小对预测结果也有重要的影响。一般来说，国外成熟盆地天然气探明率介于30%~60%之间，根据我国天然气地质条件，探明率约在40%~50%。我国煤层气的资源探明率约40%~50%。根据《中国矿产资源报告(2018)》(以下简称《报告》)公布的数据显示，我国2017年常规气(含致密气)可采资源量为50万亿立方米，页岩气和煤层气分别为22万亿立方米和12.5万亿立方米。若均按40%~50%的探明率进行计算，则常规气的可采储量约为20万亿~25万亿立方米，页岩气约为8.8万亿~11万亿立方米，煤层气约为5万亿~6.25万亿立方米。《报告》中还列明截至2017年底，我国常规气、页岩气和煤层气的剩余技术可采储量分别为55220.96亿立方米、1982.88亿立方米和3025.36亿立方米。

由于我国油气资源量测算的基本思路与方法与国际上的通行标准不完全相同，因此本文在计算最终可采储量时分为3种情景。情景1采用中国天然气的剩余技术可采储量与累计产量之和作为最终可采储量。情景2和情景3的最终可采储量分别为可采资源量的40%和50%(表1)。

(二)预测结果

本文计算结果如表2~表4所示。从表1的结果看，常规天然气在增加第2个循环后拟合程度有明显提高，且F值明显大于F_α值，说明可以增加第2个循环。同理可增加第 3 个循环。增加到第 4 个循环时，*RMSE* 仍继续下降，但此时的 *F* 值小于 F_{α}值，此时，将不再增加第 4 个循环。因此，最终确定常规天然气历史产量共经历 3 个循环(情景 2 和情景 3 同理)。

不同于常规天然气，页岩气和煤层气在增加第 2 个循环时尽管 *RMSE* 有所改进，但明显程度显然不如常规天然气增加第二个循环时所表现的结果。并且在增加第 2 个循环后就已经出现了 *F* 值明显小于 F_{α}值的情况，因此不再增加循环个数。最终确定页岩气和煤层气的历史产量仅有 1 个循环。按照已确定的循环个数，得到 3 种情景下常规和非常规天然气的产量预测结果(图 2 和表 5)

表 1　三种情景下中国天然气最终可采储量

类别	累计产量/亿立方米	剩余技术可采储量/亿立方米	可采资源量/亿立方米	情景 1NR/亿立方米	情景 2NR/亿立方米	情景 3NR/亿立方米
常规天然气(含致密气)	18612.52	55220.96	500000	73833.48	200000	250000
页岩气	229.83	1982.88	220000	2212.71	88000	110000
煤层气	439.38	3025.36	125000	3464.74	50000	62500
合计	19281.73	60229.20	845000	79510.93	338000	422500

表 2　常规天然气三种情景下产量循环个数

常规气	情景 1			情景 2			情景 3		
循环个数	*RMSE*	*F* 检验		*RMSE*	*F* 检验		*RMSE*	*F* 检验	
1	70.81	*F*	F_{α}	68.71	*F*	F_{α}	68.53	*F*	F_{α}
2	34.06	4.12	1.82	44.46	2.28	1.82	45.77	2.14	1.82
3	16.70	3.95	1.85	16.48	6.92	1.85	16.33	7.47	1.85
4	13.64	1.42	1.88	15.27	1.10	1.88	15.77	1.02	1.88

表 3　页岩气三种情景下产量循环个数

常规气	情景 1			情景 2			情景 3		
循环个数	*RMSE*	*F* 检验		*RMSE*	*F* 检验		*RMSE*	*F* 检验	
1	6.93	*F*	F_{α}	9.50	*F*	F_{α}	9.55	*F*	F_{α}
2	3.11	1.24	5624.58	5.39	0.78	5624.58	2.01	5.64	5624.58

表 4　煤层气三种情景下产量循环个数

常规气	情景 1			情景 2			情景 3		
循环个数	*RMSE*	*F* 检验		*RMSE*	*F* 检验		*RMSE*	*F* 检验	
1	4. 33	F	F_{α}	5. 23	F	F_{α}	5. 26	F	F_{α}
2	2. 60	2. 29	3. 59	2. 59	3. 37	3. 59	2. 67	3. 20	3. 59

表 5　三种情景下天然气预测峰值产量(亿立方米)及峰值时间(年)

类别	常规天然气		页岩气		煤层气		全部天然气	
情景	峰值时间	峰值产量	峰值时间	峰值产量	峰值时间	峰值产量	峰值时间	峰值产量
情景 1	2030	1663	2022	148	2027	110	2028	1858
情景 2	2052	2462	2059	1069	2069	512	2055	3982
情景 3	2057	2893	2063	1240	2075	587	2060	4663

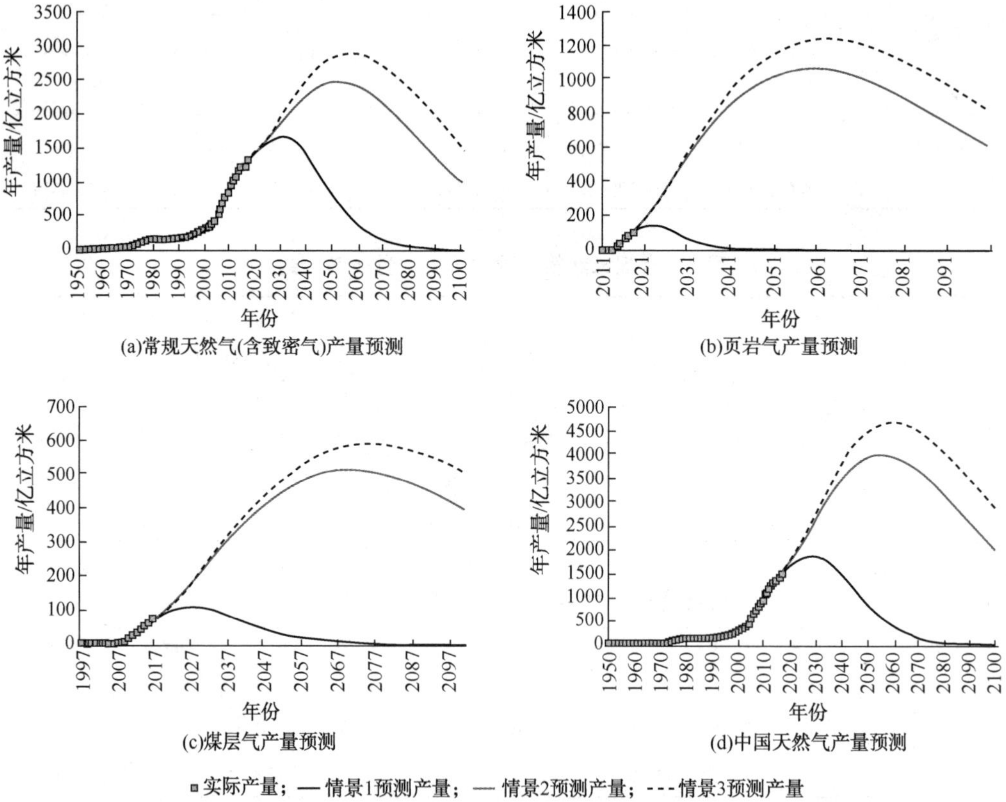

图 2　常规和非常规天然气产量预测

从图 2 和表 5 可以看出，改进的多循环广义翁氏模型对常规气、页岩气和煤层气的历史产量都做出了较好的拟合。短期内，常规天然气和非常规天然气仍保持增长趋势。3 种类型的天然气之和即为我国总的天然气产量。可以看出，在情景 1 下，我国天然气产量在 2028 年就将达到峰值，且峰值产量仅为 1858 亿立方米，仅为 2017 年产量的 1.25 倍。而在情景 2 和情景 3 下，我国天然气产量还将保持较长时期的增长，峰值时间分别出现在 2055 年和 2060 年，峰值产量也显著高于情景 1 下的结果，分别为 3982 亿立方米和 4663 亿立方米。情景 1 结果低的主要原因是该情景中的最终可采储量仅考虑了当前技术条件下的可采储量，没有考虑额外勘探投入和技术进步导致的储量增加。而情景 2 和情景 3 均考虑了未来潜在的勘探投资增加和技术进步。但是情景 1 的结果仍然是有意义的，它提供了未来产量的一个底线，即如果没有新的勘探与开发投资，仅按现有条件，未来我国天然气产出增长趋势将在未来 10 年内结束，这显然不利于中国经济的发展，这也是当前中国政府鼓励各大石油公司加大国内勘探开发的重要原因。因此，可以预期的是，未来实际的产出增长很可能会高于情景 1，如果勘探投资和技术能够取得预期进展，则实际产量很可能如情景 2 或情景 3 所示走势增长。

图 3 和图 4 展示了 3 种情景下，不同类型天然气产出及占总产出的比例。从中可以看出，在情景 1 中，未来天然气产量主要由常规气提供，页岩气和煤层气占比非常小，其主要原因是在该情景下，煤层气和页岩气的储量非常少。而在情景 2 和 3 中，尽管常规气在总产出中仍占据重要地位，但页岩气和煤层气产量也将大幅增长，成为天然气总产出持续增长的重要支撑。以 2040 年为例，在情景 2 和情景 3 中，页岩气和煤层气的总产量将在该年达 1184 亿立方米和 1265 亿立方米，分别占当年总产量的 34.2%和 33.5%。

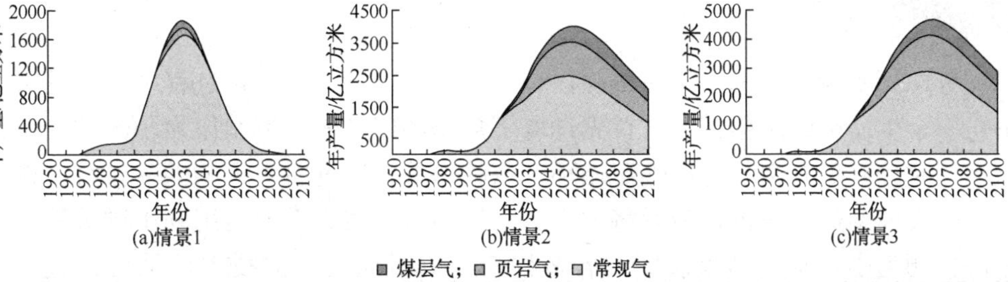

图 3　三种情景下常规和非常规天然气预测产量

图 4　三种情景下各类型天然气预测产量占比情况

表 6 对比了本文的预测结果与 BP《能源展望 2019》和 IEA《世界能源展望 2018》的预测结果。从 BP 和 IEA 预测结果看，未来 20 年我国天然气产量呈增长趋势，这与本文情景 2 和情景 3 的预测结果变化趋势一致，与情景 1 表现出的 2028 年后产量呈下降趋势存在较大差异。从预测结果来看，本文情景 1 的预测结果显著低于 BP 和 IEA 的结果，情景 2 的结果与 IEA 的基本一致，情景 3 的结果与 BP 的基本一致。综上所述，中国未来的天然气产出很可能与情景 2 或情景 3 相似，但正如前所述，情景 2 和情景 3 假设的 40%～50%的资源探明率需要中国持续的天然气勘探投入和技术投入。

表 6　中国天然气产量预测对比

类别	2025 年	2030 年	2035 年	2040 年
BP	2210	2740	3210	3670
IEA	2220	2630	3010	3430
本文情景 1	1828	1847	1716	1469
本文情景 2	2122	2610	3078	3467
本文情景 3	2189	2744	3294	3779

四、结论

考虑到实际中产量变化曲线往往是不对称的，且产量变化过程中经历的可能不止一个生命旋回历程，本文首先选取了多循环广义翁氏模型作为预测的基础模型。同时针对现有文献定性确定循环个数的现象，通过引入 F 检验对传统多循环广义翁氏模型进行改进。最后将改进的多循环广义翁氏模型运用到中国天然气产量的预测当中。研究结果表明，若按情景 1 中目前统计的技术可采储量进行开采，我国天然气产量将在 2028 年达到峰值产量 1858 亿立方米，这与国家《能源发展“十三五”规划》中要求的天然气产量在 2020 年达到 2200 亿立方米的目标相差甚远。另外，据《2018 年国内外油气行业发展报告》显示，2018 年中国天然气对外依存度已增至 45. 3%，成全球第一大天然气进口国，而如果未来天然气产量按情景 1 所示发展，可以预期中国的天然气对外依存度还将继续增长，这显然不利于中国的能源安全。

情景 2 和情景 3 的最终可采储量是按可采资源量的 40%和 50%假设的。根据国际能源机构预测，我国天然气产量在 2040 年以前将保持持续增长态势。情景 2 和情景 3 中假设结果恰好符合增长趋势，且情景 2 预测结果几乎与 IEA 的预测结果一致，而情景 3 预测结果与 BP 的预测结果基本一致。根据这两个情景的预测结果，我国天然气产量峰值将在 2055—2060 年出现，峰值产量在 3982 亿~4663 亿立方米之间。常规天然气约早 3 年到达峰值，产量在 2462 亿~2893 亿立方米之间。可见，在这两个情景中非常规天然气的产量将明显增多。由于我国页岩气开始开采时间较晚，煤层气始终保持比较缓慢的开采速度，因此在较为理想的假设中，非常规天然气的峰值到达时间会略晚于常规天然气。但需要指出的是，要实现情景 2 和情景 3 所示的产出增长，必须持续增加勘探投资和技术研发投资。

新形势下成品油销售企业发展策略研究

单建明

[中国石油河北销售瑞州分公司]

当前，世界经济复苏乏力，国际油价低位震荡，我国经济发展进入调整期，“三期叠加”影响持续深化。2019年，国内成品油消费增速放缓，柴油消费首次出现负增长。成品油行业的主要矛盾已由保障需求转变为供大于求。国家继续深化成品油流通领域“放管服”改革，资本加速涌入成品油市场，竞争日趋激烈。在新形势下，成品油销售企业如何应对挑战，实现可持续发展，本文进行了一些探讨。

一、当前国内成品油市场形势

(一) 成品油市场需求疲软

2019年国内经济承压运行，成品油消费增速出现放缓。国家发展改革委公布数据显示，2019年前三季度，我国成品油产量28220万吨，同比仅增长2.6%；成品油表观消费量24653万吨，同比仅增长1.9%，其中柴油同比下降1.3%，首次出现负增长。具体表现在以下几方面。

1. 乙醇汽油推广替代部分汽油消费

2017年9月，国家发展改革委、能源局等15部门联合下发通知，到2020年实现车用乙醇汽油在全国范围内的全覆盖。2018年，我国已在东三省、河南、安徽、广西、天津7个地区全封闭推广车用乙醇汽油。2019年，河北、山西、山东、浙江4省发布明确时间表在年内全面推广车用乙醇汽油。江苏、内蒙古、湖北、广东等地目前实行半封闭推广车用乙醇汽油。预计2020年会有更多的地区加入到乙醇汽油推广行列。车用乙醇汽油按10%的燃料乙醇替代比计算，对汽油消费的影响作用巨大。

2.“公转铁、公转水”运输政策调整减少柴油消费

2018年9月，国务院印发《推进运输结构调整三年行动计划(2018—2020)》，

明确以推进大宗货物运输“公转铁、公转水”为主攻方向，到2020年实现全国铁路货运量较2017年增加11亿吨、水路货运量较2017年增加5亿吨、港口大宗货物公路运输量减少4.4亿吨的目标。京津冀地区作为示范区，已率先实施了港口及工矿企业大宗物资“公转铁”、老旧柴油货车淘汰更新、城市配送新能源车推广等9项配套工程。2018年2月，唐山市政府与中国铁路北京局集团有限公司签署合作协议，2019年曹妃甸港疏港矿石将全部实现“公转铁”，预计年铁路运量将由200万吨增加到1500万吨以上。

3. 环保政策助推清洁能源、新能源需求增长

运输车辆“柴改气”增长趋势明显。2018年6月，中共中央、国务院下发《关于全面加强生态环境保护、坚决打好污染防治攻坚战的意见》，要求打好柴油货车污染治理攻坚战，加快淘汰老旧车。据生态环境部测算，目前约有230万辆国三及以下排放标准的重卡亟需淘汰，地方政府也陆续出台政策，鼓励清洁能源车辆的推广使用。

新能源汽车未来发展形势不明朗。2017年4月，工信部提出到2025年全国汽车年产销约为3500万辆，其中新能源汽车产销要占总量的20%。2019年12月，工信部发布《新能源汽车产业发展规划(2021—2035年)》(征求意见稿)，提出2025年新能源汽车产销占比需达到25%，预计达到875万辆。新能源汽车受关键技术创新、新型产业生态构建及基础设施完善等因素影响，未来前景尚不明朗。中国汽车工业协会数据显示，2019年1—11月，新能源汽车售出104.3万辆，已连续5个月同比下滑，11月降幅更高达43.7%，预计全年或呈现负增长。氢能源汽车受技术、成本限制，在我国仍处于小规模试点阶段。

4. 汽车销量下降带动油品消费减少

中国汽车工业协会发布数据显示，2019年1—11月，汽车产销分别完成2303.8万辆和2311万辆，同比分别下降9%和9.1%。一方面，从2018年5月以来，汽车消费零售额增幅已连续18个月为负值，车市的“寒流”还在持续。另一方面，从央行公布数据显示，2018年底，我国住户部门的存款余额达72.44万亿元，但反映国民消费能力的居民储蓄率却持续下滑，2018年我国居民储蓄率为44.91%。IMF预测，这种下滑趋势还将持续，到2023年将降至41.61%，较历史峰值下滑10个百分点。

(二) 成品油资源供需矛盾突出

1. 在生产端，炼油能力持续增长导致产能进一步过剩

据中国石油经济技术研究院数据显示，2018年我国新增炼油能力

3390万吨/年,总炼油能力达8.31亿吨/年。而国家统计局公布数据显示，2018年我国原油加工量累计产量为6.04亿吨，产能利用率仅为72.7%。随着2019年5月，大连恒力2000万吨/年和浙江石化4000万吨/年炼化一体化项目相继投产，国内炼油产能过剩现象将进一步加剧。

2. 在消费端，成品油消费低迷导致资源产需差进一步扩大

国家发展改革委公布数据显示，2018年我国成品油产量36799万吨，同比增长6.3%；成品油消费量32514万吨，同比增长6%。但进入2019年，国内成品油消费增速出现放缓。前三季度，我国成品油产量28220万吨，表观消费量24653万吨，资源供应过剩达到3567万吨，预计全年成品油资源产需差将进一步扩大。

3. 在进出口端，“两权”不平衡矛盾进一步凸显

自2015年2月，商务部首次向地炼企业放开原油进口配额后，地炼企业迎来了蓬勃式发展。商务部公布数据显示，2016—2017年我国原油非国营贸易进口允许量为8760万吨，2018年增至14242万吨，2019年达20200万吨，同比增长42%。2019年10月，商务部公告2020年原油非国营贸易进口允许量仍为20200万吨。

与原油进口权向地炼企业放开的同时，成品油出口也曾向地炼企业短暂开放，但由于配额完成情况不高，2017年至今地炼企业便未再获得成品油出口配额。在国内成品油资源供需矛盾日益激化的背景下，要求放开地炼企业成品油出口权的呼声愈加强烈，国家也已出台了相关政策，未来这一情况将得到缓解。目前，地炼企业主要采取与第三方合作转口贸易方式突破成品油出口瓶颈，如恒力石化与中化集团在新加坡合作成立公司，负责恒力石化的成品油出口、转口贸易。

(三) 成品油市场竞争激烈

1. 国家继续深化成品油流通领域“放管服”改革

2018年6月，国家发展改革委、商务部宣布取消对外资连锁加油站的相关限制。此前政策规定为，如果外国投资者在华设立超过30家连锁加油站，这些加油站的建设、经营须由中方控股。2019年8月，国务院发布《关于加快发展流通促进商业消费的意见》，提出“取消石油成品油批发仓储经营资格审批”“将成品油零售经营资格审批下放至地市级政府”等。2019年12月，中共中央、国务院下发《关于营造更好发展环境支持民营企业改革发展的意见》，提出“在石油、天然气等重点行业和领域，放开竞争性业务，进一步引入市场竞争机制”“支持民

营企业进入油气勘探开发、炼化和销售领域”。据统计，我国具有成品油批发资质的企业有2900多家，具有成品油零售资质的企业超过4000家，加油站约11万座。由于准入门槛降低、审批流程更加简洁，将吸引更多的资本涌入到成品油市场，竞争将日趋激烈。

2. 外资油企加速涌入中国市场，未来加油站竞争格局愈演愈烈

2018年9月，海湾石油在中国的首座加油站在广州开业，当天92号汽油每升直降1.6元，引起广泛关注。2019年1月，BP首家全新品牌加油站在山东亮相，开启了BP未来五年在中国新增1000座站点的计划。2019年2月，壳牌(浙江)石油贸易有限公司获得国内成品油批发资质，成为国内首家以外资企业身份获得该资质的国际石油公司。壳牌表示，2025年壳牌在中国的加油站将达3500座，是2018年规模的3倍左右。此外，沙特阿美通过入股浙江石化4000万吨石油炼化项目，与中国兵器工业集团和辽宁盘锦鑫诚集团公司成立合资公司进入国内上游市场。埃克森美孚、雪佛龙公司等也在通过各种方式更深入地参与到中国市场中。

3. 地炼企业向下游延伸，民营油企品牌化、连锁化趋势明显

国内地炼企业由于缺乏稳定的销售渠道，油品往往只能卖给其他加油站等终端，利润空间受到挤压。大力发展加油站等零售终端，提高直接零售比例，防止被油品零售企业“剪羊毛”成为地炼企业的共识。此外，由于缺少产业链优势，导致抗风险能力较差，也是地炼企业进入行业下游的一个原因。早在2016年2月，由山东京博等21家地炼企业组建的山东石化推出“中安石油”作为山东省地炼油品销售的统一品牌，计划未来5年内达到6000座加盟经营规模。2019年9月，由浙江能源集团牵头成立的浙江石油，借助4000万吨/年炼化一体化项目，开始全产业链布局，规划未来5年构建1000万吨的原油储备设施、1500万吨的成品油储存中转设施、100万吨能力的燃油加注设施以及700座综合能源供应站并已经开始实施。2019年12月，浙江石油旗下公司在宁波、杭州、温州、嘉兴市通过公开市场一举拿下16块加油站用地，每宗土地平均单价达10070万元。

民营油企一方面通过特许加盟等方式与地炼企业结合拿到低价资源，另一方面通过不断发展自身品牌规模、进行加油站连锁经营，提高竞争能力。品牌化方面，民营油企经过多年发展，已呈现出规模化、集团化趋势，树立了品牌效应，但主要仍以区域性为主，如中太石化、大桥石化、和顺石油等。例如，和顺石油主要在湖南省发展经营，已经具备一定规模。2019年12月，和顺石油的IPO首发申请获得证监会通过，有望成为民营油企上市第一股。连锁经营方面，早在

2004 年，100 多家民营油企联合发起成立全国工商联石油业商会，通过联盟方式，谋求话语权。2007 年，中国加油站网推出“中国油联”加油站品牌加盟模式，以统一品牌、统一形象，提升民营加油站的竞争力。此外，还有中国油盟、冠德石油、中国优油、亚汇石油等连锁经营品牌，中国石油、中国石化也在通过品牌输出方式吸收民营油站加盟经营。

4. 能源互联网、车联网技术发展迅速

在互联网快速发展背景下，互联网企业也开始进军成品油领域。2018 年 4 月，滴滴正式宣布成立汽车服务平台。到 2018 年 8 月，平台年化交易额就已突破 600 亿元，覆盖城市 257 个，合作伙伴和渠道商达 7500 余家。2016 年成立的车主邦，定位为中国版的“FleetCor”，近几年成长迅速，2019 年已完成两轮 7. 25 亿元融资。目前，车主邦已与壳牌、中国海油、中图能源等品牌建立合作关系。2019 年 8 月，车主邦发布团油业务，要成为“中国最大的职业司机加油平台”。此外，还有趣加油、找油网、易加油、码上石油等平台，竞争十分激烈。

随着 5G 时代的到来，汽车互联网作为万物互联的重要一环，正推动着未来汽车行业变革。按照互联网行业“赢家通吃”原则，未来一个占据市场主导地位的车联网平台可以利用信息垄断优势，按照自身收益最大化原则向顾客推荐加油站，甚至弱化、沉没其他油站信息。当前，谷歌、华为、阿里等科技企业，通用、大众等汽车厂商纷纷发力车联网平台争夺主导权，传统油品销售企业也在布局车联网市场。2019 年 4 月，中国石油上海销售公司与斑马网络合作，将车联网应用引入到上海 100 多座中国石油加油站，实现客户不下车可完成加油、购物全过程，未来借助车联网平台，还可向客户提供汽车维修保养、金融保险、广告投放等业务。2019 年 11 月，中国石化广东石油公司与工商银行合作，将“无感支付”模式引入到中国石化旗下加油站，为客户提供不下车、免操作的“加油简付”体验，相比一般加油操作可节约 60%的时间。

二、存在的问题与挑战

（一）市场价格战愈演愈烈

在国际油价持续低位和油品日趋“同质化”的背景下，由于地炼资源和国营炼厂资源之间存在较大的市场价差，导致“两桶油”的品牌优势正在逐步削弱。为挽回市场份额，从 2017 年起，中国石油、中国石化开始主动降价促销，降价力度也从每升 0. 1~0. 3 元提高至 1 元左右，局部地区降价幅度超过 2 元/升。一方面，大范围、持续性的价格战，使市场各方都承受着很大的压力，“两桶油”在成品油销售业务环节由于营销支出的增加、成本费用的提升和价格到位率的下降导致利润减少、出现亏损。另一方面，价格战对民营油站的生存发展也造成了冲击，纷纷通过发展自身品牌、加盟连锁等方式抱团取暖、抵御冲击。外资油企除了发展自身终端网络外，也通过与合作伙伴联合作战，达到站稳市场、分摊风险的目的。例如，壳牌与延长石油在陕西等地区的合作，BP 与东明石化联手进入山东、河南等。品牌化、联盟化的出现对成品油行业竞争格局产生了深刻影响，国内成品油市场正从“蓝海”走向“红海”，加油站“高价”时代已成为过去，大规模的降价促销将成为常态。

（二）零售网络扩张推涨资产泡沫

零售网络对油品销售十分重要，网络的数量和质量是成品油销售企业盈利的关键，也决定了企业未来的发展空间，被称为“黄金终端”。“得终端者，得市场”。当前，我国的成品油市场已形成多元化的竞争格局。随着城镇化进程不断推进，很多城区加油站布局已经饱和，优质油站资源稀缺，导致油企多方角力，进一步抬高了市场价格，存在泡沫化现象。通过查询 2019 年全国加油站土地成交数据发现，加油站市场行情正在快速上涨，其中长三角、珠三角、京津冀、长江经济带等经济发达地区加油站行情较高，北上广深四座一线城市加油站布局已经饱和，2019 年仅广州市新增一宗加油站土地出让，土地性质为划拨。当前，地方国有资本、民营油企已成为市场重要力量。在成交价格 TOP10（表 1）中，地方国有资本和民营油企占据 9 席，中国石化占据 1 席，前十名的平均成交价格达 18259 万元；TOP20 中，地方国有资本和民营油企占据 17 席，“两桶油”仅占据 3 席，土地成交价格过亿的有 14 宗，最高的一宗土地价格达 35320 万元，被浙江石油旗下公司摘得，成为 2019 年全国“加油站地王”。

表 1　2019 年全国加油站土地公开出让成交排名（TOP10）

序号	项目位置	项目名称	宗地面积/公顷	成交价格/万元	土地使用权人	合同签订时间
1	浙江省杭州市	富政储出〔2019〕20 号	0.330000	35320	杭州富阳浙石油综合能源销售有限公司	2019 年 12 月 18 日
2	浙江省杭州市	余政储出〔2019〕53 号	0.186100	23347	杭州余杭东宙加油站有限公司	2019 年 12 月 26 日
3	浙江省杭州市	余政储出〔2019〕54 号	0.202600	23183	杭州余杭大众西连接线加油站有限公司	2019 年 12 月 26 日

续表

序号	项目位置	项目名称	宗地面积/公顷	成交价格/万元	土地使用权人	合同签订时间
4	福建省福州市	三江口加油站地块	0.311900	19300	福州市仓山区国有投资发展有限公司	2019年1月31日
5	福建省莆田市	涵江区涵港大道西侧加油站地块	0.499700	18050	智慧能源(莆田)有限公司	2019年8月27日
6	河南省郑州市	加油站74	0.498485	13999	郑州航空港兴港能源有限公司	2019年7月11日
7	福建省厦门市	翔安区X2019P07	0.250000	13500	中国石化森美(福建)石油有限公司厦门分公司	2019年10月9日
8	浙江省宁波市	天安路与丹山路交叉口西南角地块	0.330000	12260	象山浙石油综合能源销售有限公司	2019年12月3日
9	浙江省杭州市	富政储出〔2019〕23号	0.330000	12020	杭州富阳交通发展投资集团有限公司	2019年12月18日
10	浙江省宁波市	朗霞街道天华路东侧、晋涵路南侧地块	0.440800	11612	象山浙石油综合能源销售有限公司	2019年12月5日

数据来源：中国土地市场网。

(三)成品油市场经营秩序混乱

由于当前成品油市场监管主体分散，缺乏监管的长效机制和配套措施，导致市场经营秩序混乱，也产生了一些问题。

一是不带票油品市场流通问题。一些炼厂由于缺乏终端销售渠道，经常采取“无票”“变票”方式偷逃税款达到压低价格获取客户目的。一些加油站也通过低价销售不带票油品作为跟正规油站抗衡的手段，不带票的油品在市场流通不仅造成了国家税收损失，也破坏了公平竞争的市场环境。2018年3月，国家税务总局出台了《关于成品油消费税征收管理有关问题的公告》并使用了新的报税系统。目前，效果需待进一步观察。

二是油品销售种类混乱问题。比如柴油，同一品号、不同标准的油品在同一地区进行销售，有的地区甚至出现了国四、国五、国六三种油品，而销售低标准油品的加油站因为成本低优势往往会占得便宜。汽油方面，在乙醇汽油封闭推广区销售高清洁汽油，同样的价格，销售高清洁汽油往往要比乙醇汽油拥有更多优势，这些行为破坏了公平竞争的市场环境，超标尾气排放也污染了大气环境。

三是黑加油点泛滥问题。受利润驱使，不少违法分子顶风作案，通过私设黑加油点非法销售成品油。他们往往采取低价购买劣质油品，经过调和勾兑，再以极低价格出售来赚取利润，还提供随叫随到服务、先油后款、定期结账等方式吸引客户加油。黑加油点危害极大，它们销售的油品质量差，不仅会损害车辆发动机，也会造成大气环境污染。黑加油点、黑油罐车的储油罐多为私自改装，极易发生爆炸、泄漏事故，对人民生命财产安全造成巨大威胁。2019 年 5 月，生态环境部会同市场监管总局、公安部、商务部，在京津冀及周边山东、山西、河南三省开展专项行动，严查黑加油点和不合格油品来源。从排查结果来看，在前期已清理取缔 905 个黑加油点基础上，此次排查仍然发现 561 个黑加油站点，表明“打黑”形势依然严峻。

三、措施和建议

(一) 加大成品油市场整治，构建公平有序的市场环境

(1) 政府应继续重点整治黑加油点、偷漏税等违法行为，加大对违法行为的惩戒力度，避免出现“劣币”驱逐“良币”现象，构建公平有序的市场环境，促进行业规范健康发展。

(2) 政府应充分发挥行业协会作用，强化事中事后监管。通过建立委托行业协会参与日常监管、运行预警等有效机制，降低和减少行业风险的发生。

(3) 行业协会要发挥好自身作用，谋划行业发展、协调行业行动、维护行业利益，要架好沟通桥梁，密切各方联系，推进行业安全、诚信、自律，实现可持续发展。

(二) 企业要主动适应和把握市场变化

我国的成品油销售市场正在从“蓝海”走向“红海”，在油品日趋“同质化”的时代，未来成品油销售企业的竞争核心将会集中在改革创新、数据应用、服务体验三个方面。

1. 用改革创新促进企业可持续发展

要理性看待价格战。不仅在成品油行业，市场充分竞争的行业都会有价格战，如电商业、汽车业等。价格战是市场竞争的初级形式，当产品价格趋于稳定后，未来价格竞争必然让渡于产品服务和质量竞争，这才是企业可持续发展的根

本。企业要通过信息化建设和大数据应用提升效率驱动增长，通过科学考核激励和人才队伍建设激发团队活力，通过精益客户服务和精准营销策略不断提升客户体验、夯实客户基础，主动适应和把握市场变化，方能在市场“红海”中博得一片天地。

2. 用数据应用驱动企业增长

在互联网时代，未来企业竞争的核心是数据，对数据的应用速度和水平，将直接决定企业的竞争能力。

一要做好大数据应用。大数据可以充分放大受众广度，从市场中获取更加全面和完整的消费者数据，使受众更全；可以分析用户特征、消费特点，精确客户画像，让投放更精准；可以通过海量数据间的关联，分析消费者的消费习惯，设置特定场景来激发消费者的购买行为，使转化更高。

二要推动智慧型加油站打造。自智慧型加油站推出以来，通过智慧化的服务给车主带来了优质便捷的服务体验。现在智慧加油站已进入 3.0 时代，智慧化的功能不断延伸，包括智慧加油、智慧开发、智慧稽查、智慧支付、智慧服务、智慧协作和智慧设备管理等智慧场景。2019 年，中国石油河北销售公司在石家庄 136 加油站最新打造的 3.0 智慧加油站就具备了“8+1”功能：油品、加油卡、非油品、润滑油、天然气、充电、汽服、快餐+华为产品销售，该站还提供自助取火车票、自助交通违章处理、自助洗衣、垃圾分类换零食等服务，吸引了大量客户参观体验。

三要构建好加油站生态圈。加油站作为汽车后市场中的核心场景，有着强大的流量优势，可以引入旅游、快餐、汽车金融、干洗衣物、体检等多种新业态，构建加油站的生态圈。

未来加油站发展趋势将是通过大数据赋能智慧油站，再以智慧油站为载体，构建“人 · 车 · 生活”生态圈，共享共进，实现高质量发展。

3. 用服务提升企业品牌价值

未来的客户服务需求将呈现更多的互联网特征，客户不再一味地追求低廉的价格、过硬的品质，而愈发注重服务体验与可持续性。未来谁能满足客户更多元化、定制化的需求，谁更懂客户，谁就能得到客户青睐。可以通过设立“公众开放日”“消费体验官”，吸引客户到站消费体验，客观评价加油站服务管理水平；通过客户画像，为不同客户群体制定专属服务措施和营销策略；要重视客户回访和客户投诉，让顾客感受到服务温度，得到客户认同，从而提升企业的品牌价值。

（三）企业要科学发展成品油零售网络

1. 做好零售网络开发

（1）科学项目调研选址。加油站选址主要是观察分析项目位置与环境及竞争对手的关系，布局有效才能产生预期销量，实现预期销量才能达到投资回报要求。

（2）科学测算项目销量。不同道路，车流量情况会有不同。对那些特殊规律道路，在加油站实际调研中更要注意统计时间的选取，还要注意剔除无效车流。

（3）灵活用好开发模式。新建项目土地收储环节是关键，收购项目谈判交易价格是焦点，控、参股项目加油站的销售能力是核心，租赁项目经营权稳定是基础。

（4）防范项目开发风险。包括可行性研究风险、政策风险、合同风险、证照办理风险、项目建设风险等。

2. 做好存量网络治理

（1）通过加油站改造挖潜，实现量效增长。可以按照“城市区站重点投、县区站科学投、国省道站谨慎投”的原则，对年销售 1000 吨以下站点重点解决标识褪色、罩棚檐面锈蚀等影响经营的基本问题；年销售 1000 吨以上站点着重改善经营条件、优化消费环境，改善整体形象。

（2）抓好加油站运营效率，提升营销效能。强化油站运营天数管理，加强与周边加油站的联动营销，采取积极灵活的方式，做好高销高效站的培育、停业站的复业、新投运站的达销、低销低效站的治理。

（3）通过调整加油站功能，因地制宜挖潜增效。对市场竞争激烈的部分加油站进行功能优化，增设加气、充电设施；部分加油站可改建为汽服店，也可利用站内场地资源，开展土地和房屋租赁等，实现价值最大化。

中国成品油物流发展现状、问题与对策研究

张海霞；邓思怡

[中国石油大学(北京)经济管理学院]

成品油关系到国计民生，是极其重要的战略资源商品。而物流成本一直是制约中国成品油发展的重要因素。据统计，国内成品油流通费用平均为200元/吨，物流费用约占80%。因此，物流管理变革是成品油行业适应社会发展的基本要求。鉴于智慧物流是我国现代物流发展的必然趋势，成品油企业要想在竞争激烈的市场中站稳脚跟，就必须紧跟时代潮流，融合科技实现创新发展。

一、中国成品油物流发展现状

2007—2018年，中国成品油表观消费量由18616万吨增长到31900万吨，年复合增长率达5.02%。不仅需求量增加了，成品油的种类也越来越多，仅是汽柴油就有20多种，包括乙醇汽油、高标号汽油等。

(一)“远距离、大批量”的一次物流+“小批量、多批次”的二次物流模式

由于中国地域面积广，经济发展不平衡，东北部、西北部及沿海地区油气资源更丰富，炼厂密度相对较高，但与需求地相距甚远，同时从炼厂出来的成品油大都运往需求量较大的油库、单位或供出口，因此成品油一次物流主要以“远距离、大批量”的模式进行运输。不同品种的成品油对运输和仓储的技术要求不同，混油处理等问题由此产生，种类增多在影响运输批量的同时，也为仓储增大了难度。企业将不同种类的成品油分输分储，成品油二次物流因而形成了“小批量、多批次”的物流模式。成品油物流管理涉及面广，各个环节都具有很强的专业性，物流环节严重分节和信息共享不充分，造成了突出的牛鞭效应，各节点堆积库存逐级放大，大幅增加了库存成本。

(二)物流基础设施布局较为集中

近年来，我国成品油管道建设逐步推进，实现了飞速发展。截至2019年11月，全国已建、在建和规划中的各级成品油管道共计485条，现有的长途运输油

气管道总长度超过 12 万千米，陆上管道年输油能力达到 6000 万吨。但目前我国成品油物流基础设施布局不均衡，其中 54%分布在东部，30%分布在中部，16%分布在西部，较世界先进水平仍存差距。我国成品油油库的分布情况受市场消费情况影响较大，成品油消费旺盛的区域油库分布相对集中，如广东省成品油库库容规模占比达全国库容的 20%，上海、浙江、江苏等地区合计占 23%，华北地区的河北、山东分别占比 5%、7%。全国已建、在建和规划中的原油和成品油油库超过 3000 座，成品油油库达 7800 万平方千米，主要油库分布见图 1。我国沿海已拥有较大成品油码头 39 个，泊位 430 多个，形成了包括北部渤海湾、长三角地区、华南珠三角地区和北部湾港口群在内的成品油海洋运输体系。

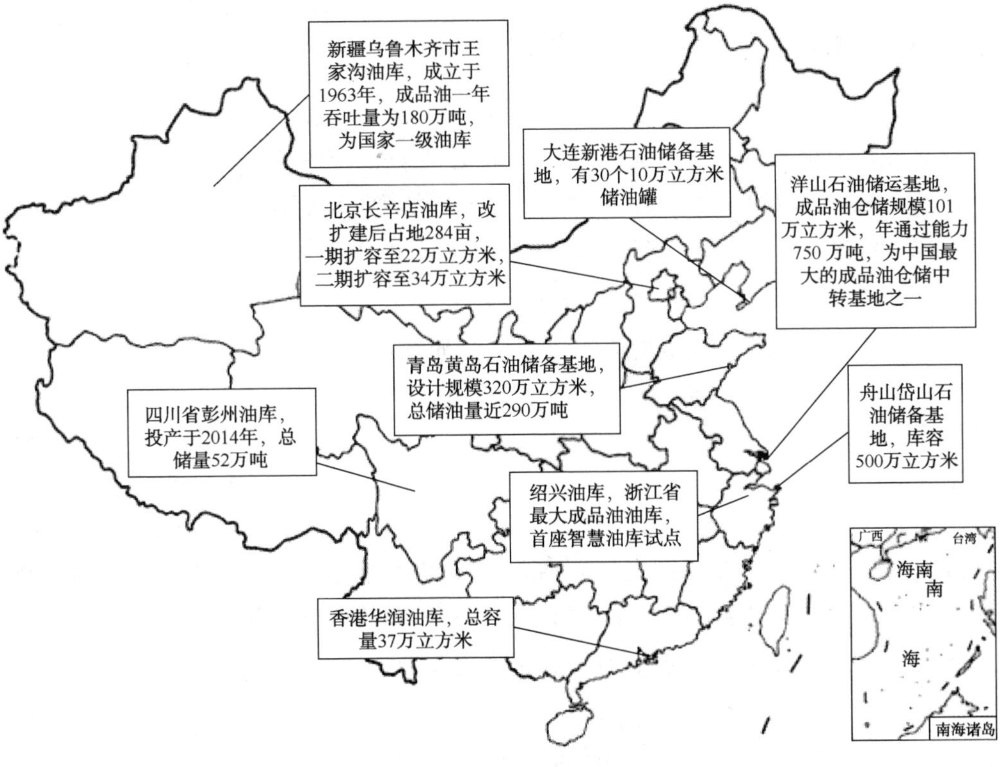

图 1　中国成品油主要油库分布示意图

数据来源：作者整理

(三) 运输方式由公路向管道转化

运输成本在成品油各项物流成本中占比最高，约为流通总成本的 60%。相较于发达国家依靠管道进行成品油长距离运输的方式，我国成品油的长途运输主要通过铁路和水路运输实现，其中铁路运输货运量近乎达到成品油长途运输总量的50%。目前我国成品油运输结构正不断优化，管道运输比例逐年上升，2012年我国成品油运输结构为铁路43%、水路37%、公路17%、管道3%。

（四）成品油物流技术智能化尚处在起步阶段

尽管总体上看我国目前的物流技术智能化水平尚处在起步阶段，但一些大型企业智能化意识较强，已将GPS系统、ERP系统等应用到实际的成品油运输配送业务中，并仍在不断发展新技术。2017年，中国石油首次提出建设“智能化管道”的理念；2018年9月6日西气东输工程定合复线投产后，积极探索智能化管道建设。

二、中国成品油物流存在的问题

自1998年中国成品油行业进行大规模重组以来，成品油物流市场改变了传统的管理和运输方式，部分大型石油企业引进了较为先进的信息技术和管理体制，一定程度上取得了较大进步。但由于中国物流业起步较晚，发展水平与发达国家相比还存在较大差距，在成品油物流过程中仍然存在不合理现象。

（一）物流节点分布缺乏整体规划

成品油物流网络由众多物流节点组成，如炼厂、油库、加油站等。一方面，受经济和地域因素的影响，炼化企业主要集中在原油供应量较大的东北地区和西北地区，而成品油消费市场大都倾向于华东、华南等地，部分资源与市场相隔数千千米，市场供求关系不平衡使得油品跨区域运输成为常态。另一方面，受历史因素影响，当时的油库布局设计理念与现今发展要求不符，许多油库存在库容过小或利用率不足等问题；而加油站分布不均匀主要是受石油公司区域行政制度的影响，导致按区域配送和按所属公司配送相互矛盾的情况出现。

（二）运输能力与运输方式难以满足运量需求

一方面，中国成品油运输量逐年上升，现有的运输能力难以满足运量的不断增长。现阶段成品油配送是由成品油销售公司各自独立完成，有些企业车辆运力不足，有些企业车辆闲置，资源浪费情况时有发生。另一方面，不同运输方式间合作程度也低，协同效应较差。成品油长输方式主要依赖铁路和水路，但铁路建设投资大、周期长、占地多，同时铁路罐车数量相对较少，且分布不均匀，大部分主要铁路利用率都已达到或接近饱和状态，不能提供稳定和充足的运力支撑；水路运输虽具有较低的运行成本，但受航道限制只能在沿海及江河地带进行，服务范围小，制约了独立炼厂的销售半径。成品油二次物流则主要通过公路运输方式，配送成本较高。

（三）配送响应机制灵活性较差

现阶段对于加油站的成品油配送大多属于“要货制”，即由各加油站根据月度配置计划、分销库存水平及以往销售经验，向油库中心提报月度到站进度计划，然后由油库中心根据要货计划安排组织送货。这种被动的送货制度无法及时响应市场需求的变化，灵活性较差，一旦出现供应不足的情况只能事后补救。这在增加库存成本的同时，也提高了库存控制的难度。

（四）基础设施建设相对分散落后

目前我国已建成的成品油干线管道主要以炼厂及中转油库为中心向四周发散，管道网络尚未完全覆盖消费市场，尤其是欠发达地区，且未完全实现区域间互联、互通，配套支线也不完善，不能很好地满足管道沿线的用户需求。物流枢纽作为物流活动的核心站点，需要建设大量专业设施设备来实现物品存储、集散、转运等功能，而我国现有的成品油物流枢纽站的建设相对落后且规划分散，缺乏高效衔接的物流运转基础设施，部分已经建成的成品油物流枢纽功能多样性不足，经营方式相对落后，服务质量不高。还有一些成品油码头设备是在不同时期建设的，新旧系统相互交叉造成装卸效率低下。

（五）物流与信息技术应用不足导致“牛鞭效应”

尽管近几年我国科学技术水平取得飞跃发展，但在成品油物流方面仍未得到充分应用，现有的成品油物流系统集成化、自动化水平显著不足，信息处理能力无法满足日益庞大的物流需求。一次物流方面，销量变化使资源调运计划经常需要调整，新增的管输业务也需要数据支撑，数据平台的缺乏不仅容易出现数据丢失、关联错误等问题，也使得数据缺乏动态性。二次物流方面，由于信息不准确，预测的配送计划需要频繁改变，时间、效率都会受到影响；部分地区成品油油库、配送等管理依然采用传统工作模式，用工人数较多，人工操作效率、准确性较低。

（六）各环节油品损耗问题普遍存在

成品油损耗问题几乎存在于运输的每个环节。长输管道中的成品油损耗主要来自于挥发损耗和泄漏损耗，而多数长输管道管理较为粗放，风险管理意识较弱，管道完整性管理亟待全面落实。在物流配送装车过程中，油品温度、密度的测量一般均由人工完成，易出现误差；管线连接技术问题会导致接卸过程中出现不密闭或滴漏情况；卸油罐内的罐空容量掌握不准确导致冒油事故的发生；此外还存在加油站接卸人员与驾驶人员串通偷油的现象。

（七）现代物流专业人才缺口较大

目前企业多数员工对物流的认识还停留在表面，对物流的相关认知不够全面，未能深入了解物流系统内部的特性及其与供应链管理之间的联系，而是简单地将物流定义为成品油运输，没有具备现代物流意识，导致企业对成品油物流的管理不够精细，许多细节处的成本没有受到企业重视。

三、中国成品油物流发展对策建议

随着“互联网+”与油气储运建设行业的深度融合，物流技术智能化正成为行业发展新目标。针对中国成品油物流发展现状和存在问题，大力融合成品油物流与云计算、大数据等现代科技，发挥出其在降低成本、提高效率、优化资源配置等方面的巨大优势，使成品油物流朝着智慧物流的方向发展，实现物流一体化、标准化、精细化、信息化、现代化五化管理。

（一）打破分散式思维，构建供应链一体化管理模式

成品油物流一体化是以成品油物流系统为纽带的从炼厂经物流、销售至消费者的供应链整体化和系统化，目标是对商品流动全过程进行整体规划和运行以实现最优化。在预测成品油未来物流需求及油库、加油站选址问题时，须改变原先按照行政区域划分的管理模式，从系统整体角度进行思考，综合考虑成品油仓储、运输、配送等环节因素，使选址满足合理进行跨区域配送和就近调度的要求。借助信息技术的支持，突破条块划分限制，引领物流数据向集中化、数字化转变，促进一体化数据共享，通过每日油库出入库数据推测成品油进入管道油库的油量和时间；实时检测并回传成品油储存量，再根据加油站的库存、销量等原始数据，预测剩余油量的可销售时间及需求量，从而提高库容利用率、周转率和需求响应速度，减少油库、加油站闲置和资金占用量。

（二）打造标准化物流体系，发展高效多式联运

欧美国家公布的数据显示，公铁、公水联运比单一公路运输可提高约30%的运输效率，减少10%左右的货损货差，降低约20%的运输成本。发展多式联运，不仅要统筹规划联运枢纽布局，也需建立统一的多式联运标准体系，真正畅通物流链。一方面，对成品油管网实行统一规划，将重要管道节点建成综合化枢纽站，根据沿线用户的需求情况衡量枢纽站配套油罐的完备程度，完善枢纽站基础

设施；另一方面，建立标准化铁路、公路运输接口，为多式联运创造条件。在数据方面，油品编码方式、物流单据标准化，是应用互联网进行数据交换和传递的基本要求。在运输方面，建立标准化的管网、载油车辆调度计划编制规则和方法，确保计划编制人员在炼油、销售、库存等信息下科学制定运输网络运行计划。在设备技术方面，以系统为出发点，统筹制定成品油物流系统装卸、运输等各领域工作标准，以及管道、油罐车等工具设施的技术标准，既要满足技术标准与工作标准的适配性，也要满足成品油物流系统与其他相关系统的适配性。

（三）全方位覆盖式管理，实现物流精细化运营

2017 年，交通运输部等部门联合发布《关于推动物流服务质量提升工作的指导意见》，提出要“创新物流服务模式”，鼓励企业利用互联网等信息技术改造业务流程，提高服务效率。为此，成品油物流需做到“装、运、卸、储”等全环节、全要素覆盖式管理，将管理目标、职责范围精确到每个岗位。如对于油品损耗问题，运用智能化监控体系加强监管。在管道方面，借鉴国外先进技术及经验，在加强成品油管道防腐技术应用的同时加强对运输管道的检测排查，及时发现和处理管道老化、破裂等问题，建立风险预警机制，完善应急事故处理条例，兼顾事前管理和事后管理。在配送方面，首先明确装车损耗的计算，当损耗较大时，加油站要通过信息共享平台及时将信息反馈至油库，油库则应适当调整付油系数，减少油品亏损数量；其次，成品油配送时的油罐车必须经过专业的鉴定机构检测，确保油罐车容积的准确性及运行的安全性；最后，建立必要的责任追究制度，将损耗责任进一步清晰化，提高相关人员业务素质与专业水平，保证数据的真实与准确。

（四）提高物流、信息技术水平，搭建物流信息共享平台

企业可综合运用智能传感、地理信息系统（GIS）、射频识别（RFID）等技术，实现配送过程透明化，提高安全水平。在物流技术方面，智能传感器可感知成品油所处环境的温度和湿度信息，若出现偏差工作人员能及时发现并调整，做到事前控制；地理信息系统可用于储存和管理成品油供应网络与物流节点的空间及属性信息，科学确定车辆辐射范围和调度方案，供用户查询在途信息；射频识别技术可与互联网、数据库相结合，跟踪、监控油品运输全过程，若发生事故，也能为事后追责提供技术保障。在信息技术方面，以物联网技术为核心，深入管道运行、各级油库、加油站以及在途运输配送工作，收集各环节中的大量数据和设备信息，对整个成品油物流过程实施动态管理。通过共享数据成果，推进物流信息互联互通，促进数据开放化、协同化，实现资源优化配置。

(五)重视现代化物流专业人才培养,强化成品油物流科学管理

优秀的物流管理团队是发展现代物流的关键要素之一。成品油物流专业人才不仅需要具备专业的油品理论知识基础,还需要全面掌握现代物流方面的各种专业知识,同时对物流、资金流和信息流的业务流程及相互关系也应较为熟悉,综合素质要求较高。为迎合成品油物流技术的飞速发展,企业应提高人才意识,通过制定相应计划和规章制度做好现代专业物流人才引进及培训工作。以企业需求为导向,采取校企联合模式培养现代化智慧物流人才,同时对现有员工进行物流信息系统知识和技术培训,满足物流管理思路、制度、流程转变的需求,为企业现代化成品油智慧物流管理提供强有力的人员保障。

国家管网公司对中国油气管道建设的影响

孙梅；安迪；董秋雨；杜秀丽；李敬；李姝瑶；李亚静；马林；许家天；张丁方

[中国石油大学(北京)经济管理学院]

2013 年，国务院发展研究中心首次提出“油气管网独立”。2014 年 2 月，国家能源局印发《油气管网设施公平开放监管办法(试行)》，规定了监管的细则及方法。2017 年，中共中央、国务院印发了《关于深化石油天然气体制改革的若干意见》，提出推进油气管网独立，实现管输与销售分开，促进第三方市场主体公平开放。2019 年 3 月，中央全面深化改革委员会第七次会议审议通过《石油天然气管网运营机制改革实施意见》，同年 12 月国家石油天然气管网集团有限公司(简称国家管网公司)正式成立。

国家管网公司的成立也会带动全产业链及管道基础设施建设等领域进一步的发展，成立国家管网公司意义重大：一是实现运销分离，满足“管住中间，放开两端”要求，提升油气市场化改革速度；二是提高油气管网运营效率，促进市场竞争，降低管输价格水平；三是实现第三方市场开放，促进天然气大规模应用，降低天然气供应成本，有利于储气库的建设，增强调峰及应急保供能力；四是消除当前现存的无序竞争和基础设施重复建设的现象，以实现“全国一张网”的供应格局。最终国家管网的成立将促进中国油气产业经济发展，促进管道的互联互通，降低油气运输成本，实现资源优化配置。

一、中国油气管网发展现状和运行机制

在油气管网行业发展初期，中国主要采取了一体化运营模式，由国内三大石油公司承担了油气管道基础设施建设与运营，但是随着油气行业不断改革发展，市场需求越来越旺盛，以往的运营模式难以满足日益增长的油气需求，随着国家管网公司的成立，将会促进油气行业市场开放，改善供应不足问题。

(一) 油气管网发展现状

从中国油气运输管道长度来看，中国油气管道里程稳中提升，截至 2018 年

末已经达到了12.23万千米，同比增长2.51%，从三大石油公司油气管道建设现状来看，省内存在多家管道重复建设现象，各地区之间油气管道布局混乱、省际管网存在交叠显现。

从中国天然气管道建设情况来看，从数量布局上，中国天然气管道建设密度与数量与发达国家相比还存在较大差距，目前中国建成的长输天然气干线管道密度只有7.3米/平方千米。从建设速度上，中国“十三五”规划中提出天然气管道年均增速达到10.2%，但实际上近三年中国天然气管网里程年均增速仅为5.9%，滞后于中国天然气产量增速和消费量增速，一定程度上制约了油气行业的发展。

2012—2018年国内油气管道建设里程见图1。

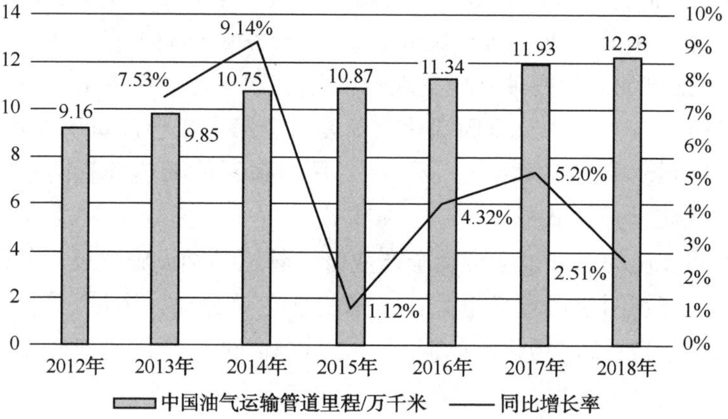

图1　2012—2018年国内油气管道建设里程

数据来源：国家统计局

（二）油气管网运行模式

目前全球典型油气管网运行模式主要包括三种：一是上中下游一体化运营模式，以俄罗斯为主要代表；二是上中下游完全自由化运营模式，以美国为主要代表；三是上下游实行自由开放，中游输配管网垄断的“X+1+X”模式，以欧盟为主要代表。

国家管网公司成立前，中国油气管网主要采取自建自管以及一体化运营模式。中国油气管网大型干线和支干线工程主要由三大国有石油公司投资建设，区域内支线主要由三大石油公司和地方资本投资建设。自建自管导致的各自为政导致管网互联互通程度不够，重复性建设现象严重，管网运行效率低下，监管难度大，最终导致终端价格居高不下。中国基于国际经验以及自身管网建设规模、天然气消费规模、法律法规、监管模式等，由最初的一体化运营模式改革为“X+1+X”的运营模式，即“上游油气资源多主体多渠道供应、中间统一管网高效集输、下游销售市场充分竞争”，有助于促进中国油气行业的发展。

从发达国家油气管网的管理经验来看，油气管网不论采取何种经营模式，都受到政府的大力支持和严格监管，配有相对完备的法律法规和政策监管体系。而目前中国相关现行法律只有《石油天然气管道保护法》，对于管网监管无法可依。

二、国家管网公司运营模式

作为油气管网运营机制改革重点内容的国家石油天然气管网公司已于 2019 年 12 月 9 日正式成立。国家管网公司的运营模式将对石油、天然气市场及城市燃气行业产生重大影响，需要引起全产业链的高度重视。

（一）资本结构

国家管网公司属于国务院国资委监管的国有企业，其中国资委、中国石油、中国石化和中国海油持股比例分别为 40%、30%、20%、10%。三大石油公司全资或控股的干线管网、持有的省级管网股权、部分 LNG 接收站和储气库、管网调度业务等资产将被纳入。国家油气管网公司规模庞大，具有在全国范围内统筹调配、输送和存储油气资源的核心能力，是政府对油气市场进行战略性和全局性把控的重要抓手。

（二）业务板块

国家管网公司的管理层来源于三大石油公司，国家管网的组织架构包括九大部门，其业务板块将划分为四个本部和三个事业部，四个本部分别为：生产运行指挥本部、科技研发本部、工程建设本部和管道完整性本部，三大事业部分别为：原油事业部、天然气事业部和成品油事业部，见图 2。

（三）使命愿景

国家管网公司主要职责是负责全国油气干线管道、部分储气调峰设施的投资建设，负责干线管道互联互通及与社会管道联通，形成“全国一张网”，负责原油、成品油、天然气的管道输送，并统一负责全国油气干线管网运行调度，定期向社会公开剩余管输和储存能力，实现基础设施向所有符合条件的用户公平开放。

从建设方面，国家管网公司将从全国管道布局出发，采取统一规划、整合优化策略，从空间和时间两个维度上综合考虑管道规划和建设问题，实现管道一次

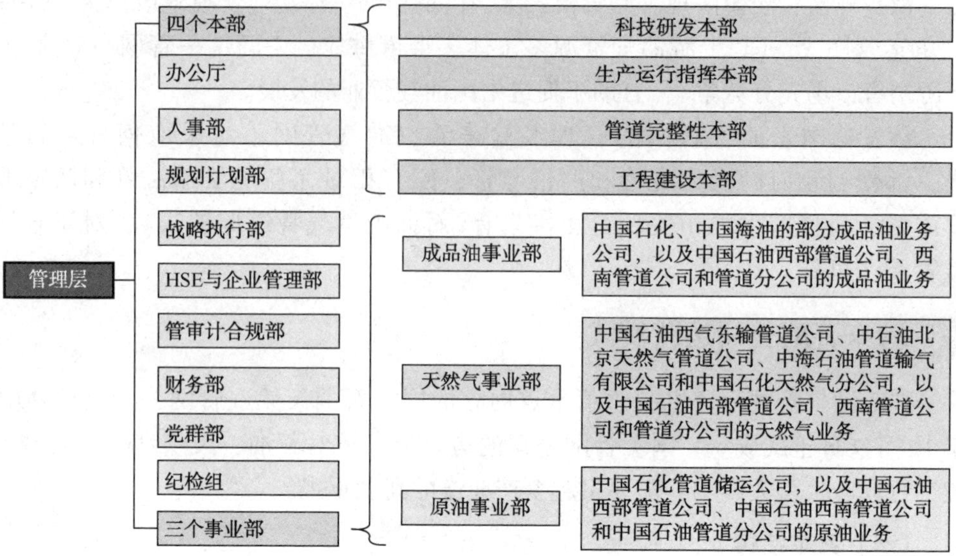

图 2　国家管网公司业务板块划分

数据来源：21 世纪经济报道

建成和长期受益，降低管道重复建设及路由资源恶性竞争情况，降低管道建设投资和运营成本的整体规模，从而减少土地资源和投资浪费。

从管理方面，国家管网公司的成立将管道建设质量水平、运营效率、管理水平向三大石油公司看齐，整体形成专业能力齐全、业务水平领先的管道建设和运营管理队伍，建立覆盖管道全生命周期的技术和管理体系，建立覆盖管道经营各要素的技术和管理标准，保障管道高质量、高水平建设和高效安全运营。

从输送方面，国家管网公司的成立将全面优化整合管道运维机构区域布局和专业资源，有效补齐天然气基础设施供给侧短板，保障天然气资源持续稳定供应，保障天然气产业健康有序发展。

国家管网公司未来主要业务见表 1。

表 1　国家管网公司未来主要业务

业务名称	具体内容
油气管道建设	管道建设规划、布局
油气管道基础设施建设	储气库、交易中心、LNG 接收站
配送业务	保供责任划分、配送布局
监管业务	监管国家管网外的管道公司

（四）发展战略

国家管网公司将通过“专业化管理”和“区域化运维”两个维度的有机结合，全面提升天然气管网运营能力、运营质量和运营效率，保障天然气管网安全稳定可靠运营，建成协调、开放、共享型的世界领先水平大国管网。

所谓管道专业化管理模式，即以专业化的资源、组织体系和管控模式为支撑，以专业化的人才、技术标准、运营规范、管理平台等为基础实施管道业务管理。国家管网公司汇集了国内绝大部分优质的管道专业技术和管理资源，可在对各项专业资源进行整合优化的基础上，建立统一的管网规划体系、质量健康安全环境（QHSE）管理体系、管道资产完整性管理体系、管道维抢修体系、管道项目建设管理体系、管道科技创新体系、管道技术标准体系、管道调度运行、管容交易、国家智慧管网十大体系或平台，能够形成国内领先、覆盖全国的专业化管理能力、体系和团队。

区域化运维是以保障管网安全高效运营为核心目标，以先进的自动化、信息化和智能化手段，完善的运维作业文件，完备的专业作业机具，综合素质过硬的专业队伍为基础，对区域运维中心管理的空间范围进行科学划分，整合运维资源，提升运维能力，优化运维机构布局，统一运维技术和管理标准，构建精干高效、管理规范、响应及时的专业化管道运维体系，有效降低管理成本、资金成本、人员成本、备品备件（集中仓储模式）、检修、试验等运维成本，全面提升运维质量和运营效率。

通过“专业化管理”实现管道优质专业资源、先进技术标准和管理能力在全行业的共享，提升国内管网整体运营的质量和水平，并为“区域化运维”赋能；通过“区域化运维”打破现有运维机构的作业范围，优化整合同一区域内的运维人员、机具和功能，集约布局运维机构，统一运维标准，实现优质运维资源和先进运维能力的开放共享，发挥管道运营的规模经济效益。

三、国家管网公司效用展望

国家管网公司的成立对中国油气管网的建设将产生深远重大影响，下面将从完善油气管网规划、加快油气管道互联互通、推进管道运营模式和改革、加快推进天然气价格改革、推进国家油气管网和省级油气管网的联动改革五方面进行展望分析。

（一）完善油气管网规划

在原有一体化的管道运营模式下，管道建设投资不足，难以实现《中长期油气管网规划》中实现天然气主干管道达16.3万千米的目标。2019—2025年期间，中国中俄东线、中亚D线等进口输气管线，西气东输四线、川气东送二线及多条煤制气输气管道的建设将增加中国气源来源，包括来自俄罗斯和中亚的进口天然气、四川盆地常规气、页岩气以及中部和西部煤层气、煤制气等气源。国家管网公司应根据中国自有气源、进口气源的规划和下游市场分布情况，统筹规划管网布局，根据实际情况稳妥分步、分段实施，科学合理设计管道路由走向和干支线配比，同时推动干线间联络线及跨省、区、市联络线的建设，加快油气管道互联互通。

油气管道之间的互联互通是实现资源统一调配的前提，不仅要改变现有管道各自运营的局面，促进长输管道互联互通，解决历史遗留的问题，还应在对未来管网进行建设规划的同时，以双轨并行的模式，同时将管道的互联互通考虑在内，协调地方管网与国家管网的联通，提升建设的效率，以防出现油气管道重复无序建设的局面，造成资源的极大浪费，以期做到真正打通全国管网的脉络，实现油气统一调配，管网不间断，真正落实“全国一张网”的天然气供应格局，加快产业的转型升级，实现油气高效集输。

（二）推进管道运营模式和改革

2019年，国家管网公司成立，以国有资本控股，同时拟吸收50%的社会民营资本，实现股权多元化，后期将寻求上市以广泛积聚资本，加快管网建设进程。基于运销分离的初衷，国家管网公司的收入来源主要是输送天然气的管输费和其他收入，销售收入将不复存在。初期，国家管网公司可以维持点对点的输送模式，由于长输管道已经达到或者超过负荷，没有多余的管容供其他方使用；中期，随着管道设施的成熟并达到一定规模，必然会导致对物流、资源的重新优化配置，长距离点对点输送模式将受到冲击，管网容量出现富余，在满足既有用户管输需求的前提下，管网的剩余能力都将向第三方市场主体公平开放；后期，采用两部制来核定国家管网公司的管输价格，如果按照两部制收费，管容将是关注的焦点。

（三）加快推进天然气价格改革

国家管网公司成立后，将放开产业链的上下游市场，打破原来“三桶油”垄断局面。上游勘探开发领域进入限制的解除，会加强资源供应方之间的竞争，从需求者角度来说，上游市场化的天然气价格更有利。同时作为天然气价格组成部分的管输价格也将受到国家的监管。能量交接计量是推动管网公平开放的重要前提，可有效解决不同来源、不同品质天然气入网难的问题。国际上管输费也基本根据输送天然气的能量进行结算，在管输价格上可以借鉴国外的成功经验，采用国际通用的“两部制”，按照“使用费”和“容量费”分别计取，有利于提高管输效率。在天然气进入到下游消费市场上时，充分发挥市场这只看不见的手的作用，促进市场进入有序发展阶段。

（四）推进国家油气管网和省级油气管网的联动改革

按照油气体制以及油气管网运行机制改革意见，国家管网公司成立后，省级管网公司改革方向将主要有三种可能：一是成为国家管网公司控股的子公司或参股子公司；二是成为国家管网公司省级分公司；三是仍然单独存在。由于目前“三桶油”在部分省级管网公司中或多或少拥有股份，从而使省管网公司成为国家管网公司控股子公司或省级分公司的可能性较大，这样有利于减少中间环节，形成“全国一张网”，便于统一规划、调度和协调。但还会显现出一些缺点，比如地方政府的阻力可能过大，尤其是选择省级分公司的模式，而且不利于在促进天然气协调发展上地方政府能够发挥的积极性。因此要处理好国家管网公司和省级管网公司之间的关系，既要发挥出国家管网公司统一规划调度的职责，同时也要充分利用地方区域性作用，调动全国天然气行业活力。

“水氢汽车”的网络舆情分析

姚琼；张文园；李明

[中国石油大学(北京)经济管理学院]

近几年来中央政府对新能源汽车这一新兴产业给予了重点关注，在2019年3月的第十三届全国人大代表大会第二次会议上，国务院总理李克强作政府工作报告时提出“要促进新兴产业加快发展，深化大数据、人工智能等研发应用，培育新能源汽车等新兴产业集群，壮大数字经济”。2019年11月7日国家工业和信息化部代表在第二届中国国际进口博览会期间举行的中国汽车产业发展论坛上表示工信部正牵头编制《2021—2035年新能源汽车发展规划》。在web2.0时代，伴随着互联网技术的迅猛发展及其低成本、高速度和便捷性的特点，以网络为沟通途径进行用户之间信息交流的方式愈发流行，这有利于实现线上舆论的快速传播，进而影响舆情后续的发展。为了有效支持相关政府部门的决策及更好地服务于国家掌握新能源汽车的网络舆情现状，本文以“水氢汽车”事件为例，分析水氢汽车这种新能源汽车技术目前在中国的网络舆情发展情况。

一、“水氢汽车”的背景分析

(一) 在线用户数量呈现逐年递增态势

根据中国互联网络信息中心(CNNIC)发布的《第44次中国互联网络发展状况统计报告》，截至2019年6月，中国网民规模达8.54亿人，其中手机网民规模达8.47亿人(图1)，网民中使用手机上网的比例由2018年底的98.6%提升至99.1%。《2018微博用户发展报告》显示，截至2018年第4季度，微博仅活跃用户已增至4.62亿人(图2)，占同年网民人数的56%与手机网民人数的57%，这为大量科学研究奠定了获取海量数据源的良好基础。作为中国最具影响力的社交媒体，新浪微博基于社交关系来促进用户间的信息交流，是分析网络舆情走势的重要手段，后续对于“水氢汽车”事件的舆情分析即是基于该平台。

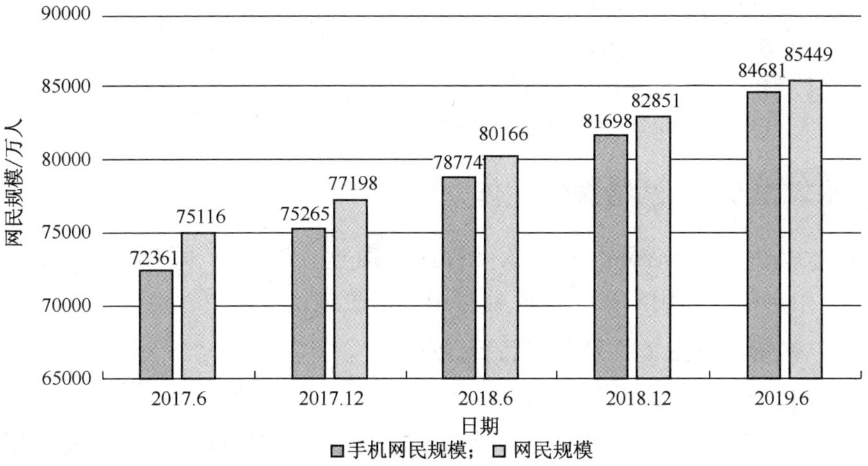

图 1　中国网民、手机网民规模发展状况

数据来源：中国互联网络信息中心

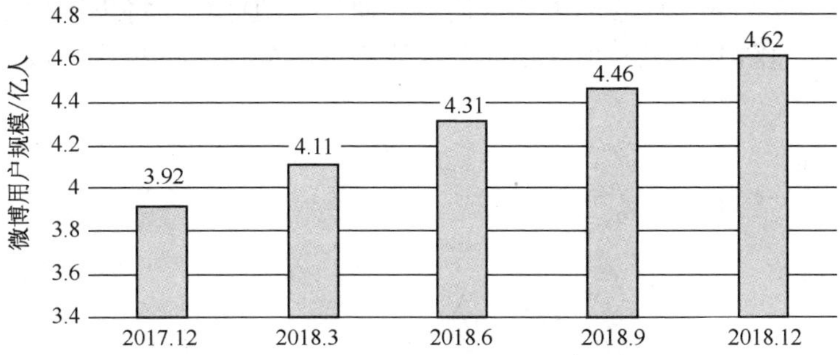

图 2　中国新浪微博用户规模发展状况

数据来源：2018 年微博财报

(二)“水氢汽车”事件

2019 年 5 月 23 日，《南阳日报》报道水氢发动机(工作原理是安装此发动机的车辆只需要加水就可以实时制氢气，进而实现加水就能跑的功能)在本市正式上线，甚至有网友传出当地政府将出资 40 亿元以支持这项新能源技术的消息。随后新浪微博上大量官微纷纷转发该条新闻，如《新京报》5 月 24 日发文：“青年汽车董事长曾卷入诈骗案，被列为‘老赖’”；《央视财经》5 月 26 日发文：“只加水就能跑？一夜间刷屏的水氢车是技术突破还是骗局？背后水很深”；《中国经济网》5 月 27 日发文：“南阳只是续集，首辆水氢车两年前在金华下线，也说加水就能跑”。此类新闻的发布引发网友的广泛讨论，这促进形成了网络舆情，即在新浪微博平台上围绕“水氢汽车”事件网友表达出来的态度和观点。从 2019 年 5 月 24 日开始，截至同年的 5 月 28 日，本文数据统计出在该事件舆情诞生、发展、变化持续的一周时间内，共有 31710 条评论，积极参与话题讨论的用户数高达 18500 人，其中男性用户与女性用户分别占比 85%和 15%。

二、“水氢汽车”的网络舆情主体分析

以“水氢汽车”为话题，通过软件程序获取到新浪微博上的数据，将其细分为两类：用户信息和用户评论。此处对用户信息进行分析。

（一）微博舆情主体性别分布特征分析

统计用户性别，其中男性用户 157363 名，女性用户 2805 名，分别占比 84. 87%、15. 13%。对于“水氢汽车”相关话题的关注，男性用户数比女性用户数显著高出 5 倍有余。

（二）微博舆情主体地区分布特征分析

统计每一位评论用户的地理位置信息，通过空间计算，将不同地区的人群密集程度在中国地图上予以叠加并用颜色深浅程度区分，颜色越深，该地区人员越越多(图 3)。

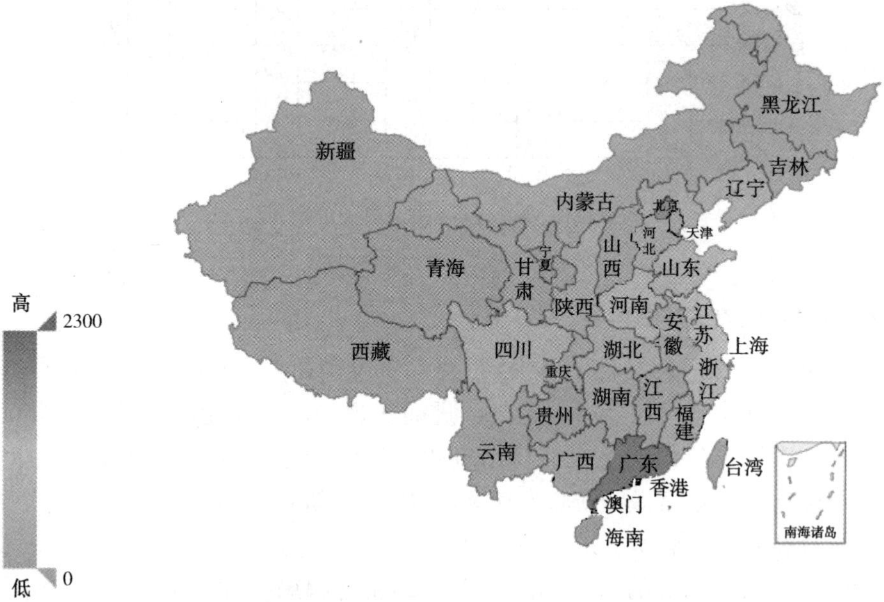

图 3　微博评论中用户的所属地区分布示意情况

数据来源：作者制作

以省份和直辖市为划分单元，可以看到中国的东北、西北、西南地区较少网友参与到“水氢汽车”事件的微博话题讨论当中，这些网友深处偏远地区，家乡经济落后，科技水平相对不发达，所以对应的关注度自然不高。

值得注意的是，北京与广东的网友参与到微博话题讨论的人数分别为 1761 名、2015 名，可以得出国内这两个一线地区对于“水氢汽车”的关注度非常高。分析城市特点，可以发现两者之间存在极其明显的指标差异——空气质量。自 2011 年来，北京便频繁出现雾霾天气，空气中 PM2.5 浓度高居不下，污染严重，虽然近几年空气环境得以治理，但北京依然是中国污染很严重的城市，倘若水氢汽车这项新能源技术可以实现，只利用水这种无污染的能源去发电供汽车行驶，那么改善空气质量的美好明天指日可待；而广东地区恰恰相反，地处沿海，每年的空气质量在全国都是位居前列的，且该处拥有丰富的水资源，如果仅靠加水就能发动汽车，那么这将给地区发展带来新的经济增长途径，也达到了对本土资源高效利用的效果。除此以外，北京和广东拥有共同的特点——经济发达、科技水平先进、人民教育素质普遍偏高，在前两者强有力的支撑下，它们拥有相对较多的工科高校和能源研究所、研究院等，这些机构对于新能源技术的高度关注度不言而喻。

地处长江三角洲的众多省份和直辖市，如上海市、浙江省、江苏省，这些地区的网友对于“水氢汽车”技术的关注度也处于较高水平，这是地区经济实力和科技水平共同影响的结果。

总体来看，从空间上分析“水氢汽车”的舆情讨论，不同地区的网友关注度与基于中国空气污染程度排序后的城市排名结果、地区发展情况有着很高的一致性。京津冀、长三角、华中城市区、成渝城市区是中国每年经济快速发展的重点对象，但同时也是空气污染最严重的地区，这四大“污染带”的舆情主体对于这项环境友好型的新能源技术抱有很大的期望与好奇，会予以高度关注；相反，中国偏远省份拥有优异的空气质量，但经济、科技、教育水平普遍较低，因此微博舆情主体对于该技术的关注度处于中等偏下水平。

三、“水氢汽车”的网络舆情内容分析

（一）微博舆情内容时间分布特征分析

根据用户评论发表的时间，统计出网友评论数随时间的变化情况，见图 4。对于南阳市公布的“水氢汽车”这项新技术，微博上的舆情讨论共持续了 5 天，从 2019 年 5 月 24 日 6 时~2019 年 5 月 28 日 10 时，不同时间段的评论数变动较为规律，即呈现先增加后减少的趋势，其中在 25 日 12 时的网友评论数达到峰值。

在事件诞生初期，即23日《南阳日报》报道了此项新技术，话题讨论量缓慢增加；25日众多官微纷纷予以转载，这些大V账号是通过中国微博平台官方认证的，因此其对于用户发表的言论有一定的保障功能，这促进了用户发言的意愿，话题讨论量整体不断增加；度过高峰期后，该条新闻的热度迅速下降，评论量开始逐天递减，最后稳定处于低水平。

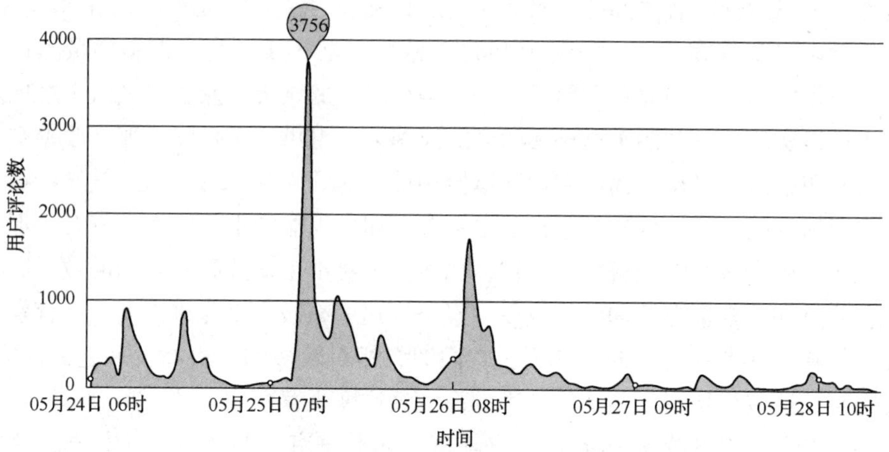

图4 微博评论中用户评论数随时间的变动情况

数据来源：作者制作

(二) 微博舆情内容主题分析

1. 词频统计

通过编写代码对网友评论内容进行文本处理，获取到体现文本主题的众多关键词，选出词频排名前30的词汇做出文本词频统计表，见表1。

表1 基于微博网友评论内容的文本词频表

序号	关键词	频数	序号	关键词	频数	序号	关键词	频数
1	技术	869	11	忽悠	314	21	科技	208
2	催化剂	546	12	投资	273	22	发动机	205
3	政府	456	13	发明	259	23	原理	177
4	汽车	431	14	美国	257	24	研发	160
5	加水	411	15	制氢	241	25	动力	158
6	能量	371	16	充电	229	26	厉害	158
7	国家	370	17	骗局	225	27	电池	156
8	氢气	347	18	补贴	225	28	媒体	154
9	成本	334	19	永动机	218	29	科学	150
10	能源	333	20	企业	212	30	成功	77

数据来源：作者制作。

2. 词云分析

为方便直观地进行分析，在上述词频表的基础上绘制词云图，见图 5，词频通过字体大小呈现，通过图片的形式有助于快速捕捉到关于“水氢汽车”话题的网络舆情重点。

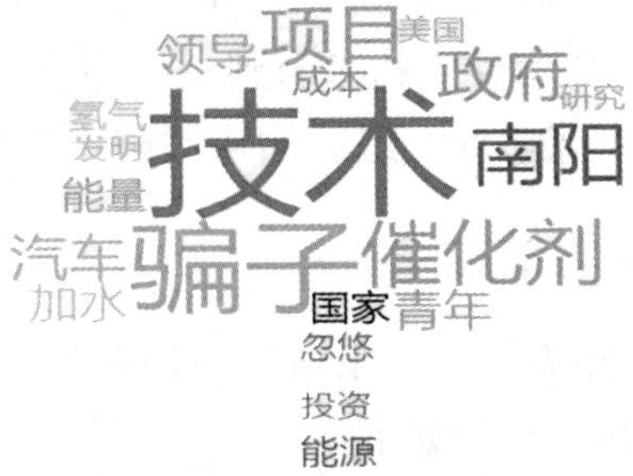

图 5 微博用户评论内容关键词之词云图

数据来源：作者制作

通过人工分析大量微博网友评论，将评论内容根据关键词的语义及舆情事件背景划分为 3 类主题，见表 2。

表 2 基于微博网友评论内容的主题聚类结果

主题	关键词
主题 1	技术、催化剂、氢气、能源、发明、发动机、电池
主题 2	政府、国家、投资、补贴、企业、媒体、成本
主题 3	忽悠、骗局、原理、动力、科学

数据来源：作者制作。

3. 文本主题分析

上述的关键词较好地描述了网络上该事件对应的舆情发展情况，但为了更准确地把握用户评论的内容，采用文档主题聚类建模，生成的类别与上述保持一致，对这 3 类文本的主题分别进行提取和总结，得到每个类的文本主题，见表 3。

表 3 基于微博网友评论内容的主题聚类结果

类　别	类别主题
类别 1	“水氢汽车”技术是一项有待研究的科技创新项目
类别 2	这项技术存在不可靠性，网友认为这是一个“骗局”
类别 3	企业通过这项技术向国家申请补贴，政府需要深入调查

数据来源：作者制作。

具体分析：首先，该项技术被过分夸大，“水氢汽车”能够成功发动是真，但是是通过铝粉和水在特定条件下反应生成氢气进行供能，其所需的能量比加油行驶的汽车所需能量大得多，至于如何仅通过水和氢气的转换来实现能量的供应与环保节能还有待研究；其次，这项技术的实现与理论基础有所背离，所谓的“特殊催化剂”(研发人员声称可以通过其将水转换成氢气，再输入氢燃料反应堆，进而产生电能)其实是作为反应物参与到反应中去，因此这引起了不少网友的质疑；最后，通过一项不成熟的“骗局”去申请国家巨额补贴，属于违规行为。

四、“水氢汽车”的网络舆情结论

本文以“水氢汽车”事件为例，基于新浪微博平台，进行相关话题搜索，对获取到的数据进行上述分析，总结如下：

(一) 用户性别失调

对于“水氢汽车”事件的在线关注度，男性用户远远多于女性用户，前者通过新浪微博平台发表评论、转发帖子的行为更加频繁。2018 年微博数据中心显示男性用户多于女性用户，两者分别占比为 57% 和 43%，但这只是部分解释了本文统计的评论中性别失调的现象。除此以外，男性用户和女性用户对于微博热门话题的偏爱程度是不同的，女性用户普遍关注娱乐类话题，喜欢主观地表达自己对娱乐明星的看法；而男性用户倾向于评论民生类话题，喜欢站在中立的角度表达自己客观的感受，“水氢汽车”事件显然不具备娱乐类话题的特性，它更加契合民生事件的特点——有科学理论支撑，所以在该条热门话题下的评论下，男性用户比女性用户表现出更高的兴趣度与关注度。这样的性别分布也表明了本文研究结论的高度客观性。

(二) 地区分布失衡

关注“水氢汽车”事件的用户所属地区分布具有以下特征：经济越发达的地区，用户关注度越高；科技水平越先进的地区，用户关注度越高；人民教育素质越高的地区，用户关注度越高；空气质量越严重的地区，用户关注度越高。

(三) 组织机构的重视程度

在“水氢汽车”事件的微博网友评论中，政府、媒体、企业三大组织被重点提及，这凸显了这些实体机构在网络舆情发展中占据的关键性地位，因此倘若它们能够在整个事件的舆情进程中发挥积极向上的作用，主动引导舆情，帮助人们理性地看待问题，网络上就能形成正确的舆论走向，这也为后期舆情的监测控制奠定良好的基础。就南阳市研发“水氢汽车”的这家企业而言，技术本身距达到国家倡导的新能源汽车标准还有很大的进步空间，等技术再成熟一些，再去申请国家补贴去满足技术的资金支持也为时不晚，如此的做法也会将用户负面消极的情绪转向乐观支持的一面。

管中窥豹，可见一斑。本文通过分析南阳市“水氢汽车”事件的网络舆情，部分总结出目前中国水氢汽车的网络舆情发展是不充分的、不全面的、不协调的，这在上面已经论述过。为了推进中国水氢汽车在未来的美好发展，本文对多方组织提供以下建议：

（1）任何新能源汽车制造企业向国家政府单位申报技术资金支持时，国家权威技术部门需及时审核该项技术，确保技术是具有科学上的高可实施性以及低价量产高效益的价值的，此外有关政府部门还需要线上线下使用多方媒体手段向大众公示此“待成熟技术”，针对后期监测到的舆情形势，再考虑是否下拨资金，公开信息，让人民放心。

（2）在当今互联网技术快速发展的时代，以新浪微博为代表的多个主流国内社交媒体平台已经掌握了线上舆论传播的海量数据源，这些平台需与国家密切合作，将热点事件的舆情走势及时向上传递，进行信息交流，进而支持国家相关政策的制定。

（3）社交媒体在引导舆论走向时可以参考用户的性别，针对男女性用户的评论特点采取不同的引导手段：引导男性在合乎法律合乎道德的情况下讨论热点事件本身，相反，针对女性不太感兴趣的民生类事件，媒体可以设计一些有趣的形式来吸引女性的眼球，让其主动参与到话题讨论当中。

（4）企业在从事新兴产业如新能源汽车生产的工作中时需准确定位企业职责，维持企业良好形象，做到诚信营业。同时企业切勿好高骛远，应踏踏实实搞技术，做生产；对于自己公开的技术，要敢于面对来自于国家、公众、多个媒体的质疑，积极回应；向政府申报技术资金支持时需要有过硬的技术作为依据，空口无凭势必迎来社会的嘲讽，最后受损的还是企业自己。

（5）当代公众无论是线上还是线下传播舆论时，要注意舆论的真假，不传播虚假信息且坚决抵制那些“谣言者”，除此以外，尤其是在线上时，用户虽然匿名，但依然要遵守各个社区的文明手册，自由言论的同时注意自己的言语，做一名能够畅所欲言的文明发声者，为构建文明和谐线上社区尽自己的一份力。

全文针对水氢汽车在中国的发展描述了一个现阶段的主要网络舆情背景，相信有以上的建议作为参考，该项技术在新的舆情环境下会有更好的发展。

国际大石油公司发展 LNG 业务的启示

刘贵洲；窦立荣

[中国石油国际勘探开发有限公司]

一、“走出去”发展 LNG 业务是我国油气企业的必然选择

2018 年，我国 LNG 进口量已经超过 5400 万吨，占天然气总进口量的六成，规模创历史新高，成为全球仅次于日本的第二大 LNG 进口国，预计很快就会超过日本；进口来源覆盖亚太、中东及北美地区 18 个国家。未来 30 年将是我国天然气消费快速增长期。而我国海外 LNG 权益生产能力仅 770 万吨/年(中国石油 330 万吨/年、中国石化 225 万吨/年、中国海油 215 万吨/年)，不到进口量的 15%。因此，除通过贸易进口 LNG，“走出去”积极参与和自主开发 LNG 项目将是保障国家天然气供应安全的重要措施之一，具有较强的必要性和紧迫性。

“走出去”发展 LNG 业务有较大的市场空间。从全球 LNG 市场需求看，壳牌《LNG 前景展望 2019》认为，天然气和 LNG 在解决空气质量恶化和气候变化中扮演的角色不断被认知。根据壳牌的计算标准，最近 5 年，“煤改气”引导了北京冬季空气质量 78%的改善。2018 年，中国成为世界最大的天然气进口国，两年 LNG 进口翻倍。2016 年以来，普氏日韩基准价格(JKM)期货贸易量增长 10 倍。2018 年，在吸纳了持续增长的供给下，亚洲 LNG 进口再次超预期。到 2035 年，在能源需求增长中，天然气将占据最大份额，提供超过 40%的需求增量。由此推测，近期 LNG 供给增长将被“消化”，供给侧持续需要投资，以满足长期需求增长(见图 1)。

从 LNG 供应侧看，2018 年，全球 LNG 产量 3.651 亿吨，其中国际大石油公司(壳牌、埃克森美孚、道达尔、雪佛龙、BP)的产量占全球 LNG 产量的 25%。未来几年，全球 LNG 液化能力增长较快。预测到 2025 年前后，全球 LNG 产能将接近翻番，国际大石油公司的产能占比将增加到 28%(见表 1)。

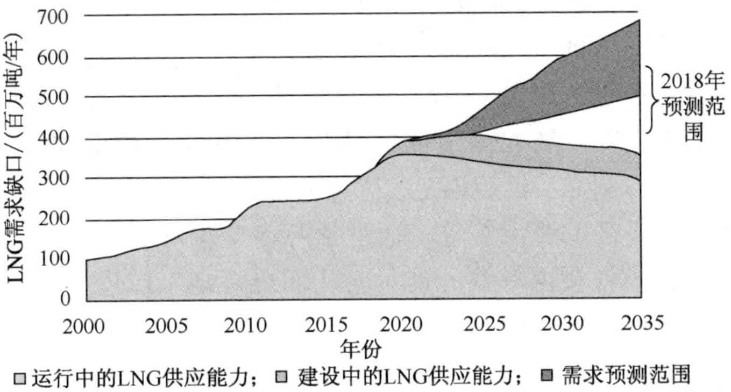

图 1　全球未来 LNG 需求缺口

资料来源：壳牌《LNG 前景展望 2019》

表 1　全球及国际大石油公司 LNG 产能与产量　　万吨

产量	全球	壳牌	埃克森美孚	道达尔	雪佛龙	BP
2018 年产量	36510	3499	2190	1080	1624	888
2018 年底产能	40485	4240	2150	1890	1780	1320
2025 年前后预测产能	70800	7010	6630	2490	3480	2840

数据来源：Wood Markenzie，IHS Markit。

全球 LNG 项目最终投资决定(FID)在 2011—2015 年高峰期后，2016 年、2017 年急剧下降，最终投资决定新增 LNG 能力仅仅 700 万吨/年，2018 年，最终投资决定新增 LNG 产能大幅度恢复，达到 2100 万吨/年(见图 2)。未来几年，尽

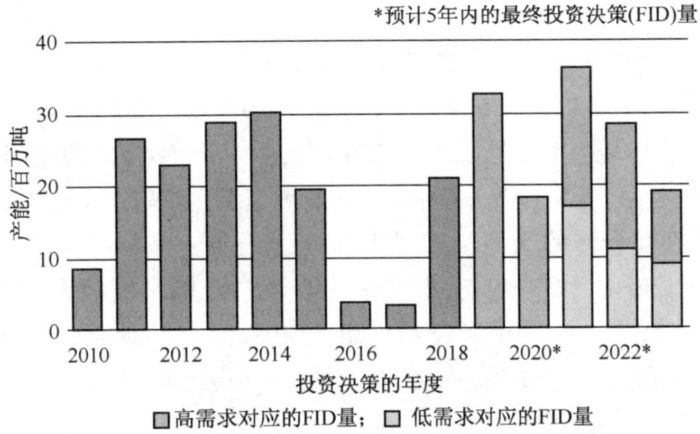

图 2　全球最终投资决定新增 LNG 产能图

资料来源：壳牌《LNG 前景展望 2019》

管最终投资决定将维持高位，LNG 供需依然存在较大缺口(见图 1)。这一缺口将是 LNG 行业的隐忧，同时也是企业发展 LNG 的良机。

未来，中国市场对进口 LNG 存在较大需求(见表 2)。与国际大石油公司相比，国内三大油气企业发展 LNG 业务才刚起步，发展过程中或多或少、或轻或重地存在一些问题。例如，经验不足、人才匮乏，个别项目经济性存疑、投资或退出决策徘徊、推进进度滞后等等。通过学习借鉴国际大石油公司发展 LNG 的经验，中国油气企业可获得有益的启示，从而更好地“走出去”，优质高效发展 LNG 业务，解决遇到的实际问题。

表 2　未来国内天然气供需预测　　亿立方米

需求量预测	国内需求	国内生产	进口管道气	进口 LNG 空间
2020 年	3200	1900~2000	600	600~700
2025 年	4300	2400	1200	700
2030 年	5300	2700	1700	900

数据来源：中国石油规划总院。

二、国际大石油公司发展 LNG 业务的策略

(一) 提升 LNG 地位是国际大石油公司的一致选择

无论是追求 LNG 业务一体化、实施纵向整合的道达尔，还是不追求一体化的埃克森美孚、雪佛龙，甚至将石油业务置于战略优先的 BP，LNG 业务的战略地位都得到显著提升。LNG 业务不但进入公司的核心业务圈，而且近几年都得到快速扩张。

国际大石油公司中表现最抢眼的是壳牌。2009 年，壳牌将业务划分为“现金引擎”“增长优先级”和“未来机会”3 个层级。2012 年，将当时处于“未来机会”的 LNG 业务于前移至“增长优先级”，2015 年进一步晋级为“现金引擎”。壳牌追求 LNG 业务一体化，LNG 业务横向遍布世界各地，纵向贯穿 LNG 全价值链。2011 年起，壳牌在全球的天然气产量首次超过石油；2013 年起，天然气业务收入超过总收入的 50%，如今已超过 70%。年平均资本回报率为 13%，而公司的平均资本回报率仅为 8%，并为公司贡献了 30%以上的现金流。2017 年、2018 年、2019 年，壳牌连续 3 次发布 LNG 业务发展展望，开始把握 LNG 领域话语权。

(二) 拥有上游天然气资源是发展 LNG 的基础

全球在产的 LNG 项目大抵有 3 种模式：上下游一体化模式、下游模式、加

工费模式。3 种模式项目的产能分别为 23980 万吨/年、9250 万吨/年、7255 万吨/年，占比为 3.31∶1.27∶1，可见上下游一体化项目居多。

上下游一体化模式是油气公司在拥有天然气资源的情况下配套发展 LNG。上游资源是前提，上游资源如果不足，LNG 厂发展会受到很大制约。例如，澳大利亚的西北大陆架 LNG 项目，气源将在 2020 年后下降，除非深层有新发现，或附近其他气源持有者同意为其供气，否则该项目的经济性将大打折扣。2014 年，该项目合作伙伴与赫斯(Hess)公司签订初步协议，以西澳大利亚的 Equus 天然气作补充气源。但赫斯公司 2016 年 12 月暂停执行协议，项目面临较大不确定性。该项目作业者奥德赛(Woodside)公司购买了 BHP Billiton 公司 Scarborough 资产的一半，拟作为该项目新的气源，后续进展仍未落定。

下游模式是以 LNG 厂为经营主体，向邻近气源拥有者购气。在上游气源充足时，“你情我愿”，合作顺利；一旦气源不足，气源就成为关键的“卡脖子”问题。例如，BP 和道达尔公司参股的阿联酋的 ADGAS LNG 项目，由于阿联酋国内用气需求增长导致要进口 LNG，项目气源显然要优先通过管道满足国内需求。随着该国天然气配置系统的完善，预计 5 年后只能留下第三条生产线生产，10 年之后，项目的所有生产线将停产。

加工费模式是以 LNG 项目合作伙伴分别作为经营主体，各自按股比提供气源；或者气源方为经营主体，委托 LNG 厂液化加工，支付加工费。经营主体均需“照付不议”，并各自负责 LNG 销售。因此，上游气源更是前提，当某一股东提供的气源不足时，要么向第三方购气，供给 LNG 厂；要么陪着其他股东仍让 LNG 厂运行，蒙受巨额损失。例如，壳牌和 BP 公司在特立尼达和多巴哥的大西洋 LNG 项目，现有气源地经过近 20 年的开采，天然气产量逐年递减，整个项目多条生产线存在严重的气源问题。壳牌努力协调特立尼达和多巴哥与委内瑞拉之间跨境油田 Lorán-Manatee 增加供气，试图将委内瑞拉海上 Dragon 油田的天然气通过 10 英里的管道，运输到壳牌在特立尼达和多巴哥的 Hibiscus 平台。然而，委内瑞拉持续恶化的政局使得项目实际进展缓慢，风险巨大。

（三）并购扩张是发展 LNG 的捷径

近年，国际大石油公司以大手笔并购颠覆了全球 LNG 排名，走出了一条快速发展 LNG 的捷径。2014 年，壳牌以 38 亿美元并购雷普索尔北美地区以外 LNG 资产，使 LNG 权益产能增加 420 万吨/年；2015 年，又以 700 亿美元并购 BG 集团，获得 BG 在 7 个国家的 LNG 资产，LNG 权益产能增长 30%，LNG 贸易交付能力增长 32%，大大提升了壳牌的 LNG 实力，成为世界第一大 LNG 生产商和供应商。

近3年来，雪佛龙进行了3项大手笔并购，先后入股安哥拉LNG和澳大利亚高更(Gorgon)LNG、惠特斯通(Wheatstone)LNG项目，分别占股36.4%、47.3%、64.1%，权益产能从300万吨/年迅速窜升到1780万吨/年，坐上了LNG第四把交椅。

埃克森美孚同样在低油价时期以高边际收益寻求LNG组合，2017年以27亿美元收购InterOil，成为巴布亚新几内亚1755.6亿立方米Elk-Antelope气田作业者，并作为作业者在690万吨/年PNG LNG项目中占股33.2%，又提议建立第三条、甚至第四条生产线。埃克森美孚以28亿美元从埃尼收购莫桑比克4区25%股份，以及产能为340万吨/年的Coral South浮式LNG项目和产能达1500万吨/年的Mamba LNG T1-3项目，并主导中游作业。

（四）产运销用一体化是发展LNG的较佳选择

稳居全球LNG领域龙头的壳牌和道达尔，创造了一体化发展的成功范例。而雪佛龙和BP并不追求LNG一体化发展。

注重一体化发展是壳牌战略的显著特色。在上游，2004年以来其天然气储采比一直高居国际大石油公司之首，而且是近年来唯一一家天然气储量和产量高于石油的国际大石油公司，保证了天然气一体化业务的气源自给。在中游，壳牌LNG产能居全球首位，2018年达到4240万吨/年，是排名第二的埃克森美孚的近两倍。在下游，2015年以来，壳牌LNG销售增长了70%，2017年达到6600万吨，是全球第一大LNG供应商。壳牌销售的LNG大部分为公司自产，也向合资公司或其中的合作伙伴或第三方购买部分长期合约，以弥补供应缺口。壳牌还拥有全球最大的LNG运输船队，拥有64艘LNG船，并在新造13艘。庞大的LNG运输船队有效地支撑了日益扩张的LNG市场，使货物周转更加灵活，LNG价格竞争更加有力，保证了LNG业务整体价值的实现。在下游，壳牌利用其规模和专门技术，发展天然气零售和电力业务，并收购了英国First Utility公司。

道达尔拥有天然气和LNG市场领先地位，通过并购Engie公司LNG业务，将LNG销售与电力生产紧密结合，实现上下游一体化发展，加速实施天然气全价值链整合战略。公司投资跨越整个价值链，尤其是LNG下游。2016年10月，道达尔在巴西、科特迪瓦和巴基斯坦分别发展300万吨/年浮式储存及再气化装置(FSRU)项目，用LNG供给发电，并有意向电力部门延伸。收购巴西Bahia再气化终端部分权益，获得两个废热发电厂和管道产能50%的权益。2017年2月，与GEIL合作在巴基斯坦建设570万吨/年接收终端。在印度扩建Hazira接收终端，且扩大权益。启用法国和英国既有终端设施，扩大欧洲 LNG 市场，发展以 LNG 为运输燃料。

一体化发展 LNG 业务，既增加产业链附加值，又增加灵活性，提高保障能力，降低市场风险，因而是发展 LNG 的较佳选择。

（五）组合发展是抵御风险的制胜法宝

国际大石油公司无一例外地采用了组合策略。一是价值链组合。在上下游一体化组合中，上游补下游、下游配上游；或以此上游补彼下游、以此上游配彼下游等，从而完成全球布局和全价值链组合。壳牌收购 BG 就使得其上下游之间形成了几个较好的组合。二是营销地域组合。与市场需求方签合同时不限定 LNG 来源地，与 LNG 厂签合同时不限定目标市场，由此增加灵活性，可实现全球组织资源，并优化运输距离，降低运输费用。这种全球组合甚至可能避免制裁、贸易战等带来的额外成本。例如，中美贸易摩擦中，BP 公司就以改变 LNG 来源避免了中国对产自美国的 LNG 加征 25%关税给交易带来的成本。三是合同类型组合。长贸与短贸、现货相结合，近年倾向于多短贸和现货、少长贸合同。为减少长贸，道达尔将 2017—2022 年 50%以上的销售合同重新谈判重新签订。四是价格组合。与原油价格挂钩和与 HH、NBP 价格挂钩相结合，高斜率价格与低斜率价格相结合。例如，道达尔从萨宾帕斯（Sabine Pass）、科珀斯克里斯蒂（Corpus Christi）和 Cameron LNG 争取到 360 万吨/年与 HH 价格挂钩的承销量，占其 2020 年营销组合的 20%多。这些交易没有目的地限制，有相当的灵活性，比与油价挂钩的长贸交易好得多。一旦市场供给过剩，LNG 价格低于美国项目短期边际成本时，就利用其他合同允许少提 LNG 条款，优先从美国提取。五是供货时间组合。同一时间段，此处合同彼处补；不同时间段，此时合同彼时补等。

五大组合、全球配置与灵活性使 LNG 价格最大化、LNG 运输最优化、运输费用和营销费用最小化、LNG 项目风险最小化。国际大石油公司采用上述 5 种组合策略中的数种甚至是全部，由于对组合策略应用得当，得以自如应对低油价、LNG 供给时而过剩的艰难时期。

三、国际大石油公司应对 LNG 可持续发展核心问题

气源、工期和投资控制、资产优质化、项目储备是 LNG 可持续发展的核心问题。国际大石油公司应对这些核心问题的经验与教训可以给予我们相应的启示。

(一) 气源

对于LNG项目来说，气源问题非常重要，气源的不可持续会损害投资者利益，有时甚至是致命损害。从全球在产、在建和拟建的LNG项目看，气源问题表现为4类。一是生产若干年后，随着地下天然气资源逐渐枯竭，采出气源越来越不足。例如，阿联酋ADGAS LNG、澳大利亚西北大陆架LNG等项目。二是资源国作为新兴市场对天然气需求逐渐增大，政府要求项目履行国内销售义务，引起气源不足。例如，阿曼LNG、澳大利亚GLNG、印尼Tangguh LNG等项目。三是在建项目因情势变化，气源不足，例如大西洋LNG项目。四是澳大利亚和加拿大的部分拟建项目，或附近气源有限，或需经近千公里长途运输，或第三方气源不经济，项目仔细论证后，“上不得上、下不得下”，严重阻碍项目进展。因此，在收并购、项目做最终投资决定时，气源问题要引起足够的重视。

(二) 工期和投资控制

LNG厂建设工期和投资控制的好坏直接影响液化成本，成为左右液化项目全生命周期的大问题。安哥拉LNG项目(雪佛龙是作业者)2014年早期商业运行后不久，就因技术问题停工大修，2016年6月重新开工。由此导致工期严重延后，投资大增，共投资140亿美元，其中液化厂建设100亿美元、大修40亿美元。项目的单位液化成本高达13.13美元/百万英热单位，预期售价8.91美元/百万英热单位，边际效益为-5.61美元/百万英热单位。西澳大利亚1560万吨/年的高更LNG项目(雪佛龙是作业者)2016—2017年投产，工期严重延后，并严重超投资，总投资达到561亿美元，其中上游162亿美元、液化厂399亿美元。单位液化成本高达10.3美元/百万英热单位，预期单位售价11.31美元/百万英热单位，边际效益为-2.53美元/百万英热单位。西澳大利亚890万吨/年的Ichthys LNG项目同样存在工期延迟和超投资问题，项目投产由2017年第三季度延迟到2019年初，投资由340亿美元增加到400亿美元，其中上游224亿美元、液化厂176亿美元。项目单位液化成本达8.65美元/百万英热单位，预期售价10.40美元/百万英热单位，边际效益为-4.82美元/百万英热单位。超高的液化成本和上游成本使得该项目尽管占领了高端市场、有较好的售价，但仍难以盈利。可见，控制好建设工期和投资对保证项目可持续发展有多么重要。

(三) 资产优质化

及时处置低效资产，保持资产的优质化，让国际大石油公司立于不败之地。由于油价大幅涨跌、市场巨大变化、气源阴差阳错，抑或当初技术和/或商务论证出现偏差，无论是刚入道的新手还是行当里的老玩家，都会遇到差项目、差资产。埃克森美孚、BP 和康菲共同入股的美国阿拉斯加 LNG 项目，埃克森美孚入股的澳大利亚 Scarborough 浮式 LNG 项目，壳牌入股的马来西亚 Tiga MLNG 和澳大利亚惠更斯项目，BP 在毛里塔尼亚和塞内加尔投资的拟为 Greater Tortue FLNG 项目供气的 Kosmos Energy 气源资产等，都属于此类。经过长时间充分论证，这些项目基本被这些玩家们认为是边际收益有限、前景不明朗、低优先级的"瘦狗"类项目，或被剥离出售，或被部分出让股权，或从项目直接撤出。

（四）项目储备

为了公司长远发展，国际大石油公司无一例外地储备了若干远期项目。例如，壳牌拟建的印尼 Abadi LNG、尼日利亚 LNG T7-8、澳大利亚 Sunrise 浮式 LNG 和坦桑尼亚 LNG 等项目，总产能达 8400 万吨/年；埃克森美孚储备的西加拿大 WCC LNG、莫桑比克扩大液化产能项目等；道达尔储备的 NLNG T7-8、Brass LNG 等项目；雪佛龙储备的西加拿大 Kitimat LNG、澳大利亚惠特斯通 LNG 扩大产能项目等；BP 储备的塞内加尔陆上和浮式 LNG 项目、澳大利亚 Browse LNG 项目等。有些项目在中期可看到前景，有些可能是更远期的项目。国际大石油公司认为，储备项目的价值在于贡献产能、贡献现金流、保证可持续发展的较强潜力。

LNG 行业国际国内市场前景较好，中国油气企业应坚定发展 LNG 的信心。国际大石油公司发展 LNG 有不少成功经验，也不乏教训，对中国油气企业来说，这些是发展 LNG 值得借鉴的良方。

国际石油公司能源转型经验与启示

张海霞；柯祎

[中国石油大学(北京)经济管理学院]

近年来全球能源加快向多元化、清洁化、低碳化转型发展，非常规油气的有效开发更是为世界能源格局带来了新的变化和机遇。为应对能源格局变化、能源发展新趋势，习总书记从保障国家能源安全的全局高度，提出并多次强调实施“四个革命、一个合作”能源战略。石油行业是高碳排放行业，也是实施能源转型的重点行业。为顺应能源低碳转型趋势，国际石油公司已经走在转型前列，在夯实油气核心业务的同时，积极布局多元化低碳业务并注重低碳技术研发。研究国际石油公司的能源转型经验对我国石油公司能源转型和可持续发展具有重要借鉴意义。

一、国际石油公司能源转型经验

全球能源发展目前正处于转型期，虽然正由油气时代向低碳时代转型，但油气仍占据半壁江山。国际石油公司一方面强化油气核心业务竞争力，包括降低油气业务成本与碳排放水平，动态优化石油业务上下游布局，大力发展天然气和非常规油气；另一方面积极布局低碳业务，包括投资开发新能源和储能，加强低碳技术研发与应用。

（一）埃克森美孚：确保油气核心地位，注重能效和低碳技术进步

为实现低碳发展，与欧洲国际石油企业相比，美国的埃克森美孚公司转型重点是以技术进步和提升能效为主，推动化石能源清洁化利用。埃克森美孚认为，化石能源需求将持续增长，化石能源应保持其核心地位，管理温室气体排放的最佳途径是技术进步和采用能效计划。2018 年 9 月，埃克森美孚加入了国际油气气候倡议组织(OGCI)。公司制定“气候变化风险管理战略”，内容包括开发可低碳技术，为客户提供低碳产品组合，减少运营中的碳排放，参与制定气候变化政策。2000 年至今，埃克森美孚在提高能效和研发技术上的投资达到 80 亿美元，

其中一半投资用于提高上游油气运营效率，另外一半投资用于下游减排和提高效率。

（二）道达尔：坚定天然气发展战略，积极扩大可再生能源领域投资

2016 年，道达尔组建天然气新能源和电力部（GRP），负责新能源、中下游天然气以及电力项目管理。公司投资领域广泛，包括太阳能和风能生物燃料电动汽车、天然气、天然气分布式发电等。道达尔低碳投资的核心是天然气，天然气占比大幅提升，从 2007 年的 35%增长至 2017 年的 45%。天然气分布式发电方面，道达尔收购了荷兰天然气汽车燃料供应商、比利时分布式发电公司、比利时新能源电力供应商以及法国两座天然气发电厂，同时进入巴西一体化天然气领域。道达尔积极扩大新能源领域投资组合，大力发展生物燃料、风能和电动汽车，并组建子公司 TotalSolar 发展太阳能业务。道达尔的低碳发展路径十分明确：一是提升能源效率，持续减少碳排放，为客户提供高效能源产品与服务。二是坚定天然气发展战略，控制甲烷排放量，降低现有生产结构的碳强度，支持碳定价机制，研发并推广二氧化碳捕集、存储与利用技术等。三是发展可再生能源。2040 年前，道达尔将积极拓展能源储备和电力贸易业务，成为生物能源（特别是生物航油）领域的标杆企业，同时寻找其他可再生能源领域的发展契机。

（三）雪佛龙：油气组合提升天然气比重，谨慎选择新能源业务

雪佛龙的核心业务仍为传统能源，同时施行低碳战略。雪佛龙提供的油气组合向多样化、弹性化发展，上游的投资重点是天然气，大力发展以天然气为核心的项目，包括孟加拉陆上项目以及美国页岩项目、澳大利亚和安哥拉液化天然气（LNG）项目。雪佛龙的天然气占比从 2010 年的 30%提高到 2018 年的 40%。雪佛龙在澳大利亚液化天然气项目上投资 11 亿美元用于研发碳捕捉技术（CCS），2013 年至今，雪佛龙碳排放量减少 26%。在具体实施中，雪佛龙公司循序渐进、谨慎选择新业务。雪佛龙在新能源领域方面的投资较少，主要是加州地热和生物燃料、墨西哥风能发电厂和测试太阳能项目。

（四）壳牌：立志成为新能源领导者，加快布局新能源项目

壳牌立志成为一体化公司中新能源领导者，其油气虽仍是业务中心，为适应不断变化的能源趋势，目标是建立越来越低碳的投资组合。壳牌通过油价和碳价的压力测试，分析了不同业务板块应对能源转型的弹性，确定了低碳能源转型期间，上游、一体化天然气和下游等不同业务的中长期发展策略。2007 年至今，壳牌天然气占比提高 8 个百分点达到 50%。根据能源研究机构 IHS 估计，壳牌的权益液化能力是同行业公司的二倍，达到4000万吨/年。2016年，公司创立新能源业务板块，关注电力和新燃料业务，在印度和巴西地区发展新能源汽车。2017年，在欧洲各地建设电动汽车充电点，同年拓展荷兰和美国风能业务，并收购太阳能开发商SiliconRanch公司大部分股份。2018年壳牌收购NewMotion，运营欧洲各地区3万多个充电点；此外，公司计划2023年前在德国建设230个加氢站。2018—2020年，壳牌每年在新能源领域上的投资额高达10亿~20亿美元，与同行业公司相比位居首位。

（五）BP：优先发展天然气，不断收购多领域低碳业务

BP的首要战略是发展上游天然气，其次实现以市场为导向的下游业务增长，多领域开展风投与低碳业务。BP于1997年开始关注可替代能源，2005年成立可替代能源组织。BP制定了RIC行动框架，即Reduce（降低）、Improve（优化）、Create（开拓），意味BP将降低运营中的温室气体排放，优化产品组合以降低碳强度，开拓新能源业务。BP每年的低碳业务投资额占有机资本支出的3%，合计约5亿美元。公司实现低碳业务快速增长的方式是收购，包括碳管理、生物和低碳产品、先进的流动性、数据化和能源储存五方面。BP相继收购了欧洲最大的太阳能发展公司Lightsource、快速充电生产商FreeWire技术公司、超快速电池开发公司StoreDot、英国最大的电动汽车充电公司，并投资了中国电动汽车蔚来公司等。公司的低碳业务还覆盖美国的风能、巴西的生物燃料。

二、对中国石油公司能源转型的启示

在能源转型方面，国际石油公司基本采用优化石油业务链、提升天然气价值链、融合扩展新能源业务、推进数字化战略等发展战略。我国石油公司，特别是国有石油公司，当前正面临油气体制改革、国企改革、环保治理与应对气候变化、保障能源安全等多重任务，在推动能源转型上，一方面需要借鉴国外大型石油公司的转型路径和思路；另一方面，要深入分析自身的角色定位、体制机制与国外大型石油公司的差异，结合自身发展阶段和业务特点，走具有中国特色的油气企业转型之路。从战略层面来看，国内石油公司应借鉴国际石油公司能源转型经验，逐步降低碳强度，实现从高碳能源向低碳能源的转变；从策略层面来看，国内石油公司在以天然气为过渡能源的同时应积极拓展新能源业务。

（一）稳油增气、提质增效是能源转型的坚实基础

在我国深化油气体制改革的当下，上下游一体化的国有石油公司将面临重组，上游勘探开发业务将成为国有石油公司生存和发展之基，稳油增气、提质增

效是国有企业转型的坚实基础。近年来，油田老化、开采成本升高等问题凸显，亟待加大上游勘探开发投资力度，控制递减率，提高采收率，通过能效提升、技术和管理创新降低油气开采成本、碳排放水平，推动传统油气业务链优化增效运行。天然气作为低碳转型的过渡能源，其战略地位已成共识。无论从满足国内不断增长的天然气需求、优化能源结构的必要性，还是从国外大型石油公司的转型经验来看，增加天然气比重应是国内石油公司推进能源转型的现实首选。

（二）页岩气规模开发是低碳转型主攻方向

随着全球能源向清洁低碳转型，天然气市场潜力巨大，页岩气被寄予厚望。从全球范围看，"页岩气革命"将世界带入常规和非常规油气并举的时代，近几年国际石油公司对上游非常规油气的投资比重明显加大。2018 年是非常规油气的勘探大年，非常规油气产量占比达到 22%。鄂尔多斯盆地长 7 页岩油层与北美地区典型页岩油相似，有利于致密油成藏；此外川南页岩气产量不断增加。我国非常规资源量远超常规油气资源，深海油气、非常规资源将是国内石油企业增储上产最现实的资源和主要增长点。近年来，我国非常规油气开发商业化进程加快，但我国非常规油气资源的地质条件差，开采难度大，开发成本相对高，开发技术还处于探索阶段。目前国内石油公司需强化勘探开发能力，进一步提升油田、油服、装备制造等上游全产业价值链，努力破解非常规油气大规模商业化开发的技术和经济瓶颈，提速非常规油气开发。

（三）注重核心业务发展与新能源项目开发的协同性

新能源业务被视为未来发展的增长点，其发展过程具有一定的渐进性。BP、壳牌、道达尔、埃克森美孚等公司在实施能源转型时并没有一味拓展新能源业务。

它们都注重核心业务与新能源业务的协同性，对新能源业务采取"普遍关注，重点投资，注意把握节奏"的策略，目前无论在项目投资上还是在研发投入上，新能源业务所占比重普遍尚小。目前国内风电、光伏等新能源市场已被电力企业大幅占据，国内石油公司进军新能源业务的选择需要慎重，短期内不宜采取国际石油公司并购成熟新能源项目的策略，从中长期看，新能源业务技术经济性将不断提升，发展新能源业务能够成为国内石油公司新的经济增长点。

（四）重视前沿低碳技术研发为低碳转型提供技术支撑

当前，国内电力、油气、煤炭等能源企业正按照建设清洁低碳、安全高效的能源体系目标开启企业转型之路，重视布局前沿低碳技术和业务，争取未来发展主动权，如研究碳捕集与封存技术、氢能利用、生物燃料等。国内石油公司应加强科技投入，注重新技术、新材料在油气领域的应用，强化勘探开发核心技术，为企业低碳转型提供技术支撑。

(五) 加强与相关企业合作以规避风险

中国毗邻全球三大富气区，合作前景广阔，此外目前的新兴市场(大数据、云计算、互联网、物联网等)将打破规模经济的基本规律，彻底改变管理模式和商业业态。因此，国内石油企业以能源转型为契机、以创新驱动为动力，利用"互联网+"对石油石化产业进行转型，推进企业数字化、智能化管理。为了规避风险，国内石油企业要加强与各类相关企业的合作。一是深化与可再生能源企业的合作，关注其行业发展趋势与未来应用；二是与研发机构合作，掌握可再生能源有关核心技术；三是与金融企业合作，降低能源转型中的投资和融资风险。

从海外项目的成功实践看“小大非”项目股东行权策略

刘贵洲；窦立荣；管硕

[中国石油国际勘探开发有限公司]

中国的油气企业从1993年开始“走出去”，起初主要是试水小项目，专注于陆上老油田开发，习惯于全资或大股东、争当作业者，之后是大小项目兼顾。经过25年发展，逐步上升到侧重大项目，海上项目与陆上项目兼顾，勘探项目与开发项目兼顾，小股东项目与作业者项目兼顾。这一转变说明，一方面，随着全球油气资源的减少，海外合作难度逐渐加大，一味追求作业者地位已不太现实；另一方面，中国的油气企业技术能力和海外合作的能力、信心不断增强。由此，就产生了一类特殊的项目：“小大非”项目。所谓“小大非”，是指“所占股比小、投资金额大、非作业者”。

“小大非”合作在全球国际合作中比比皆是、司空见惯，对于国际大石油公司来说，早已是一种常态。从中国油气企业海外投资项目股东行权的艰巨过程和成功实践看，探索“小大非”合作项目的各方面规律、尤其是行权规律，既显得迫切，也格外重要，应引起格外重视，并且小股东行权策略值得相互借鉴。对这类项目，任何公司都不敢轻视、麻痹。

之所以需格外重视，一是从现状看，小股东项目已经占到海外项目总数的近30%；累计投资数百亿美元，占海外总投资的20%以上。二是从未来趋势看，一方面，全球油气资源越来越稀缺，获取海外油气资源越来越困难，“小大非”合作将逐渐成为未来国际合作的常态。另一方面，中国油气企业对外投资已经经历了多个阶段的发展之后，目前已进入优质发展阶段。优质发展不应过于强调项目的作业者地位，而应更加强调现金流、投资回报等；不是大小“通吃”，而是更加看重大项目。在此情况下，“小大非”合作模式将越来越成为未来参与国际合作的趋势。三是从合作模式的优劣势比较看，这类项目有利于节省投资、分散风险并借助合作机会学习先进的技术和管理经验，越来越受投资者青睐。四是从项目风险和执行难度看，这类项目权益投资额度大，动辄几十亿、上百亿美元；受控程度低，参与决策和管理均不够；投资收益风险大，利益容易被大股东、作业者损害。五是从项目所需要的特殊技术看，这类项目一般处于深水和极地等地区，深水钻完井技术、海工技术、大型的天然气液化技术等是中国油企需要不断学习的技术，作业难度大。六是从资源国的掌控程度看，资源国对巨型油气田的掌控力度大，往往要求自己国家的国有油公司担任作业者，如巴西盐下深水项目等。因此小股东对项目感觉更加漂浮、更难把握，在股东行权过程中，稍不留神，权益受损。

概而言之，这类项目区域分布广泛、资源类型多样、持股比例不一、合同模式复杂、决策模式不同、小股东行权困难。中国经过40年的改革开发，国家和油公司的经济实力得到大幅度提升。几大国有油公司经过20多年海外投资经营的历练，已经积累了较为丰富的担任作业者的经验，同时也开始涉足“小大非”项目，先后在中亚-俄罗斯、澳洲、非洲、南北美洲等地区参与了多个“小大非”项目，比较典型的有中国石油俄罗斯地区亚马尔项目、哈萨克卡沙甘项目、加拿大油砂项目和页岩气项目、委内瑞拉MPE3项目、巴西里贝拉项目、莫桑比克四区块项目、澳大利亚海上项目；中国石化俄罗斯乌德穆尔特项目、安哥拉项目、加拿大Tumbleweed项目；中国海油尼日利亚项目、澳大利亚项目等。

一、五大困局

“小大非”项目面临一系列难题，不妨概括为五大困局。

一是权益或损。由于处于非作业者地位，这类项目的小股东权益往往面临作业者通过关联交易、利益转移、决策失误、管理违规、恶意账务处理等多种方式受到损害。

二是抓手或少。一般地，小股东可以通过股东大会、董事会、各专业咨询委员会、招标委员会、审计委员会(矿税制合作模式)，或作业委员会(OCM)、技术管理委员会(TCM)(产品分成合作模式)等平台参与决策，或加入项目的合资公司内部管理岗位直接参与管理，但不同的项目随作业者的谈判能力，情况千差万别。强势的作业者往往会较大程度地控制小股东在各个平台上对决策的参与程度和加入合资公司对管理的参与程度，使小股东明显感觉履行股东权利、保障股东权益运作乏力、抓手不够。

三是制约或弱。对于不能充分参与决策和管理的小股东来说，以股东审计为核心手段的监督约束机制就显得尤为重要。股东审计如履行不到位，制约便受到削弱。履行不到位有种种表现，如股东协议、公司章程中赋予股东审计的权利不够、规定模糊，大股东、作业者强势借故推托回避审计，审计过程中消极配合，审计团队能力不足找不出关键问题等。高明的小股东除紧抓股东审计外，还会抓住机会争取某些管理环节的审核，或会利用协助项目融资的主动权争取其他的监督约束机会。

四是商务能力或逊。小股东派出的各个层面的代表，包括股东大会代表、董事会董事、各专业委员会代表，或 OCM、TCM 代表；招标委员会代表、审计委员会代表；合资公司管理岗位中小股东岗位人员等。他们或经验不够、专业缺乏，或语言障碍、沟通不畅，或思路不清、信心不足，或意识不强、一味退让等。在这种既是争取共赢的合作场又是维权护利的争斗场里，不能做到“合作而不失立场与利益、斗争而不破和气与和局”。

五是专有技术或缺。深水、极地和非常规油气是 21 世纪新的油气勘探开发领域，西方油公司已经形成了相对配套的技术系列。中国油公司的服务队伍擅长陆上、常规油气勘探开发，面对深水钻完井、极寒地区钻完井、地面集输、天然气液化、海洋工程建设等还需要较长时间的研发。因此，在“小大非”项目，中国油企的“一体化”优势的发挥受到了限制。

二、四大目标

无论面临何种困局，“小大非”项目都应努力实现四大目标：一是股东行权最优化，即作为小股东，在行使股东权利时，必须确保股东应有的各项权利得到落实，并在各个层面的行权平台上维护好股东的每一项利益。二是经济效益最大化，即股东通过产品分成、利润分成、融资分成、服务获利等多种方式获取的直接和间接收益达到最佳。三是社会效益最大化。包括项目产生的社会影响、社会贡献(如政治贡献、外交贡献、环境和生态贡献等)、股东企业以外的国内其他企业通过增加“中国元素”从项目获取的经济利益等，都要发挥到最佳效果。社会效益理应成为评价“小大非”项目优劣的重要考量。四是学习效果最大化。在合作中，中方不断学习先进的技术和管理经验，达到最佳效果和最好收获。

三、五大策略

面对四大目标和五大困局，小股东行权如要达到预期效果，首先要注重顶层设计，注重进入前的联合作业协议的谈判，关注诸多细节，将未来可能妨碍小股东行权、有损小股东利益的环节和细节列清、列全，逐个谈透，签入协议，最大限度保护小股东权利和权益。在此基础上，讲求五大策略，即能源金融策略、行权平台策略、行权“六结合”策略、国家力量策略、素质提升策略。

(一)能源金融策略

能源金融是通过能源资源与金融资源的整合，实现能源产业资本与金融资本不断优化聚合，从而促进能源产业与金融产业良性互动、协调发展的一系列金融活动。能源金融的一种重要的方式就是利用能源金融体系支持能源企业“走出去”。支持方式有三种，一是直接帮助能源企业融通所需的对外投资；二是帮助能源企业实现协助外方(作业者、产权所有者或项目本身)获得融资的承诺，以达成能源交易，并帮助能源企业实现与外方其他利益的交换；三是支持能源服务企业“走出去”带资服务。

中亚俄罗斯地区某项目的国际融资属于金融支持能源企业的第二种。该项目建设投资近300亿美元，其中大部分采用国际项目融资，中方协助项目融资的60%。项目股东们成立了项目融资股东联合工作组，向国际商业银行路演和推荐，并对银行进行调查摸底，了解银行意向，向国际商业银行发出融资要约，陆续收到了国际商业银行贷款承诺函。商业银行承诺提供融资额度超过2/3。然而，美欧制裁给融资工作造成严重打击，油价持续暴跌和资源国货币大幅贬值更是雪上加霜，已经出具贷款承诺函的国际商业银行纷纷打退堂鼓。面临制裁、油价持续低迷和货币贬值造成的三重困境，该项目不得不寻求中俄两国政府的支持。股东反复向各自政府反映和汇报，努力促成两国政府为项目提供融资支持，获得资源国主权财富基金融资。在两国政府大力支持下，工作组通过大量说服、协调工作，又从两国的多家银行筹集到一半以上的投资需要。由此又消除了国际出口信贷机构和商业银行的顾虑，它们也为项目提供了投资需求额度1/20的国际出口信贷担保项目融资。这样，该项目融资总规模达到投资需求额度的近2/3，创造了国际项目融资的奇迹。截至2018年6月底，项目已累计提款3/4以上，为项目建设提供了充足的资金保障。与此同时，还积极协助该项目租赁运输船的船东们落实造船融资，并借机促成中国船运公司加入。

能源金融策略就是利用金融支持能源企业的契机，从能源金融争“权”“利”。在从事能源金融实务、提供股东融资和协助落实项目融资过程中，上述项目不失时机地提出中方关切：一是增加合资公司中方管理岗位；二是带动中国物资装备和服务“走出去”，尽可能增加中国元素。由于策略运用得当，取得了不菲的成果：促成在合资公司中增加了多个中方管理岗位；推动国内模块制造企业承揽到更多的模块制造合同额；助力中方造船厂获得了多艘运输船建造合同，合同金额相当可观。

南美地区某项目三年里不断推动中国国家开发银行为项目提供大额融资，并利用融资过程，促使贷款与原油贸易结合，实现“贷款换石油”目标；保障油气企业上下游一体化优势的充分发挥，协助乙方队伍进入资源国市场，推动合资公司与国内工程建设企业签订“EPC 扩建工程”合同；促使合资公司对外付款联合双签机制的建立，规范资金运作，加强银行对合资公司资金监管；实现分红规范化、常态化，规避了资源国政局动荡环境下数亿美元分红无保障的风险等；争取合资公司中方岗位，使岗位数翻了 4 倍，其中不乏关键职位。

（二）行权平台策略

合作模式不同，行权平台便不同。对于产品分成模式，小股东一般通过参加 OCM、TCM 会议和股东审计来行权。中亚地区某项目股东行权平台包括管理委员会(ManCom)、股东委员会(ShaCom)和管理层(Management Board)，股东委员会向管理委员会负责。北美地区 C 项目行权平台由四部分构成：股东决策(Participants Approval)、执行委员会(Executive Committee)、专业分委会(Subcommittees)、临时工作组(Working Teams)。专业分委会包括商务分委会、财务和保险分委会、SPEERA 分委会、技术分委会、人力资源分委会、CPRB 分委会等 6 个分委会。

对于矿税制合作模式，由于项目执行一般以公司制来实现，因此，小股东行权的平台相对复杂，A 项目可以在不同层次的 6 个平台行使股东权利(见图 1)。一是股东大会。不同股权的股东虽然对决策事项的投票权不同(投票权与股权对应)，但派出代表参加股东大会的权利是相同的，代表数额是相等的。小股东可以通过参加股东大会行权。二是董事会。小股东根据股东协议或公司章程可以派出相应数额的董事(各股东的董事数额是确定的，不相等)参加会议，在董事会会议上行权。三是各专业咨询委员会。合资公司在董事会下面设置了财务与支持服务委员会、上游委员会、LNG 和海上设施委员会、海运委员会、销售委员会等。参加各专业咨询委员会的股东代表都是 2 人。各专业委员会是董事会的咨询机构，其会议期间形成的意见建议对于董事会的决策有很大影响，所以非常重要，需要重视，小股东应积极参加。四是合资公司内设的招标委员会。所有成员必须是合资公司的员工，由合资公司的主要管理人员和各股东在合资公司内部的 2 名岗位人员组成，对总经理负责。小股东对合资公司中招标的参与能一定程度地保证知情权、建议权和具体招标事项的决策权。五是审计委员会。由各股东派出 1 名代表组成，向股东大会负责。参与股东审计是小股东监督制约作业者的最核心也是最后一道监督制约“关卡”，是小股东行权的核心环节之一，所以需要格外重视。六是合资公司内部若干管理岗位。获得管理岗位的多少和岗位层级、岗位核心程度既与股权结构和自身所占股比有关，也很大程度上体现小股东的谈判地位和谈判能力，强者则岗位数量多一些、岗位层级高一些、岗位更核心一些，甚至可争取成为联合作业者；弱者则岗位更少、层级更低、岗位更边缘，甚至完全无岗位。中亚俄罗斯地区某项目由于融资的优势和中方的努力，获得了15个管理岗位，与具有LNG技术优势的另一家国际大石油公司岗位相当，在之后的融资谈判过程中，又先后获得2个管理岗位。积极争取管理岗位，积极参与合资公司的管理，可以更直接地获取更多信息，锻炼员工能力，更有效地为合资公司提建议、做贡献，是小股东行权的重要体现。

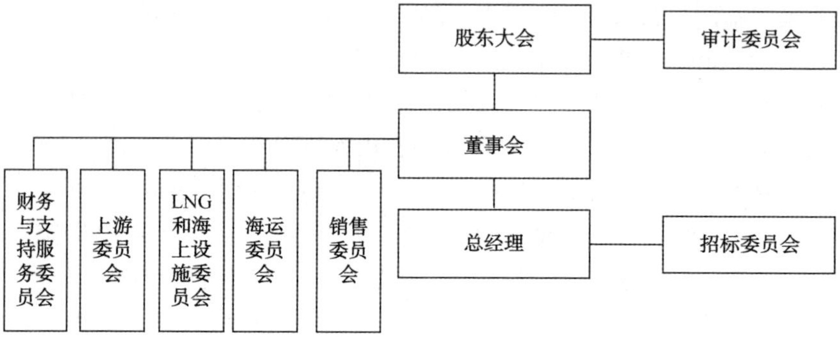

图1　A项目股东行权平台

行权平台策略就是要在进入项目前，将上述平台在股东协议或公司章程中清晰描述、固定下来。进入项目后，充分用好既有平台，并努力扩大行权平台。

（三）行权“六结合”策略

作为小股东，拥有哪些权利、如何做到行权最优化，是摆在小股东面前的重大课题。一般地，按项目股东协议、购股协议和其他相关法律文件，小股东可以行使六种权利，即知情权、决策权、建议权、管理权、监督权和收益权。

从“小大非”项目的特点、大股东合作伙伴的特点、资源国国内外形势等情况看，结合小股东可以行使的六种权利，相应地可实施多维度、立体化、有机的“六结合”策略(见图2)，即内外结合保知情、上下结合作决策、点面结合提建议、通专结合行管理、常非结合施监督、经社结合争收益。

1. 内外结合保知情

充分发挥两部分人员提供信息的作用，保障中方股东的知情权。一是充分发挥合资公司中方员工的作用，让他们在合法合规前提下，尽可能多地提供进行股东决策所需的信息和建议。二是充分发挥股东代表从股东大会、董事会、专业咨询委员会、招标委员会、审计委员会等不同层面获取信息的作用，尤其是通过参加各咨询委员会会议掌握关键信息，为进行股东决策提供依据。必要时，股东代表直接致函合资公司索要相关资料信息。通过上述内外结合方式，可较好地保证小股东的知情权。

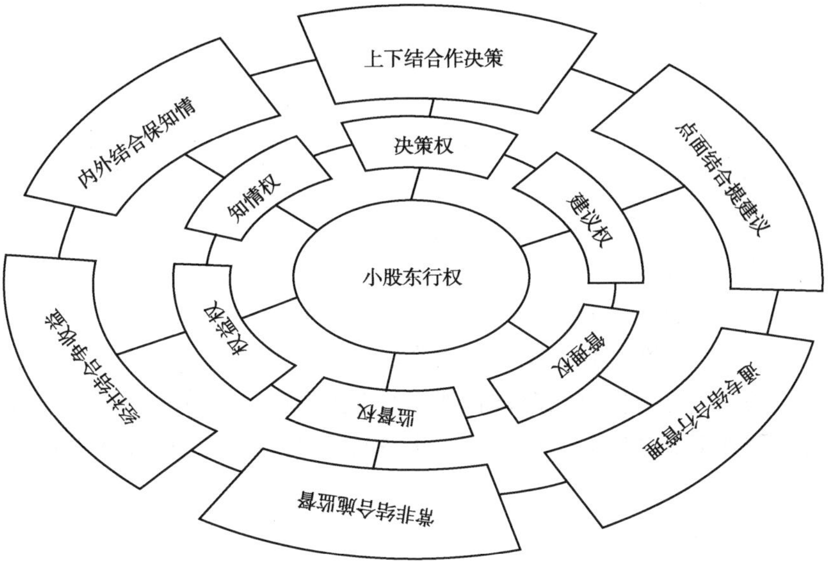

图 2　A 项目股东行权“六结合”策略

2. 上下结合作决策

为了优化股东决策，需要搭建三级架构，中层团队由各咨询委员会中方委员及其决策支持人员组成，各咨询委员会中方委员分别为相应专业领域的专家，其决策支持人员为工程技术、项目管理、计划、财会、法律、商务、销售、采购、人力资源等领域的专家。外围技术支持团队由各专业领域的签约研究院所团队组成，如某项目的工程技术支持团队由某研究院的工艺、热工、土木、自控、集输、结构、电力、通信、总图、概算等 16 个专业的人员组成。高层决策团队由地区公司领导和专业板块领导组成。每次股东决策前，由股东事务管理部门将收到的资料提供给中方相关人员，中层团队获取资料后，研究提出决策意见和建议，必要时可寻求外围技术支持团队的意见和建议，最终由高层决策团队做出股东决策。股东事务管理部门全程跟踪审批情况，协调合资公司提供必要的补充资料，确保股东决策、行权依法合规。如此上下结合，确保决策的科学性、合规性。一般地，留给小股东决策的时间往往不够，为缩短决策时间，需采取三项措施：一是及时信息共享，将从合资公司中获取的信息及时与中方三个层级的人员共享；二是充分沟通磋商，三个层级人员的沟通磋商随时进行，确保在充分沟通、讨论的基础上合理合规决策；三是一次拍板，将两级公司“三重一大”决策程序缩短为一级决策。

3. 点面结合提建议

在决策权限以外，为了保护中方利益、加强合资公司管理，无论是针对某一个具体的点，还是针对涉及全局的面，都应及时提出建议。为了督促合资公司提高管理水平，某项目联合其他小股东，先后提出过不少好建议，如建议合资公司减少员工总量、优化部门和岗位结构、改进合资公司高管的激励措施、小股东对合资公司总经理进行 KPI 业绩考评并将考评意见反映给合资公司董事长等等，多数建议被采纳，效果不错。

4. 通专结合行管理

合资公司中方员工岗位大部分是较核心的专业技术岗位(专才岗位)，少部分是通才岗位。在股东行权过程中，无论是贯彻中方意图、保护中方利益、获取相关信息，还是促进合资公司改进管理等，都需要通才、专才结合，共同探讨策略，必要时与外围支持团队的通才、专才一起商讨，提出最佳策略，并在股东行权过程中贯彻执行。

5. 常非结合施监督

常规监督是《股东协议》中明确规定的股东审计。大股东以各种理由不允许小股东对合资公司进行股东审计的情形时有发生，这种情况下，就需要联合其他小股东，维护小股东合法权益，争取常规监督例行到位。中亚俄罗斯地区某项目就经历过此过程，并在年度例行审计中查找问题，仅 2014 年开展的首次股东联合审计就提出了 28 项审计发现，其中中方提出 18 项，发挥了较好的监督效果。通过股东审计，重点审查合资公司财务报表和年报、重大交易和关联交易、重大采购招标、保险、管理授权等，推动合资公司改进公司治理，督促其依法合规经营、加强内部管理，防止合资公司与大股东之间的不正当利益输送，从而有力地维护小股东权益。

该项目还联合其他小股东争取到一项新权利——股东联合 HSE 审核，开展非常规监督，首次审核于 2014 年 10 月进行，之后每年开展一次。通过每年到项目现场开展股东联合 HSE 审核，对照体系文件现场考察合资公司体系运行的合理性、充分性和有效性，督促总包商和现场分包商改进 HSE 管理，按照赤道原则要求强化 HSE 管理，为项目实施提供安全和环保保障，确保满足项目融资银团对项目 HSE 管理的要求。

6. 经社结合争收益

既要争取直接收益，如直接分红、直接分成等，又要争取间接收益，如合理压减合资公司投资、优化合资公司融资管理、优化运输途径、争取资源国政府减免税、争取大股东增资等。既要争取单项收益，又要争取整体收益，如通过发挥甲乙方一体化优势使得中方服务商获取服务收益等。既要争取经济效益，又要争取社会效益，如对国家的政治贡献、对社会的环保贡献、对社会的氛围影响等。既要争取小股东投资者自身收益，又要争取大中方利益，如为国内制造企业、运输企业、工程建设企业和工程服务企业等争取订单等。

（四）国家力量策略

在大多数国家从事油气业务国际合作中，国家的力量可以充分借重。国家的力量体现在多个层面，如对俄合作，有两国全面战略协作伙伴关系层面，有两国元首和政府首脑定期会晤机制，有能源分委会定期会晤磋商机制等等，几乎每个层面必谈油气能源合作，每个层面会晤磋商的成果必定涉及油气能源项目。某典型“小大非”项目在两国领导人50多次会晤磋商中每次都被提及，10多项重大问题在会晤磋商中被解决。尤其是决定项目命运和走向的项目国际融资问题、税收稳定和负资产责任豁免问题、解决天然气出口垄断问题等，均是在两国领导人关怀和大力推动下、在两国政府有关部门具体落实下实现的。如税收稳定和负资产责任豁免，该项目提出建议，希望签署实施项目的政府间协议（IGA），努力推动两国政府抓紧谈判，并坚持在俄政府代表签署协议后才进行股权交割，以国际法形式给项目创造良好的税收稳定性，降低政策法律风险。在当地货币贬值导致该项目因账面的汇兑损失产生负资产和受控债务问题，面临清算破产、债权人解约并要求赔偿的法律风险，和股东贷款利息不能税前扣除的财税风险时，中方否决了作业者建议的股东现金注资和债转股方案，建议通过政府间协议豁免项目负资产和受控债务的法律责任，并努力促成两国政府签署有关政府间协议的议定书，化解了上述法律风险和财税风险。

打破天然气出口垄断方面，作为中方进入条件之一，上述项目推动该国政府修改天然气出口相关法律，该国总理签署政府令，赋予合资公司自主出口LNG权利，打破了原来由该国一国企独家垄断天然气出口权的局面。这无疑对该项目产生积极影响，不需要通过LNG代理合同的方式进行销售，增加了项目的自主性，降低了出口销售成本，有利于加快销售资金回笼，消除出口代理商违约风险，解除其他企业掣肘。

由此可见，充分用好国家政治力量和行政力量，对于海外项目有很好的正面促进作用，尤其是对于特定国家项目合作的突破和项目执行中重大矛盾分歧问题的解决，有至关重要的、有时甚至是决定性的作用。

（五）素质提升策略

小股东派出的各个层面代表的履职素质很大程度上决定着小股东行权的效果，为此，提升他们的素质是提升小股东行权效果的重要策略之一。实施这一策略，需要做好以下几方面工作。一是优选代表。选拔不同层面的股东代表，素质要求侧重点不同。选拔股东大会代表和董事会董事侧重于专业面广、工作经历和管理经验丰富、领导型、语言精通、维权意识强、谈判艺术高；专兼职结合，兼职人员应能确保足够的时间和精力投入。选拔专业咨询委员会代表侧重于相应专业技术精、能力强、专家型、语言精通、维权意识强、谈判艺术较高；专兼职结合，兼职人员应能确保足够的时间和精力投入。选拔招标委员会代表和股东审计的审计人员侧重于相应专业技术精、能力强、专家型、维权意识强。选拔进入合资公司管理岗位的人员应按合资公司岗位任职要求选拔，人员素质要高于国内企业同类岗位要求。二是向外方学习提升。在与外方合作共事过程中，中方代表要不断地、积极主动地学习外方的先进技术和管理经验，学习外方对项目的评价技能和谈判技巧等。努力从谈判桌上练技能，从合作共事中长本事。三是培训提升。对于各层级的股东代表，要有针对性地开展股东行权培训，引领他们熟悉项目情况和细节，掌握行权要领，解读石油合同，进一步提高素质。四是内部定期研讨提升。同一项目的各层级代表要定期召开研讨会，交流项目信息，切磋行权策略，激发各自灵感，让所有代表在交流研讨中素质不断得到提升。五是评价机制和优奖劣汰机制。对于各层级的股东代表，要建立一整套完善的评价机制和优奖劣汰机制，让优秀者得到奖励、称职者继续履职、不称职者变换岗位。

海外“小大非”项目各自自觉不自觉、或多或少在实践着上述策略。策略的成功运用收获了良好的经济效益和社会效益。

俄罗斯中亚地区某项目利用项目融资减轻了中方近40亿美元的出资压力，节省巨额筹资成本；通过引进西方银团参与国际ECA融资减少中方利息支出5000多万美元。通过“六结合”策略，严控合同变更，坚持从管理费、设计费、采购费、运费、施工费等要素纵向对比，变更要素中相同部分横向比较，共核减投资上亿美元，中方按股比投资相应减少。力争增值税返还、加强应收账款管理，从资源国政府争取增值税返还累计20多亿美元，中方按股比投资和利息也相应减少；通过开具备用信用证保函方式，实现提前3个月返还增值税，减少银行提款节约大笔利息，提前还款等。推动促成两国政府签署有关该项目政府间协议议定书，豁免了合资公司负资产的法律责任，化解了该公司被清算和破产的风险，避免了资本弱化情况下的税务风险，减轻了中方近5亿美元筹资压力，节省中方财务费用6亿多美元。推动大股东在股权出售中向合资公司增资3亿多美元，相应减少股东担保额6000多万美元。除争取小股东企业自身经济利益外，不忘以海外投资带动其他国内物资装备制造和服务企业“走出去”，推动我国制造业和服务业实现技术升级、进入国际高端市场。借股东行权平台“以小搏大”，中国元素在项目中不断显现，占据了很大比重。中国企业获得模块、运输船只等装备制造、物资供应和各类服务合同和运输服务合同，带动了中国企业走出去。南美地区某项目将项目浮式生产平台的建造工作争取到中船重工所属企业建造，将预装电气间模块争取到在大连建造，将货物传送船争取到在南通建造等等，赢得了不小的合同额。非洲地区某项目将多项科研、技术服务、设计服务、再保险业务等争取到由国内企业承揽，合同额近2300万美元。

四、改进与隐忧

在成功运用小股东行权策略并获得巨大成功的同时，不能不指出，小股东行权仍有待改进，还存在隐忧。有待改进的有：决策流程仍需进一步优化，决策需更加及时；决策支持各专业论证要形成模式，缩短时间；中方代表可专兼职结合，但兼职代表要投入更多的时间和精力；各层级的每一名中方代表(含进入合资公司工作的中方员工)及其支持人员都应吃透股东协议、购股协议、合资公司章程等关键法律文件；中方代表的素质仍需进一步提高；不同“小大非”项目中方代表之间应定期开展经验交流和策略研讨等。

不能不进一步思考“小大非”项目股东行权的隐忧。当投融资基本到位后，中方的能源金融优势和能源金融策略基本失效，在完全沦为弱势小股东情况下，如何面对一个强势的大股东，如何维护好中方权益，成为小股东行权的新挑战。在约束手段不足情况下，大股东损害小股东利益的招数不会少，如长时间以传签方式代替各层面会议方式，回避讨论和争执，实质性规避小股东的部分决策权、建议权和知情权；在弱监督情况下与关联方之间的利益输送、恶意账务处理规避正常分红，部分甚至大部分损害小股东收益权等。中国油公司在“小大非”项目的技术和管理方面，还有很长的路要走。

中国在“一带一路”倡议背景下的油气合作分析

董康银[1]；杨鑫磊[2]

[1. 对外经济贸易大学国际经济贸易学院；2. 中国石油大学(北京)经济管理学院]

2013年9月10日，习近平总书记在访问中亚和东南亚国家时成功提出了两项重大举措：“丝绸之路经济带”和“21世纪海上丝绸之路”，被称为“一带一路”倡议。“一带一路”倡议为中国海外油气合作的发展提供了新平台，对维护地区能源安全与稳定具有重要意义。2018年，中国能源净进口量达到约9.7亿吨标准煤，对外依存度达到约21%。其中，石油对外依存度提高到70%，天然气对外依存度到这43%。中国已经成为世界上最大原油进口国和最大天然气进口国。同时在能源消费方面，2018年我国能源消费总量达到46.4亿吨标准煤位居世界第一。油气供给安全已经成为影响中国未来发展的重要课题。中国正在寻求在油气问题上进行国际合作的机会，以减轻目前正在面临的油气短缺。

一、“一带一路”油气合作背景

“一带一路”倡议下的国家包括东亚的蒙古、中亚的5个国家、东南亚国家联盟的10个国家、南亚的8个国家、西亚和北非的18个国家、7个独联体国家和中东欧16个国家/地区(表1)。根据美国能源信息署(EIA)统计，“一带一路”倡议下的国家已探明的石油、天然气和煤炭储量分别占世界总量的58.8%、79.9%和54.0%。“一带一路”沿线国家丰富的油气资源恰好可以满足中国日益高涨的油气需求，扩大了中国能源进口途经。石油和天然气行业具有高投资、高风险和高回报的特点。这也决定了油气行业的发展需要大量的资金投入，且这些资金应该具有较高的风险承受能力，即不仅要追求项目投资回报，而且要着眼于获取长期综合收益。中国通过40年来的改革开放，已经成为世界第二大经济体，积累了大量外汇，加强资本运作开展对外投资，需要长期而稳定的投资渠道。通过适当安排将这些资金高效运用于“一带一路”沿线国家的油气资源开发，不仅可满足这些国家的资金需求，中国也可以获取稳定的油气资源发展经济。

表 1 “一带一路”沿线国家范围

地区	国家
中亚	哈萨克斯坦，吉尔吉斯斯坦，塔吉克斯坦，乌兹别克斯坦，土库曼斯坦
蒙俄	蒙古国，俄罗斯联邦
东南亚	越南，老挝人民民主共和国，柬埔寨，泰国，马来西亚，新加坡，印度尼西亚，文莱，菲律宾，缅甸，东帝汶
南亚	印度，巴基斯坦，孟加拉国，阿富汗，尼泊尔，不丹，斯里兰卡，马尔代夫
中东和欧洲	波兰，捷克共和国，斯洛伐克，匈牙利，斯洛文尼亚，克罗地亚，罗马尼亚，保加利亚，塞尔维亚，黑山，马其顿，波斯尼亚和黑塞哥维那，阿尔巴尼亚，爱沙尼亚，立陶宛，拉脱维亚，乌克兰，白俄罗斯，摩尔多瓦
西亚和中东	土耳其，伊朗，叙利亚，伊拉克，阿拉伯联合酋长国，沙特阿拉伯，卡塔尔，巴林，科威特，黎巴嫩，阿曼，也门，约旦，以色列，亚美尼亚，格鲁吉亚，阿塞拜疆，埃及

二、“一带一路”油气合作现状

截至 2017 年，中国“一带一路”油气合作已经涵盖上游、中游和下游全产业链(见表 2、表 3)，“资源、供应、效益、品牌”四位一体的中亚-俄罗斯、中东、非洲、亚太、美洲和欧洲 6 个油气合作区基本建成，有 20 多家中国企业参与海外 200 多个油气项目的油气投资，业务遍及全球 50 多个国家。

表 2 “一带一路”区域内中国油气上游产业合作具体情况

合作领域	油气合作区	国家	年份	主要项目
上游	东北亚	俄罗斯	2006	乌德穆尔特
			2014	亚马尔 LNG
	中亚	哈萨克斯坦	1997	阿克纠宾
			2003	北布扎齐
			2005	PK
			2006	Karazhanbas(KBM)
			2009	曼格什套
			2013	卡沙甘
		土库曼斯坦	2007	阿姆河天然气
		乌兹别克斯坦	2017	卡拉库利气田

续表

合作领域	油气合作区	国家	年份	主要项目
上游	中亚	阿联酋	2006	UAQ 气田
			2013	陆海项目
			2017	阿布扎比 ADCO 油田
		卡塔尔	2010	D 区块勘探项目
			2012	4 区块勘探项目
	中东	伊拉克	2008	艾哈代布
			2008	鲁迈拉
			2009	Tap 油田项目
			2010	哈法亚
			2010	米桑
			2013	西古尔纳-1 期
		伊朗	2009	北阿扎德甘项目
			2017	南帕斯 11 期天然气田
	非洲	安哥拉	2006	18 区块
			2011	31 区块
		苏丹	1995	6 区块
			1997	1/2/4 区块
			2000	3/7 区块
			2005	15 区块
		尼日利亚	2009	Addax 项目
	亚太	缅甸	2007	AD-1/6/8 区块项目

表 3 "一带一路"区域内中国油气中游、下游产业合作具体情况

合作领域	油气合作区	国家	年份	主要项目
中游	东北亚	俄罗斯	2009	中俄原油管道
			2014	中俄天然气管道(东线)
	中亚	哈萨克斯坦	2004	中哈原油管道
		土库曼斯坦	2008	中亚天然气管道
	亚太	缅甸	2010	中缅原油管道
			2010	中缅天然气管道

续表

合作领域	油气合作区	国家	年份	主要项目
下游	东北亚	俄罗斯	2013	西布尔炼厂
			2014	阿穆尔-黑河边境油品
			2014	储运与炼化综合体
	中东	沙特阿拉伯	2012	延布炼厂
	亚太	新加坡	2009	润滑油项目

资料来源：据中国石油天然气集团有限公司、中国石油化工集团有限公司、中国海洋石油集团有限公司等公司网站及有关媒体报道整理。

（一）勘探开发合作

“一带一路”区域内进行石油勘探投资的重点盆地包括阿拉伯(沙特、阿联酋、伊朗、伊拉克、叙利亚等)、扎格罗斯(伊朗、伊拉克)、西西伯利亚(俄罗斯)、南里海(阿塞拜疆、土库曼斯坦)、滨里海(哈萨克斯坦、俄罗斯)、东西伯利亚(俄罗斯)、东巴伦支海(俄北极西部大陆架)等盆地。我国石油企业在“一带一路”沿线国家的权益油气产量呈逐步增加的趋势。2017 年，中国石油企业海外油气权益油气产量稳中有增，原油权益产量 1.48 亿吨、天然气权益产量 450 亿立方米。

（二）油气贸易

“一带一路”沿线国家石油资源储产丰富，是中国海外石油进口的主要源地，对中国的石油进口与石油安全具有重要意义。2009—2015 年，中国十大石油进口国中，常年有 7~8 个位于“一带一路”沿线。

中国石油已在“一带一路”地区建成亚洲油气运营中心和欧洲油气运营中心。2017 年区内油气贸易量达 2.3 亿吨油当量，占公司贸易总量的 49%，其中进口原油 5658 万吨，天然气 568 亿立方米，分别占我国进口总量的 14.2%和 61%。

（三）油气工程技术领域合作

目前，中国企业为全球近百个国家提供工程技术、工程建设和油气装备服务。中国在“一带一路”沿线国家积极实施工程技术、工程建设和装备制造走出去战略。自 2013 年以来，中国已向 20 多个沿线国家提供钻井、测井、物探、地面工程等技术服务，带动设备及材料出口。据商务部统计，2011—2016 年这 5 年期间，中国与沿线国家共签订了 745 个服务合同，合同金额达 109.8 亿美元。

(四)油气企业投资合作

截至2016年底，以“三桶油”为主的中国油气企业已在海外50多个国家拥有油气投资项目200多个，主要集中于“一带一路”沿线国家和地区。其中，在中国油气企业中，中国石油最早在沿线国家和地区开展投资合作；中国石油在中亚、中东、亚太、俄罗斯等沿线国家和地区的合作已经取得有效进展，目前在19个沿线国家执行的合作项目有近50个。另外，2011—2016年这5年内，中国石化在沿线国家累计合作投资金额近千亿美元，在上游领域拥有或参与了18个项目。

三、“一带一路”油气合作面临的挑战

“一带一路”沿线国家的油气资源较丰富，但这些国家宗教信仰不同，民族间与宗教间的纠纷较复杂，因极端势力、恐怖主义等问题存在着较大的政局动荡因素，使得中国在“一带一路”沿线国家油气合作投资存在着较大的风险隐患。

(一)地缘政治风险突出

“一带一路”是一项覆盖范围广的宏大战略，其沿线国家和地区主要涵盖亚欧非3个大陆，共涉及65个国家。因此，尽管多数沿线国家对“一带一路”倡议表现出积极意愿，但依旧存在严峻的地区形势和地缘政治问题。一方面是区域安全问题，如沿线国家中的乌克兰危机、伊斯兰国问题、索马里海盗问题、巴以冲突、印巴克什米尔问题、伊朗核问题、阿富汗和利比亚问题。另一方面是不断的区域大国博弈。其中，在独联体国家和中亚归属问题上，俄罗斯积极倡导的欧亚联盟与中国“一带一路”倡议具有交叉重叠；作为南亚和印度洋大国，印度与中国之间的领土争议尚未解决；作为东亚经济圈较为重要的成员国，日本对中国“一带一路”倡议的真实意愿也不明朗。因此，上述区域间大国博弈掣肘，增加了中国与“一带一路”沿线国家和地区油气合作的难度。

(二)沿线国家制度和体制风险较大

油气投资项目具有投资大、周期长、收益慢的显著特征，因此中国对“一带一路”沿线国家和地区的能源投资项目很大程度上将受到沿线国家政策政治稳定性和对华关系状况的影响。一方面，“一带一路”沿线国家制度体制差异较大，且政局动荡不稳。具体而言，沿线国家大多处于政治和体制转型阶段，导致其政权更替频繁和政局动荡不稳，特别是在东南亚、南亚、中亚和中东地区，其国内政治形势复杂，政权更替频繁，甚至冲突内战不断，导致相关政策变动较大。另一方面，出于自身政治目的，一些国家政治势力误解或歪曲“一带一路”倡议，

借机煽动新的“中国威胁论”“中国扩张论”，导致一些沿线国家和地区对华关系不太明朗。因此，政局动荡和对华关系不明朗会破坏中国与“一带一路”沿线国家和地区油气合作的连续性，进而对拟建项目或在建项目的合法权益带来很多不利影响。

（三）经济金融风险不容忽视

“一带一路”沿线国家经济发展水平不平衡，油气政策和投资政策各异，外汇管制较为普遍，导致油气市场开放难度较大。市场发育程度较高的沿线国家，经济环境相对稳定，相反市场封闭的沿线国家，能源领域进入难度大，油气投资评估较为复杂。此外，为进一步推动“一带一路”的建设，中国与沿线国家合作过程中主动降低经济合作门槛，这一方面有利于吸纳更多的沿线国家和企业参与进来，然而另一方面也增加了中国投资企业的众多风险。另外，沿线各国尚未形成统一的国际结算货币，使得在交易阶段货币互换行为时有发生。如果国际经济发生波动，该地区国家的汇率也有可能出现较大幅度的波动（如哈萨克斯坦坚戈、印度尼西亚卢比、泰国铢以及菲律宾比索等相继对美元大幅贬值），进而导致中国油气投资企业面临众多金融风险，如融资环境多变、资金成本上升、汇兑损失等。

（四）民族宗教矛盾风险复杂

“一带一路”绝大多数沿线国家是由多民族组成，且宗教信仰众多，包括基督教、佛教、伊斯兰教、印度教等。更为重要的是，部分沿线国家中的各民族、宗教之间存在复杂的历史纷争，因此相互之间的合作难度较大。此外，部分“一带一路”沿线国家中存在宗教极端势力、民族分裂势力和暴力恐怖势力等，且活动猖獗（如泰国南部三府的宗教冲突、沙特的宗教派系冲突、印尼的排华事件、越南大规模打砸抢中国企业事件等），对中国油气投资存在严重的安全威胁。

（五）文化冲突风险客观存在

“一带一路”沿线国家和地区覆盖范围广，因此多元的地理、历史、民族差异使得沿线国家文化文明存在较大差异。其中，不仅包含东方传统国家（如中国、印度等），还包含西方传统国家（如捷克、希腊等），既包括欧亚国家（如俄罗斯、土耳其等），还包括东西文化交融的国家（如新加坡等）。因此，不同的文化文明，使得沿线国家对“一带一路”倡议的判断和认知会有较大差异。其中，部分沿线国家（尤其是大国）的民众对“一带一路”倡议的认知和理解存在较大差异，甚至有所偏差和误解，而这些误解和不信任也将成为推进“一带一路”倡议的重要风险之一。

(六)国家战略实施与经验之间存在矛盾风险

尽管国家能源局发布了《推动丝绸之路经济带和21世纪海上丝绸之路能源合作愿景与行动》,但有关"一带一路"建设的长远规划仍需进一步完善和细化,如具体顶层设计上的制度和政策安排尚不确定、与沿线国家的实质对接和具体合作尚未完全展开等。此外,在提供和推行国际公共产品上,中国政府的能力和经验尚且不足,而且中国大部分企业不具备丰富的走出去和跨国经营管理的能力和经验。因此,"一带一路"倡议的实施与目前经验不足之间存在的矛盾,增加了"一带一路"能源国际合作的风险。

四、"一带一路"沿线国家油气合作建议

(一)建立稳定的政策扶持保护,减少油气投资风险

在政策环境中,稳定的税收征管政策是对依靠商业化原则实施油气投资决策影响最大的因素。在漫长的投资期和回收期内,资源国政府可能出于各种原因对税收政策做出调整,特别是在国家财政收入困难的时期,更容易收紧税收政策,使油气投资者面临较大风险。加强油气领域税收征管的合作,签订税收征管稳定协议,以及避免双重征税的协议,保护油气投资者的投资积极性,使油气企业更容易地做出基于长期发展目标的投资决策,这也将为资源国带来稳定的经济社会发展机遇,使油气合作的成果惠及资源国大众,分享油气发展和国家发展的红利。

(二)充分利用能源外交活动

首先,加强对能源资源国政治、经济和军事影响力,塑造稳定、和平、友好的周边安全环境,强化周边能源战略依托;其次,通过多种渠道加大宣传力度,增进相关能源资源国对中国基本国情、价值观念、发展道路、内外政策的了解和认知,破解"中国能源威胁论",进而夯实"一带一路"倡议在沿线国家的社会和民意基础;再次,加强与相关能源资源国新闻媒体建立长效合作机制,改善资源国对中国能源政策的舆论生态;最后,灵活运用非政府组织(NGO)、行业协会和智库等民间力量,来加大对中国"能源走出去"相关企业和沿线国家相关企业和民众的战略教育,从而实现能源走出去战略在相关国家顺利实施和开展。

(三)强化油气贸易结算体系,推动人民币结算体系

目前,英国北海布伦特原油期货和美国得克萨斯中质原油(WTI)期货是在国际油气贸易中被广泛采用的定价基准。在"一带一路"油气合作伙伴关系的框架

内建立借力亚投行和丝路基金为海外投资提供强有力的金融支持；同时推进“一带一路”沿线范围内的人民币国际化，推动人民币结算体系，规避多种汇兑中利率风险。2016 年中国石油与俄罗斯天然气工业公司等油企签署合作备忘录，推动油气贸易以人民币为结算单位。此外加强金融监管合作，帮助落后国家完善体系、稳定市场避免债务，通过提高出口竞争优势，建立“一带一路”人民币快速投融资渠道，实现人民币“走出去”。

（四）加强与沿线国家间的互联互通建设，保障油气运输通道

目前，中国油气进口的路径主要有中亚油气管线、中俄油气管线、中巴能源走廊、中缅能源管线及海上通道，但中国的油气安全存在着“马六甲困境”。要加强西北、东北、西南三条陆上油气进口通道建设，短期内重点提升油气资源输送能力，中长期要更加完善陆上油气通道网络。在稳定原有的运输路线基础上，中国应继续加强新的油气通道的建设，以进一步降低中国对于海上运输通道的过分依赖，缓解“马六甲困境”带来的影响。

附　　件

附件1　2019年中国油气产业发展大事记

郭杰[1]；张濡[2]

［1. 北京昌平区政府；2. 中国石油大学(北京)经济管理学院］

2019年1月

1月2日，壳牌中国集团对外宣布，旗下全资子公司——壳牌(浙江)石油贸易有限公司经商务部批准，获得了中国国内成品油批发资质，意味着壳牌成为了第一个在中国获得成品油批发资质的国际石油公司。

1月6日，中国石油新疆油田公司在准噶尔盆地南缘下组合勘探获重大突破，位于新疆乌苏市境内的风险探井——高探1井喜获高产油气流，日产原油1213立方米、天然气32.17万立方米，井口压力32.4兆帕，创整个盆地单井日产量最高纪录。

1月15日，中国石化与中国一汽在京签署战略合作框架协议，涉及汽车采购、汽车用聚合物开发、润滑油供应、易派客平台共享、出行服务等方面的合作。

1月16日，《2018年国内外油气行业发展报告》在北京发布，这是国内高端智库中国石油集团经济技术研究院连续第11年发布该报告。

1月18日，国家能源局发布《能源行业深入推进依法治理工作的实施意见》，此举标志着加强能源行业的法治建设被提上日程。

1月21日，中国石油公告称，预计2018年度实现归属于本公司股东的净利润与上年同期相比，将增加人民币280亿~300亿元，增长123%~132%。

1月22日，Brand Finance公司在达沃斯世界经济论坛上发布《2019年全球品牌500强》报告，共有32家石油和化工企业上榜，其中中国石油(33位)、中国石化(49位)。

1月22日，国家自然资源部地质调查局称，鄂西地区页岩气调查取得重大突破，页岩气地质资源量达11.68万亿立方米，具有建成年产能100亿立方米的资源基础。

1月22日，2018年黑龙江各口岸由俄罗斯进口原油共计2725.2万吨，比上年增加67.1%，进口总值达960.4亿元人民币。

1月25日，中国石油大庆石化金桥公司顺利通过CMMI5级认证，成为中国石油首家通过这一资质认证的企业，成功获得国际IT市场“通行证”。

1月29日，中国石油和化学工业联合会发布报告显示，2018年，我国石油和化学工业规模以上企业主营业务收入12.4万亿元，比上年增长13.6%，行业总体稳中有进。

1月30日，中国石化工程建设公司总承包的马来西亚RAPID项目龙头装置1500万吨/年常压蒸馏装置已于近日正式投产，成为该项目第一个开车的装置。

1月30日，中国石油在首批矿权内部流转取得阶段性成果的基础上，全面启动第二批矿权内部流转工作。

1月31日，中国石化镇海炼化新建煤焦制氢装置首次投用，是中国石化煤炭资源清洁化生产的一次成功探索，将为促进油品提质升级提供合格氢源。

2019年2月

2月22日，沙特阿美、中国兵器工业集团有限公司和盘锦鑫诚实业集团共同签署了两轮产能与投资合作重点项目谅解备忘录，其中三方拟投资超过695亿元，在辽宁盘锦市成立华锦阿美石油化工有限公司。

2月25日，中国石化西北油田所属的顺北油气田再次创造新的历史：2月19日，顺北鹰1井完钻井深8588米，创亚洲陆上钻井最深纪录，标志着我国已掌握世界先进的超深井钻井技术。

2月25日，中国海油宣布，位于我国渤海海域渤中凹陷的渤中19-6气田，测试获得优质高产油气流，确定天然气探明地质储量超过1000亿立方米。

2月28日，国家统计局发布的《2018年国民经济和社会发展统计公报》显示，中国全年能源消费总量46.4亿吨标准煤，比上年增长3.3%。

2月28日，中国石化西北油田2018年向南疆地区新能源市场销售CNG(压缩天然气)371万标准立方米，销量同比增长43%，创同期新高。

2月下旬，中国石油集团工程技术研究院有限公司与沙特阿拉伯国家石油公司(简称沙特阿美)科研合作项目“智能化钻井技术研究与应用”正式签订合同，3月1日启动实施。

2019年3月

3月6日，国务院网站公布《关于取消和下放一批行政许可事项的决定》(国发〔2019〕6号)，其中，石油天然气(含煤层气)对外合作项目总体开发方案取消审批后，改为备案。

3月12日，中国石化高附加值合成树脂关键技术开发及应用项目通过鉴定。该项目是中国石化确立的首批重大科技项目之一。

3月18日，中国石油华北油田公司在大城区块1950~2045米煤层设计的大平7井，日产量最高达1.1万立方米，填补了世界1800米以深煤层气经济开采空白，对中国煤层气科学开发具有里程碑意义。

3月19日，工业和信息化部、发展改革委、科技部、公安部、生态环境部、交通运输部、卫生健康委、市场监管总局联合印发了《关于在部分地区开展甲醇汽车应用的指导意见》(工信部联节〔2019〕61号)。

3月20日，财政部、税务总局、海关总署联合印发《关于深化增值税改革有关政策的公告》(2019年第39号)，决定自4月1日起降低部分行业增值税率。

3月21日，中国石化石油工程技服务股份有限公司下属的国际石油工程公司近日与沙特阿美石油公司签订了4台钻机合同，合同额约为3.4亿美元，进一步巩固了中国石化油服作为沙特阿美石油公司最大的陆上钻井承包商的地位。

3月21日，中国石油招标中心第二个区域中心——西南分中心在四川成都挂牌成立。

3月23日，《中国油气产业发展分析与展望报告蓝皮书(2018—2019)》连续第9年在京发布。

3月24日，中国石化发布《2018中国石化可持续发展进展报告》。

3月25日，由国际能源论坛和中国石化联合主办的《2019中国能源化工产业发展报告》发布会在沙特利雅得成功举行。

3月25日，中国石化与海尔集团签署物联网生态战略合作协议。

3月25日，中国石化燕山石化、石油化工科学研究院和中国民用航空总局承担的UL91号无铅航空汽油的研制项目通过中国石化科技部组织的项目鉴定，该技术填补了国内在高标号无铅航空汽油领域的空白。

3月25日，中国石化宣布页岩气勘探开发再获重大突破，威(远)荣(县)页岩气田提交探明储量1247亿立方米；丁山-东溪区块国内首口埋深大于4200米的高产页岩气井——东页深1井，试获日产31万立方米高产气流，突破埋深超4000米页岩气井压裂工艺技术。

3月30日，中国石油国际事业新加坡公司在缅甸的首座SPC加油站开业，标志着中国石油正式进入缅甸成品油零售市场。

2019年4月

4月1日，国际品牌价值权威评估机构Brand Finance公布了2019年全球石油和天然气企业品牌价值前50名名单，中国石油位列第2，中国石化位列第3，中国海油位列第21。

4月10日，中国石油塔里木乙烷制乙烯项目在库尔勒上库高新技术开发区石油石化产业园奠基，总投资90.5亿元，是中国石油迄今在南疆单笔投资规模最大的炼化项目。

4月18日，中国南海西部海域最大平台组块东方13-2中心处理平台顺利浮托安装在海上导管架上，该平台是中国南海西部海域迄今为止规模最大、重量最重、工艺流程最复杂的中心平台，采用一体化建造方式。

4月18日，中国石油招标中心华东分中心揭牌成立。

4月22日，浙江省能源集团有限公司和美国埃克森美孚公司对外宣布，双方近期正式签署为期20年的LNG供销协议，合同量100万吨/年。

4月22日，公安部发布《石油石化系统治安反恐防范要求》，将于7月1日正式实施，是我国首部针对石油石化系统重点目标治安反恐防范工作的公共安全行业标准，标志着石油石化行业安防关键技术标准正式落地。

4月24日，中国石油与中国海油附属公司中海石油(中国)有限公司就北部湾23/29区块和北部湾24/11区块在京签订了合作合同。

4月25日，中国石油发布2018年度社会责任报告及《中国石油在伊拉克企业社会责任专题报告》。

4月25日，“一带一路”能源合作伙伴关系成立仪式在北京举行。会议期间，伙伴关系成员国共同对外发布《“一带一路”能源合作伙伴关系合作原则与务实行动》。

4月25日，俄罗斯独立天然气生产商诺瓦泰克公司宣布，与中国石油旗下中国石油国际勘探开发有限公司、中国海油签署具有约束力的协议，两家中国企业将分别收购由诺瓦泰克公司牵头开发的北极 LNG-2 项目的 10%权益。

4 月 27 日，国家地热能中心指导委员会和技术委员会第三届全体会议在京召开。

4 月 28 日，第二届“一带一路”国际合作高峰论坛成功举办之际，由中国石油主办的第二届“一带一路”油气合作圆桌会议如约举行。

2019 年 5 月

5 月 3 日，中国石化华东石油局在重庆南川区块新区带部署实施的页岩气探井——胜页 2HF 井完成产能测试，获日产 32.26 万立方米高产气流，实现常压页岩气勘探突破。

5 月 7 日，上海 2000 余辆公交车将正式用上 B5 生物柴油。

5 月 7 日，大港油田科研人员自主实施的海水压裂液技术攻关项目取得突破，5 口先导试验井压前平均日产油气当量 2.3 立方米，压后平均日产油气当量 29 立方米，施工成功率、有效率均达 100%，标志着国内海上低渗透油田开发新添技术利器。

5 月 9 日，2019 中国品牌价值评价信息发布，中国石化品牌价值达 2818.34 亿元，增长近 400 亿元，蝉联能源化工行业第一。

5 月 9 日，由全球 MIKE 研究中心组织的亚洲知识与创新论坛暨 2018 年度 MIKE 大奖颁奖典礼在香港举行，中国石化获得 2018 Asian Global MIKE 大奖。

5 月 12 日，清洁能源部长级会议能源管理工作组公布了 2019 年全球能源管理奖获奖企业名单，中国石油玉门油田获得优秀能源管理领导奖——能源管理洞察力奖，是国内唯一获此殊荣的石油石化企业。

5 月 13 日，国务院关税税则委员会发布公告，将于 2019 年 6 月 1 日 0 时起对原产于美国的 LNG 加征 25%的关税，这是中国对美国自 5 月 10 日起对华商品加征关税后采取的反制措施。

5 月 15 日，中国-欧盟能源合作平台在京启动。

5 月 16 日，自然资源部中国地质调查局“海洋六号”科考船完成深海探测航次任务返回广州，此次科考在我国南海北部发现一处新的大型活动性“冷泉”，还发现大量自然状态下的天然气水合物。

5 月 15 日，2019 中国石油石化企业信息技术交流大会在京举行。

5 月 17 日，中国海油石油化工项目——恒力石化 2000 万吨/年炼化一体化项目在大连长兴岛举行全面投产仪式。

5月24日，中国石油“塔里木盆地超深勘探实践与创新研究”课题验收暨同名新书发布会在京举行。

5月27日，中国石化宣布，我国大陆地区最长的海底成品油管道——湛江至北海管道工程，在通明海峡定向穿越成功。穿越总长4071米，创我国大陆海底成品油管道定向钻穿越长度之最。

5月30日，中国石油与中核集团签署地热资源综合开发利用战略合作框架协议，其中中国石油长城钻探工程公司与中国核能电力股份有限公司签署地热资源综合开发利用合作协议。

5月30日，中国石油在上海石油天然气交易中心开展天然气线上竞价交易，当日面向不同区域市场投放的两批天然气全部成交。

5月31日，国家发展改革委网站发布《油气管网设施公平开放监管办法》(发改能源规〔2019〕916号)。

5月31日，中国石油《2018年环境保护公报》在北京发布。

2019年6月

6月2日，由中国石化承办的第八届中国石油地质年会在京召开。

6月5日，中国石化、俄罗斯诺瓦泰克公司和俄气银行在莫斯科签署了在中国境内设立天然气贸易合资公司的关键条款协议。

6月5日，中国石化已经完成全球重点港口低硫重质清洁船用燃料油的供应保障布局，标志着我国已具备规模化生产供应低硫重质清洁船用燃料油的能力。

6月7日，国家主席习近平在圣彼得堡同俄罗斯总统普京一道出席中俄能源商务论坛。

6月7日，中国石油与诺瓦泰克股份公司在圣彼得堡签署了《中国石油国际勘探开发有限公司与诺瓦泰克股份公司关于入股“北极LNG2有限责任公司”的购股协议》。

6月16日，地处准噶尔盆地的新疆玛湖油田开发全面推进，目前已有15个区块陆续投入开发，日产原油3396吨，投产水平井150余口，单井平均日产油20吨以上。玛湖10亿吨级特大油田的发现，是近年来我国最大的油气勘探成果。

6月18日，中国和俄罗斯在安理会联手搁置美国要求各国停止对朝鲜出口成品油的提议。

6月20日，新疆准噶尔盆地首个千亿立方米大气田——克拉美丽气田开工建设乙烷长输管道工程，管道长达377.31千米，建成后将成为我国最长的乙烷长输管道。

6月20日，中国石化天然气分公司北海LNG接收站首次采用LNG罐式集装箱"一罐到底"为广东清远用户供气，丰富了中国石化LNG多样化充装运输模式。

6月20日，中国石化汽车轻量化非金属材料创新中心、化工过程强化技术联合研发中心成立，第一次联席会议在北京化工研究院召开。

6月21日，中国石化与中国进出口银行战略合作协议签约仪式在总部举行。

6月30日，国家发展改革委、商务部发布《外商投资准入特别管理措施(负面清单)(2019年版)》和《鼓励外商投资产业目录(2019年版)》，全面鼓励外商进入中国石油产业链的上游环节，标志着我国油气产业链全面对外开放。

2019年7月

7月2日，中国海油所属中海石油(中国)有限公司全资子公司中国海油融风能源有限公司在上海正式揭牌成立。

7月3日，中韩(武汉)石油化工有限公司揭牌，标志着中国和韩国石化一体化合资项目投入商业运营。

7月8日，国内首座油氢合建站——中国石化佛山樟坑油氢合建站正式建成。

7月8日，中国石油与中国石化就塔里木盆地、准噶尔盆地和四川盆地签订了联合研究框架协议，共涉及双方探矿权81个、总面积约30.58万平方千米。

7月10日，中国石化与中国海油的附属公司中海石油(中国)有限公司就渤海湾、北部湾、南黄海和苏北盆地签订了合作框架协议，共涉及双方探矿权19个，总面积约2.69万平方千米。

7月11日，2019年"BrandZ全球最具价值品牌百强"榜单发布，在百强榜能源行业品牌排名榜单上，中国石油位列第五，品牌估值95.17亿美元。

7月12日，中国石油集团与黑龙江省人民政府签署《"气化龙江"战略合作框架协议》，标志着黑龙江省与中国石油在天然气领域合作翻开崭新篇章。

7月15日，自然资源部发布的2018年全国石油天然气资源勘查开采情况通报显示，2018年我国石油新增探明地质储量为9.59亿吨，比上年增长9.4%。2018年我国天然气新增探明地质储量为8311.57亿立方米，比上年增长49.7%。

7月15日，自然资源部发布消息称，2018年全国石油新增探明地质储量

9.59亿吨，比上年增长9.4%，继两年连续下降后实现再增长。

7月19日，国家能源局发布《关于加强油气管网设施公平开放相关信息公开工作的通知(征求意见稿)》和《关于加强油气管网设施公平开放相关信息报送工作的通知(征求意见稿)》。

7月19日，中国石油与俄罗斯诺瓦泰克公司在俄罗斯首都莫斯科顺利完成北极LNG2项目10%股份收购交割的全部手续。

7月22日，《财富》杂志2019年世界500强排行榜正式发布。中国石油化工集团有限公司以2018年营业收入额28816亿元高居500强第二位。中国石油天然气集团有限公司以2018年23749.34亿元的营业收入，位列500强第四位。

7月24日，国务院国资委公布了2018年度中央企业负责人经营业绩考核A级企业名单，中国海油获得2018年度中央企业负责人经营业绩考核A级、2016~2018年任期“业绩优秀企业”。

7月25日，国家能源局在北京召开新闻发布会称，上半年我国能源补短板领域投资大幅增长，油气开采业投资同比增长34.1%，较上年同期的增长率高31.3个百分点。上半年我国原油产量9539万吨，同比增长0.8%，扭转近三年下滑态势；天然气产量864.1亿立方米，同比增长10.3%。

7月26日，随着中俄东线天然气管道工程北段(黑河到长岭)最后一个道口完成焊接，标志着中俄东线天然气管道工程中方境内段与俄罗斯西伯利亚管道连接成功。

7月26日，中国石化西北油田顺北三区第一口探井——顺北53X井日前测试喜获高产工业油气流，日产油110立方米，日产气7.5万立方米，实现顺北三区油气勘探的重大突破，为顺北百万吨产能建设夯实资源基础。

7月27日，国家统计局发布信息称，上半年油气开采业利润总额同比增长17.8%，石油、煤炭及其他燃料加工业下降53.6%。

7月27日，中国石化重庆南川水江-涪陵白涛天然气管道工程分水岭隧道贯通。

7月27日，中国石化中安联合MTO(甲醇制烯烃)装置投料试车一次成功，并产出合格乙烯、丙烯产品。

7月30日，中国石油华北石化公司的航空煤油注入北京大兴国际机场航煤油库，标志着“华北石化-北京大兴国际机场”航煤管道正式投运并顺利通油。

7月30日，中国石油“一带一路”智库联盟成立暨第一次理事会会议在京召开，标志着中国石油集团级智库诞生。

7月31日，由国务院总理李克强主持召开的国务院常务会议做出决定，要深化“放管服”改革，将成品油零售经营资格审批下放至地市级政府。

2019年8月

8月1日，中国石化抓住美联储宣布降息当日的短暂发行窗口，以多项创纪录指标成功发行20亿美元债券。

8月5日，中国石化燃料油公司首次在天津邮轮母港为歌诗达赛琳娜号邮轮供应350吨中国石化自产低硫船用燃料油，标志着该公司在环渤海地区的船燃供应取得新突破。

8月5日，中国石油与贝宁共和国在北京签署《尼日尔-贝宁原油管道建设与运营贝宁东道国协议》。

8月8日，中国石化石油化工科学研究院研制的汽油机油产品，顺利通过新一代GF-6/SP规格要求的7个发动机试验，消除了与国际最新技术的代际差异。

8月13日，中国石化塔河油田投产以来累计原油产量突破1亿吨，对推动我国海相油气资源勘探开发具有重要意义。

8月13日，中国石化勘探分公司与江汉油田分公司签订兴隆气田交接协议，把该气田以储量价值市场化内部交易方式正式流转至江汉油田。

8月15日，中国石化在沙特阿拉伯东部省首府达曼发布《中国石化服务“一带一路”可持续发展报告——中国石化在沙特阿拉伯》。这是中国企业首次在沙特发布相关报告，全面展现了中国石化在当地履行经济责任、安全责任、环境责任和社会责任情况。

8月16日，司法部发布《海上石油勘探开发环境保护管理条例(修订草案征求意见稿)》，在8月30日前向社会公开征求意见。

8月18日，来自俄罗斯亚马尔天然气项目的7.4万吨LNG运抵中国石化天然气分公司天津LNG接收站。这是中国石化首次接收北极地区LNG资源，也是中国石化与俄罗斯诺瓦泰克公司合作开展的首次现货交易。

8月20日，工信部发布对《关于研究制定禁售燃油车时间表加快建设汽车强国的意见》的答复意见，表示支持有条件的地方和领域开展城市公交出租先行替代、设立燃油汽车禁行区等试点，在取得成功的基础上，统筹研究制定燃油汽车退出时间表。

8月25日，中国石化天然气分公司南川-涪陵天然气管道乌江悬索跨越主体工程完工，跨越全长 467.8 米，主跨 355 米，荷载 1008.3 吨，是目前我国跨度最大、载荷最重的天然气主干管道跨越工程。

8 月 26 日，十三届全国人大常委会第十二次会议表决通过中国首部资源税法。该法共 17 条，应税资源的具体范围由该法所附《资源税税目税率表》确定，2020 年 9 月 1 日起施行。

8 月 29 日，中国石油天然气股份有限公司在香港举行 2019 年中期业绩发布会。

8 月 30 日，中国石化与中国海油在江苏召开苏北-南黄海盆地、北部湾盆地合作区域联合研究技术交流会，共享相关勘探区块技术研究进展及成果。

8 月 30 日，由中国石化、中国石油、中国海油共同主办，中国石化经济技术研究院承办的第七届亚洲天然气论坛在北京举行。

8 月 30 日，由中国石油流通协会主办的"辉煌 70 年，石油新时代"——中国石油流通行业庆祝新中国成立 70 周年大会在京召开。

2019 年 9 月

9 月 5 日，由中国石油华北荣盛公司承接的国家重点研发计划课题水下应急封井装置及其配套工艺技术，顺利完成出厂测试，标志着国内首套海洋深水井控装备正式进入海上实战测试阶段。

9 月 6 日，中共中央政治局常委、国务院副总理、中俄能源合作委员会中方主席韩正在人民大会堂会见俄罗斯副总理、委员会俄方主席科扎克，并共同主持中俄能源合作委员会第十六次会议。

9 月 6 日，中国石化化销华南协助广州石化完成 1-丁烯单体的欧盟 REACH 认证，25 吨广州石化 DNDA 2020 产品被特百惠公司从中国采购供应希腊工厂，标志着中国石化高端树脂产品进入欧盟市场。

9 月 11 日，由中国石油大连石化和辽阳石化生产的保税航空煤油将于 10 月 1 日正式为大连周水子机场和沈阳桃仙机场的国际航班加油，这将成为中国石油开拓国内保税航煤市场的又一成果。

9 月 12 日，中国石化销售企业第一家易捷无感支付无人便利店在位于上海外滩的上海石油大厦一楼开业。

9 月 24 日，中国石油亚马尔 LNG 项目新造常规 LNG 运输船，在上海沪东中华造船有限公司长兴岛船厂举行命名仪式。

9月24日，中国石化鄂尔多斯盆地油气勘探获得重大进展，新增探明储量442亿立方米。至此，位于盆地北部的东胜气田累计探明储量达1239亿立方米。

9月26日，燕山石化、北京石油、润滑油有限公司、催化剂公司、易派客公司等5家在京企业联合发布《中国石化奉献在北京》白皮书，这是中国石化在京企业首次联合发布白皮书。

9月26日，"国家能源陆相砂岩老油田持续开采研发中心"揭牌仪式在大庆油田勘探开发研究院举行，标志着大庆油田首个国家级研发中心正式启动。

9月26日，委内瑞拉国家石油公司收到一笔用人民币支付的石油货款，标志着该国已开始正式使用人民币代替美元来为石油计价，目前全球至少有28个国家和地区可使用人民币作为结算货币。

9月27日，中国石化海南炼化2号芳烃项目打通流程，产出合格的对二甲苯产品，填补了我国芳烃原料缺口，对于保障产业链完整具有重大意义。

9月29日，中国石油非常规油气领域勘探取得重大成果，在鄂尔多斯盆地长7生油层勘探获得重大发现，新增探明地质储量3.58亿吨，预测地质储量6.93亿吨，标志着我国发现了10亿吨级的庆城大油田。在四川盆地页岩气勘探获得重大进展，在长宁-威远和太阳区块新增探明页岩气地质储量7409.71亿立方米，累计探明10610.30亿立方米，形成了四川盆地万亿方页岩气大气区。

9月30日，中国石化集团公司同中国太平保险集团公司在京签署战略合作协议，双方将在保险、养老金、创新项目、金融投资及国际市场等多个业务领域进一步加强合作。

2019年10月

10月4日，中国石油塔里木油田公司博孜9井试井成功，获高产工业油气流，日产天然气41.82万立方米、凝析油115.15立方米，成为塔里木油田发现的又一个千亿立方米级大气田。

10月9日，中国石油东方物探与西安交通大学签约成立数学与油气探测技术研究中心。

10月10日，中国石油塔河南岸果勒区块转入投产前准备阶段，标志着该区块由储备区变为建产区。

10月11日，中国化学工程集团有限公司与俄罗斯天然气生产公司在成都签署俄罗斯波罗的海化工综合体项目FEED+EPC合同，合同额约120亿欧元。

10月11日，国家能源委员会主任李克强主持召开国家能源委会议，研究进一步落实能源安全新战略，审议通过推动能源高质量发展实施意见。

10月15日，中国投资协会主办的2018—2019年度国家优质投资项目评选结果揭晓，中国石化涪陵页岩气田焦石坝区块一期工程产能建设项目荣获特别奖，是石油天然气能源类唯一获特别奖的项目。

10月16日，由海关总署全球贸易监测分析中心和上海石油天然气交易中心共同研发的中国LNG综合进口到岸价格在上海正式发布，是我国首次发布天然气进口价格指数。

10月16日，随着最后一道焊口顺利完成焊接，中俄重大能源合作项目——中俄东线天然气管道工程北段(黑河-长岭)全线贯通。

10月17日，中国石油国际事业有限公司出口的92号汽油运往印度东海岸维沙卡帕特南港供应印度斯坦石油公司，这是中国石油成品油首次直接出口印度，标志着中国石油拓展印度成品油市场取得新的成果。

10月18日，中国石油长庆油田承担建设的重点工程项目——长庆上古天然气处理总厂，4列质量均为422吨的巨型脱甲烷塔吊装均获一次成功，创造了中国石油上游板块最高、最大、最重塔器吊装一次性成功的纪录。

10月18日，第三届世界油商大会在浙江舟山召开。

10月21日，第三次中国-欧佩克高级别对话在维也纳举行。

10月22日，中国石油西南油气田公司安岳气田高石梯区块2019年天然气产量达到10.33亿立方米，历史性突破10亿立方米大关。

10月23日，中国石油国际事业华东公司从海外进口的5个LNG罐式集装箱在上海港完成卸载，标志着中国石油打通从海外进口LNG罐式集装箱口岸通道。

10月28日，中国石油国家级页岩油开发示范区长庆油田陇东10亿吨级庆城油田一口超长水平井——华H50-7井完井，刷新亚洲陆上水平段最长纪录。

10月28日，中国石化湛江至北海成品油管道开始水联运，实现中国石化广东、广西沿海成品油管道的全面互联互通。

10月29日，中国石油浙江油田公司首条穿越高速公路集输管线正式开钻。

10月30日，中国石油北京天然气管道有限公司陕京四线鄂尔多斯、乌兰察布和张家口3座压气站进气启机仪式取得成功，标志着国家互联互通陕京四线三大增输工程正式开始发挥冬季保供作用。

10月31日，中国石化东海牌沥青登陆上海期货交易所，这标志着中国石化作为国内最大沥青生产商成功登陆上海期货交易所，东海牌石油沥青也成为中国石化首个上海期货交易所注册商品。

10月31日，中国石化鄂安沧管道与中国石油陕京管道实现互联互通。

10月31日，由国家能源局石油天然气司、国务院发展研究中心资源与环境政策研究所、自然资源部油气资源战略研究中心联合编写的《中国天然气发展报告(2019)》发布。

2019年11月

11月3日，中国石化广西天然气管道与中国石油中缅管道互联互通工程扩建项目全部完成。

11月6日，中国石化与法国液化空气集团在北京人民大会堂签署合作备忘录，探讨加强氢能领域合作。

11月6日，在巴西政府举行的两轮盐下石油区块招标中，中国石油连续参股中标布兹奥斯大型在产项目和阿拉姆区块项目。

11月6日，2019全球能源互联网暨中非能源电力大会在北京召开。

11月7日，在第二届中国国际进口博览会期间，中国海油举办“海洋石油合作共赢与高质量发展论坛”，中国石化举办“致力开放合作共建美好家园”主题论坛暨交易分团现场签约仪式。

11月8日，由商务部、国家能源局和上海市人民政府共同支持，商务部外贸发展局主办的“第八届中国国际石油贸易大会”在上海召开。

11月11日，中国石油作为唯一的中资企业参与入股阿布扎比原油期货交易所，该交易所将推出世界上首批穆尔班原油期货合约。

11月11日，在中国国家发展和改革委员会指导下，在中国石油流通协会、中国产业海外发展协会、欧美同学会企业家联谊会的支持下，粤港澳大湾区国际能源交易中心在北京成立。

11月12日，第四届油气地质工程一体化论坛在京举行。

11月13日，中国石油在哈萨克斯坦首都努尔苏丹，与哈萨克斯坦国家石油天然气股份公司签署了《关于在油气领域扩大合作的备忘录》，与哈萨克斯坦共和国能源部、哈萨克斯坦天然气运输股份公司签署了《关于天然气领域合作备忘录》。

11月15日，中国宝武集团在上海宝山揭牌成立清洁能源公司。

11月18日，中国石化在上海举办“油氢合建项目竣工暨试运行仪式”。这是中国石化和法国液空在中国合作发展氢能的第一个落地项目，是上海市首批商业化提供加油加氢服务的综合功能站。

11月20日，中国石化西南石油局申报的《四川省四川盆地威荣页岩气开采》采矿权新立申请日前通过自然资源部审核，获得采矿许可证。

11月21日，中国化学工程集团承接了美国太平洋天然碱项目。该项目建设规模为540万吨/年，建成后将是世界上最大的天然碱项目。

11月23日，巴斯夫(广东)一体化基地项目在湛江经济技术开发区东海岛石化产业园正式启动，这是中国《外商投资法》颁布后落地的首个外商独资大型石化一体化项目。

11月26日，以“创新推动能源革命”为主题，由中国改革报社《能源发展》周刊主办、北京国发智慧能源技术研究院承办的“第五届中国能源发展与创新论坛”在京召开。

11月27日，中国石化-英国帝国理工学院资源地球物理研究院正式成立。

11月27日，中国第一单储气库调峰气产品在上海石油天然气交易中心完成上线交易，成交量2000万立方米，成交均价2.83元/立方米，交收期为2019年12月。

11月27日，中国石油长庆油田陇东国家级页岩油示范区传来捷报，效益开发示范平台华H40平台最后一口水平井顺利完钻，创国内陆上水平井部署井数最多、控制储量最大及单平台产量最高3项新纪录。

11月28日，2019年油气地球物理学术年会在南京举行。

11月28日，在新西兰奥克兰召开的国际地热协会理事会上，国际地热协会理事会决定将2023年世界地热大会主办权授予中国。

11月28日，第三届中国液化天然气储运技术交流大会在京召开。

2019年12月

12月2日，中俄东线天然气管道正式开通运营。

12月2日，金联创与山东港口集团联合发布“中国山东港口进口原油到岸估价”，此种估价是由中国企业首发，具有中国大宗商品现货定价里程碑的意义。

12月4日，由中国自主集成建造的世界最大吨位级海上浮式生产储卸油装置——P70在青岛交付巴西业主，它的交付将助推中国海工装备制造产业加快“走出去”的步伐。

12 月 5 日，在 2019 香港国际金融论坛暨中国证券金紫荆奖颁奖典礼上，中国石化荣获最佳公司治理上市公司奖。

12 月 8 日，由中国石油和化学工业联合会主办的中国润滑油产业创新联盟成立大会在京召开。

12 月 9 日，国家石油天然气管网集团有限公司(简称国家管网公司)在北京成立。

12 月 9 日，中国科学院与陕西省人民政府在北京举行能源科技合作座谈会，并签署战略合作协议。

12 月 9 日，中国石油与广西壮族自治区政府在北京签署战略合作协议。

12 月 9 日，中为能源内蒙古自治区鄂尔多斯市准格尔旗唐家会矿区煤炭地下气化(简称 ISC)技术工业化示范项目宣布正式投产，标志着中国拥有自主知识产权的第四代 ISC 技术成功应用。

12 月 10 日，中国石油和化学工业联合会在北京组织召开了全国石油和化工科技创新大会，对荣获 2019 年度行业科技奖的 245 项成果进行表彰。

12 月 10 日，中国石化召开西南油气分公司川西气田地面工程建设启动会，启动川西气田建设，力争建成年产能 34 亿立方米。

12 月 10 日，在中国建筑业科技创新暨 2018—2019 年度中国建设工程鲁班奖表彰大会上，由中国石化承建的哈萨克斯坦阿特劳炼油厂石油深加工联合装置“交钥匙”建设工程项目喜获鲁班奖(境外工程)。

12 月 12 日，中国石油经济技术研究院与 IEA 在京联合举办“天然气市场形势与安全供应”报告会，IEA 发布《2019 年天然气报告：2024 年分析和预测》。

12 月 10 日，乙二醇期货登陆大连商品交易所。

12 月 13 日，中国石化与西藏自治区人民政府战略合作框架协议签约仪式在京举行。

12 月 13 日，中国海油与招商局集团签署战略合作协议。

12 月 13 日，中国海油南海陵水 17-2 开发井正式开钻，标志着中国已基本掌握深水油气田勘探开发全套技术，具备自主开发 1500 米级深水油气田核心技术能力。

12 月 13 日，由中国石化承建的中东地区最大炼厂——科威特阿祖尔炼厂主装置全面建成。

12 月 13 日，由联合国全球契约中国网络举办的“2019 实现可持续发展目标中国企业峰会”在京举行。中国石油被联合国全球契约中国网络授予“2019 实现可持续发展目标企业最佳实践(可持续生产和消费)”荣誉称号。

12月14日，南方电网能源发展研究院2019年度研究报告发布暨能源转型发展研讨会在广州举行，会上发布《中国能源供需报告》等6份能源电力行业的年度系列研究报告。

12月16日，中国首批能源化工期权品种——PTA期权、甲醇期权在郑州商品交易所顺利挂牌上市。

12月16日，2020年全国能源工作会议在北京召开。

12月17日，2019中国石油石化科技与装备创新发展技术交流会在北京召开。

12月18日，由海关总署全球贸易监测分析中心和上海石油天然气交易中心，共同研发的中国原油综合进口到岸价格在上海发布，这是中国首次发布原油进口周度到岸价格。

12月18日，中国能源研究会在北京发布中国首份《中国天然气采暖(居民)需求分析》报告。

12月19日，中国石化经济技术研究院发布《2020中国能源化工产业发展报告》。

12月20日，澳门天然气有限公司与北京京能清洁能源股份有限公司在珠海正式签署合作框架协议。

12月21日，中国石油长庆油田在青石峁地区甩开部署的李57等8口井在盒8-山1段新获工业气流，发现了宁夏地区第一个千亿立方米级大气田。

12月22日，《中共中央国务院关于营造更好发展环境支持民营企业改革发展的意见》发布，指出中国在石油天然气等领域放开竞争性业务。

12月24日，中国首个“进口LNG窗口一站通”5年期长期协议产品在上海石油天然气交易中心成交，京燃能源(舟山)有限公司摘单，并与中海石油气电集团下属销售分公司签约。

12月24日，中国石化宣布与利安德巴赛尔工业公司已签署谅解备忘录，将成立新的合资公司，并在宁波建设第2套环氧丙烷/苯乙烯装置。

12月25日，陕西延长石油天然气有限责任公司在西部产权交易所正式挂牌，标志着天然气公司股份制改造迎来重要节点，将正式迈入资本化市场。

12月25日，中国巨化集团与日本丸红株式会社正式签约氢能项目——巨化中日氢能示范工程。

12月26日，中国石化发布2019年十大油气勘探成果。

12 月 26 日，中国首个海洋油气生产装备智能制造基地在天津开工建设。

12 月 27 日，中化能源股份有限公司增资引战项目签约仪式在北京举行。

12 月 27 日，由辽宁省委、省政府和东北能源监管局发起，辽宁省电力公司建设的东北首个“能源云”东北能源大数据中心在沈阳正式揭牌。

12 月 27 日，国家发展改革委、国家能源局、财政部、农业农村部等十部委印发《关于促进生物天然气产业化发展的指导意见》。意见提出，到 2025 年，我国生物天然气年产量将超过 100 亿立方米。

12 月 28 日，由中国企业承建的乌兹别克斯坦最大聚氯乙烯生产项目在乌中部工业城市纳沃伊正式投产。

12 月 28 日，中国石化中科炼化项目建成中交。

12 月 30 日，中国石化全球首个 7000 余米超深高含硫生物礁大气田——元坝气田实现安全平稳运营 5 周年，累产天然气 160 亿立方米。

附件2　2019年国内外油气产业相关数据

姚亭亭

［对外经济贸易大学中国世界贸易组织研究院］

附表1　2019年中国全年石油石化主要产品产量　　万吨、亿立方米

名称＼月份	1-2	3	4	5	6	7	8	9	10	11	12	合计	同比/%
原油	3069	1666	1571	1623	1610	1592	1618	1564	1611	1570	1607	19101	0.8
天然气	287	153	141	144	139	139	138	136	146	152	162	1736	9.8
成品油	5941	2998	2907	2912	2868	2917	3001	3107	3134	3075	3173	36032	0.2
汽油	2380	1207	1164	1168	1117	1118	1138	1188	1236	1184	1221	14121	1.9
煤油	796	423	419	428	445	445	475	474	472	450	448	5273	10.6
柴油	2765	1369	1324	1317	1306	1354	1388	1445	1426	1440	1504	16638	-4.0
燃料油	355	188	176	187	239	187	224	214	170	239	291	2470	19.0
石脑油	594	333	302	299	344	302	348	352	323	313	388	3897	3.1
液化石油气	643	349	335	329	348	325	373	362	353	350	368	4136	10.9
石油焦	464	239	229	217	212	216	251	238	243	238	257	2804	5.1
石油沥青	601	417	434	418	510	402	465	444	425	448	475	5039	23.2

数据来源：中国石油和化学工业联合会。

附表2　2019年国内主要汽柴油月平均价格　　元/吨

月份＼名称	89#无铅汽油	92#无铅汽油	95#无铅汽油	98#无铅汽油	0#柴油	-10#柴油	燃料油	液化石油气
1	8153	8662	9161	9988	7130	7551	4650	4080
2	8459	8954	9470	10333	7406	7853	4980	3870
3	8595	9114	9593	10430	7545	8124	5210	3980
4	8578	9097	9574	10410	7672	8260	4710	4260
5	8763	9292	9778	10633	7854	8448	4670	4230
6	8541	9054	9525	10360	7628	8202	4490	3690
7	8379	8877	9334	10162	7399	7947	4560	3520
8	8269	8759	9214	10018	7106	7651	4510	3440
9	8341	8834	9283	10097	7312	7827	4180	3710
10	8254	8738	9175	9988	7228	7739	4310	3890
11	8394	8877	9316	10138	7417	7927	4570	3850
12	8484	8941	9369	10192	7480	7952	4540	4070
年均价	8434	8933	9399	10229	7431	7957	4615	3882.5
比上年增减/%	-6.88	-7.00	-7.46	-7.25	-6.98	-5.87	0.95	-12.98

数据来源：中国石油和化学工业联合会。

附表 3　2019 年国际原油现货市场月平均价格(普氏现货报价)　美元/桶

月份＼名称	西得克萨斯中质油(WTI)	布伦特	迪拜	辛塔	大庆	胜利
1	51.14	59.46	59.08	52.09	51.53	51.29
2	54.71	64.04	64.57	57.64	57.35	57.20
3	58.19	66.12	66.93	59.81	59.44	59.31
4	63.85	71.26	70.95	64.15	63.73	63.60
5	61.11	70.89	69.38	62.71	62.47	63.49
6	54.53	63.37	61.54	55.50	55.34	56.60
7	57.78	63.91	63.25	57.29	56.92	57.85
8	55.24	59.01	59.11	52.69	52.36	55.12
9	56.96	62.83	61.13	55.17	54.81	64.23
10	53.91	59.89	59.58	54.69	54.50	63.01
11	57.07	63.02	61.97	59.00	58.65	65.95
12	67.03	64.89	65.36	62.43	69.23	69.23
年均价	57.63	64.06	63.57	57.76	58.03	60.58
比上年增减/%	-11.29	-9.77	-8.42	-10.21	-9.08	-4.33

数据来源：中国石油和化学工业联合会。

附表 4　2019 年国际市场主要油品平均现价价格(普氏现货报价)

美元/桶

月份＼名称	95#无铅汽油	柴油	航空煤油	石脑油	燃料油(180)*	燃料油(380)*
1	61.03	72.59	71.82	51.66	375.67	374.84
2	66.24	78.87	77.86	56.40	415.13	411.38
3	74.43	81.02	79.83	60.04	430.13	422.91
4	80.76	83.29	82.57	63.22	434.22	424.37
5	77.05	82.11	81.11	60.91	422.76	409.19
6	69.58	75.24	73.95	52.44	402.60	391.44
7	76.34	77.95	80.51	60.95	413.85	407.71
8	67.73	73.44	70.77	55.74	410.62	398.69
9	68.80	75.02	79.56	57.64	393.80	392.51
10	69.31	76.09	72.31	55.89	352.16	349.20
11	76.25	75.96	74.88	59.47	249.58	246.15
12	74.80	79.21	77.74	63.46	274.62	266.62
年均价	71.86	77.57	76.91	58.15	381.26	374.58
比上年增减/%	-10.01	-8.38	-9.24	-14.21	-10.14	-10.41

* 表示油价的单位为：美元/吨。

数据来源：中国石油和化学工业联合会。

附表 5　2019 年北美市场天然气 NGI 现货月平均价格

美元/百万英热单位

名称 月份	路易斯安那州亨利	纽约	芝加哥	液化天然气
1	3.06	5.25	3.33	3.64
2	2.66	2.76	2.68	7.16
3	2.90	2.95	3.09	3.47
4	2.61	2.42	2.46	2.53
5	2.59	2.29	2.37	2.42
6	2.34	2.12	2.13	2.53
7	2.31	2.21	2.14	3.68
8	2.18	1.89	2.00	2.38
9	2.54	1.85	2.17	2.78
10	2.28	1.64	2.03	2.77
11	2.61	2.78	2.54	3.25
12	2.20	2.71	2.10	3.54
年均价	2.52	2.57	2.42	3.35

数据来源：中国石油和化学工业联合会。

附表 6　2008—2018 年全球主要国家和地区的石油探明储量　　十亿桶

年份 地区	2008	2009	2010	2011	2012	2013	2014	2015	2016	2017	2018
委内瑞拉	172.3	211.2	296.5	296.5	297.6	298.3	298.3	300.9	300.9	301.8	303.3
沙特阿拉伯王国	264.1	264.6	264.5	265.4	265.9	265.9	267	266.6	266.5	266.2	297.7
伊朗	137.6	137	151.2	151.2	157	157	157.8	157.8	158.4	157.2	155.6
伊拉克	115	115	115	143.1	150	150	150	143.1	153	148.8	147.2
俄罗斯	106.4	105.6	105.8	105.7	105.5	105	103.2	102.38	109.5	106.2	106.2
科威特	101.5	101.5	101.5	101.5	101.5	101.5	101.5	101.5	101.5	101.5	101.5
阿拉伯联合酋长国	97.8	97.8	97.8	97.8	97.8	97.8	97.8	97.8	97.8	97.8	97.8
利比亚	44.3	46.4	47.1	47.1	48	48.5	48.4	48.4	48.4	48.4	48.4
尼日利亚	37.2	37.2	37.2	37.2	37.2	37.1	37.1	37.1	37.1	37.5	37.5
哈萨克斯坦	30	30	30	30	30	30	30	30	30	30	30
中国	14.8	14.8	14.8	14.7	17.3	18.1	18.5	18.5	25.7	25.7	25.9
经济合作组织(OECD)	234.4	236	235	234.7	238.3	248.8	248.6	255.3	244	244	254
石油输出国组织(OPEC)	1028.8	1068.6	1167.3	1196.3	1169.9	1214.2	1216.5	1221.6	1220.5	1217.4	1242.2
欧盟	6.1	6.4	6.8	6.7	6.8	6.8	5.8	5.6	5.1	4.8	4.8
全球总计	1475.4	1518.2	1622.1	1652.6	1668.9	1687.9	1700.1	1697.6	1706.7	1697.1	1729.7

数据来源：2019 年 BP 能源统计年鉴。

附表 7　2008—2018 年全球主要国家和地区的石油产量　百万吨/年

地区＼年份	2008	2009	2010	2011	2012	2013	2014	2015	2016	2017	2018
加拿大	152.9	152.8	160.3	169.8	182.6	195.1	209.4	215.6	218	235.4	255.5
墨西哥	156.9	146.7	145.6	144.5	143.9	141.8	137.1	127.5	121.4	109.5	102.3
美国	302.2	322.2	332.8	345.4	394.2	447.2	523	566.6	541.9	573.9	669.4
委内瑞拉	165.8	155.9	145.8	141.5	139.3	137.8	138.5	135.4	121	107.6	77.3
俄罗斯联邦	494.3	501.4	512.3	519.5	526.7	532.2	535.1	541.8	555.9	554.3	563.3
伊朗	215.4	207.2	212	212.5	180.5	169.7	174	180.2	216.3	235.6	220.4
伊拉克	119.3	119.7	120.8	135.8	151.3	152	158.8	195.6	217.6	222.2	226.1
科威特	136	120.9	123.2	140.7	153.8	151.2	150	148.1	152.5	144.8	146.8
沙特阿拉伯	510	459	463.3	522.7	549.2	538.4	543.8	568	586.7	559.3	578.3
阿拉伯联合酋长国	145.2	129.3	135.2	150.6	156.9	163.3	163.4	176.1	182.4	176.2	177.7
中国	190.4	189.5	203	202.9	207.5	210	211.4	214.6	199.7	191.5	189.1
经济合作组织(OECD)	857.4	853	856.5	856.6	902.3	953.2	1041.2	1086.4	1058.1	1092	1198.6
石油输出国组织(OPEC)	1796.3	1674.2	1709	1746.2	1822.4	1769.8	1764.4	1830.1	1885.8	1873.7	1854.3
非石油输出国组织(NON-OPEC)	2202.3	2223.6	2267.9	2261.9	2297.9	2358.7	2458.8	2524.8	2482.2	2506.2	2620.1
欧盟	106.6	100	93.6	81.3	72.7	68.1	67	71.6	70.6	69.3	72.7
全球总计	3998.7	3897.8	3976.9	4008	4120.3	4128.5	4223.2	4354.8	4368	4379.9	4474.3

数据来源：2019 年 BP 能源统计年鉴。

附表 8　2008—2018 年全球主要国家和地区的石油消费量　百万吨/年

地区＼年份	2008	2009	2010	2011	2012	2013	2014	2015	2016	2017	2018
美国	903.4	860.6	877.5	862.2	843.8	859.8	866.1	884.5	893.3	902	919.7
中国	384.7	400.6	455.5	472.4	495.3	517.3	539.3	573.3	587	610.7	641.2
日本	232.4	208.2	210.5	211	224.9	214.7	204	196.5	191	187.8	182.4
加拿大	105.7	99.8	107.1	110.4	107.5	107.8	109.6	107	108.7	108.8	110
巴西	112.6	112.9	122.8	128.4	131.3	140.3	145.7	140.6	132.7	136.1	135.9
德国	123.7	118.7	119.5	115.8	115.3	117.5	114.5	114.2	116.5	119	113.2
俄罗斯联邦	138.1	132.5	137.9	147	149.6	149.5	157.4	149.4	153.1	151.5	152.3
沙特阿拉伯	118.6	130.2	141.3	144.4	151.8	152.2	167	173.5	171.5	168.8	162.6
印度	149.3	157	160.6	168.3	178.3	179.5	184.7	199.8	219.5	227.1	239.1
南韩	108.1	109	110.5	111.4	114.7	114.3	114.1	120.2	129.3	130	128.9
经济合作组织(OECD)	2288.9	2177.5	2198.5	2172.9	2151.9	2139.3	2120.1	2147.8	2180.5	2196.5	2204.8
非经济合作组织(NON-OECD)	1853.9	1896	2003.4	2072.8	2145.8	2211	2265.3	2317.9	2367.7	2410.5	2457.3
欧盟	730.5	693.2	687.5	667.2	643.1	626.4	616.3	625.7	639	649.5	646.8
全球总计	4142.9	4073.4	4201.9	4245.7	4297.8	4350.3	4385.3	4465.8	4548.3	4607	4662.1

数据来源：2019 年 BP 能源统计年鉴。

附表 9　2008—2018 年全球主要国家和地区的炼油能力　　千桶/日

地区＼年份	2008	2009	2010	2011	2012	2013	2014	2015	2016	2017	2018
美国	17672	17597	17736	17367	17823	17925	17967	18317	18617	18567	18762
中国	10360	11334	12323	13015	13643	14503	15253	15024	14855	15231	15655
俄罗斯	5387	5425	5563	5721	5816	6279	6417	6523	6594	6596	6596
巴西	1977	1992	1992	2014	2004	2097	2238	2281	2289	2285	2285
德国	2366	2362	2091	2077	2097	2061	2077	2049	2051	2069	2085
意大利	2396	2396	2396	2276	2098	1861	1900	1900	1900	1900	1900
沙特阿拉伯	2102	2109	2109	2107	2107	2507	2899	2899	2901	2826	2835
印度	2992	3574	3703	3795	4279	4319	4319	4307	4620	4699	4972
日本	4650	4630	4291	4274	4254	4123	3749	3721	3600	3343	3343
南韩	2712	2746	2774	2864	2878	2878	3123	3128	3259	3298	3346
经济合作组织(OECD)	45743	45539	45089	44983	44806	44311	43919	44120	44202	44002	44553
非经济合作组织(NON-OECD)	44970	46848	48156	49279	49964	51754	53295	53530	53927	54618	55496
欧洲联盟	15818	15548	15301	15219	14664	14270	14156	14204	13983	13979	14017
全球总计	90713	92387	93245	94262	94769	96065	97214	97650	98129	98621	100049

数据来源：2019 年 BP 能源统计年鉴。

附表 10　2008—2018 年全球主要国家和地区的天然气探明储量

万亿立方米

地区＼年份	2008	2009	2010	2011	2012	2013	2014	2015	2016	2017	2018
伊朗	29.6	29.6	33.1	33.1	33.6	33.8	34	34	33.5	33.2	31.9
俄罗斯	30.4	31.1	31.1	32.9	32.9	31.3	32.6	32.3	32.3	34.8	38.9
卡塔尔	25.4	25.3	25	25	25.1	24.7	24.5	24.5	24.3	24.9	24.7
土库曼斯坦	8.1	8	13.4	24.3	17.5	17.5	17.5	17.5	17.5	19.5	19.5
美国	6.9	7.7	8.2	8.5	8.5	9.3	9.8	10.4	8.7	8.7	11.9
沙特阿拉伯王国	7.6	7.9	8	8.2	8.2	8.2	8.2	8.3	8.4	8	5.9
阿拉伯联合酋长国	6.1	6.1	6.1	6.1	6.1	6.1	6.1	6.1	6.1	5.9	5.9
委内瑞拉	5	5.1	5.5	5.5	5.6	5.6	5.6	5.6	5.7	6.4	6.3
尼日利亚	5.3	5.3	5.1	5.1	5.2	5.1	5.1	5.1	5.3	5.2	5.3
阿尔及利亚	4.5	4.5	4.5	4.5	4.5	4.5	4.5	4.5	4.5	4.3	4.3
中国	2.5	2.8	2.9	3.1	3.1	3.3	3.5	3.8	5.4	5.5	6.1
经济合作组织(OECD)	16.9	17.4	18.1	18.7	18.6	19.2	19.5	19.6	17.8	17.7	19.4
非经济合作组织(NON-OECD)	168.2	169.9	178	189.7	168.6	166.5	167.6	167.3	168.8	175.4	177.4
欧盟	2.5	2.5	2.3	1.8	1.7	1.6	1.5	1.3	1.3	1.2	1.1
全球总计	185.1	187.3	196.1	208.4	187.3	185.7	187.1	186.9	186.6	193.1	196.9

数据来源：2019 年 BP 能源统计年鉴。

附表 11　2008—2018 年全球主要国家和地区的天然气产量

十亿立方米/年

年份 地区	2008	2009	2010	2011	2012	2013	2014	2015	2016	2017	2018
加拿大	166.5	155.1	149.6	151.1	150.3	151.9	159	160.8	171.8	177.6	184.7
美国	546.1	557.6	575.2	617.4	649.1	655.7	704.7	740.3	727.4	745.8	831.8
挪威	99.4	103.6	106.4	100.5	113.9	107.9	108	116.2	115.9	123.2	120.6
俄罗斯联邦	611.5	536.2	598.4	616.8	601.9	614.5	591.2	584.4	589.3	635.6	669.5
伊朗	123.6	135.7	143.9	151	156.9	157.5	175.5	183.5	199.3	220.2	239.5
中国	80.9	85.9	96.5	106.2	111.5	121.8	131.2	135.7	137.9	149.2	161.5
卡塔尔	79.7	92.4	123.1	150.4	162.5	168.2	169.6	175	173.8	172.4	175.5
沙特阿拉伯	76.4	74.5	83.3	87.6	94.4	95	97.3	99.2	105.3	109.3	112.1
阿尔及利亚	82.6	76.6	77.4	79.6	78.4	79.3	80.2	81.4	91.4	93	92.3
印度尼西亚	74.8	78	87	82.7	78.3	77.6	76.4	76.2	75.1	72.9	73.2
经济合作组织(OECD)	1102.1	1095.3	1122	1142.5	1177.6	1185.4	1232.9	1272.1	1287.5	1325.4	1422.5
非经济合作组织(NON-OECD)	1927.7	1843.3	2029	2114.4	2146.3	2177.7	2198.2	2229.6	2254.2	2352.3	2445.3
欧盟	200.2	179.2	183.8	164.2	153.7	151.5	138.2	125.7	124.7	119.7	109.2
全球总计	3029.8	2938.6	3151	3257	3323.8	3363.1	3431.1	3501.7	3541.7	3677.7	3867.9

数据来源：2019 年 BP 能源统计年鉴。

附表 12　2008—2018 年全球主要国家和地区的天然气消费量

十亿立方米/年

年份 地区	2008	2009	2010	2011	2012	2013	2014	2015	2016	2017	2018
美国	628.9	617.6	648.2	658.2	688.1	707	722.3	743.6	749.1	739.4	817.1
加拿大	89.3	86.6	88.3	97.5	97.2	104.3	109.6	109.8	105.9	109.7	115.7
墨西哥	60	65.2	66	70.8	73.7	77.8	78.8	80.8	83	86.4	89.5
德国	89.5	84.4	88.1	80.9	81.1	85	73.9	77	84.9	89.7	88.3
意大利	80.9	74.3	79.1	74.2	71.4	66.7	59	64.3	67.5	71.6	69.2
英国	97.8	91.2	98.5	81.9	76.9	76.3	70.1	72	81.2	78.8	78.9
俄罗斯联邦	422.7	397.8	423.9	435.6	428.6	424.9	422.2	408.7	420.6	431.1	454.5
伊朗	125.8	134.8	144.4	153.2	152.5	153.8	173.4	184	196.3	209.9	225.6
沙特阿拉伯	76.4	74.5	83.3	87.6	94.4	95	97.3	99.2	105.3	109.3	112.1
中国	81.9	90.2	108.9	135.2	150.9	171.9	188.4	194.7	209.4	240.4	283
日本	99.1	92.5	99.9	112	123.2	123.5	124.8	118.7	116.4	117	115.7
经济合作组织(OECD)	1489	1442.4	1539.7	1534.4	1570.5	1604.4	1579.3	1612.2	1646.8	1669.2	1750.6
非经济合作组织(NON-OECD)	1509.8	1495.4	1617	1698.9	1747	1765.4	1813.3	1854.2	1903.4	1984.8	2098.3
欧盟	516.6	484.5	521.3	471	459.1	451.2	401.7	418.7	449.3	465.7	458.5
全球总计	2998.8	2937.8	3156.7	3233.3	3317.5	3369.8	3392.6	3466.5	3550.2	3654	3848.9

数据来源：2019 年 BP 能源统计年鉴。

参 考 文 献

[1] American Enterprise Institute. China Global Investment Tracker. 2016. http：//www. aei. org/china-global-investment-tracker/.

[2] Anderson K B，Conder J A. Discussion of multicyclic Hubbert modeling as a method for forecasting future petroleum production [J]. Energy & Fuels. 2011，25(4)：1578-1584.

[3] BP. BP Energy Outlook 2019. [EB/OL](2019-04-20)[2019-07-25]. International Energy Agency (IEA). World Energy Outlook 2018. November 2018.

[4] BP. BP Statistical Review of World Energy. [EB/OL] (2019-08-19) http：//www. bp. com/statisticalreview.

[5] Ebrahimi M，CheshmeGhasabani N. Forecasting OPEC crude oil production using a variant Multicyclic Hubbert Model[J]. Journal of Petroleum Science and Engineering，2015：133.

[6] Lin B Q，Wang T. Forecasting natural gas supply in China：Production peak and import trends [J]. Energy Policy，2012，49(1)：225-233.

[7] Nashawi IS，Malallah A，Al-Bisharah M. Forecasting World Crude Oil Production Using Multicyclic Hubbert Model[J]. Energy & Fuels，2010，24(3)：1788-1800.

[8] Wang J L，Feng L Y. Curve-fitting models for fossil fuel production forecasting：Key influence factors[J]. Journal of Natural Gas Science & Engineering，2016(32)：138-149.

[9] Wang J L，Feng L Y，Zhao L，et al. A comparison of two typical multicyclic models used to forecast the world's conventional oil production [J]. Energy Policy，2011，39(12)：7616-7621.

[10] Wang J L，Feng L Y，Zhao L，et al. China's natural gas：Re- sources，production and its impacts[J]. Energy Policy，2013，55(3)：690-698.

[11] Wang J Z，Jiang H Y，Zhou Q P，et al. China's natural gas production and consumption analysis based on the multicycle Hubbert model and rolling Grey model[J]. Renewable and Sustainable Energy Reviews，2016，53：1149-1167.

[12] Wang T，Lin B Q. Impacts of unconventional gas development on China's natural gas production and import[J]. Renewable & Sustainable Energy Reviews，2014，39(39)：546-554.

[13] 北京市发展和改革委员会. 关于调整我市民用天然气销售价格的通知 [EB/OL]. http://www.chinalawedu.com/falvfagui/fg22016/244942.shtml.

[14] 北京市发展和改革委员会. 关于调整本市居民天然气销售价格的通知 [EB/OL]. http://www.bjchp.gov.cn/cpqzf/315734/tzgg27/5017400/index.html.

[15] 财政蓝皮书：中国财政政策报告(2019)[M]. 中国财政科学研究院与社科文献出版社. 2019-07.

[16] 晁亮亮，刘青荣，阮应君. 天然气分布式能源系统的能源价格策略研究[J]. 热能动力工

程，2017，32(6)：7-11.
[17] 陈栋. 需求前景不佳原油将重返弱势[N]. 期货日报，2019-11-08(006).
[18] 陈嘉茹. 2019 年版外商投资准入负面清单对中国油气行业的影响[J]. 国际石油经济，2019，27(07)：57-62.
[19] 程佳佳，王成金. 中国石油管道网络的发展演变及空间格局特征[J]. 综合运输，2019，41(01)：13-19+30.
[20] 第二届"一带一路"国际合作高峰论坛成果清单. 中国一带一路网，2019-4-27.
[21] 董聪，董秀成，蒋庆哲，等. 中国石油企业低碳竞争力评价及对策研究[J]. 中国矿业，2018，27(03)：39-44.
[22] 董秀成. "一带一路"战略背景下中国油气国际合作的机遇、挑战与对策 [J]. 价格理论与实践，2015(04)：14-16.
[23] 董秀成. 地缘政治演变与我国能源战略选择[J]. 中国石油企业，2019(09)：10-13.
[24] 董秀成，皮光林. 能源地缘政治与中国能源战略[J]. 经济问题，2015(02)：6-8.
[25] 杜德斌，马亚华. "一带一路"：中华民族复兴的地缘大战略[J]. 地理研究，2015，34(06)：1005-1014.
[26] 发展低碳经济的机遇与挑战[J]. 能源与环境，2015(04)：113.
[27] 方一竹，余果，李海涛，等. 基于多峰高斯模型的天然气产量趋势预测[J]. 天然气勘探与开发，2018，41(3)：65-69.
[28] 冯连勇，王建良，赵林. 预测天然气产量的多循环模型的构建及应用[J]. 天然气工业，2010，30 (7)：114-116，141.
[29] 高建，董秀成. 我国天然气配气价格市场监管与成本监审研究[J]. 价格理论与实践. 2017，(12)：50-53.
[30] 关于进口 LNG 窗口一站通中短期协议 4+5 产品方案优化的公告。https：//www. shpgx. com/html/tzgg/20190527/1654. html.
[31] 广州石化积极推进绿色企业创建 . https：//energy. cngold. org/nyxh/c6498136. html.
[32] 郭步前，罗鹏，李军. 浅谈降低成品油库在储存过程中损耗的分析与研究[J]. 中国石油石化，2017(7)：129-130.
[33] 国际油气风险投资商务要素分析[M]. 王玉普译. 北京：石油工业出版社，2005.
[34] 国家发展和改革委员会. 关于改革天然气出厂价格形成机制及近期适当提高天然气出厂价格的通知[EB/OL]. (2005-12-23).
[35] 国家发展和改革委员会. 关于调整天然气价格有关问题的通知 [EB/OL]. (2007-11-08).
[36] 国家发展和改革委员会. 关于提高国产陆上天然气出厂基准价格的通知[EB/OL]. (2010-05-31).
[37] 国家发展和改革委员会. 加快落实天然气价格调整方案的通知[EB/OL]. (2010-07-22).
[38] 国家发展和改革委员会. 关于在广东省、广西壮族自治区开展天然气价格形成机制改革

试点的通知 [EB/OL]. (2011-12-26).
[39] 国家油气管网信息采集报送和公开系统即将上线. http://news.cnpc.com.cn/system/2019/11/15/001751942.shtml.
[40] 国家发展和改革委员会. 关于调整天然气价格的通知 [EB/ OL]. (2013-06-28).
[41] 国家发展和改革委员会. 关于建立健全居民生活用气阶梯价格制度的指导意见 [EB/OL]. (2014-03-20).
[42] 国家发展和改革委员会. 关于调整非居民用存量天然气价格的通知 [EB/OL]. (2014-08-10).
[43] 国家发展和改革委员会. 关于理顺非居民用天然气价格的通知 [EB/OL]. (2015-02-26).
[44] 国家发展和改革委员会. 关于降低非居民用天然气门站价格并进一步推进价格市场化改革的通知 [EB/OL]. (2015-11-18).
[45] 国家发展和改革委员会. 关于印发《天然气管道运输价格管理办法(试行)》和《天然气管道运输定价成本监审办法(试行)》的通知 [EB/OL]. (2016-10-09).
[46] 国家发展和改革委员会. 关于明确储气设施相关价格政策的通知 [EB/OL]. (2016-10-15).
[47] 国家发展和改革委员会. 关于推进化肥用气价格市场化改革的通知 [EB/OL]. (2016-11-05).
[48] 国家发展和改革委员会. 关于福建省天然气门站价格政策有关事项的通知 [EB/OL]. (2016-11-11).
[49] 国家发展和改革委员会. 关于加强配气价格监管的指导意见 [EB/OL]. (2017-06-20).
[50] 国家发展和改革委员会. 关于核定天然气跨省管道运输价格的通知 [EB/OL]. (2017-08-29).
[51] 国家发展和改革委员会. 关于降低非居民用天然气基准门站价格的通知 [EB/OL]. (2017-08-29).
[52] 国家发展和改革委员会. 关于北方地区清洁供暖价格政策的意见 [EB/OL]. (2017-09-19).
[53] 国家发展和改革委员会. 关于全面深化价格机制改革的意见[EB/OL]. (2017-11-08)
[54] 国务院办公厅. 转发发展改革委关于建立保障天然气稳定供应长效机制若干意见的通知 [EB/OL]. (2014-04-23)
[55]何润民，李森圣，曹强，等. 关于当前中国天然气供应安全问题的思考[J]. 天然气工业，2019，39(09)：123-131.
[56] 恒逸石化文莱 PMB 石油化工项目全面投产. https://oil.in- en.com/html/oil-2884090.shtml.
[57] 宏观经济月度数据分析报告(2019 年 10 月)[C]. 中国人民大学国家发展与战略研究院. 2019-10.
[58] 侯明扬. 石油公司如何实现转型发展[N]. 中国石油报，2018-04-17.
[59] 胡梦怡. 国际石油公司低碳和可再生能源发展趋势研究[J]. 石油石化绿色低碳，2018(01)：21-26.
[60] 华贲. 尽快改革天然气各类用户价格和 DES/CCHP 发电上网电价机制[J]. 天然气工业，2012，32(2).
[61] 黄征学，高国力，滕飞，等. 中国长期减贫，路在何方？——2020 年脱贫攻坚完成后的

减贫战略前瞻[J/OL]. 中国农村经济：2019，(09)：2-14.
[62] 回首2019：细数石化行业运行新特点和新变化 https://www.sohu.com/a/377639704_808009.
[63] 金宏. 董家口港区原油商业储备库项目开工建设[N]. 黄岛政务网，2019-8-20.
[64] 利好！炼化公司六个环保项目通过可研论证. http://www.sohu.com/a/303785599_748591
[65] 李君臣，董秀成，高建. 我国天然气产量的优化组合预测与分析[J]. 未来与发展，2009(7)：65-69.
[66] 李明玉，张广胜. 基于多峰Hubbert模型的可再生能源产量趋势分析——以美国木材产量为例[J]. 世界林业研究，2014，27(1)：12-16.
[67] 李杨. 油价上蹿下跳的2019[J]. 中国石油石化，2019(15)：46-47.
[68] 林建勇，蓝庆新. "一带一路"战略下中国与中亚国家能源合作面临的挑战与对策[J]. 中国人口·资源与环境，2017，27(S1)：203-206.
[69] 令人注目的国际原油市场动向[J]. 中外能源，2019，24(08)：100.
[70] 刘彬，张懿，朱甜甜. 中国与"一带一路"沿线国家能源合作问题探究[J]. 东南亚纵横，2018，(05)：10-21.
[71] 刘贵贤，董秀成，孔朝阳，等. 中国天然气进口风险量化研究——基于改进的投资组合理论[J]. 天然气工业，2016，36(06)：110-117.
[72] 柳国华. 天然气上下游产业价格传导阻滞研究[J]. 价格理论与实践，2018，(4)：72.
[73] 史丹，王蕾. 中国天然气发电发展现状及国际经验借鉴[J]. 财经智库，2016，1(04)：15 -37.
[74] 刘卫东. "一带一路"战略的科学内涵与科学问题[J]. 地理科学进展，2015，34(05)：538 -544.
[75] 刘洪林，王红岩，宁宁，等. 中国煤层气资源及中长期发展趋势预测[J]. 中国能源，2005 (7)：21-26.
[76] 刘毅军. 规范阶梯气价要走好五步棋[J]. 中国石油石化，2012(17)：33.
[77] 刘毅军. 中国天然气产业链"十二五"整体规划透视[J]. 天然气工业，2013，33(2)：105 -109.
[78] 刘毅军. 从民用气视角看价改之难[J]. 中国石油石化，2013，(9)：28.
[79] 刘毅军. 中国天然气价格形成机制演变及趋势[J]. 天然气工业，2015，35(4)：107-116.
[80] 刘毅军. 从电改管窥气改[N]. 中国能源报，2015-04-06(1).
[81] 刘毅军. 要敢啃民用气价改这块"硬骨头"[N]. 中国石油报，2017-02-28(2).
[82] 刘毅军，林娟. 谋划天然气交易中心新跨越[N]. 中国石油报，2017-04-25(2).
[83] 刘毅军. 天然气价格市场化形成机制新尝试[N]. 中国石油报，2017-09-19(2).
[84] 刘毅军，汪鑫，曹慧卓，等. 天然气产业链可持续发展研究[M]. 北京：石油工业出版社，2014.
[85] 刘英. 论我国低碳经济下石油企业发展现状及应对之策[J]. 新财经(理论版)，2012，

(11)：31.

[86] 刘叶琳. 中国原油进口持续保持高位[N]. 中国商务新闻网，2019-7-17.

[87] 刘雨晨，郭瑞. 中国石油企业发展低碳经济的路径及建议[J]. 石化技术，2016，23(08)：270.

[88] 刘月洋，余岭，石洪宇，等. 国际石油公司发展新能源业务的做法及启示[J]. 国际石油经济，2018(07)：5-11.

[89] 陆家亮，赵素平，孙玉平，等. 中国天然气产量峰值研究及建议[J]. 天然气工业，2018，38 (1)：1-9.

[90] 陆争光，高鹏. 中国石油成品油一次物流发展现状、存在问题及对策建议[J]. 中外能源，2016，21(05)：14-20.

[91] 吕建中，司云波，杨虹，等. 美俄欧天然气管网运营管理模式比较及启示[J]. 国际石油经济，2015，23(04)：28-33+110.

[92] 吕明晏，石洪福，郑娜，等 . 基于广义翁氏模型的煤层气产量预测方法[J]. 中国煤层气，2012，9 (6)：35-38.

[93] 马郑玮，赵君，张艳，等. 复苏的油服[J]. 中国石油石化，2019(09)：40-41.

[94] 能源大数据中心通过 CMMI-3 级认证. http：//www. chinacqpgx. com/gs/shownews. php?id=3856.

[95] 宁夏回族自治区物价局. 关于全区居民生活用天然气价格调整听证会参加人意见及采纳情况 [EB/OL]. (2012-05-04).

[96] 乞孟迪，张硕，柯晓明. 中国石油需求放缓背景下新一轮炼油产能扩张解析[J]. 国际石油经济，2019，27(05)：9-15.

[97] 曲军. 石油企业低碳经济战略转型研究[J]. 价值工程，2011，30(15)：18-20.

[98] 任丽娟. 国内成品油市场影响因素总结[J]. 科教导刊，2014(8)：112-112.

[99] 人民网. 中共中央国务院印发《关于深化石油天然气体制改革的若干意见》[EB /OL]. (2017-05-21).

[100] 余岭，张军贤等. 国际石油公司重拾增势转变发展策略[J]. 国际石油经济，2018(07)：1 -6.

[101] 沈文敏. 中国将造最大 LNG 运输船[N]. 人民日报海外版，2019-4-9.

[102] 石化行业走出去联盟——中国已经建成近 30 个千万吨级炼油基地 https：//www. hzeyun. com/detail/2434231.

[103] 石艳虹. 2025 年前完成黄泽山整岛开发[N]. 舟山晚报，2019-4-3.

[104] 宋小宁. 中俄能源贸易合作中存在的问题与对策分析[J]. 中国市场，2019(29)：71-72.

[105] 孙仁金，董秀成，王文澜. 中国石油流通行业发展蓝皮书(2017—2018)[M]. 北京：中国经济出版社，2018：68.

[106] 孙霞. 石油化工企业发展低碳经济的现状与出路[J]. 商情，2017，(3)：72.

[107] 童晓光等，二十一世纪初中国跨国油气勘探开发战略研究[M]. 北京：石油工业出版社，2001.

[108] 涂蓉. 低碳背景下石油企业战略定位选择研究[J]. 现代商贸工业，2016，37(20)：69.

[109] 外资进入油气勘探开发限制取消，国内油企如何迎接市场变化？[EB/OL]. 澎湃网(2019-08-10).

[110] 外资进入油气勘探开发限制放开，油气和页岩油气产业链企业将受益[EB/OL]. 新浪财经. 2019-07-01. http://finance.sina.com.cn/roll/2019-07-01/doc-ihytcerm0613854.shtml.

[111] 王富平，冯琦，崔陈冬，等. 中国天然气差别价格体系研究[J]. 天然气工业，2017(12).

[112] 王伟锋，刘鹏，郑玲，等. 鄂尔多斯盆地天然气储量和产量预测分析[J]. 天然气地球科学，2014，25 (9)：1483-1490.

[113] 未来两年原油需求增速将放缓[J]. 中国石油企业，2019(08)：17.

[114] 王亮，焦中良，高鹏. 中国天然气管网“专业化管理+区域化运维”模式探讨——中国天然气管网运营机制研究之二[J]. 国际石油经济，2019，27(10)：33-43.

[115] 王亮亮. 外资单独运营，妥了？上游合作格局，变了？[N]. 中国石油报，2019-08-02(004).

[116] 王璐. 国际油价仍将回归供需主导[N]. 经济参考报，2019-09-19(001).

[117] 王婷，孙传旺，李雪慧. 中国天然气供给预测及价格改革[J]. 金融研究，2012(3)：43-56.

[118] 我国全面放开油气勘探开发专家：政策落地尚需配套措施[EB/OL]. 人民网. 19-07-08. http：//energy. people. com. cn/n1/2019/0708/c71661-31219994. html

[119] 我国首个储气库产品上线交易仪式启动　港华燃气联手上海石油天然气交易中心加快市场化探索. https：//www. shpgx. com/html/zxdt/20191015/2110. html

[120] 吴迪，薛冰．“十二五”期间中国页岩气进展[J]. 科技与创新，2018 (12)：12-14．

[121] 夕月. 中俄东线天然气管道北段全线贯通 12 月 1 日正式进气投产[N]. 黑龙江日报，2019-10-16.

[122] 申现杰，肖金成. 国际区域经济合作新形势与我国“一带一路”合作战略 [J]. 宏观经济研究，2014(11)：30-38.

[123] 许萍. 壳牌公司天然气业务发展战略及启示[J]. 国际石油经济，2018(05)：73-78.

[124] 徐玉高，张正刚，林益楷. 国际石油公司低碳战略的实践及启示[J]. 国际石油经济，2018(01)：72-80.

[125] 杨安. 全球天然气市场发展现状及前景展望[N]. 期货日报，2019-05-08(003).

[126] 杨德勇. 私营油服公司技术对标分析[J]. 内蒙古石油化工，2019，45(04)：72-74.

[127] 杨鑫磊，董秀成，蒋庆哲，等. 国际油价对天然气溢价影响的研究——以日本为例[J]. 价格理论与实践，2018(06)：66-69.

[128] 杨晓武. 国际油服公司的市场应变之道[J]. 中国石化，2018(08)：71-73.

[129] 油气全产业链开放机遇与挑战并存[EB/OL]. 中国石油新闻中心 2019-08-06. http://news.cnpc.com.cn/system/2019/08/06/001739837.shtml
[130] 油气资源开发中存在的主要问题和原因分析[EB/OL]. 2017-05-10. http://www.sohu.com/a/139547794_805124Z
[131] 苑虹. 我国石油企业“走出去”战略途径及实施方案研究[J]. 石油知识，2007，(03)：6-7.
[132] 曾涛. 新贝克休斯数字化与纵向一体化发展战略研究[J]. 国际石油经济，2017，25(09)：7-13.
[133] 曾涛，张弼弛. 国际油服公司数字化转型经验与启示[J]. 国际石油经济，2019，27(07)：39-48.
[134] 翟小杰. 中海油服综合一体化发展战略研究[D]. 天津工业大学，2019.
[135] 张晖，赵涛. 制约大股东侵害小股东利益的模式比较及启示[J]. 中州学刊，2005(02)：65-69.
[136] 张蕾. 成品油零售企业如何应对市场变局[N]. 中国石化报，2019-09-19(005).
[137] 张琼，张珂，杨晓龙，等. “一带一路”沿线国家油气投资环境评价研究[J]. 价格理论与实践，2018(04)：130-133.
[138] 张伟荣. 成品油智慧物流体系建设的几点思考[J]. 物流工程与管理，2019，41(02)：46 -49.
[139] 张东方. 油气田服务企业投资项目经济评价折现率的研究[J]. 中国经贸，2015，(1)：202-203.
[140] 张颙，朱晓海，付建文. 关于天然气价格市场化改革问题的探讨[J]. 价格理论与实践，2018(3).
[141] 赵东来. 我国油气改革背景下产业支持政策及民营油服企业发展空间的研究[D]. 北京交通大学，2016.
[142] 赵亚博，刘晓凤，葛岳静. “一带一路”沿线国家油气资源分布格局及其与中国合作中的相互依赖关系[J]. 地理研究，2017，36(12)：2305-2320.
[143] 中共中央. 关于全面深化改革若干重大问题的决定 [EB/OL]. (2013-11-12).
[144] 中共中央、国务院. 关于进一步深化电力体制改革的若干意见 [EB/OL]. (2015-03-15).
[145] 中共中央、国务院. 关于推进价格机制改革的若干意见 [EB/OL]. (2015-10-12).
[146] 中共中央、国务院. 关于深化石油天然气体制改革的若干意见[EB/OL]. (2017-05-21).
[147] 中国社会科学院，中国非洲研究院. 非洲黄皮书：非洲发展报告(2018~2019)[M]. 北京：社会科学文献出版社.
[148] 石化行业结构性矛盾依然突出. 中国化工报. http://www.ccin.com.cn/detail/239854
[149] 科威特阿祖尔炼厂一项目实现工程中交. 中国石化新闻网. http://www.sinopecnews.com/news/content/2019-04/04/content_1741608.htm.

[150] 中国石油集团 11 家单位和 12 名个人获全国绿化表彰. 中国石油报. http://news.cnpc.com.cn/system/2019/09/25/001746114.shtml

[151] 智慧炼厂，如何走好“进阶”之路？中国石油报. http://news.cnpc.com.cn/system/2019/07/17/001736681.shtml

[152] 两部门关于印发《中长期油气管网规划》的通知. 中国政府网. http://www.gov.cn/xinwen/2017-07/12/content_5209925.html

[153] 发展改革委关于印发石油天然气发展“十三五”规划的通知. 中国政府网. http://www.gov.cn/xinwen/2017-01/19/content_5161260.htm

[154] 两部门关于印发《中长期油气管网规划》的通知. 中国政府网. http://www.gov.cn/xinwen/2017-07/12/content_5209925.html

[155] 中华人民共和国环境保护部. 关于印发《京津冀及周边地区 2017—2018 年秋冬季大气污染综合治理攻坚行动方案》的通知［EB/OL］.（2017-08-21）

[156] 中华人民共和国自然资源部. 中国矿产资源报告[M]. 北京：地质出版社，2018.

[157] 周吉平. 中国石油天然气集团公司“走出去”的实践与经验[J]. 世界经济研究，2004：3.

[158] 周芸，周福建，冯连勇. 一种新型油气产量预测模型[J]. 大庆石油地质与开发，2018，37（5）：76-80.

[159] 朱杰，柳广弟，刘成林，等. 基于多峰高斯模型的石油储量与产量预测[J]. 中国石油大学学报(自然科学版)，2009，33(3)：45-48.

[160] 中国石油集团经济技术研究院. 2018 年国内外油气行业发展报告[M]. 北京：石油工业出版社，2019.

[161] 上海财经大学高等研究院. 2019 年第三季度中国宏观经济形势分析与预测报告[M]. 2019.